노동법의 회생

신자유주의적 구조조정과 한국 노동법

이화학술총서

신자유주의적
구조조정과
한국 노동법

노동법의 회생

도재형 지음

이화여자대학교출판문화원

• 약어

기간제 및 단시간근로자 보호 등에 관한 법률: 기간제법

노동조합 및 노동관계조정법: 노동조합법

산업재해보상보험법: 산재법

파견근로자보호 등에 관한 법률: 파견법

고용보험 및 산업재해보상보험의 보험료징수 등에 관한 법률: 고용산재보험료징수법

책을 펴내며

형식적 관점에서 봤을 때, 노동 법령과 판례 등 규범의 집합체인 '노동법'은 1953년 근로기준법 등 4개 노동관계법의 제정 이래 굳건히 유지되고 있다. 그러나 실질적으로, 즉 노동으로 생활하는 사람들의 인간적 존엄을 지키는 것이 노동법 체계의 역할이라는 시각에서 봤을 때, 1990년대 이후 적어도 10여 년 동안 노동법은 자신의 임무를 잊은 채 보호받을 자를 오히려 노동법 밖으로 내치곤 했다. 어떤 법체계가 규범으로서 제 할 일을 방기할 때, 그 법체계의 정합성과 존립은 위태롭게 된다. 이 점에서 위 시기 동안 노동법이 경험한 바는 '노동법의 위기'였다.

제목에서 쓴 '회생(回生)'이란 낱말에서 짐작되듯이, 필자는 이 책을 통해 신자유주의적 구조조정 정책이 추진된 그 10여 년의 위기 이후 노동법이 다시 본연의 임무를 인식하고 자신의 규범력과 법체계적 정합성을 회복하는 과정을 서술했다. 이를 위해 먼저, 노동 판례의 변천 과정을 분석해서 2000년대 중반 이후 판례 변화를 통한 노동법의 재활성화 과정을 설명했다. 그 작업에서 필자는 노동 판례에 대한 개별 연구 결과들을 통합하고, 한국의 사회·경제적 변화 과정에서 법원은 무엇을 고민하고 어떻게 대응했는지를 밝히고자 노력했다.

이 책의 다음 목적은 위와 같은 연구 결과 및 다양한 노동 입법 논의를 살펴봄으로써 향후 노동법이 풀어야 할 과제를 밝혀내는 것이다. 지난 10년 동안의 노동 판례의 변화에도 불구하고, 여전히 많은 노무공급자들이 노동법과 사회보험법의 사각지대에 놓여 있다. 그런데 근로빈곤층, 비공식 고용 등과 같은 새로운 노동법의 쟁점들은 기존의 해석론만으로는 해결하기 어렵다. 입법과 새로운 해석론을 통해 권리가 필요한 사람에게 적절한 권리를 부여하고 의무를 져야 할 주체에게 온당한 책임을 부과할 때, 이 문제를 해결할 수 있다. 이 책에서는 이 점을 지적하고, 회생한 노동법이 앞으로 해결해야 할 과제를 짚는 계기로 삼고자 했다.

이 책은 필자가 발표한 연구물 중에서 위 문제 의식에 터 잡아 쓴 글들을 골격 삼아 기술되었다. 제2장은 박사학위논문인 「상시적 구조조정에 따른 고용 법리의 재조명」(2007)을 수정·전재(轉載)한 "구조조정의 상시화와 고용법리의 변화"(2008a), 그리고 "노동법의 위기와 회생, 그리고 과제"(2016)의 일부를 기초로 삼았다. 제3장은 위 박사학위논문의 일부를 수정·전재한 "간접고용에서 부당노동행위 형사책임주체"(2008b)와 "기간제 근로계약 갱신 거절권의 제한"(2008d), 그리고 "사내하도급 관계에서 근로자파견의 인정 기준"(2011a) 등을 뼈대로 삼아 작성했다. 제4장은 "우리나라 사회보험료 지원정책 논의 검토"(2012b), "입법과 사법의 사각지대, 특수형태근로종사자"(2013b) 등을, 제5장은 "파업과 업무방해죄: 한국에서 단결 금지 법리의 정립 과정"(2010b)과 "업무방해죄 전원합의체 판결의 의의와 과제"(2012a) 등을, 제6장은 "통상임금 소고"(2013c), "통상임금 전원합의체 판결의 검토"(2014a), "통상임금 입법론의 검토"(2014b) 및 "임금 체계 개편의 법적 쟁점과 과제"(2014c) 등이 그 뼈대가 되었다. 이 책의 결론 부분인 제7장은 위 "노동법의 위기와 회생, 그리고 과제"(2016)의 일부를 전재한 것이다.

이 책의 작업에서 필자는 기존 원고에서 불필요한 내용은 빼고 해당 주제에 대한 개인적 생각은 더 다듬었다. 그리고 최근 법령의 개정 내용, 판례 및 연구 결과를 보완했다. 이로 인해 특히 구조조정 정책과 고용 법리의 변화, 기간제 근로, 간접고용 및 특수형태근로종사자 등과 관련된 내용은 상당 부분이 수정되거나 보완되었다. 따라서 해당 주제에 대한 필자의 과거 연구 내용은 이 책보다는 앞의 논문들을 확인하는 것이 나을 듯하다.

필자의 다른 연구물과 마찬가지로 이 책 역시 노동법 연구 공동체로부터 많은 도움을 받았다. 서울대학교 노동법연구회, 한국노동법학회, 노동법연구소 해밀, 한국노동연구원, 대법원 노동법실무연구회 등에서 가진 연구 모임에서 필자의 부족한 생각과 글에 대해 사려 깊은 조언과 격려를 해 준 동료 연구자들께 감사의 마음을 전한다. 그리고 필자의 게으름을 탓하지 않고 책의 출판 시기를 미뤄준 이화여자대학교출판문화원과 아름다운 가을 캠퍼스에서 원고 작업에 전념할 수 있는 기회를 준 코넬대학교(ILR School)의 따뜻한 배려에도 감사드린다.

2016년 10월

도재형

●···· 차례 ····●

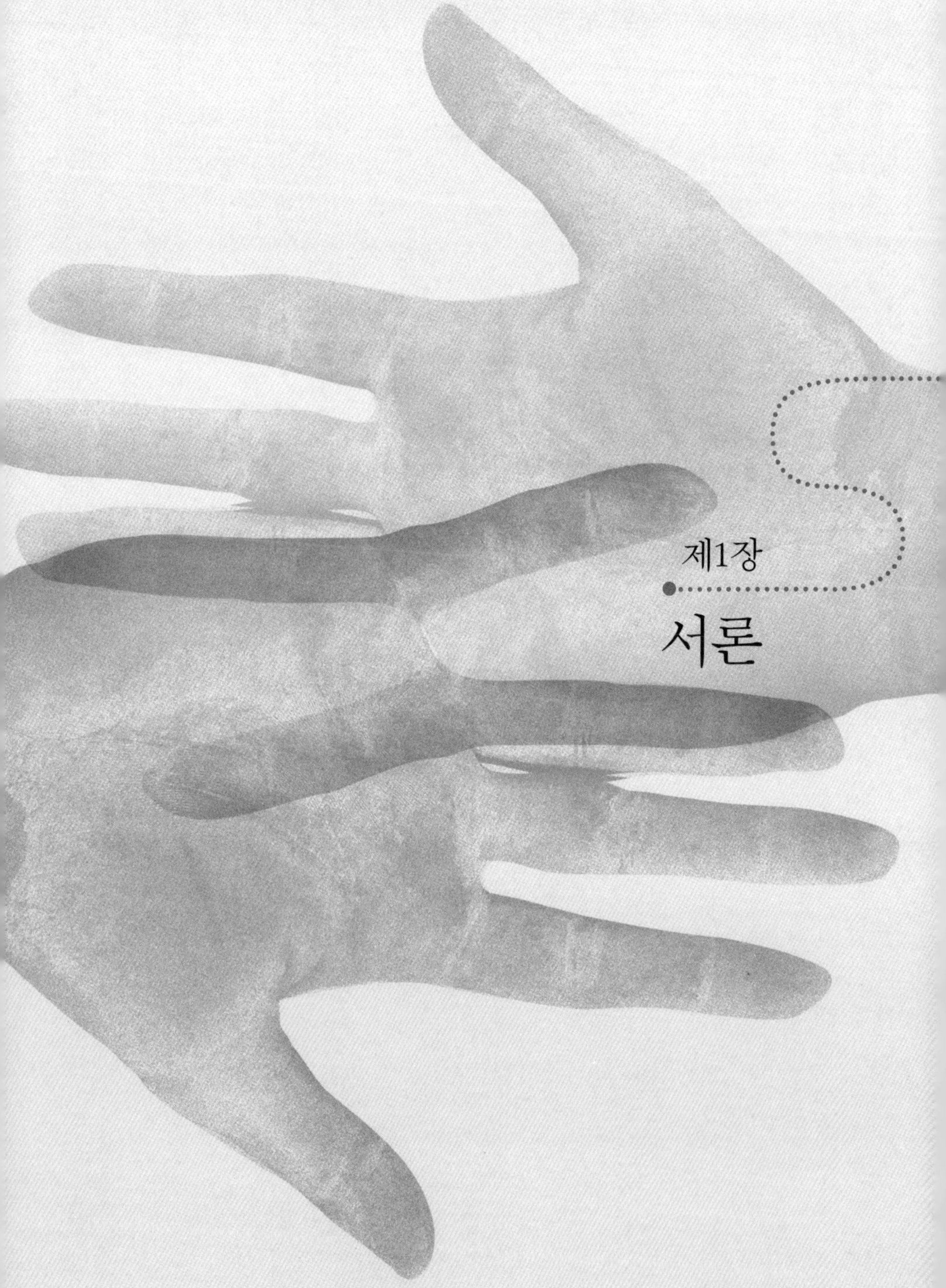

제1장 서론

한국의 노동법은 1953년 근로기준법, 노동조합법, 노동쟁의조정법과 노동위원회법 등 단 4개의 법률로 시작되었다. 제정 당시 노동법은 누구로부터도 주목받지 못했으나, 한국의 경제 성장에 맞춰 1970년대 초 무렵부터 근로기준법 등이, 1987년 노동자 대투쟁 이후에는 노동조합법 등 집단적 노사관계법이 규범으로서 기능하기 시작했다(김형배, 2008: 2).[1] 특히 1987년 노동자 대투쟁을 통한 노동조합의 조직 확대는 근로자들이 법전(法典)에 있던 권리를 실제 행사할 수 있는 토대가 되었다. 이후 그 규범력이 팽창하면서 노동 판례는 급격히 증가하고, 노동법학 역시 입법론을 벗어나 해석론으로까지 지평을 확대할 수 있었다. 그러나 이러한 노동법의 규범력 확대 기조는 1990년대 초 변화를 맞게 된다. 냉전 체제가 무너지고 신자유주의적 신념이 전 세계를 지배하면서 한국 역시 "탈이념화, 기업 경쟁의 시대, 정보화의 시대"로 접어들게 된 것이다(김유성, 1997: 9).

1990년대 초반 이후 한국 정부와 기업은 신자유주의적 구조조정 정책을 추진했다. 노동법의 첫 번째 임무는 시장 경쟁에서 이길 수 있는 노사관계의 구조를 갖추는 것이어야 했다(김형배, 1998: 27). 노동법은 곧 근로자와 기업의 적응 능력과 경쟁력과 연결된다고 여겨졌다(김형배,

1 헌법재판소는 이 과정을 다음과 같이 설명한다. "우리나라에서 근대적 의미의 노사관계는 1960년대 이후 근대화, 공업화가 본격적으로 이루어지면서 비로소 형성되기 시작하여, 1970년대까지는 긴급조치 등 여러가지 정치·사회적 상황으로 인하여 노동쟁의의 해결에 있어서 노동관계법의 규정이 제대로 적용되지 못하였으며, 1980년대 중반 이후에 와서야 사회의 전반적 민주화 추세에 힘입어 노동관계법에 따른 근로3권의 행사가 가능하게 되었다"(헌법재판소 2003. 5. 15. 선고 2001헌가31 결정).

2008: 17). 기존의 노동법은 시장과 기업의 자유를 규제하는 장애물로 취급되고 개혁의 1차 대상이 되었다. 법원은 여기에 호응했다. 법원은 판례 변경을 통해 구조조정에 대항하는 파업을 불법화해 노동조합의 교섭력을 약화시키고, 비정규 근로자를 노동법적 보호 범위에서 배제함으로써 기업에 비정규 근로 사용을 장려했다.

위와 같은 기업의 지속적인 유연화 정책, 노동조합 체계에 적대적인 정부 정책과 판례 법리로 인해 한국의 노동조합은 심각한 타격을 입었다. 신자유주의를 추종하는 연구자들은 노동조합과 교섭력의 침체를 노사관계에서 자연스럽고 영구적인 현상으로 받아들였다(Hepple, 1995: 304). 노동조합 스스로도 산업 구조와 노동시장의 변화에 적응하지 못한 채 수동적으로 대응하고, 늘어나는 비정규 근로자를 동료로 보기보다는 고용조정의 완충제 또는 해결해야 할 문제로만 파악함으로써 조직률의 하락과 노동시장에서의 교섭력 약화를 초래했다.

2000년대 중반까지 일관되게 추진된 고용 유연화 정책과 이에 우호적인 판례 법리에 의해 민사법적 이념과 가치가 노동 분쟁의 해결 잣대가 되면서 노동법의 규범력은 급속히 축소되었다(김선수, 2013: 20). 임금 근로자 중 과반을 차지하는 비정규 근로자는 근로기준법의 해고 제한 법제로부터 배제되고, 인원 삭감 위주의 고용조정이 장려되었으며 노동조합에 대한 적대행위가 공공연하게 이뤄졌다. 많은 사람이 노동법에 대한 회의론과 해체론, 무용론을 거론하며 그 쇠퇴 또는 몰락을 자연스러운 현상으로 받아들였다(김선수, 2013: 19).

변화의 조짐은 2000년대 중반 이후 나타났다. 아이러니컬하게도, 이것은 고용 유연화 정책으로 인한 사회 양극화 및 근로빈곤층의 확대에 기인한 바가 크다. 강성태 교수가 적절히 표현한 바와 같이 "다시 인간의 노동을 상품 단위로 환원해 측정하는 시절은 […] 그 탐욕의 자연 상태와 경쟁의 격렬함을 통해 자신의 시절을 단축했다"(강성태, 2012a:

218). '고용 유연화 정책을 통해 기업 경쟁력이 회복되면, 구조조정 과정에서 사라진 좋은 일자리가 다시 회복될 것이다'라는 법원의 예상은[2] 실현되지 않고 나쁜 일자리만 늘어났다. 이에 대한 사회적 반성은 노동법 분야에서 새로운 법률의 제정과 판례 법리의 변화를 이끌어냈다. 2000년대 중반 이후 비정규 보호 입법이 제정되고, 그 밖에도 다양한 보호 입법에 관한 논의가 진행되었다. 법원 역시 기간제 근로자의 갱신 기대권 법리, 불법 파견에 대한 파견법의 적용, 하청업체 근로자에 대한 원청업체의 노동법상 책임 인정 등을 통해 비정규 근로자의 사법적 보호 범위를 확대했다. 이 과정에서 노동 판례와 법률은 외환위기 이후 한국의 사회·경제적 변화와 상호 작용하며 변화하고 있다.

필자는 이 책에서 1990년대 이후 한국의 사회·경제적 변화와 법원의 정책적 선택에 의해 노동 판례가 변화되는 과정 및 입법 관련 논의들을 분석했다. 이 책 본문 각 장(章)의 개요는 아래와 같다.

먼저, 제2장 "구조조정 정책과 노동법"에서는 상시적 구조조정 시스템이 정착되는 과정과 노동법의 쇠퇴 및 회생 과정을 추적하고 개괄적으로 서술한다.

일반적인 인식과 달리, 경영계는 1990년대 초반부터 중심/주변부 노동력을 구분해 고용 유연화 정책을 추진했고 정부는 동조했다. 또한 우호적인 판례 법리로 인해 사용자는 기간제 근로계약의 갱신 과정을 통해 근로자를 자유롭게 퇴출시킬 수 있었다. 이로 인해 1990년대 들어 비정규 근로자의 규모는 확대되었다. 1997년의 외환위기는 고용 유연화 정책을 중심부 노동력에 대해서도 적용할 수 있는 계기가 되었다. 상시적 구조조정의 압력 하에서 기업과 정부는 중심부 노동력에 대한 기능적 유연화 및 내부 노동시장의 이중화 정책을 진행했다. 법원은 기업

---

2 대법원 2003. 7. 22. 선고 2002도7225 판결.

경영의 유연성이 기업의 이익을 증대시키고, 이렇게 해서 발생한 경제 성장은 많은 일자리를 만들고 국민의 생활 수준을 향상시킬 거라고 믿었다.

그런데 그 구조조정의 결과로 한국 경제는 회복되었으나 우리 사회의 양극화, 비정규 근로 등의 문제는 해결되지 않았다. 오히려 비정규 근로자들 상당수가 노동법과 사회보험법적 보호에서 배제됨으로써 일하는 사람들 간의 양극화는 더 심각해지고 있다. 이러한 사회·경제적 상황은 노동법이 주변부 노동력의 열악한 처지에 관심을 가지는 계기가 되었다. 그 결과 2000년대 중반 이후 정부와 법원은 주변부 노동력을 고용 보호 법제 또는 노동법의 적용 대상에 포함하는 법률을 제정하고 새로운 판례 법리를 채용했다.

제3장 "비정규 근로와 노동법"에서는 기간제 근로자의 고용 보호 법리, 사내하도급 근로자와 파견근로자 보호 법리가 형성되는 과정을 살펴본다.

1990년대 이후 한국 노사관계의 중요한 변화 중 하나는 비정규 근로의 확대다. 특히 외환위기 이후 진행된 고용 유연화 정책은 시장 여건에 따라 고용량을 신축적으로 변화시킬 수 있도록 하는 데 초점이 맞춰졌다. 이러한 정책 목적에 가장 잘 맞는 고용 형태가 '비정규 근로'였다. 그 결과 외환위기 이후 비정규 근로의 비중은 확대되었다. 이 과정에서 법원은 비정규 근로자들의 고용 보장에 대해서는 무관심했지만, 2000년대 중반 이후에는 갱신 기대권 법리를 통해 기간제 근로자의 고용을 보호하고자 노력했다. 이러한 판례 법리는 2006년 제정된 기간제법과 함께 기간제 근로자에 대한 고용 보호 법제로 작동하고 있다.

한국에서 간접고용은 다양한 모습으로 넓게 활용되고 있다. 현대중공업 사건(대법원 2010. 3. 25. 선고 2007두8881 판결)에서 법원은 간접고용 관계에서 사용자 범위를 확대했다. 그리고 어떤 간접고용 관계를 '근로자파견'으로 포섭할 것인지는 그 노동력 사용 관계에 파견법의 적용 여부를 결정하는 기준이 되는데, 한국에서는 특히 사내하도급 관계에서 근로자파견의 인정 여부가 문제된다. 현대자동차 사건(대법원 2010. 7. 22. 선고 2008두4367 판결)은 사내하도급 관계에서 근로자파견의 인정 기준을 제시한 선례다. 이 사건에서 법원은 업무 수행 및 사업 경영의 독립성 등과 관련된 제반 사정을 종합적으로 고려해 근로자파견 여부를 판단했다. 이는 근로자 개념과 관련된, 판례의 전통적 판단 방식을 따른 것이다. 근로자파견 여부를 판단할 때 계약 당사자의 의사는 제한적으로 고려된다. 이렇게 공공복리 등의 필요에 따라 기업의 노동력 구매 방법을 부분적으로 제한하고 노동시장에서 합·불법 기업 간 형평을 도모하는 것은 헌법의 기본 질서에 부합한다.

제4장 "비공식 고용과 노동법"에서는 특수형태근로종사자 보호 입법 논의와 비공식 고용의 공식 고용화 논의에 대해 살펴본다.

비공식 고용을 '규제 부재형'과 '규제 미준수형'으로 구분할 때, 특수형태근로종사자는 규제 부재형 범주의 대표적 유형이다. 특수형태근로종사자는 근로자로서의 성격과 자영인으로서의 성격을 공유(共有)하는 모호한 모습의 노무공급자다. 이러한 노무 공급 방식의 모호함은 입법의 불비와 사법적 기준의 모호함과 겹쳐 특수형태근로종사자의 법적 보호 방안을 마련하는 데 어려움을 초래한다. 따라서 특수형태근로종사자를 공식 고용으로 전환하기 위해서는 새로운 보호 입법이 필요하다. 그와 함께 특수형태근로종사자가 노동법적 보호 범위에서 부당하게 배제되는 상황을 방지하기 위한 노력이 필요하다. 이를 위해서는 법원이 근로자성 여부를 노무 제공의 실질에 비춰 판단하는 수고를 감당해야 한다.

ILO와 OECD 등 국제기구는 노동법적 보호를 받지 못하거나 사회보험에 가입되어 있지 않은 고용관계를 '비공식 고용' 문제로서 주목해 왔다. 비공식 고용은 노동시장의 이중구조화 및 사회적 양극화를 심화시킨다. 사회보험의 광범위한 사각지대는 사회보장의 기반을 침식하고 복지 제도를 새로운 불평등 기제로 재생산할 위험성이 있다. 이러한 비공식 고용을 공식 고용으로 전환시키기 위한 1차적 방안은 정부 당국의 적발과 제재라는 행정적 수단일 것이다. 그런데 행정적 수단을 통해 사각지대를 해소하는 데에는 근원적 한계가 있다. 따라서 금전적 인센티브 등 다양한 제도의 구성을 통해 이들을 사회보험의 적용 범위 안으로 유도하는 정책이 필요하다. 그리고 법적 사각지대를 축소하는 입법적 노력이 함께 이뤄져야 한다.

제5장 "파업과 단결 금지 법리"에서는 단결 금지 법리의 정립 과정과 2011년 이후 그것이 부분적으로 해체되는 과정을 살펴본다.

판례는 파업에 대해 적대적 태도를 유지하고 있다. 한국에서 파업에 적대적인 판례 법리가 형성되는 과정은 2개의 사회·경제적 사건을 계기로 삼아 기간을 구분할 수 있다. 그 하나는 1987년 이후 노동운동의 급속한 팽창이고, 다른 하나는 1997년의 외환위기다. 1987년 이후 노동운동이 확산되는 과정에서 법원은 파업에 형법상 업무방해죄를 적용하는 법리를 형성했다. 그리고 1997년 외환위기 이후 구조조정 작업 과정에서 쟁의행위의 정당성과 관련해 새로운 판례 법리, 즉 구조조정에 대항하는 파업이 위법하고 업무방해죄를 적용할 수 있다는 법리를 만들었다. 이를 통해 법원은 1997년 외환위기 이후 본격화된 한국의 구조조정 작업이 순조롭게 이뤄질 수 있는 법리적 기반을 마련했다. 그리고 이 법리에 의해 한국에서는 결국 일자리를 없애는 구조조정 방식을 장려하게 된다.

1990년대를 거쳐 형성된 단결 금지 법리는 2011년 3월 선고된 대법원 전원합의체 판결(대법원 2011. 3. 17. 선고 2007도482 전원합의체 판결)에 의해 부분적으로 해체되었다. 종전 판례에 의하면, 근로자의 단순 파업(폭력적인 수단이 동원되지 않은 소극적 근로 제공의 거부행위)도 업무방해죄의 구성요건에 해당했다. 전원합의체 판결이 폐기시킨 법리는 '단순 파업도 위법행위의 정형인 업무방해죄의 구성요건에 자동적으로 해당한다'라는 단결 금지 법리의 기초 중 일부다. 전원합의체 판결의 한계 역시 분명하다. 전원합의체 판결은 단순 파업의 형사책임에 관한 것에 국한되고, 민사책임과 징계책임은 그 적용 범위에서 제외된다. 이 점에서 전원합의체 판결은 단결 금지 법리를 전면적으로 해체하지 못했다고 평가할 수 있다.

제6장 "통상임금과 노동법"에서는 1990년대 초 통상임금 법리가 형성되는 과정 및 임금일체설의 채택이 그 법리에 미친 영향, 그리고 2012년 금아리무진 사건 이후 진행된 논쟁의 개요 및 2013년 전원합의체 판결의 의의와 한계를 살펴본다.

2013년 전원합의체 판결에서 법원이 통상임금 관련 법리를 명확히 하고 정기상여금의 통상임금 가능성을 확인한 점은 긍정적인 평가를 받는다. 하지만, 재직자 요건을 새로 도입함으로써 복리후생적 임금 항목의 통상임금 인정 폭을 축소하고 가산임금 소송에서 신의칙 적용 가능성을 열어둠으로써 새로운 쟁점을 만들었다는 비판도 함께 받고 있다. 특히 신의칙 적용 법리는 장시간 근로의 노사 담합 구조를 수용하고 통상임금 제도의 의의를 축소시켰다는 점에서 문제가 있다.

제7장 "노동법의 위기와 회생, 그리고 과제"는 이 책의 결론에 해당한다. 이 장(章)에서는 1990년대 이후 노동법이 경험한 위기 상황과 그 회생 또는 재활성화 과정을 요약하고 노동법의 미래 과제를 생각한다.

필자는 그 과제로서, 노동법 체계의 완성을 위해서는 독자적인 소송절차와 노동법원 체계가 필요하다는 점, 비정규 근로자 및 불안정 노동이 일반화된 현재의 사회·경제적 조건에 맞춰 노동법의 역할을 다시 고민해야 한다는 점, 기업 조직의 형태가 다양화되는 추세에 따라 노동법상 '사업' 개념을 재조정함으로써 다양한 기업집단 내에서 노동법과 사회보험법적 보호가 관철되어야 한다는 점 등을 들었다.

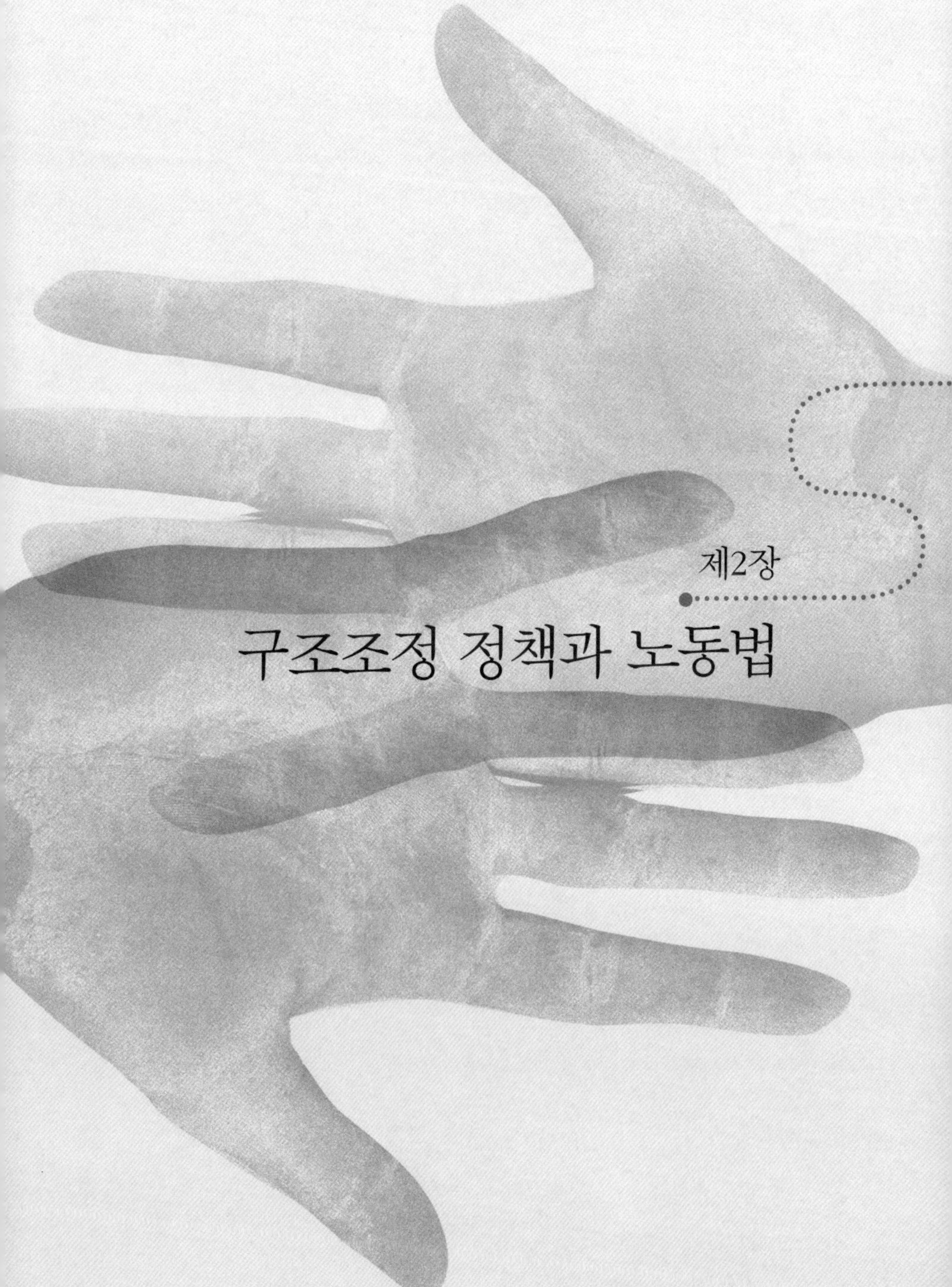

제2장

구조조정 정책과 노동법

이 장(章)에서는 '고용 유연화'라는 관점에서 1987년 이후 한국 노사관계의 변화 모습과 함께 관련 판례 법리의 변화 추세를 살필 것이다. 주로 1990년대 이후 정부와 경영계의 유연화 정책에 법원은 어떻게 대응했는지, 그리고 그로 인한 노사관계 및 사회·경제적 변화가 고용 법리에 어떠한 영향을 미쳤는지를 검토하고자 한다.

고용 유연화 측면에서 한국의 노사관계 및 고용 법리의 변화 추세는 3개의 기간으로 구분할 수 있다. 아래에서 설명하는 바와 같이 제1기는 1987년부터 1997년까지, 제2기는 1998년부터 2005년까지 그리고 제3기는 2006년부터 현재까지의 기간이다. 이를 좀더 크게 구분하면 제1기와 제2기는 1987년 노동자 대투쟁을 통해 획득한 노동법의 규범력이 쇠퇴하던 시기였고, 제3기는 그 규범력이 회복되던 기간이라고 평가할 수 있다. 이는 노동법 특히 그중에서도 고용 관련 법리 혹은 법제에서 중요한 변화가 일어난 시기를 중심으로 구분한 것이다. 또한 이 구분은 우리나라의 노사관계 및 사회·경제적 변화 추세를 감안한 것이기도 하다. 구체적인 내용은 본문에서 다시 살펴보게 되므로, 아래에서는 해당 기간에 나타나는 특징을 간략하게 설명한다.

제1기는 1987년부터 1997년까지의 기간이다. 1987년 노동자 대투쟁 이후 노동조합의 숫자와 조직률이 급증하고 교섭력은 폭발적으로 강화되었다. 갑자기 증가한 노동 분쟁의 해결을 법원이 맡게 되면서 법원은 구체적 분쟁에 적용할 노동 법리를 고민해야 했고, 노동 판례가 축적되기 시작했다. 장식적 법률로 머물러 있던 노동법이 실질적인 규범력을 행사하기 시작한 것이다. 강화된 근로자측의 교섭력에 대응하기 위해 경영계는 1990년대 이후 고용 유연화 정책을 추진했다. 고용 유연화 정책은 주변부 노동력에 집중되었고, 이로 인해 비정규 근로자들이 증가하기 시작했다. 그 무렵 법원은 기간제 근로에 대한 제한 법리를 철회했으며, 정리해고 요건 중 '긴박한 경영상 필요성'을 넓게 인정하고 절차적 요건도 탄력적으로 적용함으로써 고용 유연화 정책에 대한 우호적 태도를 드러냈다(도재형, 2008a: 3).

제2기는 1998년부터 2005년까지의 기간이다. 이 기간 동안 고용 유연화 정책은 적극적으로 추진되었다. 1997년 말 시작된 외환위기로 인해 기업들의 도산이 이어졌고 실업률은 급격하게 상승했다. IMF의 구제금융을 받기 위해 한국은 근로기준법을 개정해 정리해고 2년 유예 조항을 삭제하고, 근로자파견 제도를 도입했다. 정부는 구조조정 작업을 빠르게 진행하고 고용 유연화 정책을 본격적으로 추진했다. 법원 역시 정리해고 조항을 탄력적으로 적용하고, 구조조정에 대항하는 노동조합의 파업을 불법화함으로써 그 정책에 협력했다. 2001년 3월 정부는 외환위기 이후 진행된 구조조정 작업을 마무리하며 이른바 '상시적 구조조정 시스템'으로의 전환을 발표했다(도재형, 2008a: 3-4).

이 기간 동안 노동의 상품성은 다시 강화되고 노동법의 규범력은 약화되었다. 그리고 1990년대 초반 이후 진행된 구조조정 혹은 고용 유연화 정책의 부작용도 드러났다. 경제 성장 혹은 그 회복에도 불구하고 좋은 일자리는 복원되지 않았다. 구조조정 과정에서 사라진 정규직 일자리는 비정규 근로자들로 채워졌다. 사회적 양극화는 더욱 심해졌다. 이로 인해 비정규 근로는 노동시장뿐만 한국 사회 전체의 문제로 인식되기 시작했다.

제3기는 2006년 이후부터 현재까지의 기간이다. 이 기간 동안 구조조정 정책에 대한 반성과 함께 노동법의 규범력이 일정 정도 회복되었다. 사회적 양극화가 경기 회복만으로 해결될 수 없다는 점이 분명해졌고, 이에 대한 우리 사회의 문제 의식도 강화되었다. 법원은 주변부 노동력, 즉 비정규 근로자를 보호하는 법리를 마련하기 시작했다. 근로자 개념에 관한 판례 법리를 변경함으로써 특수형태근로종사자들에 대한 노동법 적용 범위를 확대하고, 갱신 기대권 법리를 도입해 기간제 근로 계약에 대한 사용자의 갱신 거절권을 제한했다. 노동법적 관점에서 볼 때, 2006년이 중요하게 평가되는 이유는 이 해에 기간제 근로자 보호법이 마련되고, 이를 통해 기간제 근로자의 사용 기간이 제한되었기 때문이다. 그 이전까지 정부는 일자리 창출이라는 기간제 근로의 긍정적 기능을 강조하고 정규직 근로자와의 차별 문제를 시정하는 데에 관심을 기울였는데 반해, 2006년 기간제법 제정을 통해 최초로 그 사용을 제한하는 입법을 시도했던 것이다. 이는 그만큼 비정규 근로에 대해 한국 사회가 심각한 문제 의식을 가졌음을 드러내는 것이기도 하다.

제1절 구조조정 정책의 추진과 노동법의 쇠퇴[1]

I. 고용 유연화 정책의 전개와 법원의 동조

1. 노동권의 확장과 고용 유연화 정책의 개시

한국에서 노동법이 실질적인 법규범으로서 노동시장과 근로관계를 규율하기 시작한 것은 1987년 이후였다.[2] 1987년 노동자 대투쟁을 통해 노동조합 운동이 활발하게 전개되면서 노동조합 조합원의 수는 1986년 104만 명에서 1987년 127만 명, 1988년 171만 명, 1989년 193만 명으로 폭발적으로 증가했다. 노동조합 조직률 역시 1986년 12.3%에서 1987년 13.8%, 1988년 17.8%, 1989년 18.6%로 빠르게 증가했다(김유선, 2008: 3-4). 이렇게 변화된 사회·경제적 환경 속에서 근로자들은 자신의 노동법적 권리를 주장하기 시작했다. 사용자와 정부는 역시

---

1 이 부분은 도재형, "구조조정의 상시화와 고용 법리의 변화", 「노동법학」 제26호, 한국노동법학회, 2008: 4-25의 내용을 수정·보완했다.

2 1987년은 한국 노사관계를 얘기할 때 중요한 기준점이 된다. 1987년 이후 한국은 사실상 완전고용 상태에 있게 되고, 그때부터 노동법이 실제적인 규범으로 움직였기 때문이다. 1987년 이후 3저 호황을 맞으면서 한국 노동시장은 안정적인 저실업 시대에 접어들고, 인력 부족 현상이 대두되었다(김성중·성제환, 2005: 7-8).

예전과 같은 물리력만으로는 노동 현장을 통제할 수 없게 되자, 법률을 매개로 해서 대응했다. 그 반작용으로 근로자들 역시 법률적 대응을 해야 했다(김선수, 1998: 33; 이흥재, 2005: 161).

1987년 이후 노동권의 확장 시기에 근로자들이 지향한 고용관계는 '연공 모델(seniority model)'에 가까웠다.[3] 연공 모델은 장기적이고 안정된 고용, 능력이나 성과에 영향받지 않는 자동적인 임금 인상, 근속기간에 기초한 평가와 승진 등을 그 내용으로 한다. 연공적 원리는 계속적인 경제 호황과 소비시장의 확대 등에 의해 뒷받침된다.

연공 모델은 포드주의적 대량생산 체제와 연결되어 있다.[4] 예컨대 미국의 경우 1930년대 대공황을 겪은 후 단체교섭 중심의 노사관계가 제도화되었는데, 당시 미국 노동조합은 포드주의 체제에서 경영자의 역할과 위계적인 노동 통제를 인정하는 대신에 연공서열과 고용 보장, 고임금 확보, 각종 사회보장 제도의 확충, 근로시간의 단축을 중시하는 직무통제 및 분배주의적 노동운동 전략을 채택했다(김장호, 1995: 30). 즉, 대량생산 체제 아래에서 '포드주의적 타협'은 근로자가 구상과 실행을 분

3 박준식 교수는 1980년 이후 제조업 분야 주요 대기업들의 고용 방식을 시장 모델, 연공 모델, 중심-주변 모델로 유형화했다. 그에 의하면, 광복 이후 1987년 이전까지 한국의 노동시장은 사실상 '임의 고용의 원칙'에 따른 고용 방식이 지배했다(시장 모델). 회사는 시장의 상황에 따라 고용 수준을 자유롭게 결정하며, 고용과 해고에 대한 높은 재량권을 갖고 있었다. 고용과 임금 수준은 시장의 수요와 공급에 의해 결정되며, 근로자들에 대한 해고의 자유가 보장되므로 고용의 '수량적 유연성'은 극대화되었다(박준식, 2001: 68-69).

4 포드주의(Fordism)적 작업 조직은 20세기 초반을 풍미했던 테일러주의로 표방된 과학적 사고 방식에 기초해 새롭게 고안된 노동 조직 방식으로 대량생산 체제 노동 과정과 작업 조직의 전형으로서 다음과 같은 특징을 갖는다고 한다. 첫째, 테일러적 관리 사고에 토대를 두어 노동 과정에 있어서 구상 과정과 실행 과정을 철저히 분리하고 직무를 세분화시켜 시간당 개별 동작 원리가 철저하게 적용되는 작업 조직 양식이다. 둘째, 일괄 작업 대열이라는 자동화 원리, 즉 컨베이어 벨트 및 조립 라인을 활용해 기계의 작동 속도에 인간 노동이 종속되는 노동 형태가 보편적인 작업 양식이다. 셋째, 직무 할당을 조정하는 노동조합주의(Job-Control Unionism)가 노동조합의 대응 자세이다(김장호, 1995: 29).

리하는 테일러주의적 노동 과정을 받아들이는 대신 사용자가 근로자에게 고임금과 고용 안정을 제공함으로써 이뤄졌다(김형기, 2003: 8).

이것을 '케인스주의적 타협'이라고 부르기도 하는데, 이는 제2차 세계대전 후 약 20년 동안 선진 자본주의 국가들에서 지속된 급속한 경제 발전과 민주주의적 안정을 이끌어내는 밑바탕이 되었다(이우관, 2001: 177).[5] 포드주의적 타협은 고임금에 상응한 고생산성이 발휘되고 완전 고용을 실현할 수 있는 고도 성장이 지속됨으로써 가능했다(김형기, 2003: 8). 즉, 생산성의 급속한 증대와 이에 따른 실질임금의 상승이라는 두 가지 요소의 결합으로 특징지어진다. 이 두 가지 요소의 유기적인 결합은 생산과 소비의 증대, 그에 따른 안정적인 이윤을 보장했다. 케인스주의적 논리에서 임금과 이윤은 분배적 공생을 이룰 수 있었고, 노동자 계급의 생활 수준과 기업의 이윤은 상충적이기보다는 상보적이었다(이우관, 2001: 177).

그런데 1970년대 들어 포드주의적 타협을 가능케 한 원천이었던 생산성의 증가는 현저히 둔화되고, 경쟁적이고 개방적인 세계시장으로 인해 노동비용의 증가에 따른 비용 상승의 압력을 소비자에게 전가할 수 없게 되었다. 이로 인해 1970년대 중반부터 자본의 수익성은 현저히 악화되었다(이우관, 2001: 178). 이 과정에서 신자유주의가 발흥했고, 1980년대부터는 구조조정 정책이 노동시장의 지배적 모델로 떠올랐다. 신자유주의적 구조조정 정책은 노동을 다른 여타의 상품들과 동일하게 취급했다. 그 초점은 노동시장에서 노동의 유연화를 저해하는 기존의 제도적 장치 및 관행을 제거하고, 이를 통해 직·간접적인 노동비용을 줄이는 것이었다(이우관, 2001: 180).

기업은 노동력의 정착성보다는 노동력의 규모 및 기능을 탄력적으로

5 이에 관한 구체적인 설명으로는 박은홍, 2000: 361 이하; 신인령, 2002: 13 이하 각 참조.

변화시킬 수 있는 노동시장의 유연성이 필요했다.[6] 국가 역시 높은 실업률을 낮추기 위한 방법으로서 노동시장의 유연화를 추구했다. 기업은 유연성을 확보하기 위한 방법으로서 기업 내의 노동력을 중심(핵심)/주변으로 편성했다. 생산물 시장의 경쟁 격화, 끊임없는 기술 변화, 근로자들의 전반적인 교육 수준 향상 등의 여건 하에서 기업은 과거처럼 회사에 충성스럽고, 기업 특수적 훈련을 받은, 이직률이 낮은 핵심 노동력을 유지하는 데 흥미를 느끼지 못했다. 그 대신 노동시장의 유연성을 확보하기 위해 노력했다(윤진호, 1994: 214-215).

이러한 기업의 고용 유연화 정책은 기능적 유연화, 임금 유연화, 근로시간 유연화, 내부 노동시장[7]의 이중화, 외부화 정책 등으로 크게 구분할 수 있다. 여기서 마지막 세 가지 유형은 노동 투입량을 조절하는 방법으로서 수량적 유연성을 제고하는 것이다. 근로시간 유연화는 변형근로시간제, 탄력적 근로시간제, 임시휴업 등 근로시간 조정의 방법으로 이뤄진다. 내부 노동시장의 이중화는 간접고용(사내도급, 파견근로), 비정형근로, 임시 및 일용 근로자, 시간제 근로자, 계약직 근로자 등의 형태로 이뤄진다. 외부화 정책은 정리해고와 사외도급과 같은 외주의

6 유연성의 확대는 신자유주의의 자본 축적 전략의 특징이기도 했다. 포드주의는 대량생산·대량소비를 지향하며, 주기적인 경제 위기를 주로 국가가 주도하는 수요 창출을 통해 극복했으나, 위에서 살펴본 바와 같이, 1970년대 오일쇼크 이후의 만성적인 불황에 접어들면서 그 실효성을 잃게 되었다. 유연성은 포드주의의 경직된 조직을 재구조화해 핵심 인원은 조직의 중심부에 두면서 불황에 대비해 부차적인 기능은 일용직이나 부분고용, 하청노동 등으로 담보해 내면서 조직을 경량화하는 것이었다(이효식, 2001: 228-229).

7 '내부 노동시장'이란 노동의 가격 결정과 배분이 일련의 규칙과 절차에 의해 지배되는 하나의 관리 단위를 뜻한다. 구체적으로는 종업원의 임금 결정과 직무 배치에 관한 기업의 규칙과 규정들, 인적 자원을 훈련·육성하는 제도를 포괄한다. 내부 노동시장을 구성하는 규칙과 제도로는 명시적 인사 규칙에 따른 행정적 통제, 장기고용의 보장, 내부 경력 상승 기회(career ladder)의 제공, 기업 특수적 숙련의 배양, 특정 사업장에 대한 근로자들의 공간적 집중 등이 제시된다(정건화, 2003: 17).

형태로 이뤄진다(이효수, 2002: 251).

이러한 사정은 한국에서도 마찬가지였다. 중심부 노동력의 경우 1987년 이후 1997년까지 10년간 포드주의적 타협이 이뤄졌다(김형기, 2003: 8). 이 시기 한국에서는 노동 생산성 향상에 연동해 임금이 상승했고 사실상 완전고용이 달성되었다. 또한 1987년 이후 급격히 증대된 노동조합의 교섭력에 기초해 대기업을 중심으로 노동시장의 경직성, 즉 임금과 고용의 경직성이 나타났다(김형기, 2003: 8). 즉, 연공 모델은 노동력의 유연한 활용을 어렵게 했고, 사용자들의 권위와 재량 영역을 약화시켰다. 1990년대 들어 한국의 사용자들이 고용관계의 유연화를 지향하는 새로운 인사관리 시스템을 모색한 것은 자연스러운 선택이었다(박준식, 2001: 29).[8]

1990년대에 들어서서 경영계가 추진한 고용 유연화 정책은 두 가지 내용을 담고 있었다. 즉, 노동조합의 교섭력이 강화됨으로써 직접적인 유연화가 힘들어진 정규 고용 노동력 부문에 대해서는 능력과 성과를 반영하는 보상 및 고용 정책을 적용하고, 다른 한편 신규 고용이 요구되거나 기존 노동력의 대체 가능성이 높은 부문에서는 비정규 근로자의 활용을 극대화함으로써 고용의 수량적 유연성을 강화했다.[9] 이러한 정

---

8 일반적인 인식과 달리, 우리나라에서 기업들이 내부 노동시장 시스템의 변화를 추구하기 시작한 것은 외환위기 이전부터였다. 기간제를 중심으로 노동시장의 비정규화가 진행되기 시작한 것도 그 이전이었다. 외환위기는 이러한 기업의 노력과 성과를 더욱 가시적으로 만들었던 것이다. 이 점에서 비정규직의 확대는 1980년대 후반 이후 형성된 우리나라 노동시장 구조에 대한 기업의 지속적이고 체계적인 대응의 결과물이라고 설명된다(정건화, 2003: 19-20).

9 이효수 교수는 다음과 같이 설명했다. "한국 노동시장의 문화는 시장 원리와 계약주의에 기초하고 있기보다는 공동체 원리에 기초하고 있고 정리해고에 대한 노동조합의 저항이 강하기 때문에 정규직 노동력의 자유로운 해고는 현실적으로 불가능하다. 그래서 한국 기업은 고용의 유연성을 확보하기 위하여 노동조합의 저항이 상대적으로 적은 노동시간 유연화, 외주와 같은 사외도급의 확대, 그리고 사내도급, 파견근로, 임시·일고와 같은 내부 노동시장의 이중화 정책 등을 구사하고 있다. 이 가운데 마지막 두 가지 정책 특히 내부 노동시장의 이중화 정

책을 구체화하기 위해 사용자들은 기존 노동력의 유연성과 더불어 주변부 노동력의 수량적 유연성 확대를 적극적으로 지향했다(박준식, 2001: 28-29).

위와 같은 기업의 유연화 정책으로 인해 1990년대부터 단체협약의 보호로부터 제외되고, 경기 변동에 따라 규모가 수시로 조절되는 '잔여적' 존재인 비정규 노동력이 확대되었다(박준식, 2001: 29).

2. 고용 유연화 정책에 대한 법원의 동조

1980년대 중반은 노동법이 실질적인 법규범으로 복원된 시기일 뿐만 아니라 경제적으로도 축복받은 기간이었다. 선진국들이 무역 불균형, 개발도상국의 외채, 환율 불안 문제 등을 해결하기 위해 노력하면서 원유 가격, 국제 금리, 달러화가 급격히 하락하는 3저 현상이 나타났다. 이러한 세계 경제의 변화에 맞춰 한국은 1986년부터 3년 연속 경제성장률 12%를 웃도는 고도 성장을 달성했다(김성중·성제완, 2005: 324-331).

이 무렵 한국 기업의 인사제도는 종신고용 관행을 전제로 운영되었다. 이는 특히 대규모 기업의 중심부 노동력에 적용되었다. 기업은 정기적인 신규 채용을 통해 근로자를 충원했다. 일단 채용한 사원에 대해서는 고용 관계를 장기간 유지했다. 기업은 종업원이 중대한 비위행위를 한 경우나 기업의 존립이 위협받을 정도로 경영이 위기에 처한 경우를 제외하고는 근로자를 해고하지 않았다.

이와 함께 '정당한 이유' 없는 해고는 무효라는 근로기준법상의 규범이 확립되었다. 사용자는 근로자의 적격성과 능력의 결여를 이유로 하는 해고를 가능한 한 회피했고, 법원으로서도 이와 같은 해고의 유효성

책은 하위 단층, 즉 비정규직 노동시장의 규모를 확대시킨다"(이효수, 2002: 251).

을 쉽게 인정하지 않았다. 다만 이러한 해고 제한 법리는 직장 내 규율 위반에 대한 해고를 제약하지는 않았다. 법원은 기업에 광범위한 기업 질서 정립권을 인정해 질서 문란 행위에 대한 징계권의 행사를 넓게 인정했다(김희성, 2004: 24-25).[10]

판례 법리는 1990년대 초반에 곧바로 수정되었다. 이 무렵 한국은 3저 현상에 따른 수년간의 호황이 끝나고 기업의 채산성이 악화되었다. 1987년 이후 노동운동의 활성화에 따른 높은 임금 인상과 1980년대 말부터 본격화된 상품·노동시장의 개방은 중소기업에 타격을 주었다. 이로 인해 1990년을 전후해 많은 기업이 도산했다(김형배, 1998: 24). 한편 1993년 김영삼 정부는 '신경제계획'을 발표하고 신자유주의적 정책 기조를 채택했다. 그리고 세계화 담론을 통해 탈규제화, 자본시장 개방, 민영화, 노동시장의 유연화 등 신자유주의적 경제정책을 추진했다(윤찬영, 2001: 219-221). 법원은 정리해고 및 취업규칙의 불이익 변경에 관한 판례를 보수적인 내용으로 변경했다(김형배, 1998: 24: 김선수, 1994: 342-343). 사용자의 인사재량권을 넓게 인정한 전직 법리가 형성된 것도 이 무렵이었다.

앞에서 살펴본 바와 같이 1990년대 이후 경영계는 주변부 노동력에

10 법원의 이러한 태도를 잘 보여주는 예로는 정리해고에 관한 대법원 1989. 5. 23. 선고 87다카2132 판결(삼익건설 사건)을 들 수 있다. 이 판결에서 대법원은 정리해고가 정당성을 확보하기 위해 갖춰야 할 요건으로 "첫째로 해고를 하지 않으면 기업 경영이 위태로울 정도의 급박한 경영상의 필요성이 존재하여야 하고, 둘째로 경영 방침이나 작업 방식의 합리화, 신규채용의 금지, 일시 휴직 및 희망퇴직의 활용 등 해고 회피를 위한 노력을 다하였어야 하며, 셋째로 합리적이고 공정한 정리 기준을 설정하여 이에 따라 해고 대상자를 선별하여야 하고, 이 밖에도 해고에 앞서 노동조합이나 근로자측과 성실한 협의를 거칠 것이 요구된다."라고 판시함으로써 정리해고가 허용되는 경영상 필요성의 범위를 엄격하게 제한하고, 근로자대표와의 사전 협의 절차를 필수적인 요건으로 인정하는 등 이른바 '4요건설'을 명시적으로 지지했다(박철, 1990: 202). 법원이 이와 같은 입장을 취한 것은 당시의 종신고용 관행을 받아들이고 기업에 고용 유지(노력) 의무를 요구했기 때문이다.

대한 수량적 유연화에 주력했는데, 법원은 이러한 경영계의 정책에 동조했다. 그 예로는 1년 이상의 기간을 정한 근로계약의 효력에 관한 대법원 1996. 8. 29. 선고 95다5783 전원합의체 판결을 들 수 있다. 종래 법원은 "1년 이상의 근로계약이 체결된 경우라 하더라도 그 근로계약은 [···] 1년의 계약기간을 가진 근로계약으로 인정되고 그 이후의 근로관계는 특별한 사정이 없는 한 기간의 정함이 없는 것으로 보아야 한다."라고 해석했다.[11] 그러나 법원은 위 전원합의체 판결에서 1년을 초과하는 근로계약기간도 유효하고 다만 1년이 지난 후에 근로자의 퇴직의 자유가 보장될 뿐이라고 판시하며 기존 판례를 변경했다.[12] 이 판결은, 비록 전원합의체 판결이라는 형식을 취했지만, 새로운 입법이라고 해도 과언이 아니었다. 당시 한국은 학설과 판례에 의해 1년을 초과하는 기간제 근로계약을 제한했는데, 이 판결로 인해 그 규제가 없어지게 된 것이다(최홍엽, 2000: 95).

위 판결에서 법원은 자신이 '노동시장의 유연화'라는 정책적 목적을 택했다는 점을 드러냈다. 법원은 이 판결에서 사용자가 핵심적인 소수의 정규직 근로자로 기업 조직을 슬림화하고 비정규 근로자를 대량 고용할 수 있는 법적 계기를 마련했다(이홍재, 2002: 162; 조경배, 1999a: 246; 최홍엽, 2000: 90). 이 판결을 통해 법원은 사실상 비정규 고용을 부추기는 것과 다름없는 효과를 발생시킨 것이다(조경배, 1997: 202). 그 의의에

11 대법원 1989. 7. 11. 선고 88다카21296 판결.

12 강성태 교수는 위 전원합의체 판결을 다음과 같이 요약했다. ① 근로계약의 기간은 근로계약의 '존속기간'이지 '근로조건'은 아니기 때문에 근로기준법에 위반한 근로조건을 정한 근로계약의 법적 효력에 관한 근로기준법 제22조는 적용되지 않는다. ② 따라서 계약기간의 정함은 적어도 사법(私法)상으로는 그대로 유효하므로 사용자로서는 정해진 기간 동안 계약을 존속시킬 의무가 있다. ③ 그러나 근로자는 1년이 경과한 후에는 언제든지 당해 근로계약을 해지하고 자유롭게 퇴직할 수 있다. ④ 정해진 기간이 만료하면 특별한 사정이 없는 한 근로관계는 자동적으로 종료한다. 따라서 사용자는 근로관계의 종료를 위해 해고 등 별도의 조치를 취할 필요가 없다(강성태, 2000a: 48-49).

대해 대법원 재판연구관도 "이 사건 대법원 전원합의체 판결은 국내 노동시장의 경직성을 완화하고, 기업 경영에 있어서 노무 구조의 탄력성·유연성을 갖게 했다는 점에서 그 의의를 결코 낮게 평가할 수 없다. [···] 구 근로기준법 제21조 소정의 근로계약기간 제한에 관한 종래의 다수설은 그 논리적 불합리는 차치하고, 근로자의 고용 안정이라는 효과를 가능케 할 수 있을지는 모르나 기업이 유기의 근로계약의 체결을 통해 능력 있고 경험이 풍부한 노동인력을 확보하고 나아가 신규의 노동인력을 보다 용이하게 확보함으로써 기업 활동을 극대화하고 나아가 새로운 고용 창출을 도모하여야 하는 현실적 당위성을 외면하고 있다는 비판을 면할 수 없다."라고 해설했는데(김형진, 1997: 124-148), 이것은 위 전원합의체 판결이 대법원의 정책적 결단에 의해 이뤄졌음을 잘 드러내고 있다(김선수, 1998: 88).

Ⅱ. 고용 유연화 정책의 적극적 추진과 법원의 협력

1. 외환위기의 도래와 구조조정의 본격적 진행

1997년 말 외환위기가 시작되었다. 외환위기의 직접적인 원인은 동남아시아 등에서 시작된 국제 금융시장의 불안정성과 이에 대한 적기 대응이 미흡했다는 점이었다. 1997년 7월 2일 태국 바트화가 폭락하고, 10월 8일 인도네시아가 국제금융기구(IMF)에 자금 지원을 요청했으며, 10월 17일 대만이 외환 방어를 포기했다. 10월 23일 홍콩 증시가 10.4% 폭락하고, 10월 27일 미국 다우존스 지수가 7.2% 하락했다. 그 여파로 한국에 대한 해외 차입이 전면 중단되고, 외환자금의 이탈이 가속화되었다. 한국의 외채 만기 연장률은 1997년 1월 현재 87%에서

1997년 11월 현재 59%로 급격하게 낮아졌다. 이에 덧붙여 한보·기아 사태의 처리 지연 등으로 국가 신인도가 저하되면서 환율이 상승하고, 가용 외환 보유고가 급감함에 따라 경제 상황이 급속히 악화되었다(재정경제부, 2002b: 12).

한국은 IMF의 도움을 받아 이 위기를 해결하고자 했고, IMF의 구제 금융 프로그램에 의해 외환위기를 극복하는 과정에서 혹독한 대가를 지불했다. 1997년 12월 IMF가 한국 정부에 요구한 경제 운용상의 과제는 저성장 기조의 유지, 재정 지출의 억제 및 세수 증대, 긴축 금융의 운용, 금융시장 개방의 가속화 및 투명성 제고 등이었다. IMF 프로그램이 도입된 직후 당좌대출 금리는 연율 37.48%까지 뛰어올랐다. 거의 모든 기업의 재무 상태가 빠르게 악화되었다. 환율은 종전의 1달러당 800원대에서 2,000원대까지 상승했다. 외국 채권자들이 국내 기업들에 대해 외환 차입금의 상환을 강력하게 요구하는 상황에서 환율의 갑작스러운 상승은 기업들의 재무 상태를 악화시키는 데 결정적 역할을 했다(윤원배, 2004: 60).

외환위기 후 한국의 현실을 주도한 논리는, 외환위기의 탈출을 위해서 경제 회생을 위한 모든 방법이 동원되어야 하고 일시적인 부작용도 감수해야 한다는 소위 '경제 회생 우선론'이었다. 경제 회생을 위한 구조조정의 필요성은 고용조정의 필요성과 동일시되었다. 이것은 곧 감원 중심의 고용조정을 수반하는 감량 경영 방식을 뜻했다. 정부 역시 신속한 구조조정과 노동시장의 유연화를 통해 신규 고용을 창출하는 것이 근본적인 실업 대책이라는 입장을 견지했다. 구조조정에 따른 실업 발생은 불가피한 것으로 인식되고 실업자에 대해서는 최소한의 생활보호와 공공근로사업을 통해 생계를 지원하는 대책이 추진되었을 뿐이다(윤진호, 1999: 47).

정부는 실업 문제를 근원적으로 해결하고 경제의 활력을 되찾기 위해서는 노동시장의 유연성을 높여야 하고, 노동시장의 유연성이 확보되면 기업의 경쟁력이 확보되고 외국인 투자도 늘게 되어 새로운 일자리가 창출된다는 논리를 전개했다(대한민국 정부, 1998: 12). 그리고 노동시장의 유연성을 강화하기 위해서는 고용조정의 수용, 고용 형태의 다양화, 임금의 유연화 등이 필요하다고 설명했다(대한민국 정부, 1998: 182-190). 정부의 이러한 조치는 노동시장에서의 규제 완화 또는 보호의 약화에 다름 아니었다(오문완, 1998: 17). 특히 외환위기 이후 진행된 구조조정은, 노동 분야와 관련해서는 임금·고용량 등 노동시장의 변수들이 시장 여건의 변화에 따라 신축적으로 변동될 수 있도록 노동시장의 유연성을 제고하는 데 그 초점이 맞춰졌다(재정경제부, 2002a: 14). 정부는 외환위기의 원인 중 하나로 "노동시장 유연성 제고를 위한 시도가 제대로 실천되지 못하여 오히려 사회적 갈등만 증폭[시켰다]"는 점을 들고, 금융·기업·노동·공공 등 4대 부문에 대한 구조조정을 추진함으로써 "임금·고용량 등 노동시장의 변수들이 시장 여건의 변화에 따라 신축적으로 변동할 수 있도록 노동시장의 유연성을 제고"하고자 했다(재정경제부, 2002a: 8, 14).

외환위기 이후 정부의 구조조정은 3단계로 진행되었다. 1단계 구조조정 작업은 1998년 2월부터 2000년 8월까지 진행되었다. 당시 정부는 부실 금융기관의 정리와 공적자금 지원을 통한 금융 중개 기능의 회복에 주력했다. 이와 동시에 기업의 과다한 부채 구조, 전근대적 경영 체제 개선에 역점을 두어 구조조정 작업을 추진했다. 1단계 구조조정을 마친 이후 정부는 금융·기업·노동·공공 등 4대 부문 12개 핵심 개혁 과제를 선정하고, 2001년 2월까지 구조조정을 진행했다. 정부는 2단계 구조조정이 마무리된 2001년 3월 이후의 기간을 상시적 구조조정 단계로 파악하고, 시장 원리에 입각한 신속하고 투명한 기업 구조조정이 이뤄질 수 있게 되었다고 설명했다(재정경제부, 2002a: 14-15).

2. 상시적 구조조정 체제의 성립

가. 제1단계 구조조정

제1단계 구조조정은 국민의 정부가 출범한 직후인 1998년 2월부터 2000년 8월까지 진행되었다. 이 기간 동안 정부는 외환 유동성 위기에 따른 기업, 금융 부문의 부실을 제거하고 구조조정을 위한 법률과 제도적 장치를 마련하는 데 주력했다.

IMF 관리 체제 하에서 저조한 경제 성장과 기업의 광범위한 구조조정, 그리고 잇따른 기업 도산 등으로 인해 근로자들은 대량 실업의 두려움에 시달렸다. IMF와 정부의 협약에는 정리해고 제한 완화를 비롯한 각종 노동시장의 유연화 정책을 규정하고 있었다. 정부는 '국제 신인도 회복'이라는 명분 아래 부실 금융기관을 필두로 해서 정리해고에 관한 명시적인 입법을 시도했다. 한편 1998년 1월 15일 노사정 대표로 구성된 제1기 노사정위원회가 신설되었다. 정리해고 문제가 노사정위원회의 주요 쟁점이 되고 있는 가운데 실직자들이 쏟아져 나왔고, 마구잡이식 해고가 행해졌다(도재형, 1999: 92-93).

이런 상황에서 제1기 노사정위원회는 설립 후 약 20여일 간의 진통을 겪은 끝에 1998년 2월 6일 「경제위기 극복과 재도약을 위한 노사정 공동선언문」(이하 '2·6 사회협약'이라 한다)을 채택했다. 이때 정리해고에 대한 2년 유예 조항을 삭제하고, 경영 악화 방지를 위한 사업의 양도와 인수·합병 등 긴박한 경영상의 이유가 있는 경우 합리적이고 공정한 기준에 의해 정리해고를 할 수 있다는 합의를 도출했다. 1998년 2월 20일 위 합의에 따라 근로기준법과 시행령이 개정되었다(도재형, 1999: 93). 2·6 사회협약은 노동시장, 노사관계에 관한 의제에 국한되지 않고 거시경제정책, 물가 안정, 기업 경영, 사회보장 제도 확충 등 국가 경제 전반에 길친 폭넓은 의제에 대한 합의를 담고 있었다. 2·6 사회협약을 통해 정부는 IMF와의 협약 사항이었던 정리해고 법제 개정과 근로자파견제의 도입을 관철했다. 노동계는 그 보상으로서 5조 원의 실업 대책 재원 확보, 공무원·교원의 단결권 보장, 노동조합의 정치 활동 보장, 실업자의 조합원 자격 보장, 의료보험 통합과 확대 적용, 지방노동관서의 노동 행정 업무에 대한 지방자치단체로의 이관 등의 성과를 얻었다(이종선, 2001: 202-203).

당시 '정리해고 법제화'라는 이름으로 발표된 정리해고 조항의 개정은 사회·경제적으로 큰 영향을 미쳤다. 근로자들은 고용 불안의 위험에 시달려야 했다. 사용자들은 구조조정이라는 명분 아래 희망퇴직, 지명퇴직, 명예퇴직 등의 이름을 빌려 탈법적인 해고를 시행할 수 있었다. "정리해고가 판례로 되어 있는 것과 입법화되어 있는 것과는 노동과 자본에게 주는 영향이 하늘과 땅의 차이이기 때문"이었다(조백현, 1998: 107). 정리해고 조항이 개정되자마자 현대자동차와 만도기계에서 곧바로 이뤄진 대규모 정리해고나 노조 무력화 기도, 많은 기업에서 탈법적인 정리해고가 이뤄지고 그에 대한 개별 근로자의 대응이 불가능했다는 점이 이를 잘 드러내고 있다(도재형, 1999: 94).

1998년은 경영계의 오랜 숙원이던 근로자파견제가 입법화된 해이기도 했다. 근로자파견제와 시간제 근로, 재택근무제 등은 시장 상황의 변화에 따라 노동력 투입량을 탄력적으로 조절할 수 있는 새로운 취업 형태라고 할 수 있다. 당시 경영계는 "파견근로의 증가는 시장 경쟁의 강화, 기술 혁신, 근로자들의 가치관 변화에 따른 필연적 결과로서 근로자파견사업의 적정 운영에 관한 법률을 시급히 제정해야 한다."고 주장했다(1998. 1. 15. 한겨레신문). 이에 정부는 제1기 노사정위원회의 합의를 거쳐 파견법을 제정함으로써 그동안 경비, 청소 등 극히 일부를 제외하고는 금지되었던 근로자파견제를 합법화했다. 파견법 제정의 1차적 의의는, 일부 긍정적 기능에도 불구하고, 그때까지 금지되었던 근로자파견사업이 합법화되었다는 점이었다(강성태, 1998: 163).

결국 2·6 사회협약에 따른 정리해고제의 즉시 발효와 파견법의 제정은 이전까지 노동계가 강력히 반발했던 고용 유연화의 내용을 제도화한 것으로서 한국 노동시장 구조에 커다란 지각 변동을 초래했다(이종선, 2001: 208).

나. 제2단계 구조조정

1999년 2/4분기부터 한국 경제는 빠르게 회복되었다. 그러나 이러한 실물 경기의 호전과는 달리 1999년 7월 대우그룹에 대한 구조조정안이 발표되고 12개 계열사가 채권은행단의 관리로 들어가자 금융시장의 불안이 가중되었다. 대우그룹의 부실채권 처리 문제가 불거지면서 금융시장이 위기를 맞게 된 것이다.

이러한 상황을 배경으로 정부는 2000년 8월부터 금융·기업·노동·공공 등 4대 부문 12개 핵심 개혁 과제를 선정하고 2단계 구조조정을 추진했다. 외환위기 이래 그때까지의 구조조정이 위기 국면을 통과하기 위한 기업 퇴출과 정리를 중심으로 하는 정부 주도의 개혁이었다면, 이후부터는 시장 원리를 확립하고 세계 경제의 조류에 조응하는 경제 주체와 관행을 조성하는 것에 초점을 맞췄다. 이는 곧 정부의 직접적인 개입을 축소하고 '시장 원리에 입각한 상시적 구조조정의 기본틀'을 마련한다는 목표로 표현되었다(재정경제부 외, 2000: 2; 재정경제부, 2002b: 18). 여기에서 정부가 목표로 삼은 '상시적 구조조정 시스템'이란 향후 기업 부실이 재발하지 않도록 예방적 감시 체제를 구축하고, 설령 부실이 발생해도 초기 단계에서 투명하게 드러나 금융 시스템에 대한 부담 없이 기업 구조조정이 상시적으로 처리될 수 있는 시스템을 뜻한다. 즉, 기업의 진입과 퇴출이 시장 원리에 따라 상시적으로 원활히 수행된다는 것이다(재정경제부 외, 2000: 11-12).

2단계 구조조정 정책의 핵심은 금융과 기업의 지배 구조 개편이었다(윤원배, 2004: 67). 그리고 수량적 유연성에 기초한 인원 구조조정을 핵심으로 했다(이종선, 2001: 209). 예컨대 30대 재벌 기업, 공기업, 금융업 등 구조조정 대상 기업들의 인력 현황에 대한 조사 결과에 의하면, 위 기업들의 종업원 수는 1997년 10월 현재 155만 9천 명에서 2002년 10월 현재 122만 2천 명으로 줄었다. 이는 약 33만 7천 명이 줄어든 것으로 인력 감축률은 21%에 달했다. 같은 기간 중에 전체 취업자 수는 2,100만 명으로 거의 변화가 없었다는 점을 고려할 때, 이들 구조조정 대상 기업의 인력이 다른 기업들에 비해 더 많이 줄었음을 알 수 있다(김태기·민병유, 2003: 78).

다. 상시적 구조조정 체제

2단계 구조조정을 통해 금융과 기업의 지배 구조 개편을 위한 법·제도적 기초가 어느 정도 조성되자 이를 활성화하기 위한 구조조정의 새로운 단계가 도입되었다. 2001년 3월 정부는 2단계 구조조정이 완결되었다고 밝히면서 이른바 '상시적 구조조정 시스템'으로의 전환을 발표했다. 상시적 구조조정 체제로의 전환은 정부의 직접적 개입을 최소화하고 시장 시스템의 보완과 감시에 주력함으로써 시장의 힘에 의한 구조조정으로 전환된다는 것을 의미했다.[13] 이를 위해 2001년 3월 기업 신용위험의 상시 평가 시스템이 구축되고, 2001년 8월 「기업구조조정촉진법」이 제정되었다.

상시적 구조조정 체제 아래에서 기업은 경쟁력 제고를 위해 노력해

---

13 2단계 구조조정이 실패했다는 견해도 있다. 즉, 정부의 2단계 구조조정이 대우자동차 처리의 장기화 및 현대건설 유동성 문제로 실패 위기에 직면하자, 2001년 3월 정부가 4대 부문 개혁 관련 경제장관 공동 기자회견을 통해 2단계 구조조정을 서둘러 마감하고 상시적 구조조정 시스템 체제로 전환했다는 것이다(이종선, 2001: 209).

야 했다. 금융기관은 부실기업 퇴출이나 건전기업에 대한 지원 여부를 수시로 결정하게 되는데, 은행별 상시 퇴출 기준의 작동 여부는 정기적으로 점검되었다. 금융기관 역시 수익성과 건전성을 동시에 추구하며 운영해야 했고, 경쟁력 제고에 실패한 부실 금융기관에 대해서는 적기 시정조치가 행해졌다(이창용·이병근, 2003: 60).

국민의 정부가 핵심적인 개혁 과제로 설정한 금융·공공·기업·노동 등 4대 부문 개혁은 부실 금융기관의 퇴출과 합병, 빅 딜과 워크 아웃, 민영화 및 구조조정, 정리해고제와 근로자파견제 등의 내용을 포함하고 있었다. 이러한 것들은 모두 근로자들에 대한 인력 감축, 고용조정을 핵심 내용으로 삼았다. 따라서 재벌 기업, 금융, 공공 부문 등 구조조정 대상 사업장에서 광범위한 인력 조정이 이뤄졌다(임영일, 2003: 42).

외환위기 이후 정부는 공공 부문 전체 고용의 20%를 감축했고, 이와 별도로 수십 개의 공기업을 민영화했다. 민간 부문에서도 고용조정은 광범위하게 이뤄져 정규직 근로자에게도 고용 불안은 일상적인 현실이 되었다. 외환위기가 진행되면서 기업의 구조조정과 그에 따른 신축적인 인력 감축은 일상화되었다. 공공 부문과 민간 부문을 불문하고 많은 기업에서 사실상의 강제 해고인 희망퇴직, 정리해고를 통한 고용조정, 정규직 근로자의 비정규 근로자로의 대체, 하도급과 아웃 소싱을 통한 고용조정 등의 인력 감축을 실시했다. 사업부서 축소와 분사, 배치전환, 사내외 교육훈련, 사업부서 혹은 생산 라인의 축소 등 다양한 형태의 구조조정, 인력 조정 등도 일상화되었다(임영일, 2003: 43). 결국 기업에 대한 상시적 구조조정이 근로자들에게는 '상시적 고용조정'의 의미로 다가왔다.

3. 외환위기 이후 한국의 노동 현실

외환위기 이후 노동시장과 노사관계는 급변했고, 포드주의적 타협은 깨졌다(김형기, 2003: 8). 1997년 외환위기 이후 정부와 경영계가 본격적으로 추진한 고용 유연화는 시장의 강제력에 의해 유연화를 달성하려는 이른바 '시장적 유연화'였다. 시장적 유연화는 대량 해고와 비정규 근로자의 대량 도입, 임금의 최대한 삭감, 그리고 노동조합 기능의 최대한 약화 등에 의해 노동시장에서 기업의 이윤 획득을 위한 최대한의 유리한 조건을 창출함으로써 기업의 축적 조건을 회복하려는 시도로 해석되었다(윤진호, 1998: 231-232). 고용 유연화 조치의 법제화와 이후 전개된 구조조정은 한국 노동시장의 구조를 근본적으로 변화시켰다. 그 변화의 주요한 특징은 세 가지로 요약할 수 있다. 상시적 실업 위기와 고용 불안의 일상화, 비정규 근로자의 확대와 이중적 노동시장 구조의 심화, 유연한 임금 제도의 확산과 소득 분배의 악화 등이 그것이다(이종선, 2001: 210).

외환위기 이전 시기의 한국 노동시장이 종신고용 관행으로 대변되는 고성장과 저실업을 특징으로 한다면, 그 이후의 노동시장은 상시적 실업 위기와 고용 불안의 일상화를 특징으로 들 수 있다. 실업자들이 실업에서 벗어날 수 있는 유일한 탈출구는 낮은 수준의 임금과 근로조건을 감수해야 하는 비정규 노동에 편입하는 것이었다.[14] 비정규 노동의 확산으로 인해 정규직 근로자와 비정규 근로자로 나눠지는 이중적 노동시장 구조는 더욱 심화되었다. 전체 근로자 중에서 비정규 근로자의 비중은 1998년 말을 기점으로 정규직 근로자의 비중을 추월했다(이종선, 2001: 211). 외환위기 이후 비정규 근로자의 비중이 크게 확산된 이유는

14 한국노동연구원의 조사 결과에 의하면, 1998년 1월부터 1999년 12월까지 기간 중 재취업한 실직자의 경우 상용직의 비중은 감소한 반면 임시·일용직 등의 비정규직 비중은 증가했다(이병희, 2001: 164).

대부분의 사용자가 경기 불안정 등을 이유로, 추가적인 노동력이 필요하더라도, 정규직보다는 상대적으로 인건비의 절감과 인원 구조조정이 용이한 비정규 근로자를 선호했기 때문이다(이종선, 2001: 212).

비정규 근로자들은 실업 상태를 반복하면서 정규직 근로자들의 일자리 상실 위험성을 낮추는 완충지대로서의 역할을 수행했다(윤진호, 1994: 216). 이에 따라 핵심적인 정규직 근로자들이 비정규 근로자들을 방패 삼아 고용 유연화의 영향을 피하는 이중적 노동시장 구조가 정착되었다(이종선, 2001: 212). 한국에서 내부 노동시장의 이중화 정책은 노동시장의 유연화에 기여하기보다는 오히려 정규직 노동시장으로의 진입이 어려운 비정규직 노동시장의 확대를 초래했다(이효수, 2002: 254). 경기회복기에도 비정규직 노동시장이 축소되지 않았다(이효수, 2002: 262-264).

노동조합은 기본적으로 고용 유연화에 반대했지만, 한편으로 기능적 유연화를 수용하고 불가피하다고 판단되는 경우에는 임금 유연화도 수용했다. 근로시간의 조정과 같은 내부 수량적 유연화나 외부화에 대해서도 극단적으로 저항하지는 않았다. 노동조합이나 근로자들이 가장 강력하게 저항한 것은 정리해고와 같은 외부 수량적 유연화였다(문무기, 2001: 232-261). 노동조합은 비정규직의 확대가 정규직 근로자의 근로조건의 개선을 어렵게 하고 노동조합의 세력 강화에 장애가 된다는 것을 알고 그 확대를 반대했지만, 다른 한편으로는 정리해고의 위협에 대응하고 3D 업종을 피하기 위해 이를 묵인하기도 했다(박준식, 2001: 30-31; 이효수, 2002: 253-254).

연봉제, 성과배분제 등 유연한 임금 제도의 확산도 외환위기 이후 노동시장 변화의 주요한 특징 중 하나였다.[15] 국민의 정부는 공공 부문

---

15 임금의 유연화는 주로 연봉제의 도입으로 나타났다. 외환위기 이후 도입된 연봉제는 1990년

의 구조 개혁 과정에서 성과급에 기초한 연봉제, 정년의 하향 조정, 퇴직금 누진제 폐지, 평가 시스템 구축 등 소위 5대 경영 혁신 지침을 통해 유연한 임금 제도의 확산을 주도했다. 특히 일률적인 인건비 삭감에 따른 인력 감축과 5대 경영 혁신 지침 등을 핵심으로 하는 공공 부문의 구조조정은 개혁 실적에 따른 정부의 일방적인 예산 편성 지침 및 인센티브 제도와 맞물려 대부분 관철되었다. 이 같은 유연한 임금 제도의 도입은 결국 소수의 핵심 근로자를 제외한 대다수 근로자의 인건비 삭감으로 귀결되었다. 이에 따라 소득 분배 구조는 더욱 악화되었다.

4. 고용 유연화 정책에 대한 법원의 협력

법원 역시 다르지 않았다. 앞에서 살펴본 바와 같이 1996년 대법원은 1년을 초과하는 기간제 근로의 사용을 허용함으로써 외환위기 과정에서 기간제 근로가 폭발적으로 증가할 수 있는 계기를 만들었다. 그리고 입법부가 예상한 것보다 정리해고를 더 쉽게 할 수 있도록 근로기준법 제24조를 완화해 적용했다(도재형, 2005a: 168-174).[16] 또한 취업규칙의 불이익 변경 절차에서 집단적 동의 방식을 탄력적으로 해석하고,[17] 사회통념상 합리성론의 적용 범위를 확대했으며,[18] 근로조건을 불리하게 변경

대 중반부터 도입되었던 연봉제와는 다른 몇 가지 특징이 있었다고 한다. 첫째, 연공적 성격을 유지하면서 부분적으로 성과급을 지급하는 '부분적 연봉제'가 아니라 '완전 연봉제'를 실시하는 경우가 나타났다. 둘째, 과거의 연봉제는 인센티브제를 가미한 플러스 섬(plus sum) 방식을 택한 것이 특징이었으나, 외환위기 이후에는 업적이 낮은 부서나 직원의 급여를 삭감해 유능한 부서나 직원에게 주는 제로 섬(zero sum) 방식으로 도입되었다. 연봉제는 성과가 낮은 근로자에 대한 임금 삭감을 정당화했다(김석준·장상환, 2003: 66).

16 대법원 2002. 7. 9. 선고 2001다29452 판결.

17 대법원 2003. 11. 14. 선고 2001다18322 판결, 2004. 5. 14. 선고 2002다23185, 23192 판결.

18 대법원 2001. 1. 5. 선고 99다70846 판결, 2002. 6. 11. 선고 2001다16722 판결.

한 단체협약의 규범적 효력을 인정함으로써[19] 사용자가 쉽게 근로조건을 변경할 수 있도록 했다(이홍재, 2005: 163). 장기고용을 전제로 하는 '기간의 정함이 없는 근로계약'에서 근로관계가 상당 기간 계속되는 경우, 계약 체결 시의 불명확한 합의 내용을 어떻게 정할 것인지, 그 내용은 주변 상황에 따라 어떻게 변하는지, 당사자는 어떻게 계약을 종료시키는지에 관한 법적 쟁점이 발생하는데, 법원은 그 쟁점들과 관련해 고용 유연화 정책에 협력하는 태도를 취했던 것이다(노상헌, 2003: 2; 정진경, 2002: 2). 그로 인해 종래 노동법의 보호 대상에서 배제되었던 비정규 근로자뿐만 아니라 정규직 근로자들도 유연화 정책에 노출되었다.

1997년 외환위기 이후 진행된 구조조정에 대한 근로자들의 1차적인 대응은 파업이었다. 파업이라는 대응 수단은 일부 대기업 노동조합만이 제한적으로 사용할 수 있던 것이긴 하지만, 그 파급 효과가 크다는 점에서 구조조정의 성공 여부와 밀접하게 연관되어 있었다. 당시 파업의 정당성과 관련해 논란이 된 것은 구조조정에 대항하는 파업 목적의 정당성, 긴박한 상황 하에서 찬반 투표를 거치지 못한 파업의 절차적 정당성 문제였다(민주사회를 위한 변호사모임 노동위원회 편, 2003: 14). 이에 대해 법원은 쟁의행위는 억제되고 제한적으로 행사되어야 한다는 태도를 유지했다.[20] 그리고 구조조정에 대항해 이뤄진 파업은 불법이라는 입장을

19 대법원 2000. 9. 29. 선고 99다67536 판결.

20 그 예로는 쟁의행위 찬반 투표에 대한 대법원 2001. 10. 25. 선고 99도4837 전원합의체 판결을 들 수 있다. 여기에서 대법원은 조합원 찬반 투표를 거치지 않고서 쟁의행위를 진행할 수 있는 경우란 '그 절차를 따를 수 없는 객관적인 사정이 있는 경우'로 한정된다고 판시하고, '조합원의 민주적 의사 결정이 확보된 경우'는 이에 해당하지 않는다고 설명했다. 그 구체적인 내용은 다음과 같다. "특히 그 절차에 관하여 쟁의행위를 함에 있어 조합원의 직접·비밀·무기명 투표에 의한 찬성 결정이라는 절차를 거쳐야 한다는 규정은 노동조합의 자주적이고 민주적인 운영을 도모함과 아울러 쟁의행위에 참가한 근로자들이 사후에 그 쟁의행위의 정당성 유무와 관련하여 어떠한 불이익을 당하지 않도록 그 개시에 관한 조합 의사의 결정에 보다 신중을 기하기 위해 마련된 규정이므로 위의 절차를 위반한 쟁의행위는 그 절차를 따를 수 없는 객관적

견지했다. 예컨대 2002년 2월 26일 대법원은 1998년의 조폐공사 파업의 정당성을 인정한 원심(대전지방법원 1999. 11. 19. 선고 99노816 판결)을 파기하면서 정리해고에 대항하는 쟁의행위의 정당성을 부정하는 판결을 선고했다.[21]

이와 같은 법원의 입장은 이후 좀 더 분명해졌다. 공공 부문 노동조합들이 공기업의 민영화 조치에 대항해서 행한 파업과 관련해 대법원은 자신의 정책적 목표를 뚜렷하게 드러냈다.[22] 관련 판시 내용은 다음과 같다. "경영권과 노동3권이 서로 충돌하는 경우 이를 조화시키는 한계를 설정함에 있어서는 기업의 경제상의 창의와 투자 의욕을 훼손시키지 않고 오히려 이를 증진시키며 기업의 경쟁력을 강화하는 방향으로 해결책을 찾아야 함을 유의하여야 한다. 왜냐하면 기업이 쇠퇴하고 투자가

인 사정이 인정되지 아니하는 한 정당성이 상실된다고 잇따라 판시하여(대법원 1992. 3. 13. 선고 91누10473 판결, 1992. 9. 22. 선고 91다4317 판결, 1992. 12. 8. 선고 92누1094 판결, 2000. 3. 10. 선고 99도4838 판결 등 참조) 위의 규정들의 취지를 분명히 하여 왔다."

21 대법원 2002. 2. 26. 선고 99도5380 판결. 판결의 관련 판시 내용은 다음과 같다. "정리해고나 사업조직의 통폐합 등 기업의 구조조정의 실시 여부는 경영 주체에 의한 고도의 경영상 결단에 속하는 사항으로서 이는 원칙적으로 단체교섭의 대상이 될 수 없고, 그것이 긴박한 경영상의 필요나 합리적인 이유 없이 불순한 의도로 추진되는 등의 특별한 사정이 없는 한, 노동조합이 실질적으로 그 실시 자체를 반대하기 위해 쟁의행위에 나아간다면, 비록 그 실시로 인해 근로자들의 지위나 근로조건의 변경이 필연적으로 수반된다 하더라도 그 쟁의행위는 목적의 정당성을 인정할 수 없다 할 것이다." 이 판결은 선험적으로 '경영상 결단에 속하는 것'을 단체교섭 사항에서 제외함으로써 근로조건과의 관련성에 의해 단체교섭 대상 사항을 정할 수 있는 여지를 봉쇄하고, 단체교섭의 동태적 성격을 무시했다고 비판받았다(김진, 2003: 171 이하; 정인섭, 2002: 26 이하). 한편, 1998년 당시 검찰과 노동부가 조폐공사의 노사관계에 개입한 사정이 어느 정도 밝혀진 상태에서 이러한 판결이 선고된 것은 어떤 경우에도 구조조정에 대항하는 파업의 정당성을 인정하지 않겠다는 법원의 의지를 나타냈다는 점에서 매우 의미심장했다.

22 대법원은, 그 이전까지 구조조정과 관련해 발생한 쟁의행위의 형사책임이 다뤄진 사건에서 '경영상의 결정이므로 그에 반대하는 쟁의행위에 목적의 정당성을 인정할 수 없다'라고 법리적 혹은 추상적으로만 그 이유를 판시했는데, 공기업의 민영화 조치에 대한 파업과 관련해서는 현실적 변수를 먼저 고려해야 한다는 입장을 분명하게 밝혔다(정인섭, 2003: 114-115).

줄어들면 근로의 기회가 감소되고 실업이 증가하게 되는 반면, 기업이 잘 되고 새로운 투자가 일어나면 근로자의 지위도 향상되고 새로운 고용도 창출되어 결과적으로 기업과 근로자가 다 함께 승자가 될 수 있기 때문이다. 그리고 이러한 문제의 해결을 위해서는 추상적인 이론에만 의존하여서는 아니되고 시대의 현실을 잘 살펴 그 현실에 적합한 해결책이 모색되어야 한다. 이러한 관점에 서서 오늘의 우리나라가 처하고 있는 경제 현실과 오늘의 우리나라 노동쟁의의 현장에서 드러나는 여러 가지 문제점 등을 참작하면, 구조조정이나 합병 등 기업의 경쟁력을 강화하기 위한 경영 주체의 경영상 조치에 대하여는 원칙적으로 노동쟁의의 대상이 될 수 없다고 해석하여 기업의 경쟁력 강화를 촉진시키는 것이 옳다. 물론 이렇게 해석할 경우 우선은 그 기업에 소속된 근로자들의 노동3권이 제한되는 것은 사실이나 이는 과도기적인 현상에 불과하고, 기업이 경쟁력을 회복하고 투자가 일어나면 더 많은 고용이 창출되고 근로자의 지위가 향상될 수 있으므로 거시적으로 보면 이러한 해석이 오히려 전체 근로자들에게 이익이 되고 국가 경제를 발전시키는 길이 된다."[23]

23 대법원 2003. 7. 22. 선고 2002도7225 판결.

제2절 구조조정 정책에 대한 성찰과 노동법의 회생[24]

I. 비정규 근로의 확대와 사회적 양극화의 지속

위에서 살펴본 바와 같이, 1990년대 이후 한국 노사관계가 겪은 변화 중 하나는 비정규 노동의 확대다. 특히 외환위기 이후 진행된 고용 유연화 정책은 시장 여건의 변화에 따라 고용량을 탄력적으로 변화시킬 수 있는 데 초점이 맞춰졌다. 법원 역시 이러한 정책 목적에 순응했다. 그 결과 비정규 노동에 관한 사법적 보호는 자제되고 노동시장에서 근로자의 교섭력은 약화되었다(도재형, 2010a: 119).

그런데 이렇게 고용 유연화 정책이 추진된 기간은 글로벌 경제환경과 우리나라 산업 구조가 급속하게 변화된 기간과 겹쳤다. 그 결과 1990년대 중반 이후 한국의 사회적 양극화는 심화되었다. 이 기간의 두드러진 현상은 저소득층의 상황이 악화되고, 단기적 현상으로 치부하기 어려운 지속성이 나타났다는 점이다(윤희숙, 2013: 34). 어떤 지표로 측정하든 최근의 소득 불평등은 외환위기 이전보다 높게 나타난다(이병희,

24 이 부분은 도재형, "노동법의 위기와 회생, 그리고 과제", 「인권과 정의」 2016년 6월호, 대한변호사협회, 2016: 72-80의 내용을 수정·전재했다.

2014: 32). 그리고 이러한 소득 불평등 증가의 주된 요인은 노동시장에서의 근로소득 불평등의 확대인 것으로 분석된다(장지연·이병희, 2013: 85).

소득계층별 시장소득 점유율의 추이는 저소득층으로 귀속되는 비중이 지속적으로 감소하고 있다는 것을 보여준다. 소득 하위 10% 가구의 소득점유율은 1996년에서 2011년 기간 동안 78% 감소했다. 단독가구 증가 등 가구 구조 변화의 영향을 분리하기 위해 개인 단위로 분석할 경우에도 하위 10%의 소득점유율은 같은 기간 동안 59.5% 감소한 것으로 나타난다. 상위층이나 중위층에 비해 하위층의 점유율이 크게 감소한 것이다(윤희숙, 2013: 34-35).

노동소득분배율의 변화 추세에서도 같은 현상이 목격된다. 노동소득분배율은 1996년 73.4%였다가 이후 지속적으로 하락해 2010년에는 64.2%까지 낮아졌다. 이렇게 노동소득분배율은 외환위기 이후 약 9%p 감소했는데, 그 영향은 전적으로 하위 집단에 집중되었다. 먼저, 임금 최상위 10% 집단이 순부가가치에서 차지하는 비중은 1995년 13.6%였고 2000년대 초반까지 17% 내외였다가 2000년대 중반부터 상승해

표 1 계층별 시장소득 점유율 추이(%)

구분		가구 기준					개인 기준				
		1996년	2000년	2006년	2011년	변화율	1996년	2000년	2006년	2012년	변화율
상위10%		24.1	29.2	24.9	25.7	6.5	22.5	27.5	22.9	23.1	2.8
5분위	5	39.5	44.9	41.8	42.9	8.7	37.2	42.2	38.4	38.9	4.5
	4	24.9	23.7	25.5	25.8	3.7	22.5	22.3	24.2	24.0	6.5
	3	16.4	16.4	17.8	18.1	10.3	17.8	16.8	18.2	18.4	3.2
	2	12.9	12.9	11.1	10.6	-18.3	13.9	12.3	13.1	13.3	-4.6
	1	6.3	4.4	3.7	2.6	-58.2	6.1	6.4	6.1	6.1	-36.0
하위10%		2.0	1.2	0.9	0.4	-78.0	1.8	2.2	1.8	1.3	-59.5

주 1) 소득 기준은 각각 가구시장소득과 균등화/개인화한 시장소득임.
2) 변화율은 1996년도 대비 2011년도의 수치임.
자료: 가구소비실태조사(1996, 2000), 가계동향조사(2006, 2011).

2007년 이후에는 20% 정도를 유지하고 있다. 노동소득분배율이 전체적으로 하락했지만 임금 최상위 집단의 노동소득분배율은 낮아지지 않았음을 알 수 있다. 마찬가지로 임금 상위 10~20% 집단과 20~30% 집단의 노동소득분배율도 떨어지지 않았다. 1995년부터 2012년 사이에 임금 상위 10~20% 집단의 노동소득분배율은 9.3%에서 11.0%로 상승했고, 임금 상위 20~30% 집단의 노동소득분배율도 7.3%에서 7.8%로 약간 상승했다. 그러나 임금 하위 70% 집단의 노동소득분배율은 1995년 23.9%에서 2012년 13.9%로 무려 10%p 하락했다. 비율로 보면 거의 절반 정도 떨어진 것이다(홍민기, 2014: 109~110).

즉, 1995년 이후 노동소득분배율이 하락한 것은 임금 하위 70% 집단이 가져가는 몫이 줄었기 때문이다. 임금 상위 30% 이상의 집단에 대한 분배 몫은 오히려 늘었으며, 특히 임금 상위 10% 집단의 분배 몫은 크게 증가했다. 1995년부터 2012년까지 사회부담금과 자영업자 소득을 제외한 근로자 보수는 명목치로 총 347조 원이 늘었는데, 이 기간 동안 상위 10% 집단의 임금 총액은 154조 원 늘었다. 다시 말하면 이 기간 동안 늘어난 근로자 보수 총액의 44.3%가 상위 10%에 돌아갔다. 범위를 임금 상위 30%로 확장하면 근로자 중 상위 임금 30% 집단에게 임금증가분의 82.4%가 분배되었다. 저임금 70% 집단은 임금증가분의 나머지 17.6%를 나눠 가졌다(홍민기, 2014: 111).

이러한 사실은 근로자 집단별 연평균 임금증가율을 통해서도 확인할 수 있다. 〈표 2〉에서 보듯이 1995년부터 2012년 사이 근로자 전체의 실질 보수가 연평균 3.3% 증가하는 동안, 최상위 10% 집단의 실질임금은 연평균 5.9% 증가했다. 상위 10~20%와 20~30% 집단의 실질임금도 연평균 4.6%, 3.9% 증가했다. 반면에 하위 70% 임금 집단의 실질임금은 연평균 0.1%만 늘어났다. 즉, 외환위기 이후 임금 하위 집단의 임금은 물가상승률만큼만 증가한 것이다(홍민기, 2014: 111).

표 2 근로자 소득계층별 연평균 임금증가율(1995~2012)(%)

	임금 총액	최상위 10%	상위 10~20%	상위 20~30%	하위 70%	사회부담금	자영업자소득 중 임금분
명목증가율	6.7	9.4	8.0	7.3	3.5	8.5	1.7
실질증가율	3.3	5.9	4.6	3.9	0.1	5.1	−1.7

저소득층의 상황이 악화되는 추세는 취업자 빈곤율과 미취업자 가구 빈곤율의 심화에서도 드러난다. 취업자 빈곤율과 극빈율은 1990년대 중반 이후 지속적으로 증가해 2011년 각각 8.1%, 1.3%에 이른다. 그런데 빈곤 현상 전반을 조망할 때 이 중 더욱 우려되는 것은 취업자가 없는 가구의 빈곤율이다. 〈표 3〉에서 보듯이 취업자가 없는 가구의 빈곤율은 취업자를 포함한 가구보다 월등히 높을 뿐 아니라 지속적으로 악화되어 미취업 기간의 증가를 시사한다. 취업으로 기대할 수 있는 소득이 낮아질 때 근로 유인 자체가 저하되어 미취업기간이 길어지는데, 1995년 이후 저학력 남성의 경제활동참가율 감소율은 8.7%에 이른다.[25] 이렇게 저소득층 경제활동참가율이 하락하는 것은 빈곤의 장기화로 이어지면서 빈곤 탈출의 이동성이 약화되는 구조적 변화를 의미한

표 3 취업 여부에 따른 빈곤율 추이(%)

구분	1996년	2000년	2006년	2011년
취업자 빈곤율	5.7(0.6)	7.9(0.8)	7.6(1.0)	8.1(1.3)
취업자 있는 가구 빈곤율	6.5(0.5)	9.3(0.9)	8.4(1.0)	8.5(1.1)
취업자 없는 가구 빈곤율	47.9(16.0)	56.1(24.9)	62.0(26.9)	65.6(34.9)

주 1) 소득 기준은 균등화/개인화한 경상소득이며, 괄호 안은 극빈율.
2) 각 연도별로 중위소득 50% 미만을 빈곤, 25% 미만을 극빈으로 정의.
자료 : 가구소비실태조사(1996, 2000), 가계동향조사(2006, 2011).

25 OECD 국가들이 평균적으로 저학력 남성 경제활동참가율이 0.6% 감소, 저학력 여성이 3.3% 증가한 것과 달리 우리나라는 각각 8.7%, 2.2% 감소했다.

다. 2000~08년 기간 동안 장기적·반복적으로 빈곤을 경험한 가구주가 전체의 27.4%에 달하며, 이 중 55.9%가 미취업자인 것으로 분석된다(윤희숙, 2013: 36-37).

Ⅱ. 노동법 규범력의 부분적 회복

1. 비정규 근로 보호 법제의 정립

외환위기 이후 진행된 구조조정의 결과로서 2000년대 초반 이후 한국 경제는 안정적인 단계로 복귀했다. 그러나 한국의 고용은 이전 단계로 복귀하지 못했다. 오히려 경제가 회복된 2000년대 초에 비정규 근로의 규모는 폭발적으로 증가했다. 이는 당초 법원이 신자유주의적 구조조정 정책에 대해 가졌던 전제와 상반되는 것이었다. 법원은 "경영권과 노동3권이 서로 충돌하는 경우 […] 기업의 경쟁력을 강화하는 방향으로 해결책을 찾아야" 한다며 공기업 민영화 조치에 반대한 파업을 불법이라고 판단하고 그 전제로서 "기업이 쇠퇴하고 투자가 줄어들면 근로의 기회가 감소하고 실업이 증가하게 되는 반면, 기업이 잘 되고 새로운 투자가 일어나면 근로자의 지위도 향상되고 새로운 고용도 창출되어 결과적으로 기업과 근로자가 다 함께 승자가 되기 때문"이라는 점을 들었으나,[26] 2000년대 한국에서 그런 일은 일어나지 않았다. 외환위기를 거치면서 기업은 승자가 되었으나, 근로자는 패자로 남겨졌다. 이러한 사회·경제적 상황 하에서 노동 판례도 변화하기 시작했다.

첫째, 노동법상 근로자 범위를 확대했다. 그리고 근로자성 판단과 관

26 대법원 2003. 7. 22. 선고 2002도7225 판결.

련해 실질적 요소를 중요시함으로써 특수형태근로종사자 중 일부가 근로자로 포섭될 수 있게 되었다.

그 출발점은 2004년에 구직 중인 근로자가 지역별 노동조합의 조합원 자격이 있다고 판결한, 즉 노동조합법상 근로자에 포함된다고 본 서울여성노조 사건이었다.[27] 구직 중인 근로자가 노동조합법상 근로자에 해당한다는 것은 노동법 학계에서는 통설적 견해였지만, 당시까지만 하더라도 이를 분명하게 인정한 판례는 없었다. 그리고 일부 하급심 판결과 실무자들의 글에서 노동조합법상 근로자 개념과 근로기준법상 근로자 개념을 동일하게 봐야 한다는 주장이 제기되고 있었다. 이런 상황에서 대법원이 노동조합법상 근로자 개념을 "노무공급자들 사이의 단결권 등을 보장해 줄 필요성이 있는가"라는 관점에서 파악함으로써 근로기준법의 그것과 다른 것으로 해석하고, 거기에 실업자도 포함된다고 판시한 것은 큰 의미가 있었다. 특히 서울여성노조의 조직 대상인 여성 근로자들의 다수가 비정규 근로자라는 점, 그리고 비정규 근로자의 많은 수가 실직과 취업을 반복한다는 점 등에 비춰볼 때, 이것은 노동조합이 노동시장에서 비정규 근로자의 교섭력을 증진시키고 근로조건 향상을 도모하는 긍정적 기능을 수행한다고 평가한 것이라고 해석할 수 있다.

대법원 2006. 12. 7. 선고 2004다29736 판결에서 법원은 실질적 관점에서 근로자성을 판단함으로써 사용자의 노동법 회피 의도에 좀 더 적극적으로 대응할 수 있게 되었다. 그 결과 노동법의 적용 범위도 확대되었다. 잘 알려져 있다시피 근로자성 판단 방법에 관한 기존 판례 법리는 대법원 1994. 12. 9. 선고 94다22859 판결에 의해 정립되었다. 그런데 기존의 판례 법리는 형식적 기준을 사용해 근로자성 유무를 판단했

---

27 대법원 2004. 2. 27. 선고 2001두8568 판결.

다. 이로 인해 사용자는 조금만 노력을 기울이면 자신이 사용하는 특수형태근로종사자들에게 노동법의 규범력이 미치지 않게 할 수 있었다. 그런데 위 2006년 판결에서 대법원이 근로기준법상 근로자성 판단과 관련해 사용자의 의도에 따라 좌우될 수 있는 지휘·감독의 정도, 기본급 유무, 세금 및 사회보험료 징수 방식 등에 대한 의존도를 낮춤으로써 위와 같은 사용자의 노동법적 책임을 회피하려는 시도를 차단할 수 있게 되었다(최은배, 2007: 575).

둘째, 기간제 근로자에 대한 고용 보호 법리도 도입되었다. 1997년 외환위기를 거치는 동안 기간제 근로자의 비중은 전 산업에 걸쳐 빠르게 증가했으며, 상시적인 업무에까지 기간제 근로 사용이 남용됨으로써 기업은 해고 제한 법제를 회피하면서 사실상 상시 고용을 대체할 수 있게 되는 등 기간제 근로 문제는 커다란 사회 문제로 등장했다. 이러한 사회·경제적 상황에서 2000년대 중반 이후 법원과 정부는 기간제 근로자들의 고용 불안과 낮은 근로조건, 그로 인한 빈부 격차의 심화 등에 대한 문제 의식을 갖게 되었다(최은배, 2008: 365; 이미선, 2011: 482-483). 그 결과 기간제 근로계약에 대한 판례 법리는 변화되고 기간제 근로자를 위한 보호 입법이 마련되었다.

법원은 사실상 기간의 정함이 없는 근로계약을 인정하는 범위를 확대했다. 예컨대 2006년 한국시각장애인연합회 사건에서 대법원은, 사용자가 기간제 근로자의 고용을 약속하거나 보장하지 않았는데도, 사업의 계속성과 필요성 등을 고려해 그 기간제 근로계약을 사실상 기간의 정함이 없는 근로계약이라고 인정했다.[28] 2007년 조선일보사 사건에서도 근로자의 담당 업무가 신문 제작에 필요 불가결한 업무이고 전문성이 있어 계속 고용의 기대가 있다는 점 등을 고려해 사실상 기간

28 대법원 2006. 2. 24. 선고 2005두5673 판결.

의 정함이 없는 근로계약으로 파악했다.[29] 이후 이 판례 법리는 정착되었다.

그리고 종전까지 자유롭게 행해지던 기간제 근로계약에 대한 사용자의 갱신 거절에 관해 사법적 통제를 시작했다. 법원은 근로계약기간의 만료라는 사실이 있더라도, 갱신 기대권이 인정되는 경우에는 사용자의 계약 갱신 거절을 해고와 동일시할 수 있다고 봄으로써 기간제 근로자의 고용 보호 법리를 도입했다. 당초 이 법리는 2005년경 취업규칙이나 계약 등에서 사용자에게 재계약 절차나 요건을 규정한 경우 갱신 기대권을 인정하고 사용자의 갱신 거절을 해고로 취급하는 것에서 출발했으나,[30] 현재는 그 밖에도 계약을 포함한 근로관계를 둘러싼 여러 사정을 종합해 갱신 기대권을 인정하는 내용으로 확립되었다(김홍영, 2013: 87).[31] 이렇게 기간제 근로계약의 갱신 기대권이 인정되는 경우에는 사용자가 정당한 이유 없이 근로계약의 갱신을 거절하는 것은 부당해고와 마찬가지로 효력이 없고, 그 기간 만료 후의 근로관계는 종전의 근로계약이 갱신된 것과 동일하다.[32]

셋째, 사내하도급 관계에 대한 사법적 통제도 강화되었다. 사내하도급 관계는 "도급인-수급인-근로자"의 다면적 근로관계를 형성한다. 이와 관련해서는 도급인을 수급인 소속 근로자의 실질적인 사용자로 볼 수 있는지, 도급인에게 파견법상 사용사업주로서의 책임을 부과할 수 있는지, 그러기 위해서는 어떠한 요건이 충족되어야 하는지가 쟁점으로 부각된다. 도급인의 사용자성 등을 인정하는 판례 법리는 크게 ① 도급인과 수급인 소속 근로자 사이에 묵시적 근로계약 관계를 인정하는 법

29 대법원 2007. 9. 7. 선고 2005두16901 판결.

30 대법원 2005. 7. 8. 선고 2002두8640 판결, 2007. 10. 11. 선고 2007두11566 판결.

31 대법원 2011. 7. 28. 선고 2009두2665 판결.

32 대법원 2011. 4. 14. 선고 2007두1729 판결.

리, ② 실질적이고 구체적으로 근로조건 등을 지배·결정할 수 있는 지위에 있는 자를 사용자로 간주하는 법리, ③ 그 밖에 파견법상 파견근로에 해당하는 경우 사용사업주로서의 책임을 묻는 법리 등으로 구분할 수 있다(박제성, 2008a: 65).

2000년대 중반까지 사내하도급 관계에서 원청업체(도급인)에게 하청업체(수급인) 소속 근로자와 관련된 노동법적 책임을 부담하게 하는 판례 법리는 그들 사이에 묵시적 근로계약 관계가 인정되는 경우가 거의 유일했다. 원청업체가 하청업체 소속 근로자의 근로조건에 대해 실질적인 영향력을 행사하는 경우 사용자 책임을 지게 할 수 있는지, 원청업체가 위법한 근로자파견 관계에 의해 하청업체 소속 근로자를 사용하는 경우에도 파견법을 적용할 수 있는지 등에 대해 노동법 학계에서는 심각한 논의가 진행되었으나, 대법원은 침묵했다. 나아가 묵시적 근로계약 법리를 사내하도급 관계에 적용하는 것에 대해서도 매우 소극적인 태도를 취했다. 판례에 의하면, 하청업체가 사업주로서의 독자성이 없거나 독립성을 결해 제3자의 노무대행기관과 동일시할 수 있는 등 그 존재가 형식적·명목적인 것에 지나지 않아야 하는 등의 요건이 충족되어야만 묵시적 근로계약 법리가 적용될 수 있는데, 사내하도급 관계에 놓인 하청업체의 독자성을 부인하고 그 존재를 형식적·명목적인 것으로 파악하는 데 주저했기 때문이다. 말하자면, 2000년대 중반까지 사내하도급 관계를 이용하는 원청업체는 거의 모든 노동법적 책임에서 벗어날 수 있었던 것이다.

이러한 사내하도급 관계에 대한 소극적 태도가 변화될 조짐은 이른바 '사내하도급 삼부작 판결'의 첫 판결인 2008년 현대미포조선 사건에서 처음 나타났다. 이 사건에서 대법원은 현대미포조선과 선박 수리 부분에서 도급계약을 체결한 사내하청업체인 용인기업과의 관계를 위장도급으로 파악하고, 현대미포조선과 용인기업 소속 근로자들 사이에 묵시적인 근로계약 관계가 있다고 판단했다.[33] 이 사건이 진행될 무렵 기업측은 조선업이 종합건설업과 비슷한 성격을 갖고 있는데, 도급계약을 통해 외부로부터 공급된 근로자와 원청업체 사이에 묵시적 근로계약 관계를 인정하는 것은 조선업의 그런 특성을 외면한 것으로서 우리나라 조선업의 경쟁력을 약화시킨다고 주장했다. 그러나 대법원은 그런 반대를 무릅쓰고 이 사건의 도급계약을 위장 도급으로 판단한 후 직접적인 근로계약 관계를 인정했다. 그리고 종전 판례가 '사업주로서의 실체성'에 중점을 두었다면,[34] 현대미포조선 사건에서 대법원은 '근로관계의 존재'에 더욱 중점을 두고 묵시적 근로관계의 성립 여부를 판단했다(강성태, 2010a: 11). 이 사건 판결의 영향은 근로자파견 관련 분쟁에까지 미쳤다. 즉, 위장 도급의 경우 이 사건처럼 사내하청업체가 기업으로서의 독자성이 부인되지 않는 경우라 하더라도 원청업체가 사내하청업체 소속 근로자에 대해서 실질적인 노무 지휘를 하는 경우 근로자파견 관계로 인정할 수 있는 여지가 많아지게 된 것이다(이병한, 2011: 125-126).

2008년에 선고된 판결 중에는 위법한 근로자파견 관계에 대해서도 파견법상 직접고용간주 규정이 적용된다는 예스코 사건도 있다. 이 사건에서 대법원은 파견법상 직접고용간주 규정이 적법한 근로자파견 관계에 대해서만 적용된다고 판단한 원심을 파기하고, 그 규정을 "근로자파견이 2년을 초과하여 계속되는 사실로부터 곧바로 사용사업주와 파견근로자 사이에 직접근로관계가 성립한다는 의미"라고 판시했다. 그리고 그 판단의 논거로서 파견법상 관련 규정에 대한 문리 해석의 결과와 함께 "직접고용간주 규정이 적법한 근로자파견에만 적용된다고 보면, 파견근로자보호법이 규정한 제한을 위반하여 근로자파견의 역무를 제

33 대법원 2008. 7. 10. 선고 2005다75088 판결.

34 대법원 2002. 11. 26. 선고 2002도649 판결, 2003. 9. 23. 선고 2003두3420 판결.

공받은 사용사업주는 오히려 직접고용 성립 의제의 부담을 지지 않는 결과가 되어 법적 형평에 어긋[난다]"는 점을 지적했다.[35] 이 판결은 당시 하급심에서 적법한 근로자파견 관계에 대해서만 파견법이 적용된다는 견해가 나타나던 상황에서[36] 대법원이 그와 상반된 결론을 선택했다는 점에서 중요한 의미를 갖는다(이병한, 2011: 125).

2000년대 중반 이후 법원은 이러한 법리를 적극적으로 적용해 사내하도급 관계에서 원청업체가 하청업체 소속 근로자에 대해 노동법적 책임을 부담하는 범위를 확대했다. 사내하도급 관계에서 원청업체에 대한 노동법의 규범력 확대를 위한 대법원의 노력은 사내하도급 삼부작 판결의 마지막인 2010년 현대중공업 사건으로 일단락된다.[37] 이 사건에서 대법원은, 그동안 노동법 학계가 집단적 노사관계에서 사용자 범위의 확대를 위한 논거로 주장하던 실질적 지배력·영향력설을 받아들여 원청업체가 부당노동행위 제도에서 사용자 지위에 있을 수 있다고 판시했다(강성태, 2010a: 26; 이병한, 2010: 859). 즉, 근로계약의 당사자인 사용자뿐만 아니라 "근로자의 기본적인 노동조건 등에 관하여 그 근로자를 고용한 사업주로서의 권한과 책임을 일정 부분 담당하고 있다고 볼 정도로 실질적이고 구체적으로 지배·결정할 수 있는 지위에 있는 자가, 노동조합을 조직 또는 운영하는 것을 지배하거나 이에 개입하는 등으로 [노동조합]법 제81조 제4호 소정의 행위를 했다면, 그 시정을 명하는 구제명령을 이행하여야 할 사용자에 해당한다."는 것이다.[38]

35 대법원 2008. 9. 18. 선고 2007두22320 판결.

36 적용부정설의 입장을 취한 하급심 판결로는 서울고등법원 2003. 12. 18. 선고 2002누18793 판결, 2006. 2. 10. 선고 2004누14399 판결을 들 수 있다(강성태, 2010a: 18-19).

37 '일단락된다'란 표현을 쓴 이유는 이 세 개의 판결이 사내하도급 관계에서 발생하는 노동법적 쟁점을 해결했거나 완전한 법리를 제시했다고 평가하기는 어렵지만, 일응의 기준과 방향성을 제시했다는 점에서 긍정적 평가를 할 수 있기 때문이다(강성태, 2010a: 31).

38 대법원 2010. 3. 25. 선고 2007두8881 판결.

한편, 2000년대 중반 노동법 분야에서 일어난 변화 중 특기할 만한 점은 비정규 근로자 보호 입법의 제정이다. 그 이전까지 정부는 비정규 노동의 일자리 창출 기능을 긍정적으로 평가했고, 따라서 기업의 비정규 노동 사용을 제한할 의사가 없었다. 단지 비정규 근로자와 정규직 사이의 차별 문제에 대해서만 정책적 관심을 기울였다. 그러나 외환위기를 극복한 이후 2000년대 초반 비정규 근로자 규모가 폭발적으로 증가하고 그 부작용에 대한 사회적 관심이 높아지자, 정부는 비정규 근로자 보호 입법을 준비하게 되었다. 그리고 2004년 정부가 마련한 「기간제 및 단시간근로자 보호 등에 관한 법률안」을 토대로 2006년에 기간제법이 제정되어 2007년 7월부터 시행되었다.

2010년대에 들어서는 비정규 근로 관련 판례 법리가 좀 더 체계적으로 정립되었다.[39] 기간제법과 파견법 등 비정규 근로 관련 법률 역시 운용 시 드러난 문제점을 보완하는 입법이 추진되는 등 안정적으로 정착되고 있다.

2. 중심부 노동력 관련 판례의 변화

중심부 노동력에 대한 판례 법리도 변화하고 있다. 법원은 외환위기 이후 사용자의 인사재량권을 확대하던 추세에서 벗어나 2010년 무렵부터 구조조정 정책과 관련된 과거의 태도를 수정했다. 법원은 쌍용자동차 사건에서 드러나듯 기업 구조조정과 관련해 여전히 우호적인 태도를

---

39 예컨대 근로자파견 관계의 인정 기준을 제시한 대법원 2010. 7. 22. 선고 2008두4367 판결과 대법원 2015. 2. 26. 선고 2010다106436 판결, 기간제 근로계약의 갱신 기대권 법리를 좀 더 체계화한 대법원 2011. 4. 14. 선고 2007두1729 판결, 기간제 근로자에 대한 임금의 차별적 지급이 기간제법 제9조 제1항 단서 소정의 '계속되는 차별적 처우'에 해당한다고 본 대법원 2011. 12. 22. 선고 2010두3237 판결, 골프장 캐디의 노동조합법상 근로자성을 인정한 대법원 2014. 2. 13. 선고 2011다78804 판결.

취하고 있으나,[40] 정리해고 대상자의 선정 기준에 대해서 객관적 합리성을 강조하는 판례가 나타났다.[41] 그리고 사용자가 직위해제 또는 대기발령 등 인사조치를 이른바 '간접적 고용조정'의 수단으로 사용할 경우 정리해고의 정당 요건에 관한 법리를 준용해야 한다는 노동법 학계의 주장(박수근, 2008: 393)을 받아들여, 인사조치 대상자의 선정 기준에 대한 제한 법리를 제시했다. 예컨대 "경영상의 필요를 이유로 하여 휴직명령이 취해진 경우 그 휴직명령이 정당한 인사권의 범위 내에 속하는지 여부는 당해 휴직명령 등의 경영상의 필요성과 그로 인해 근로자가 받게 될 신분상·경제상의 불이익을 비교·교량하고, 휴직명령 대상자 선정의 기준이 합리적이어야 하며, 근로자가 속하는 노동조합과의 협의 등 그 휴직명령을 하는 과정에서 신의칙상 요구되는 절차를 거쳤는지 여부를 종합적으로 고려하여 결정하여야 한다."[42]고 판시한 판결이 그것이다. 나아가 사실상 기간의 제한 없이 행해져 근로자의 퇴직을 유도하는 수단으로 사용되곤 하던 대기발령 등 인사조치와 관련해서도 사법적 통제가 시도되었다. 즉, 대법원은 "대기발령 등의 인사명령을 받은 근로자가 상당한 기간에 걸쳐 근로의 제공을 할 수 없다거나 근로제공을 함이 매우 부적당한 경우가 아닌데도, 사회통념상 합리성이 없을 정도로 부당하게 장기간 동안 잠정적 지위의 상태로 유지하는 것은 특별한 사정이 없는 한 정당한 이유가 있다고 보기 [어렵다]"고 판시했다.[43]

앞에서 설명한 것처럼 상대적으로 안정적인 고용 상태를 유지하던 중심부 근로자 혹은 정규직 근로자에 대해, 법원은 취업규칙의 불리한

---

40 대법원 2014. 11. 13. 선고 2014다20875,20882 판결.

41 대법원 2012. 5. 24. 선고 2011두11310 판결.

42 대법원 2009. 9. 10. 선고 2007두10440 판결.

43 대법원 2013. 5. 9. 선고 2012다64833 판결.

변경 시 사회적 합리성론의 인정 범위를 확대하고 단체협약의 제·개정을 통한 근로조건의 불리한 변경을 거의 제한 없이 허용함으로써 외환위기 이후 추진된 사용자의 고용 유연화 정책을 지원했다. 그런데 2010년대 들어서는 좀 더 엄격한 적용을 강조하는 추세로 전환되었다. 먼저, 사회통념상 합리성론과 관련해 대법원은 기존의 판례 법리를 유지하면서도 "취업규칙을 근로자에게 불리하게 변경하는 경우에는 그 동의를 받도록 한 근로기준법을 사실상 배제하는 것이므로 제한적으로 엄격하게 해석하여야" 한다는 점을 강조했다.[44] 그리고 근로조건을 불리하게 변경하는 단체협약을 여전히 유효하다고 보면서도 현저히 합리성을 결한 노사 합의는 무효라는 점을 지적하며, 기존의 정년을 단축한 단체협약을 일부 근로자에 대해 사실상 정리해고의 효과를 도모하기 위해 마련된 것으로서 무효라고 판단한 사례도 나타났다.[45]

단순 파업에 대한 업무방해죄 적용 문제에 관한 대법원 2011. 3. 17. 선고 2007도482 전원합의체 판결을 통해 노동조합의 교섭력은 부분적이나마 회복될 수 있었다. 전원합의체 판결은 "파업이 […] 사용자가 예측할 수 없는 시기에 전격적으로 이루어져 사용자의 사업 운영에 심대한 혼란 내지 막대한 손해를 초래하는 등으로 사용자의 사업 계속에 관한 자유 의사가 제압·혼란될 수 있다고 평가할 수 있는 경우에 비로소 그 집단적 노무 제공의 거부가 위력에 해당하여 업무방해죄가 성립한다."고 판시하며 단순파업이 업무방해죄 구성요건 요소인 "위력(威力)"을 충족하는 데 필요한 기준들을 새롭게 추가했다. 위 전원합의체 판결에서 법원은 부작위에 불과한 집단적인 근로 제공의 거부 행위를 업무방해죄로 처벌한다는 뜻을 여전히 굽히지 않았지만,[46] 위력 업무방해죄

44 대법원 2010. 1. 28. 선고 2009다32362 판결, 2015. 8. 13. 선고 2012다43522 판결.

45 대법원 2011. 7. 28. 선고 2009두7790 판결.

46 위 전원합의체 판결은 대법원이 스스로 그 입장을 변경한 것이라기보다는, 단순 파업에 대한

의 구성요건 해당성의 판단 기준으로 ① 파업의 전격성, ② 심대한 혼란 또는 막대한 손해를 새로 내세움으로써 종전의 판례 법리(파업이 원칙적으로 형법상 업무방해죄의 구성요건에 해당하고 주체, 목적, 수단과 방법 등이 모두 적법할 때에만 그 위법성이 조각될 수 있다는 법리)를 폐기한 것이다. 위 전원합의체 판결에 의하면, 파업 목적이 부당하다는 이유만으로 업무방해죄의 구성요건에 해당한다고 판단하는 것은 불가능해진다. 종전 판례 법리의 문제점 중 하나가 파업 목적과 관련한 것이었다. 이른바 경영권에 대항하는 파업은 정당하지 않고 그 파업은 업무방해죄에 해당한다는 법리는, 파업의 적법성 여부의 판단 권한을 수사기관과 법원이 전적으로 행사할 수 있는 발판이 되었고, 이는 종종 공격적인 쟁의 방식이 채택되는 계기가 되었다. 그런데 위 전원합의체 판결은 파업의 목적만으로 근로자들의 파업을 형법상 범죄로 볼 수 없다는 점을 분명히 한 것이다(도재형, 2012a: 441-443).[47]

중심부 노동력 또는 정규직 근로자에 대한 보호 입법은 새로 마련되지 않았다. 최근 논의에서 드러나는 것처럼 정부와 여당은 오히려 중심부 노동력의 보호 정도가 너무 강하고 이로 인해 기업의 경쟁력이 약화되고 있다고 보고 있다.

업무방해죄 적용의 문제점을 지적한 헌법재판소 2010. 4. 29. 선고 2009헌바168 결정으로부터 일정 정도의 영향을 받아 입장을 변경하게 된 것이라고 볼 수 있다. 헌법재판소는 그 결정에서 "헌법이 보장한 근로자의 단체행동권 행사로서 파업·태업 등 근로자가 그 주장을 관철할 목적으로 행하는 업무의 정상적인 운영을 저해하는 쟁의행위(노동법 제2조 제6호)는 원칙적으로 [업무방해죄] 법률 조항의 위력에 의한 업무방해를 구성하지 않는다고 봄이 상당하다."고 판시했다.

47 최근에 선고된 대법원 2014. 11. 13. 선고 2011도393 판결도, 민영화에 대항하는 파업과 관련해 그 목적이 정당하지 않다는 이유만으로 업무방해죄가 성립한다고 판단해서는 안 된다는 이유로 원심 판결을 파기했다.

제3절 | 결론[48]

'구조조정의 상시화'란 기업에 대해 계속적인 퇴출·인수·합병이 진행된다는 것을 말한다. 이는 '고용조정의 상시화'와 연결된다. 상시적 구조조정 하에서는 기업 존속 중에도 근로자들에 대한 상시적인 평가 및 퇴출이 이뤄진다. 오늘날의 고용 상황은 경영계와 정부가 추진한 고용 유연화 정책과 구조조정의 결과물이다.

경영계는 1990년대 이후 중심/주변부 노동력을 구분해 고용 유연화 정책을 추진했다. 초기 경영계의 유연화 정책은 주변부 노동력에 집중되었다. 주변부 노동력은 고용 유연화 정책으로부터 직접 영향을 받았다. 경영계가 고용 유연화 정책을 적극적으로 추진하고 정부 역시 이에 동조하면서 1990년대에 들어서서 비정규 근로자의 규모는 확대되었다. 이 과정에서 법원은 근로자 및 사용자 개념에 관한 엄격한 해석론, 1년을 넘는 기간을 정한 근로계약에 대한 판례 법리의 변경 등을 통해 비정규 근로자들을 고용 보호 법제로부터 배제했다. 주변부 노동력과 관련해 사용자는 계약의 갱신 과정을 통해 근로자를 자유롭게 퇴출시킬 수

48 이 부분은 도재형, "구조조정의 상시화와 고용 법리의 변화", 「노동법학」 제26호, 한국노동법학회, 2008: 26-30의 내용을 수정·보완했다.

있었다. 경영계는 우호적인 판례 법리에 따라 절반 이상의 임금 근로자들에 대해 사실상 임의 고용 원칙을 관철하고, 나아가 정규직 근로자들에 대한 효과적인 제어 수단을 가지게 되었다.

한편 중심부 노동력의 경우 1990년대 이후 고용 유연화 정책이 진행되는 과정에서도, 고용 자체는 어느 정도 보호받을 수 있었다. 이는 그들 대부분이 노동조합의 조합원으로 조직되어 있었거나 혹은 높은 수준의 취업규칙을 적용받았기 때문이다. 1997년의 외환위기는 고용 유연화 정책을 중심부 노동력에 대해서도 적용할 수 있는 계기가 되었다. 이러한 정책 기조는 그 후 진행된 구조조정 과정에서 더욱 강화되었다. 2001년 이후 한국에서는 상시적 구조조정 시스템이 정착되었다. 상시적 구조조정의 압력을 받는 기업은 중심부 노동력에 대한 기능적 유연화 정책과 내부 노동시장의 이중화 정책을 진행했다. 그 과정에서 중심부 영역의 근로자들은 후선 배치, 역직위 제도, 희망퇴직제와 같은 상시적인 퇴출 시스템에 노출되었다.

경영계 및 정부와 법원이 이렇듯 고용 유연화 정책을 관철시킨 이유는 세계화된 경쟁 체제 하에서 기업의 경쟁력을 향상시키지 않고서는 더 이상 국민 경제의 존속과 발전을 확신할 수 없다고 봤기 때문이다. 외환위기는 노사관계뿐만 아니라 노동 판례에도 중요한 계기로 작용했다. "1997년 말의 경제위기와 뒤이은 IMF 관리 체제를 겪으면서, 나라의 살고 죽음이 기업 구조조정에 달려 있게 되었[기 때문이었다]"(이창희, 2007: 591). 흔히 1987년 노동자 대투쟁 이후 한국의 노동법이 실질적 규범력을 행사한 것이 노사관계에서 중요한 변화라고 말하는데, 1997년 이후 한국 노사관계는 그에 버금가는 변화를 다시 겪었다. 이는 판례 법리의 경우에도 마찬가지였다. 외환위기 이후 법원은 기업 내외의 상황이나 경제 논리에 입각해 개별 법률 분쟁에 관한 판단을 내리곤 했다(정인섭, 2004: 325).

법원은 기업 경영의 유연성이 기업의 이익을 증대시키고, 이렇게 해서 발생한 경제 성장은 많은 일자리를 만들고 국민의 생활 수준을 향상시킬 수 있다고 믿었다.[49] 정부는 구조조정에 따른 실업을 불가피한 것으로 인식하고, 실업자에 대해서는 최소한의 생활 보호와 공공근로사업을 통해 생계를 지원하는 대책을 추진했다. 법원도 같은 입장이었다.[50]

법원은 자신의 정책적 목적을 달성하기 위해 노동법의 적용 범위를 축소하고 그 규범력을 약화시키기 위해 노력했다. 민사법적 사고에 익숙한 법관으로서는 근로기준법과 같은 법제를 우리 사회의 제도로서 받아들이기는 하나, 그것을 적극적으로 적용하는 것에는 주저할 수밖에 없다(도재형, 2005b: 203-204). 그리고 민사법상 사적 자치의 원칙이 경제적으로는 자유경쟁주의 내지 자유방임주의로 나타난다는 점을 고려할 때(곽윤직·김재형, 2013: 38), 법관이 '기업의 경쟁력 강화', '고용의 유연화'라는 구호를 내건 구조조정 정책에 우호적인 이유도 쉽게 짐작할 수 있다. 나아가 자신의 정책적 목적을 달성하기 위해 사적 자치의 원칙을 확대·적용하는 이유도 어느 정도 이해할 수 있다. 이러한 법관의 잠재 의식이 1990년대 이후, 특히 외환위기를 경험하면서 근로기준법 적용 범위의 축소, 해고 제한 법제의 회피 및 정리해고 제한 법제의 침식이라는 모습으로 나타난 것이다(도재형, 2005b: 204-205).

그러나 근로자는 근대 사법이 전제하는 자유롭고 평등한 추상적 개인이 아니다. 여기에는 추상적 개인에 대해 합리적 선택을 한 결과로서

---

49 대법원 2002. 7. 9. 선고 2000두9373 판결.

50 대법원은 구조조정 과정에서 행해진 해고 관련 사건에서 하급심 판결을 파기해 근로자에게 불리한 판결을 내리면서, 다른 한편으로는 업무상 재해 관련 사건에서는 근로자에게 우호적인 입장을 보였다. 민변 노동위원회의 조사 결과에 의하면, 「판례공보」에 게재된 대법원 판결 기준으로, 2000년에 선고된 업무상 재해 관련 사건에서의 근로자의 최종 승소율은 90%인데 반해 해고 관련 사건의 그것은 20%에 불과했다. 대법원은 구조조정과 노동 유연화 정책에 동조했던 것이다(민주사회를 위한 변호사모임 노동위원회 편, 2001: 23).

의 법률효과를 강제할 만큼의 법적·윤리적 기초가 존재하지 않는다. 따라서 근로자의 의사표시를 근대 시민법의 원리에 따라서만 해석하고 법률효과를 부여하는 것은 근로자의 현실과 부합하지 않는다. 이는 노동법이라는 법체계가 근대 시민법 질서에 대한 법기술적 수정을 위해 형성되었다는 취지를 몰각하는 것이기도 하다(김홍준, 2002: 13). 법원은 1990년대 이후 구조조정 과정에서 노동법의 이러한 역할에 무관심했다.

외환위기 이후 진행된 구조조정 덕분에 한국 경제는 안정적인 성장을 지속하는 단계로 복원될 수 있었다. 그러나 경제의 회복과는 달리 외환위기 이후에도 우리 사회의 양극화, 비정규 근로 등의 문제는 해결되지 않았다. 오히려 근로자들 사이의 소득 격차가 심화되고, 비정규 근로자들 상당수가 노동법과 사회보험법적 보호에서 배제됨으로써 일하는 사람들 사이에서의 양극화가 심각해지고 있다.

소득 불평등이 급속히 확대된 데에는 여러 요인이 복합적으로 작용한 것으로 짐작된다. 다만, 중하층 근로자의 평균소득이 외환위기 이후 정체 또는 감소된 이유는 고도성장기에 비해 고용 증가가 현저히 둔화되었을 뿐만 아니라 비정규 근로에서 나타나는 바와 같이 고용의 질이 저하된 점을 들 수 있다(김낙년, 2012: 152). 그런데 노력한 만큼 받는 보상의 차이라고 볼 수 있는 범위를 벗어나는 심한 소득 불평등은 건전한 인센티브로서의 기능을 수행하지 못하며 그 자체로 정의를 훼손하는 것이다(장지연·이병희, 2013: 72). 이러한 점들을 고려할 때 고용 유연화에 전적으로 동조한 판례 법리가 변해야 한다는 요구는 당연한 것이었다.

결국 이러한 사회·경제적 상황은 법원이 주변부 노동력의 열악한 처지에 관심을 가지는 계기가 되었다. 그 결과 2000년대 중반 이후 대법원은 주변부 노동력을 고용 보호 법제 혹은 노동법의 적용 대상에 포함하는 새로운 법리를 채용하고 있다. 같은 취지에서 정부 역시 비정규 근로자 보호 입법을 마련하고 이를 좀더 정교하게 다듬고 있다.

중심부 노동력 또는 정규직 근로자에 대해서는 모순된 태도가 나타난다. 쌍용자동차 사건에서 드러난 바와 같이 대법원은 여전히 구조조정 정책에 대한 우호적 태도를 버리지 않고 있다. 그러나 2010년대에 들어서면서 외환위기 이후 구조조정 과정에서 사용자의 인사재량권을 계속 확대하던 추세에서 벗어나 그 남용을 제한하는 법리를 도입한 바 있다. 또한 비록 헌법재판소의 결정이라는 외부적 요인에 의한 것이긴 하지만, 1990년대 이후 도입된 단결 금지 법리를 부분적으로 폐지함으로써 구조조정 과정에서 약화된 노동조합의 교섭력을 일정 정도 회복시켰다.

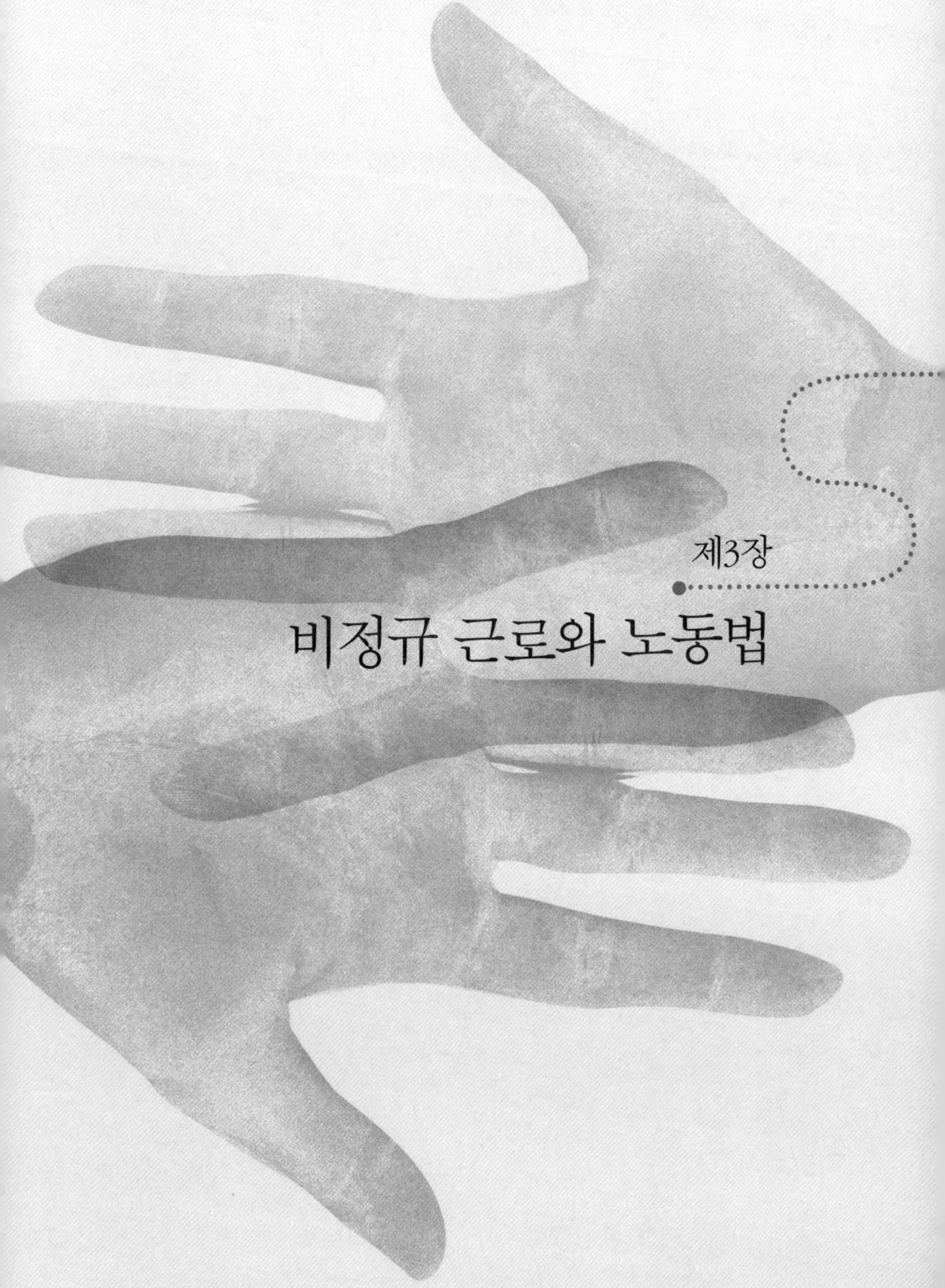

제3장

비정규 근로와 노동법

비정규 근로란 정규직 근로에 대응하는 노무 공급의 범주다. 공식 통계에 의하면 비정규직은 한시적 근로자·시간제 근로자·비전형 근로자로 구분되지만, 개별 학문 분야마다 비정규 근로를 정의하는 방식은 상이하다(강성태, 2012a: 212).[1] 노동법적 관점에서 볼 때, 비정규 근로는 근로계약의 기간과 근로시간, 노무 제공과 지휘·명령의 모습 등 세 가지 관점에서 정규직 근로와 구별된다. 즉, ① 근로계약기간을 기준으로 삼을 때 정규직은 기간의 정함이 없는 근로관계를 형성하지만 비정규직은 기간의 정함이 있는 근로관계를 형성한다. ② 정규직은 전일제 근로 형태를 띠지만 비정규직은 그에 미치지 못하는 근로시간을 상정한다. ③ 정규직은 근로계약의 당사자인 사용자로부터 지휘·명령을 받지만, 간접고용 관계에서 비정규직은 근로계약의 당사자가 아닌 제3자에게 노무를 제공하고 그로부터 지휘·명령을 받는다(이경희, 2014: 358-359). 일반적으로 위 세 가지 조건 중 어느 하나에 해당하는 노무 공급의 유형을 비정규 근로로 분류한다.

비정규 근로는 우리나라뿐만 아니라 세계 각국에서 이용되는 노무 공급 혹은 노무 공급 계약의 유형이다. 그런데도 우리나라에서 비정규 근로의 보호 문제가 특별한 관심을 받는 이유는 외국에 비해 그 규모가

1 예컨대 사회학적 관점에서 비정규 근로와 정규직은 내부 노동시장 내 위계에 포섭되어 있는지 여부에 따라 구별된다. 정규직은 그 위계에 포섭되어 있는 노무공급자를, 비정규직은 그렇지 않은 자를 뜻한다. 내부 노동시장의 위계에 포섭되어 있다는 것은 고용의 안정성이 보장되고 승진과 임금 인상의 가능성이 높다는 것을 의미하는 반면, 여기에 들어가지 못한다는 것은 그런 기회로부터 배제되어 있다는 것을 의미한다(장지연·양수경, 2007: 3).

크고(이는 특히 기간제 근로에서 두드러진다) 근로조건 등에서 정규직과의 격차가 심하기 때문이다.

통계청이 2015년 3월에 실시한 '경제활동인구조사 부가조사'에 의하면, 우리나라 비정규직 근로자는 839만 명이고 전체 임금 근로자의 44.6%를 점하고 있다. 비정규직 근로자의 규모는 2001년 8월 737만 명에서 2007년 3월 879만 명으로 계속 증가하다가 2007년 8월부터 2015년 3월까지 818~865만 명 사이를 오르내리고 있다. 비정규직 비율 역시 2001년 8월부터 2007년 3월까지 55~56% 수준을 유지하다가 2007년 8월 54.2%를 기점으로 2014년 3월 44.6%까지 감소했다(김유선, 2015: 1-2).[2]

월 평균임금 총액은 정규직이 2014년 3월 289만 원에서 2015년 3월 299만 원으로 10만 원(3.7%) 인상되고, 비정규직은 143만 원에서 147만 원으로 4만 원(3.1%) 인상되었다. 그 결과 정규직 대비 비정규직 임금 격차는 49.4%에서 49.1%로 0.3%p 확대되었다. 그리고 우리나라 전체 근로자 1,880만 명 가운데 472만 명(25.1%)이 저임금 계층[3]인데, 정규직 중 저임금 계층은 75만 명(7.2%)에 불과하지만 비정규직은 397만 명(47.3%)에 이른다. 현 직장에서의 사회보험 가입률 역시 보험 유형별로 정규직은 84~99%인데, 비정규직은 32~39%에 불과하다(김유선, 2015: 15, 19, 26).

제2장에서 설명했듯이 우리나라의 경우 비정규 근로의 규모는 1990

---

2 장기 임시 근로자를 비정규직에서 제외한 정부의 공식 통계에 의하더라도, 비정규직 근로자의 비율은 2002년 8월 27.4%에서 2006년 8월 35.6%까지 증가하다가 이후 감소했다(강성태, 2012a: 212).

3 유럽연합의 LoWER(Low Employment Research Network, 저임금고용연구네트워크)는 임금 근로자 중 중위임금의 2/3 미만을 저임금 계층으로, 중위임금의 2/3 이상 3/2 미만을 중간 임금 계층으로, 중위임금의 3/2 이상을 고임금 계층으로 구분하다. 여기에서는 중위임금(10,362원)의 2/3인 시간당 임금 6,908원 미만을 받는 근로자를 저임금 계층으로 구분했다.

년대 초부터 늘었으며 외환위기 이후 급격히 증가했다. 즉, 일반적인 인식과 달리 한국 기업은 외환위기 이전부터 내부 노동시장 체제의 변화를 추구했고, 외환위기는 이러한 기업의 노력과 성과를 극적으로 가시화시킨 계기가 되었다. 따라서 비정규 근로의 확대는 단지 IMF 경제 위기의 탓이 아니라 기업의 지속적이고 체계적인 대응의 결과물이라는 관점에서 이해되어야 한다(정건화, 2003: 19–20).[4]

1990년대 한국 법원은 비정규 근로에 대해 노동법적 통제를 가하는데 소극적이었다. 이로 인해 대부분의 비정규 근로자는 입법적 보호뿐만 아니라 사법적 보호 범위의 밖에 놓여졌다. 이런 상황은 기업의 고용유연화 정책과 정부의 구조조정 정책이 효과를 발휘할 수 있는 법적 토대를 제공했다(신권철, 2011: 199–200). 노동법은 비정규 근로 영역에서 아무런 규범력도 발휘할 수 없었다. 기업은 비정규 근로를 마음대로 사용하며 노동법적 책임을 회피할 수 있었을 뿐만 아니라 그것은 법률적으로 정당화되었다. 사법적 통제와 입법의 부재는 기간제 근로를 확산시키는 한 원인이 되었다.

노동법이 비정규 문제에 대해 관심을 갖는 이유는 비정규 근로를 사용하는 것이 노동법적 책임을 회피하는 가장 일반적인 수단이 되었기 때문이다. 즉, 어떤 노무공급자가 일을 하는 경우 노동법은 사용종속성을 징표하는 요소들을 포착해 그 수령자(사용자)에게 노동법적 규율을

4 일반적으로, 비정규 근로가 확대되는 원인으로는 다음과 같은 점들이 지적된다. 경제의 글로벌화가 진행되면서 개별 기업은 경쟁의 강도와 경기 순환의 불확실성이 증폭되는 환경에 직면하게 된다. 이에 따라 기업들은 그때그때 여건에 따라 노동력의 규모를 자유롭게 축소하거나 확대하고자 한다. 그리고 법정근로기준과 사회보장 의무 등을 회피함으로써 노무비용을 줄이려는 노력도 강화된다. 이러한 시도 자체를 새로운 현상이라고 보기는 어렵지만, 정보기술의 발달은 외부 노동시장에서 즉시 조달된 노동에 대한 기업의 지휘 능력을 강화시킴으로써 기업이라는 틀 안에서의 조직위계적 노동 통제의 필요성을 약화시킨다. 또한 노동조합의 교섭력이 약화되는 것 역시 이런 기업의 전략을 현실화할 수 있는 조건으로 작동한다(장지연·양수경, 2007: 7–8).

강제한다. 그런데 이러한 노동법적 규율을 회피하고자 하는 사용자는 ① 도급, 위임 등의 형식을 이용해 근로계약이 없는 것처럼 가장하거나(근로계약의 배제), ② 해고 제한 법제를 회피하기 위해 기간을 설정하거나(해고 제한 법제의 배제), ③ 다른 사용자를 가운데 끼워두는 방식(간접고용을 통한 노동법적 책임의 배제)을 이용한다(신권철, 2013: 169~171). 2000년대 초반 이래 노동법은 이런 방식을 통해 비정규 근로로부터 이익을 얻는 자에게 그에 합당한 노동법적 책임을 부과하는 것을 목표로 삼고 수많은 논쟁을 이어왔다.

제1절 기간제 근로계약과 고용 보호 법제

I. 기간제 근로계약의 의의

기간제 근로계약이란 기간의 정함이 있는 근로계약을 말한다(기간제법 제2조 제1호 참조). 이를 체결한 근로자를 기간제 근로자라 부른다.

기간제 근로계약은 노동시장에 항상 존재하는 계약 유형이다. 사용자는 기간제 근로계약을 이용해 기업 수요에 맞춰 고용량을 탄력적으로 조절하고, 출산·질병 등으로 생긴 근로자의 빈자리를 대체하며, 정규직 취업 희망자들의 근로 능력을 미리 심사할 수 있다. 기간제 근로계약은 근로자들에게도 유용하다. 기간제 근로계약을 통해 근로자들은 노동시장으로 재진입할 수 있고, 근로 경험과 기술 등을 습득하며 사회적·직업적 네트워크를 확대할 수 있다(Aleksynska & Muller, 2015: 2).

그러나 기간제 근로계약은 고용 안정이나 근로조건에 나쁜 영향을 미친다. 기간제 근로자를 고용함으로써 사용자는 노동법의 엄격한 해고 제한 법규를 적용받지 않고 수시로 고용량을 조정할 수 있다. 그리고 계약기간을 적절하게 이용해 퇴직금 등 각종 노무비용을 절약할 수 있다. 반면에 근로관계에서 기간제 근로자의 지위는 약하다. 특히 기간 만료 시 근로계약 갱신에 관한 주도권이 사용자에게 있기 때문에 기간제 근로자는 사용자에게 강하게 종속되고 나쁜 근로조건을 감수하곤 한다(강성태, 2000: 15). 이와 같은 점 때문에 기간제 근로계약은 경영상의 위험을 근로자에게 전가시키는 노무 관리 방식으로 이용되고 있다(노상헌, 2003: 9).

1980년대 이후 세계 각국의 노동시장에서 기간제 근로계약의 비중은 확대되었다. 그 원인은 몇 가지로 정리할 수 있다. ① 정부가 청년 등 취업 취약계층의 일자리를 확대하는 방안으로 기간제 근로계약을 장려하는 경우다. ② 세계적 경쟁에 직면한 기업이 내부 노동시장을 이중화하고 고용량을 조절하는 수단으로 기간제 근로계약에 의존하는 경우다. ③ 마지막으로, 기업이 노무비용을 낮추기 위한 수단으로 기간제 근로계약을 사용하는 것도 기간제 근로계약의 규모가 확대되는 원인이다(Aleksynska & Muller, 2015: 2-3).

한국 역시 위와 같은 원인들이 겹쳐 기간제 근로계약의 규모가 확대되었다. 특히 한국에서 기간제 근로자의 규모는 외환위기 이후 2005년까지 빠르게 증가해 2005년 8월 273만 명(18.2%)으로 정점을 기록했다. 그런데 이러한 기간제 근로계약의 규모는 2005년 이후 감소 추세로 돌아섰고, 2008년부터는 대체로 전체 임금 근로자 중 14%대를 유지하고 있다(김유선, 2015: 4).[5] 이 변화의 원인은 무엇일까? 2000년대 중반 이후 기업이 스스로 그 규모를 줄이고 정규직 근로자의 채용을 늘린 것일까? 아니면 노동시장 밖에서 어떤 계기가 있었기 때문일까?

이 절(節)에서는 위 질문에 대답하기 위해 기간제 근로계약을 둘러싸고 한국에서 1990년대 이후 나타난 사법·입법적 변화를 살펴보고자 한다(II, III). 사견을 먼저 얘기하자면, 기간제 근로계약이 감소하게 된 이

---

5 다만 2009년도에 그 규모가 282만 명(17.1%)으로 일시적으로 증가했는데, 그 이유는 리먼 브라더스 쇼크로 인한 경기불황기 동안 국가와 지방자치단체가 실업자들에게 기간제 일자리를 주로 제공했기 때문이다.

유는 2000년대 중반 이후 사법과 입법 영역에서 기간제 근로자들을 위한 고용 보호 법제(법리)가 새로 출현하거나 강화되었기 때문이다. 나아가 여기에서는 기간제 근로계약에 관한 고용 보호 법제를 둘러싼 새로운 쟁점들에 대해서도 간략하게나마 살펴본다(IV).

II. 기간제 고용 관련 판례 법리의 변화[6]

1. 2005년 이전의 판례 법리

기간제 근로계약은 그 계약에서 정한 기간이 끝날 때 당연 종료한다.[7] 기간제 근로에 관한 분쟁에서는 당해 근로계약이 기간을 정했는지가 첫 번째 쟁점인데, 이를 판단할 때 법원은 계약서에 근로계약기간 또는 근로기간으로 표시된 것을 가장 중요한 표지로 삼았다(박수근, 2005: 193). 그리고 예외적으로, 근로계약서가 기간의 정함이 있는 것으로 되어 있지만 그것이 형식에 불과할 때에는 그 근로계약은 기간의 정함이 없는 것으로 취급했다. 예컨대 법원은 신한생명 사건에서 "처음으로 근로계약을 체결하면서 기간을 정한 근로계약서를 작성한 경우 그 근로계약이 계약서의 문언에 반하여 기간의 정함이 없는 근로계약이라고 하기 위해서는 계약서의 내용과 근로계약이 이루어지게 된 동기 및 경위, 기간을 정한 목적과 당사자의 진정한 의사, 동종의 근로계약 체결 방식에 관한 관행 그리고 근로자 보호법규 등을 종합적으로 고려하여 그 기간의 정함이 단지 형식에 불과하다는 사정이 인정되어야" 한다고 판시했

6 이 부분은 도재형, "기간제 근로계약 갱신 거절권의 제한", 「노동법연구」 제24호, 서울대학교 노동법연구회, 2008: 147 이하의 내용을 수정·보완했다.

7 대법원 1995. 6. 30. 선고 95누528 판결, 1998. 1. 23. 선고 97다42489 판결.

다.[8] 그리고 연세어학당 사건에서는 "기간을 정하여 채용된 근로자라 할지라도 장기간에 걸쳐서 그 기간의 갱신이 반복되어 그 정한 기간이 단지 형식에 불과하게 된 경우는 사실상 기간의 정함이 없는 근로자의 경우와 다를 바가 없게 되는 것이고, 그 경우에 사용자가 정당한 사유 없이 갱신계약의 체결을 거절하는 것은 해고와 마찬가지로 무효"라고 판시한 바 있다.[9]

여기서 유의해야 하는 것은 대법원이 기간제 근로계약을 사실상 기간의 정함이 없는 근로계약으로 본 사례는 매우 드물다는 점이다. 2004년 이전까지 이런 경우는 위 연세어학당 사건과 한홍학원 사건[10]밖에 없었다(전국불안정노동철폐연대, 2004: 44). 그런데 연세어학당 사건은 단순히 근로계약이 반복 갱신되었다는 사정 외에 그 책임자가 강사들에게 예외 없이 재계약을 하겠다고 공고를 한 이후 재계약을 거절한 사안이고, 한홍학원 사건 역시 학교가 강사들에게 다음 학기의 고용 보장을 약속한 사안이었다. 오히려 당시 대법원의 원칙적 입장은 기간의 정함이 있는 경우에는, 그 근로계약이 반복 갱신되더라도, 그것은 기간의 정함이 있는 것으로 취급해야 한다는 것이라고 설명하는 게 좀더 정확할 것이다(김외숙, 2005: 29; 김재훈, 2003: 62; 박수근, 2005: 188; 정인섭, 2012: 172).

이와 관련해 법리적인 측면에서 접근해 보면, 문제가 된 사안에서 근로계약서가 처분문서로서의 성격을 지닌다는 점을 지적할 수 있다(박수근, 2005: 193). 처분문서라 함은 증명하고자 하는 법률상의 행위가 그 문서 자체에 의해 이뤄진 경우의 문서를 뜻한다.[11] 처분문서가 존재하

---

8 대법원 1998. 5. 29 선고 98두625 판결.

9 대법원 1994. 1. 11. 선고 93다17843 판결.

10 대법원 2003. 11. 29. 선고 2003두9336 판결.

11 대법원 1997. 5. 30. 선고 97다2986 판결. 행정처분서, 판결서, 어음·수표 등 유가증권, 계약서·차용증서 등과 같이 사법상의 의사표시가 포함된 법률행위서, 유언서, 해약통지서 등이 이에 속한다(이시윤, 2003: 420; 정동윤·유병현, 2005: 544).

고 그 진정 성립이 인정되는 이상, 반증이 있거나 이를 믿을 수 없는 합리적인 이유가 없는 한, 그 기재 내용대로 법률행위의 존재가 인정된다. 법원은 특별한 사정이 없는 한 처분문서에 기재되어 있는 문언의 내용에 따라 당사자의 의사표시가 있었던 것으로 해석해야 하고, 당사자 사이에 계약의 해석을 둘러싸고 이견이 있어 처분문서에 나타난 당사자의 의사 해석이 문제되는 경우에는 문언의 내용, 그와 같은 약정이 이뤄진 동기와 경위, 약정에 따라 달성하려는 목적, 당사자의 진정한 의사 등을 종합적으로 고찰해 논리와 경험칙에 따라 합리적으로 해석해야 한다.[12] 따라서 근로계약서에서 그 존속기간을 정하고 있다면, 특별한 사정이 없는 한, 법관은 일단 처분문서인 근로계약서의 기재 내용대로 인정해야 한다(박수근, 2005: 193). 물론 근로계약의 기간을 반드시 서면으로 정해야 하는 것은 아니다. 구두 합의도 유효하다. 그러나 법원은 계약 내용을 직접 증명하는 근로계약서를 가장 중요한 증거로 보기 때문에, 작성된 근로계약서에 근로계약기간이 명시되어 있다면, 이에 반해 당사자 사이에 기간의 정함이 없는 근로계약이 체결되었다고 인정될 여지는 많지 않았다.[13]

위와 같이 2000년대 초반까지 기간제 근로계약의 사용자측의 갱신거절에 대한 규제, 즉 기간제 근로자의 고용 보호는 처분문서와는 다른 합의가 존재한다는 특별한 사정이 인정되어야만 가능했다. 이렇게 엄격한 요건을 통과한 기간제 근로자의 고용만 보호해 주는 판례 법리는 외환위기 이후 기간제 근로의 급격한 확대를 뒷받침하는 법리적 기초가 되었다(정인섭, 2012: 172).

---

12 대법원 2001. 2. 27. 선고 99다23574 판결, 2003. 1. 24. 선고 2000다5336,5343 판결.

13 대법원 2007. 7. 12. 선고 2005두2247 판결, 2007. 9. 7. 선고 2005두16901 판결. 그 반대의 경우도 마찬가지다. 근로계약서의 문언에 의해 계약기간의 정함이 없는 것으로 인정된 경우, 사용자는 그에 반대되는 사실을 증명하기는 어렵다.

2. 2000년대 중반 판례 법리의 변화

가. 사실 인정 단계에서의 변화

기존 판례와 같이 기간제 근로의 효용성을 법원이 받아들이고 있는 상황에서 처분문서인 근로계약서가 존재할 경우, 소송에서 근로계약서의 내용과는 다른 사실관계를 인정받기란 매우 어려웠다. 법원은 사실 인정 단계에서 기간제 근로계약이 사실상 기간의 정함이 없는 근로계약으로 인정되는 경우를 엄격하게 제한했다. 그런데 2000년대 중반 이후 사실상 기간의 정함이 없는 근로계약으로 인정하는 사례가 증가했다. 특히 2006년 한국시각장애인연합회 사건에서 법원은, 사용자가 근로자들에게 계속 고용을 약속하거나 이를 보장하는 행동을 하지 않았음에도, 사업의 계속성과 필요성 등을 고려해 당해 근로계약이 사실상 기간의 정함이 없는 근로계약이라고 판단했다.[14] 이 점이 위 사건에서 법원이 기존의 판례와는 다른 태도를 취했다고 평가할 수 있는 근거다.

법원은 단지 근로계약의 반복 갱신이 있다는 사정만으로 기간제 근로계약이 사실상 기간의 정함이 없는 근로계약으로 변한다고 보지는 않았다(임종률, 2007: 554; 조임영, 2004: 412). 대법원은 단기의 근로계약이 장기간에 걸쳐서 반복해 갱신되었다는 사정을 계약서의 내용과 근로계약이 이뤄지게 된 동기 및 경위, 기간을 정한 목적과 당사자의 진정한 의사, 동종의 근로계약 체결 방식에 관한 관행 그리고 근로자보호법규 등과 함께 고려되는 요소로 파악하고, 이러한 고려 요소들을 종합해서 그 기간의 정함이 단지 형식에 불과하다는 사정이 인정되는 경우에 해당하는지를 판단해야 한다고 판시했다.[15]

---

14 대법원 2006. 2. 24. 선고 2005두5673 판결.

15 대법원 2005. 1. 14. 선고 2004두10821 판결, 2006. 2. 24. 선고 2005두5673 판결, 2006. 12. 7. 선고 2004다29736 판결.

따라서 근로계약서의 기재 내용은 여전히 사실상 기간의 정함이 없는 근로계약인지를 결정할 때 중요한 기준이다(박수근, 2005: 192-193). 다만 근로계약을 체결하면서 기간을 정한 근로계약서를 작성한 경우라 하더라도, 여러 사정을 종합적으로 고려한 결과 기간의 정함이 단지 형식에 불과하다는 사정이 인정되는 경우에는 근로계약서의 문언에도 불구하고 그 근로계약은 기간의 정함이 없는 근로계약이라고 보게 되는데, 2005년 이후 제반 사정 등에 비춰 기간제 근로계약을 사실상 기간의 정함이 없는 근로계약으로 인정하는 사례가 늘어난 것이다.

법원이 근로계약서의 문언에도 불구하고 사실상 기간의 정함이 없는 근로계약인지를 판단할 때 고려하는 사정들은 아래와 같다.

첫째, 당해 근로계약이 수차례 갱신되어 체결되었는지는 중요한 고려 요소다.[16] 사용자의 태도나 행동도 마찬가지다. 한홍학원 사건에서 학교 법인이 노동조합과 단체협약을 체결하면서 조합원들에게 2001학년도에 1타임(정규+실기) 이상의 강의를 부여하기로 한 점은 법원이 '계속 근무할 수 있다는 기대 관계가 존속되어 왔다'고 인정하는 데 중요한 근거가 되었다.[17]

둘째, 당해 근로자 및 동종 근로자의 근무 실태와 계약 갱신 관행 등도 고려한다. 계약직으로 고용된 근로자들 중에서 일반직으로 승진한 사례가 있거나 계약 갱신을 할 때마다 근로조건에 대해 별다른 논의 없이 근로계약서에 서명을 받는 등의 형식적인 방법으로 계약 갱신을 해온 점 등은 사실상 기간의 정함이 없는 근로계약에 해당하는지를 판단할 때 긍정적으로 작용한다.[18] 만약 동종 근로자들이 개인적인 사정으로 사직하거나 귀책사유로 말미암아 퇴직하는 경우를 제외하고는 모두

16 대법원 2005. 11. 25. 선고 2005두9217 판결.

17 대법원 2003. 11. 28. 선고 2003두9336 판결.

18 대법원 2005. 11. 25. 선고 2005두9217 판결.

계약기간의 만료와 함께 자동적으로 기간의 정함이 없는 근로계약으로 연장되었고, 회사나 당해 근로자 모두 근로계약상의 기간의 정함이 형식적인 것으로 인식한 경우도 마찬가지다.[19]

반면에 근로계약의 갱신이 묵시적으로 이뤄진 것이 아니라 갱신된 근로계약기간을 명시한 근로계약서를 새로 작성하는 방법으로 이뤄졌거나 회사가 일정한 근로자들을 평가해 불성실한 근로자나 일정한 수준에 미달하는 자에 대해서는 계약 갱신을 거절했다는 사정은 부정적 요소다.[20]

셋째, 당해 근로자가 속한 사업의 계속 여부 및 운영 방식을 고려한다. 국가나 지방자치단체가 잠정적 조치로서 특정한 사업을 민간기관에 위탁하고 그 위탁계약이 1년 단위로 체결되는 등 그 계약의 계속적 유지가 보장되어 있다고 볼 수 없다면, 수탁기관 소속 근로자의 근로계약에서 정한 기간을 형식적인 것이라고 보기는 어렵다.[21] 사업의 계속 여부 및 사업의 규모가 국가나 지방자치단체의 정책적 고려에 의해 이뤄지는 경우도 마찬가지다.[22]

사기업의 경우도 같은 방식으로 생각한다.[23] 특정 과제나 위탁계약에

---

19 서울고등법원 2005. 1. 20. 선고 2004누5432 판결, 2005. 2. 4. 선고 2003누14675 판결.

20 대법원 2004. 4. 28. 선고 2004두329 판결, 2004. 12. 9. 선고 2004두9470 판결.

21 서울행정법원 2005. 3. 17. 선고 2004구합13257 판결. 다만 단지 그것이 국가나 지방자치단체로부터 수탁받은 업무라는 이유만으로 그 사업의 계속성이 없다고 판단하는 것이 아니라 여러 사정을 종합적으로 고려해야 한다. 예컨대 한국시각장애인연합회 사건에서 법원은, 보건복지부 장관이 직접 공문을 보내어 근로자들의 계속 고용을 요청한 점, 보건복지부 장관이 위 연합회의 사업 반납 요청에 대하여 사업의 공익성과 특수성을 고려하여 처음에는 이를 반려하는 등 계속 사업의 필요성이 있는 것으로 보았고 그에 따라 국가로부터의 재정적인 지원도 계속될 수 있었던 점 등을 고려할 때, 그 사업의 계속성이 인정되고 나아가 기타 사정들을 고려할 때 당해 근로자들이 실질적으로 기간의 정함이 없는 근로자의 지위에 있다고 판단했다(대법원 2006. 2. 24. 선고 2005두5673 판결).

22 서울행정법원 2005. 11. 24. 선고 2005구합13414 판결.

23 서울행정법원 2006. 1. 27. 선고 2005구합16468 판결.

따른 업무를 수행하기 위해 근로자를 고용한 경우 그 근로계약에서 기간을 정했다면, 이를 단지 형식에 불과한 것으로 보기는 어렵다.[24] 회사가 특정 기업과의 하도급 계약에 전적으로 의존해 사업을 운영함으로써 그 기업에의 의존도가 높고, 하도급 계약의 계속 여부가 특정 기업의 재량에 속해 위 회사가 소속 근로자에 대한 계속적인 재계약을 보장할 수 없는 경우도 마찬가지다.[25] 아파트 관리 업무를 수탁받아 운영하는 경우도 비슷하게 생각할 수 있다.[26]

업무의 영속성이나 전문성과 관련한 근로자의 의사와 기대도 고려한다. 법원은 일간신문사의 교열직에 관해 근로자들이 "업무의 특성상 전문성이 인정되어 자신들의 근로계약이 계속 갱신될 것으로 기대를 가지고 있었"다는 점을 긍정적인 고려 요소로 삼았다.[27]

넷째, 계약 기간을 정한 취지 역시 고려 요소 중 하나다. 기업의 재정사정에 따른 인원 조정의 필요성 때문에 계약기간을 정해 채용한 것을 근로자도 알고 있었다면, 그 근로계약에서 정한 기간이 단지 형식에 불과하다고 볼 수는 없다.[28] 계절에 따라 업무의 양이 변동하기 때문에 일정 인원의 계약직 또는 일용직 근로자를 고용할 필요가 있는 경우나 업무 필요에 따라 정년을 도과한 근로자를 계약직으로 고용한 경우도 마찬가지다.[29]

고도의 전문성이 요구되는 직종에서 위촉기간을 정해 근로자를 임용

24 대법원 2004. 12. 9. 선고 2004두9470 판결, 서울행정법원 2004. 5. 6. 선고 2003구합35830 판결, 2006. 3. 21. 선고 2005구합28065 판결, 2006. 7. 1. 선고 2006구합811 판결.

25 서울고등법원 2005. 6. 17. 선고 2004누11901 판결.

26 서울고등법원 2006. 1. 19. 선고 2005누8346 판결.

27 대법원 2007. 9. 7. 선고 2005두16901 판결.

28 서울행정법원 2004. 7. 9. 선고 2004구합428 판결, 2005. 4. 29. 선고 2004구합8194 판결.

29 서울행정법원 2006. 5. 19. 선고 2005구합30181 판결, 2006. 6. 13. 선고 2006구합1852 판결.

할 경우 그 기간을 형식에 불과하다고 할 수 없다.[30] 광주광역시립예술단 사건에서 법원은 "이 사건에서 위촉기간은 참가인이 시립예술단을 운영하면서 예술단원들의 예술적 성과를 높이기 위하여 계약기간을 정하여 단원을 선발하고, 그 계약기간이 종료될 무렵 일정한 심사를 거쳐 자질이 부족하다고 판단되는 단원에 대하여는 재위촉을 하지 아니하고자 하는 취지에서 정한 것이라 할 것이고, 그것이 단지 형식에 불과한 것이라고 할 수 없다."고 판단했다.[31]

반면에 기간제 근로계약을 체결한 목적이 새로 채용하는 근로자의 업무 능력과 적합성을 판단하기 위한 기간을 확보하기 위한 것이라면, 이는 현실적인 취업 활동을 통해 신규 채용자의 작업 능력이나 업무 적성 등을 파악하기 위한 시용(試用) 제도와 유사하다. 따라서 당해 근로자의 그러한 능력 등을 파악하는 데 필요한 합리적인 기간이 지나면 기간의 정함이 없는 정식 근로계약이 체결된 것으로 봐야 한다.[32]

다섯째, 취업규칙이나 단체협약의 규정 내용도 고려한다. 사업장 내부 규정에서 그 계약기간을 따로 정하거나 노사 간에 계약직 근로자에 대해서는 별도의 노사 협상을 하고 그에 따라 일반직 근로자와는 근로조건을 다르게 정했다는 사정은 부정적 고려 요소다.[33] 단체협약에서 계약직 근로자의 존재 및 그에 대한 인사평가를 인정하는 전제 아래 계약직 근로자의 정규직 전환 규정을 두고 있는 경우도 마찬가지다.[34] 기업이 소속 근로자를 계약직과 정규직으로 구분해 운용하고 있다면, 이

---

30 서울행정법원 2005. 5. 12. 선고 2004구합36274 판결, 2005. 5. 12. 선고 2004구합38997 판결.

31 대법원 2006. 5. 12. 선고 2006두2701 판결.

32 대법원 2006. 2. 24. 선고 2005두14806 판결.

33 서울행정법원 2005. 11. 24. 선고 2005구합13414 판결, 2006. 7. 13. 선고 2005구합26229 판결.

34 서울행정법원 2005. 12. 1. 선고 2005구합20283 판결.

것은 사실상 기간의 정함이 없는 근로계약인지를 판단할 때 부정적으로 작용한다.[35] 일반 근로자와 달리 전문성이 요구되는 직무에 종사하기 위해 계약직 근로자를 특별히 고용한 경우도 마찬가지다. 이에 해당하는지를 판단하기 위해서는 채용 절차가 일반 근로자와는 다른 특별 채용의 형식을 취했는지, 당해 근로자가 일반 근로자에 비해 높은 임금을 받고 있는지, 일반 근로자와 다른 직종으로 분류되어 있는지 등을 따져봐야 한다.[36]

나. 기간제 근로계약 갱신 거절권에 대한 제한

(1) 갱신 기대권의 인정

종래 법원은, 기간제 근로계약이 '사실상 기간의 정함이 없는 근로계약'으로 인정되지 않는 한, 그 계약기간이 끝날 때 행해지는 사용자의 갱신 거절에 대해서는 어떤 통제도 하지 않았다. 그런데 2000년대 중반 무렵 법원의 태도가 변했다고 볼 수 있는 판결이 나타났다. 2005년 한국문화정책개발원 사건에서 대법원은 위와 같은 기존 법리를 전제하면서도 "임용의 근거가 된 법령이나 계약 등에서 임용권자에게 임용기간이 만료된 근로자를 재임용할 의무를 지우거나 재임용 절차 및 요건 등에 관한 근거 규정을 두고 있어 근로자에게 소정의 절차에 따라 재임용될 수 있으리라는 정당한 기대권이 인정되는 경우에는 사용자가 그 절차에 위반하여 부당하게 근로자를 재임용에서 제외하는 것은 실질적으로 부당해고와 동일시할 수 있는 것이므로 근로자로서는 임용기간이 만료된 후에도 재임용에서 제외한 조치의 유효 여부를 다툴 법률상 이익

---

35 서울고등법원 2006. 5. 10. 선고 2005누19322 판결.

36 서울행정법원 2005. 8. 16. 선고 2005구합3394 판결, 2006. 1. 24. 선고 2005구합24131 판결.

을 가진다."고 판시했다.[37] 즉, 기간제 근로계약이더라도 해석상 계약의 갱신 거절을 해고와 동일시할 수 있는 상황이 존재할 수 있다고 함으로써 기간제 근로자의 권리 구제 가능성을 확대했다(김홍영, 2013: 87).

한국문화정책개발원 사건의 경우 그 정관이나 규정, 근로계약에 소속 근로자를 재임용할 의무가 있다는 내용은 없었다. 이 사건에서 법원은 '재임용 절차 및 요건 등에 관한 근거 규정을 두고 있다는 점'을 근거로 기대권을 인정했다. 위 판결의 의의와 관련해서 김진 변호사는 "위와 같은 규정의 존재를 i) 계약 동기·경위, ii) 기간을 정한 목적과 당사자의 진정한 의사, iii) 동종의 근로계약 체결 방식에 관한 관행, iv) 근로자 보호법규 등 종래 법원이 판시해 온 계약 기간에 대한 판단 요소들에 추가해 그러한 재계약에 대한 기대권을 '종합적으로 판단'하는 요소 중 하나로 보는 것이 타당하다"고 설명했다. 즉, 규정의 존재뿐 아니라 지금까지 대법원이 판시한 기준들까지 종합적으로 고려해서 갱신 기대권이 인정되는 경우인지를 검토해야 한다는 것이다(김진, 2005: 49-50).

법원이 갱신 기대권을 인정하는 모습은 김진 변호사의 설명과 일치한다. 예컨대 합창단원에 대한 평정 결과에 따라 그 재계약이 거부된 사안에서 법원은 예술단체의 설립 목적, 단원들의 업무 특성이나 그 전문성, 정기 평정 절차 제도의 취지, 재위촉 거부 실태 등을 종합적으로 검토해 합창단원에 대한 위촉기간이 형식에 불과하다고 볼 수 없다고 판단한 후 당해 근로자에게 갱신 기대권을 인정할 수 있는지와 관련해서는 재임용 절차와 요건에 관한 근거 규정의 존재뿐만 아니라 기존의 재위촉 실태를 함께 고려했다.[38]

갱신 기대권의 존부에서 중요한 판단 기준은 법령이나 계약 등에 재

37 대법원 2005. 7. 8. 선고 2002두8640 판결.

38 대법원 2006. 7. 13. 선고 2006두7423 판결.

임용 절차와 요건에 관한 근거 규정이 있는지 여부다. 아래에서는 그 밖에도 법원이 특히 하급심에서 재임용 기대권의 존재를 판단할 때 고려한 사정들을 살펴본다.

첫째, 당해 근로계약이 수차례 갱신 체결되었는지는 중요한 고려 요소다. 당해 근로자와 동종 근로자의 계약이 여러 차례 갱신되고 거부된 사례가 없다면, 이는 근로자가 근로계약기간이 만료된 후에도 근로관계가 계속 유지될 것으로 기대할 만한 사정에 해당한다.[39] 다만 종전의 근로관계가 단절된 후 새로운 근로관계가 개시되었다면, 종전의 근로관계에서 여러 차례 계약의 반복 갱신이 있었다는 사정은 중요한 고려 요소가 아니다.[40]

둘째, 계약기간의 설정 목적을 고려해야 한다. 예컨대 시내버스 운전기사를 1년간의 계약직 과정을 거친 후 정식 직원으로 전환하는 경우, 그 계약기간이 근로자의 업무 능력, 성실성, 인품 등 업무적격성을 관찰·판단하려는 시용기간으로서의 의미를 지니고 있다면, 회사의 재계약 거부행위가 정당하다고 하기 위해서는 사회통념상 상당하다고 인정되는 객관적으로 합리적인 이유가 존재해야 한다.[41] 예술단체의 단원, 전문 연구기관의 연구원과 같이 고도의 전문성이 요구되고 정기적인 평정 결과에 따라 재위촉 여부가 결정되는 경우도 마찬가지다.

셋째, 근로자가 수행하는 업무의 계속성과 전문성을 고려해야 한다. 기간제 근로자라 하더라도, 그 고용이 계절적·임시적인 것이 아니고 상당 기간 반복 갱신되어 계속적인 고용이 기대되고 있는 경우, 이때의 근로계약기간은 존속기간이 아니라 갱신기간이다.[42] 또한 근로자의 직무

39 서울행정법원 2006. 1. 27. 선고 2005구합16468 판결.

40 대법원 2004. 4. 28. 선고 2004두329 판결, 2005. 10. 13. 선고 2005두7648 판결.

41 서울고등법원 2004. 9. 10. 선고 2003누21888 판결, 2005. 12. 13. 선고 2004누24587 판결.

42 서울행정법원 2006. 1. 27. 선고 2005구합16468 판결, 2006. 3. 21. 선고 2005구합28065 판결.

내용이 전문성을 지니고 있다면, 근로자들로서는 위촉기간이 만료된 후에도 계속 근로관계가 유지될 것으로 기대할 만한 사정이 있다고 평가된다.[43]

넷째, 근로계약 및 단체협약, 취업규칙의 규정 내용도 고려 요소에 해당한다. 만약 근로계약서에 자동연장 조항이 있다면, 이는 갱신 기대권의 판단에서 긍정적 고려 요소가 된다. 위탁계약서에 '계약기간 만료 30일 전까지 상호 서면으로 이의가 없을 때에는 본 계약은 동일한 조건으로 자동 연장된다'는 규정이 포함되어 있는 경우가 그 예다.[44] 단체협약서에서 인사평가를 통해 계약직 근로자 중 일부를 정규직으로 전환 채용할 수 있다고 규정하고 있다면, 이 경우 근로계약기간은 갱신에 의해 연장이 허용되는 갱신기간이라고 봐야 한다.[45]

다섯째, 계약 갱신의 기준이 설정되어 있는지와 그 실태도 고려해야 한다. 회사가 일정한 기준에 따라 근로자들을 평가해 근무 태도가 불성실하거나 업무 능력이 낮다고 평가된 자에 대해서는 계약 갱신을 거절하고 나머지 근로자들에 대해서는 매년 갱신계약을 새로 체결했다면, 이는 갱신 기대권을 인정할 수 있는 요소가 된다.[46]

(2) 갱신 거절에서 합리적 이유의 요청

이 무렵 하급심 판결에서는, 위와 같이 제반 사정에 비춰 계속 고용이 기대되는 경우 사용자의 계약 갱신의 거절이 유효하기 위해서는 '합리적 이유'가 있어야 한다고 설명했다. 즉, 기간의 정함이 형식에 불과

43 서울행정법원 2005. 11. 24. 선고 2005구합13414 판결.

44 서울행정법원 2005. 3. 17. 선고 2004구합13257 판결.

45 서울행정법원 2005. 12. 1. 선고 2005구합20283 판결.

46 서울고등법원 2006. 5. 24. 선고 2005누20612 판결, 서울행정법원 2005. 3. 17. 선고 2004구합13257 판결, 2005. 11. 24. 선고 2005구합13414 판결, 2005. 12. 1. 선고 2005구합20283 판결, 2006. 1. 27. 선고 2005구합16468 판결.

하다고 볼 수는 없더라도 계속적인 고용이 기대되는 경우, 계약기간은 그 만료로써 근로관계가 종료되는 존속기간이 아니라 갱신에 의해 연장이 허용되는 갱신기간으로 봐야 하고, 이 경우 해고 제한 법리가 유추 적용되어 경제 사정의 변동에 의한 잉여 인력의 발생과 같은 사회통념상 상당하다고 인정되는 합리적 이유 없이 근로계약의 갱신을 거절하는 것은 신의칙상 허용될 수 없다는 것이다(김진, 2005: 47).[47]

위 법리에 기초해 하급심 법원은 먼저 당해 근로계약에서 정한 기간이 형식에 불과해 사실상 기간의 정함이 없는 계약으로 볼 수 있는지를 검토한 후, 이를 인정하기 어려울 때에는 '계속적인 고용이 기대되는 경우'에 해당하는지를 판단하고, 이에 해당하는 경우 다시 그 갱신 거절에 합리적인 이유가 존재하는지를 검토했다.[48]

실제 법원에서 합리적 이유 유무를 다툰 사례에 비춰볼 때, 합리적 이유가 인정되는 범위는 해고 제한의 기준보다는 넓다(임종률, 2007: 556). 다만, 합리적 이유는 주관적인 것이 아니라 객관적으로 사회통념상 상당하다고 인정할 수 있는 것이어야 한다.[49] 이를 유형별로 설명하면 다음과 같다.

첫째, 갱신 거절의 사유가 강행법규에 위반된다면, 합리적 이유가 존재하지 않는다. 근로자들이 노동조합에 가입한 이후 사용자가 그 노동조합 활동을 이유로 당해 근로자와의 계약 갱신을 거절함으로써 부당노

---

47 서울고등법원 2004. 8. 20. 선고 2003누21888 판결, 2006. 5. 24. 선고 2005누20612 판결, 서울행정법원 2005. 3. 17. 선고 2004구합13257 판결, 2005. 5. 12. 선고 2004구합38997 판결, 2005. 5. 12. 선고 2004구합36274 판결, 2005. 7. 7. 선고 2004구합33756 판결, 2005. 9. 1. 선고 2004구합39273 판결, 2005. 12. 1. 선고 2005구합20283 판결, 2005. 12. 8. 선고 2005구합3288 판결, 2005. 12. 27. 선고 2005구합21361 판결, 2006. 1. 27. 선고 2005구합16468 판결, 2006. 3. 21. 선고 2005구합28065 판결, 2006. 7. 18. 선고 2005구합41143 판결.

48 예컨대 서울행정법원 2005. 12. 8. 선고 2005구합3288 판결.

49 서울고등법원 2005. 12. 13. 선고 2004누24587 판결.

동행위에 해당하는 경우가 그 예다.[50]

둘째, 관련 규정에서 계약기간의 만료 전에 일정한 평가를 거쳐 다시 재계약할 수 있는 기회를 근로자에게 부여하고 그에 따라 하위 일정 비율에 속한 근로자나 일정 등급 이하의 근로자가 재계약에서 탈락하도록 정했다면, 그 기준과 평가가 자의적인 것이 아닌 한 평가 결과에 따라 이뤄진 갱신 거절은 합리적 이유가 있다.[51] 이러한 평가는 반드시 엄격하게 이뤄져야 하는 것은 아니나, 그 기준이 공평하며 평가자의 자의성을 배제하고 사실에 기초해야 한다. 따라서 평가 절차를 전혀 거치지 아니한 채 재계약을 거부하거나 평가 항목을 자의적으로 적용하고 그에 따라 재계약을 거절하는 것은 합리적 이유가 없다.[52] 평정자들이 근무태도 등 사실관계를 제대로 확인하지 아니한 채 자의적으로 근무성적 평정을 함으로써 결과적으로 성실한 근로자에 대해 재계약을 거부한 경우도 마찬가지다.[53]

셋째, 예술단체의 단원, 연구소의 연구원과 같이 전문 직종에 종사하는 자에 대해 일정 정도의 공정성을 지닌 규정에 따라 평정을 한 경우에는 합리적 이유가 존재한다고 볼 수 있다.[54] 이러한 직종의 경우 그 평정 역시 전문적인 판단 영역에 해당하므로 주관적인 평가에 좌우될 소지가 있으나, 그 점만으로 계약 갱신에 대한 판단이 자의적이라고 할 수는 없다. 나아가 특정한 과제를 수행하기 위해 근로자를 고용하고

---

50 서울행정법원 2006. 1. 5. 선고 2005구합3288 판결.

51 서울고등법원 2004. 9. 10. 선고 2003누21888 판결, 2006. 5. 24. 선고 2005누20612 판결, 서울행정법원 2005. 3. 17. 선고 2004구합13257 판결, 2005. 6. 2. 선고 2004구합32623 판결, 2005. 11. 24. 선고 2005구합13414 판결, 2005. 12. 1. 선고 2005구합20283 판결.

52 서울행정법원 2005. 6. 2. 선고 2004구합32623 판결, 2005. 7. 7. 선고 2004구합33756 판결.

53 서울행정법원 2005. 9. 1. 선고 2004구합39293 판결.

54 서울행정법원 2005. 5. 12. 선고 2004구합36274 판결, 2005. 5. 12. 선고 2004구합38997 판결.

그 근로계약에서 계약기간을 정했는데, 당해 근로자가 정해진 기간 내에 과제를 완성하지 못했다면, 이를 이유로 한 갱신 거절도 합리적 이유가 있다.[55]

넷째, 기간제 근로자가 담당하던 업무가 소멸해 그 근로자를 고용할 필요성이 없어졌다는 이유로 계약 갱신을 거절하는 것은 허용된다.[56] 즉, 기간제 근로계약을 체결한 이유가 특정 업무에 종사할 인력을 탄력적으로 조절할 필요성 때문이라면, 그 업무량이 감소해 더 이상 당해 근로자들을 고용할 필요가 없어졌다는 사정은 합리적 이유에 해당한다.[57]

3. 판례 법리의 변화에 대한 검토

가. 판례 법리 변경의 배경

(1) 사회·경제적 변화

앞에서 설명한 것처럼 2000년대 중반까지 법원은 기간제 근로계약은, 설령 반복 갱신되더라도, 기간의 정함이 있는 것으로 봐야 하고 기간의 만료와 함께 당연히 종료된다는 입장을 견지했다. 따라서 기간제 근로계약을 체결할 경우, 사용자는 근로기준법의 해고 제한 법제의 규율을 받지 않고 자유롭게 기간제 근로자를 기업 밖으로 축출할 수 있었다.[58] 이로 인해 기간제 근로자는 낮은 근로조건을 감수한 채 아무런 법적 보호 장치 없이 상시적인 고용 불안에 노출되었다. 이런 근로계약을

55 서울행정법원 2006. 3. 21. 선고 2005구합28065 판결.

56 대법원 2005. 3. 11. 선고 2005두173 판결.

57 서울행정법원 2006. 1. 27. 선고 2005구합16468 판결.

58 예컨대 기간제 근로계약의 반복 갱신을 통해 기업은 상시적인 근로자가 필요한 업무에 대해서까지 기간제 근로자를 사용함으로써 무기(無期) 근로계약과 동일하게 근로자를 사용하면서도 근로기준법상의 해고 제한 법제를 회피하고 상시 고용을 대체할 수 있다(이미선, 2011: 482).

사용자가 이용하지 않을 이유는 없었다.

문제는 기업의 경쟁력이 회복되고 경제 상황이 호전되었음에도 기간제 근로자의 규모가 감소하지 않고 그 근로조건은 더욱 열악해졌다는 점이다. 외환위기 이후 진행된 구조조정의 결과로서 2000년대 초반 한국 경제는 안정적인 단계로 복귀했다. 그러나 한국의 고용은 이전 단계로 복귀하지 못했다. 앞에서 설명한 것처럼 경제가 회복된 2000년대 초에 오히려 기간제 근로계약은 폭발적으로 증가했다. 이는 당초 법원이 신자유주의적 구조조정 정책에 대해 가졌던 전제와 상반되는 것이었다. 법원은 "경영권과 노동3권이 서로 충돌하는 경우 [···] 기업의 경쟁력을 강화하는 방향으로 해결책을 찾아야" 한다며 공기업 민영화 조치에 반대한 파업을 불법이라고 판단하며 그 전제로서 "기업이 쇠퇴하고 투자가 줄어들면 근로의 기회가 감소하고 실업이 증가하게 되는 반면, 기업이 잘 되고 새로운 투자가 일어나면 근로자의 지위도 향상되고 새로운 고용도 창출되어 결과적으로 기업과 근로자가 다 함께 승자가 되기 때문"이라는 점을 들었으나,[59] 2000년대 한국에서 그런 일은 일어나지 않았다.[60] 외환위기를 거치면서 기업은 승자가 되었으나, 근로자는 패자로 남겨졌다.

결국 전 산업에 걸쳐 기간제 근로자의 규모가 빠르게 증가하고 상시적인 업무에까지 기간제 근로 사용이 남용됨으로써 기간제 근로를 포함한 비정규직 근로 문제는 커다란 사회 문제로 등장했다.[61] 이러한 고용

---

59 대법원 2003. 7. 22. 선고 2002도7225 판결.

60 이러한 전제의 오류와 관련해서는 "빈곤으로부터 탈출하기 위해서는 노동을 해야 하고, 노동을 하기 위해서는 일자리가 있어야 하며, 일자리를 창출하기 위해서는 경제를 성장시켜야 한다는 일련의 논리가 경제는 성장하는데 일자리는 창출되지 않는 뜻밖의 사태, 즉 이른바 '고용 없는 성장'이라는 현대 경제의 수수께끼를 만나면서 그 설득력을 상실하고 있다."는 박제성 박사의 설명을 참고할 수 있을 것이다(박제성, 2006: 98).

61 헌법재판소 2013. 10. 24. 선고 2010헌마219·265(병합) 결정은 당시 상황을 다음과 같이 설

상황의 악화는 그에 대한 규범적 대응의 필요성에 대한 인식을 확산시켰다. 이 점에서 기간제 근로계약에 대한 판례 법리의 변화는 "소모적인 비정규직의 활용에 규범 체계가 스스로 방어 메커니즘을 작동시[킨 것]"으로 평가되었다(정인섭, 2012: 172).

(2) 학설의 비판

기존 판례 법리에 대해서는 그것이 기간제 근로에 대한 사용자의 재량권 행사를 방임하고 이로써 노동법상의 해고 제한 법제를 사실상 형해화하고 있다는 비판이 있었다. 이런 비판을 한 학자들은 해석론을 통해 '기간의 정함이 없는 근로'를 원칙적인 것으로 확립하고 기간제 근로의 사용을 합리적인 범위 내로 제한하고자 노력했다(강성태, 2000: 52). 기간제 근로에 대한 판례의 변화가 전적으로 이러한 비판을 수용해서 이뤄진 것이라고 말할 수는 없지만, 기존 판례 법리에 대한 학계에서의 강한 비판이 그 변화의 한 원인이라고 보지 않을 수는 없다.

첫째, 강성태 교수는 기간제 근로계약을 기간 설정에 객관적·합리적 이유가 있는 경우와 그렇지 않은 경우를 구별해 논의했다. 즉, 근로계약 기간의 설정에 객관적이고 합리적인 이유가 있는 경우에는 원칙적으로 기간의 만료에 의해 근로관계는 종료되고 해고의 의사표시는 필요하지 않지만, 기간 설정의 객관적·합리적 사유가 없는 경우에는 처음부터 기간을 정하지 아니한 근로계약이 체결된 것으로 보고, 기간의 만료에 의해 자동적으로 근로관계가 종료되는 것은 아니며 근로관계의 종료를 위해서는 해고의 의사표시가 필요하다고 봤다. 그리고 그 해고가 유효하

명했다. "사용자는 1년 이내의 기간제 근로계약을 반복 갱신하여 근로기준법상 해고제한 규정을 회피할 수 있었고, 1997년 외환위기를 거치는 동안 기간제 근로관계는 전 산업에 걸쳐 급속히 증가했으며, 기간제 근로자의 근속기간도 계속 늘어나 상시적인 업무에까지 기간제 근로 사용이 남용됨으로써 기간제 근로를 포함한 비정규직 근로 문제는 커다란 사회 문제로 등장하였다."

기 위해서는 근로기준법 제23조 제1항 소정의 정당한 이유가 있어야 한다고 주장했다(강성태, 2000: 54-55).

또한 계약기간 만료 후 사실상 노무 제공으로 인한 묵시적 갱신이 이뤄진 경우에는, 반복 갱신에 의해 기간 설정이 무의미하게 되는 경우를 제외하고는, 최후의 갱신 시에도 기간 설정의 객관적·합리적 이유가 존재한다면 종전과 같은 기간이 설정된 것으로, 그렇지 않다면 기간의 정함이 없는 것으로 봐야 한다고 주장했다. 한편 근로계약의 반복 갱신에 의해 기간 설정이 무의미하게 되었다면, 당해 계약은 기간의 정함이 없는 근로계약으로 되고 이후의 갱신 거절은 실질적으로 해고에 해당하기 때문에 갱신 거절에 의해 근로관계가 종료되기 위해서는 근로기준법 제23조 제1항 소정의 '정당한 이유'가 있어야 한다고 했다(강성태, 2000: 55-56).

둘째, 노상헌 교수는 '근로계약'의 종료와 '근로관계'의 종료를 구별함으로써 기간제 근로에 대한 제한 법리를 새롭게 정립하고자 했다. 근로자가 근로계약기간이 도과했음에도 불구하고 노무 제공의 의사를 가지고 있는 경우, 묵시의 갱신을 피하기 위해서는 사용자가 명시적으로 노무 수령 거부의 의사표시를 해야 하고, 이때 당해 근로관계는 기간 만료와 함께 종료한다고 봤다. 이 경우 사용자가 거부하는 것은 기간을 정한 근로계약의 갱신이 아니라 계속될 근로관계의 종료이고, 이렇듯 근로자의 의사에 반해 행해지는 사용자의 근로관계의 명시적 종료가 '해고'에 해당한다고 파악했다(노상헌, 2003: 21).

전통적인 법리에 의하면 해고는 사용자의 일방적인 의사에 의해 근로계약을 장래를 향해 종료시키는 것을 의미하는데, 노상헌 교수는 법사회학적 관점에서 해고가 근로자를 기업에서 배제하는 조치를 포함한다고 보았다. 그리고 근로계약기간이 정해져 있거나 혹은 사용자의 경영상 사정이나 근로자의 행위에 의한 것이든 '근로자의 의사에 반해 근로관계를 종료시키는 것'을 해고라고 정의해야 한다고 주장했다. 이러한 논리에 의하면 기간제 근로계약의 반복 갱신을 거절하는 사용자의 행위는 당연히 근로기준법 소정의 해고 제한 법제의 적용을 받게 된다(노상헌, 2003: 22).

(3) 일본 판례의 변경

한국과 같이 기간제 근로계약의 체결·갱신에 대해서 특별한 규제를 하지 않았던 국가로는 일본을 들 수 있다(노상헌, 2003: 18). 일본에서도 기간제 근로계약이 체결된 경우에는, 별도의 사정이 없는 한, 기간의 만료에 의해서 당연히 근로관계는 종료된다고 본다(강성태, 2000: 36). 따라서 근로관계의 종료를 위해 사용자는 해지의 의사표시를 할 필요가 없다. 다만 그것을 반복 갱신해 체결한 경우 사용자가 그 계약의 갱신을 거부함으로써 고용이 중단된 경우가 문제되었다. 이에 대해서는 이른바 전화설(轉化說)적 구성을 취한 것과 실질적 동일설(實質的 同一說)적 구성을 취한 것이 있는데, 대부분의 판결례는 후자의 입장을 취했다고 한다(강성태, 2000: 37-38). 즉, 기간제 근로계약 관계가 반복 갱신된다 해서 기간을 정하지 않은 계약으로 전환되는 것은 아니나, 기간을 정하지 않은 근로계약과 실질적으로 다르지 않은 상태로 존재하는 경우 해고에 관한 법리를 유추할 수 있다는 것이다(菅野和夫, 2007: 183; 小西國友 外, 2004: 162; 淺倉むつ子 外, 2005: 176).

따라서 기간제 근로계약이 반복 갱신되어 기간을 정하지 않은 근로계약과 실질적으로 다르지 않은 상태가 된 경우, 갱신 거부에는 해고의 경우와 동일하게 객관적이고 합리적인 이유가 필요하며, 만약 그러한 이유가 인정되지 않으면 자동적으로 계약 갱신이 이뤄진 것으로 되었다. 일본 법원이 갱신 거절의 유효 여부가 문제된 사건에서 주로 고려한 것은 당해 고용의 임시성·상용성, 갱신의 횟수, 근속기간, 계약기간 관리 상황, 고용 계속의 기대를 일으킬 만한 언동·제도의 유무 등이었다(菅野和夫, 2007: 183-184).

위에서 살펴본 일본의 갱신 거부에 대한 판례 법리는 기간제 근로자를 보호하기 위해 해고권 남용 법리의 적용 범위를 확대한 것이다. 그러나 이에 대해서는 판례 법리가 추상적이어서 구체적이고 명확한 보호 기준을 제시하지 못한다는 비판이 따랐다. 또한 해고권 남용 법리가 유추 적용되는 갱신 거부의 기준 및 그 법적 효과에서도 불명확한 점이 있었기 때문에 근로계약의 갱신 거부를 둘러싼 분쟁 예방에 큰 역할을 하지 못했다(노상헌, 2003: 19).

특히 기업이 기간제 근로에 대한 노무 관리(갱신 절차 등)를 엄격하게 하자 기간을 정하지 않은 계약과 동일시할 수 있는 사안이 감소했다. 이렇게 기업의 노무 관리가 변화했다는 이유만으로 고용 중단으로부터 기간제 근로자를 보호할 수 없는 결과가 초래되자, 일본 법원은 새로운 이론을 전개했다. 그것은 기간제 근로계약이 기간을 정하지 않은 근로계약과 실질적으로 동일시할 수 없더라도, 고용 계속에 대한 근로자의 기대 이익에 합리성이 있는 경우에는, 해고권 남용 법리를 유추해서 고용 중지에 합리적 이유를 요구한다는 것이었다. 여기서 해고 법리의 '유추 적용'이란 ① 기간 만료에 의해 근로계약이 종료되기 위해서는 상당한 이유가 있는 갱신 거절의 의사표시가 필요하며, ② 갱신 거절의 의사표시가 없거나, 있더라도 상당한 이유가 없는 경우에는 기간제 근로계약의 자동 갱신이 이뤄진다는 것을 뜻한다(菅野和夫, 2007: 183-184).

결국 2004년 이후 하급심 판결에서 집중적으로 나타난 이른바 '갱신 기대권'이나 '합리적 이유'란 용어 등은 위와 같은 일본의 판례 법리의 변화로부터 영향을 받은 것이다.

나. 변경된 판례 법리의 검토

2000년대 중반에 변경된 판례 법리의 가장 중요한 특징은 '갱신 기대권'을 인정할 수 있는 경우, 해고 제한 법리를 유추해서 '합리적 이유' 없이 근로계약의 갱신을 거절하는 것은 '신의칙'상 허용되지 않는다는 것이다. 위 법리는 일본의 판례 법리를 받아들인 것이다. 이에 대해서는 아래와 같은 비판이 제기된 바 있다.

첫째, 조임영 교수는 하급심 법원이 두 나라 법제의 상이함을 고려하지 않은 채 일본의 법리를 받아들였다고 비판했다. 조임영 교수의 설명에 의하면, 과거 일본에는 해고를 규제하는 실정법규가 존재하지 않았기 때문에 일본 법원은 민법의 권리남용론을 적용해 해고를 규제하는 판례 법리를 형성했는데, 이는 사용자의 해고의 자유 내지 권리를 원칙적으로 인정하면서 그것이 남용되는 경우에만 규제한다는 것이므로, 해고의 유효성을 판단할 때 사용자측의 해고의 필요성 유무를 중점적으로 검토할 수밖에 없다고 한다(조임영, 2004: 415-416).

조임영 교수는, 일본과 달리 한국의 근로기준법 제23조 제1항은 "사용자는 근로자에게 정당한 이유 없이 해고 […] 하지 못한다."고 규정하고 있고, 이에 따라 사용자의 해고의 자유 내지 권리는 원칙적으로 부정되고 정당한 이유가 있을 때에만 해고의 효력이 인정되는데, 이러한 법제 하에서 법원이 해고 제한 법규를 무시한 채 일본의 판례를 좇아 민법 규정에 따라 기간제 근로계약이 기간 만료만으로 당연히 종료된다는 판례 법리를 도출한 것은 타당하지 않다고 비판했다(조임영, 2004: 417). 즉, 근로계약기간에 관한 해석은 해고 제한 법규와의 관계 속에서 제한을 받을 수밖에 없고, 입법자가 근로관계의 존속을 보호하기 위해 해고 제한 법규를 두었다면 이러한 입법자의 결단은 전체 법질서 안에서 실현되어야 하는 바(유성재, 2001: 137), 이 점에 비춰볼 때 근로계약의 기간 설정이 자유롭다는 판례 법리의 토대 자체에 문제점이 있다는 것이다(조임영, 2004: 418).

둘째, 박수근 교수는 앞에서 살펴본 노상헌 교수의 논리를 원용해 판례 법리를 비판했다. 박수근 교수는 기간제 근로계약의 갱신 거절은 존재하는 근로관계의 종료에 관한 것이라고 볼 수 있는 바, 해고를 근로관계의 종국적인 종료를 초래하는 일체의 행위를 의미한다고 보는 입장에 의하면 이를 해고로 파악할 수 있다고 주장했다. 즉, 기간제 근로관계에서 해고의 개념을 넓게 파악하고, 그로 인해 발생하는 문제점은 정당성 판단에서 고려해 법적 안정성과 구체적 타당성을 절충하는 입장을 취했다. 박수근 교수는 이러한 주장의 법리적 구조와 관련해 "계약기간의 만료 등의 사유로 인해 사용자의 의사와는 달리 근로자가 계속 근로관계를 의욕함에도 불구하고 사용자가 이를 원하지 아니하는 경우까지 해고에 포함시[켜] 해고 개념을 확대하는 것"이 간편하다고 설명했다(박수근, 2005: 208-209).

2000년대 중반의 하급심 판결이 한국의 해고 제한 법제가 일본과 다르다는 것을 간과한 점은 분명한 듯하다. 일본의 해고 제한 법제는 해고의 자유를 원칙적으로 인정하고, 해고가 법령에 위반되는 등의 경우에 한해 예외적으로 해고의 자유를 제한하는 경향에 서 있다. 권리남용론의 입장에 선 일본 법원이 신의칙이라는 도구를 사용해 기간제 근로를 제한하는 것은 그 법제도에 비춰 자연스러운 것이었다. 그러나 실정법상 해고 제한 법제를 가지고 있는 한국 법원이 이미 존재하는 해고 제한 법규를 무시한 채 만연히 '신의칙'이라는 민법의 불명확한 개념을 이용해 기간제 근로를 제한하는 법리를 구성하는 것은 부자연스럽다. 즉, 헌법과 근로기준법 체계에 비춰볼 때, 기간제 근로를 해고 제한 법제로부터 배제하던 종전 판례 법리뿐만 아니라 권리남용론에 기초해 기간제 근로를 제한하려는 하급심 판례 법리 역시 적절하지 않은 점이 있었다.

Ⅲ. 기간제 고용 보호 법제의 성립

1. 기간제법의 제정·시행

2004년 정부가 마련한 「기간제 및 단시간근로자 보호 등에 관한 법률안」을 토대 삼아 2006년에 기간제법이 제정되었다. 이 법은 2007년 7월부터 시행되었다.

고용 보호의 관점에서 기간제법의 중요한 특징은 기간제 근로자의 사용기간을 제한하고 2년을 초과한 경우 기간의 정함이 없는 근로자로 간주한다는 점이다(이미선, 2011: 482). 기간제법 제4조에 의하면, 사용자는 2년을 초과하지 않는 범위에서는 기간 설정의 합리적 이유 유무와 상관없이 기간제 근로자를 사용할 수 있지만, 2년을 초과하여 기간제 근로자를 사용하는 경우 그 기간제 근로자는 기간의 정함이 없는 근로자로 본다.[62] 이 경우 종전 기간제 근로계약에서 정한 근로계약기간의 약정은 무효로 되고 그 근로계약은 기간의 정함이 없는 것으로 간주된다(신권철, 2011: 239). 따라서 기존의 근로계약기간이 경과하더라도 근로자와 사용자 사이에 근로계약 관계는 그대로 유지되고, 사용자가 이미 체결된 근로계약기간의 만료를 이유로 고용을 종료하는 것은 해고로 취급되어 근로기준법 제23조의 정당한 이유가 요구된다(노동부, 2006:

62 다만, 기간제법 제4조 제1항 단서는 예외적으로 사용자가 2년을 초과하여 기간제 근로자를 사용할 수 있는 경우를 다음과 같이 열거하고 있다. ① 업무 자체가 한시적으로만 존속하는 경우로, 사업의 완료 또는 특정한 업무의 완성에 필요한 기간을 정한 경우와 휴직·파견 등으로 결원이 발생하여 당해 근로자가 복귀할 때까지 그 업무를 대신할 필요가 있는 경우, ② 사용기간을 제한하지 않더라도 근로자의 지위가 열악해질 우려가 없는 경우로, 고령자와 근로계약을 체결하는 경우와 전문적 지식·기술의 활용이 필요한 경우, ③ 사용기간 제한이 적합하지 않은 경우로, 정부의 복지정책·실업대책 등에 따라 일자리를 제공하는 경우로서 대통령령이 정하는 경우와 합리적인 사유가 있는 경우로서 대통령령이 정하는 경우 등이 여기에 해당한다(헌법재판소 2013. 10. 24. 선고 2010헌마219·265(병합) 결정).

25; 박제성, 2008b: 65).[63]

또한 기간제법은 기간제 근로자에 대한 차별 처우를 금지하고 있다. 기간제법 제8조에 의하면, 사용자는 기간제 근로자임을 이유로 당해 사업 또는 사업장에서 동종 또는 유사한 업무에 종사하는 기간의 정함이 없는 근로계약을 체결한 근로자에 비해 차별적 처우를 해서는 아니 된다. 이렇게 차별적 처우가 금지되는 사항은 임금, 정기상여금·명절상여금 등 정기적으로 지급되는 상여금, 경영 성과에 따른 상여금, 그 밖에 근로조건 및 복리후생 등에 관한 사항이다(기간제법 제2조 제3호).

2. 갱신 기대권 판례 법리의 정립

2011년 서울특별시시설관리공단 사건(대법원 2011. 4. 14. 선고 2007두1729 판결)에서 법원은 갱신 기대권 법리 등 기간제 근로자의 고용 보호 법리를 더욱 체계화했다(김홍영, 2013: 87; 이미선, 2011: 497-498). 이 사건 판결은 이후 기간제 근로계약 관련 분쟁에서 선례로 기능하고 있다.[64]

서울특별시시설관리공단 사건에서 법원은 기간제 근로계약 관계는 기간 만료 시 종료되는 것이 원칙이고 이 경우 기간제 근로자는 갱신 거절의 의사표시가 없어도 당연퇴직한다는 점을 확인했다. 여기에서 대법원은 사실상 기간의 정함이 없는 근로계약 및 갱신 기대권 법리와 관련해 이 점을 반복해서 판시했다.[65] 이는 대법원이 기간제 근로계약의 종

---

63 헌법재판소 2013. 10. 24. 선고 2010헌마219·265(병합) 결정.

64 따름 판례로는 대법원 2011. 7. 28 선고 2009두2665 판결, 2011. 7. 28 선고 2009두5374 판결, 2013. 2. 14 선고 2011두24361 판결, 2014. 2. 13 선고 2013다51674 판결, 2014. 2. 13 선고 2011두19550 판결, 2014. 2. 13 선고 2011두12528 판결, 2014. 2. 13 선고 2012두1402 판결 등이 있다.

65 사실상 기간의 정함이 없는 근로계약과 관련해 "근로계약기간의 정함이 위와 같이 단지 형식에 불과하다고 볼 만한 특별한 사정이 없다면 근로계약 당사자 사이의 근로관계는 그 기간이 만료

료와 관련된 일반적 법리가 무엇인지를 그만큼 강조하고자 했기 때문인 것으로 추측된다. 그리고 기간제 근로계약이 사실상 기간의 정함이 없는 근로계약으로 인정되는 조건과 그 효과에 관한 기존 판례 법리를 확인했으며, 갱신 기대권이 인정되는 경우에 사용자의 갱신 거절을 제한할 수 있다는 점을 재확인한 후 갱신 기대권이 인정되는 조건과 그 기대권에 반하는 갱신 거절의 효과와 관련된 법리를 체계적으로 정립했다(이미선, 2011: 498).[66] 법원이 이 판결에서 판시한 갱신 기대권 법리는 아래와 같다.

첫째, 갱신 기대권이 근로관계 존속의 효과를 발생시킨다는 점을 분명히 했다. 이미선 판사의 설명에 의하면, 재계약에 대한 합리적인 기대가 인정될 때 그로부터 도출되는 법적 효과는 보호의 강도에 따라 ① 재계약 결정 요구권을 인정할 수 있는 경우, ② 사용자에게 재계약 체결 의무를 부담시키는 경우 및 ③ 근로관계의 존속을 인정하는 경우로 나눌 수 있는데, 위 2011년 판결은 갱신 기대권이 단순히 사용자에게 재계약 체결 의무를 부과하는 데 그치는 것이 아니라 근로관계의 존속을

함에 따라 사용자의 해고 등 별도의 조처를 기다릴 것 없이 당연히 종료된다."고 판시한 후 갱신 기대권 법리와 관련해 "기간을 정하여 근로계약을 체결한 근로자의 경우 그 기간이 만료됨으로써 근로자로서의 신분관계는 당연히 종료되고 근로계약을 갱신하지 못하면 갱신 거절의 의사표시가 없어도 그 근로자는 당연 퇴직되는 것이 원칙이다."란 점을 다시 판시했다.

66 관련 판시 사항은 다음과 같다. "근로계약, 취업규칙, 단체협약 등에서 기간 만료에도 불구하고 일정한 요건이 충족되면 당해 근로계약이 갱신된다는 취지의 규정을 두고 있거나, 그러한 규정이 없더라도 근로계약의 내용과 근로계약이 이루어지게 된 동기 및 경위, 계약 갱신의 기준 등 갱신에 관한 요건이나 절차의 설정 여부 및 그 실태, 근로자가 수행하는 업무의 내용 등 당해 근로관계를 둘러싼 여러 사정을 종합하여 볼 때 근로계약 당사자 사이에 일정한 요건이 충족되면 근로계약이 갱신된다는 신뢰관계가 형성되어 있어 근로자에게 그에 따라 근로계약이 갱신될 수 있으리라는 정당한 기대권이 인정되는 경우에는 사용자가 이에 위반하여 부당하게 근로계약의 갱신을 거절하는 것은 부당해고와 마찬가지로 아무런 효력이 없고, 이 경우 기간 만료 후의 근로관계는 종전의 근로계약이 갱신된 것과 동일하다고 할 것이다"(대법원 2011. 4. 14. 선고 2007두1729 판결).

인정하는 효과를 발생시킨다는 점을 다시 확인했다(이미선, 2011: 488-492). 즉, 대법원은 기간제 근로계약의 갱신 거절에 대해 근로기준법 제23조에 따른 해고 제한 법리가 적용되고, 사용자가 갱신 관련 심사의 정당성에 대한 증명책임을 부담한다는 점을 명확히 한 것이다(김홍영, 2013: 87; 정인섭, 2012: 183). 이는 하급심 판례에 대한 노동법 학계의 비판을 수용한 것이기도 하다.

둘째, 갱신 기대권의 인정 요건을 재구성했다. 2005년 한국문화정책개발원 사건에서 갱신 기대권의 인정 요건으로 판시한 것은 "임용의 근거가 된 법령 등의 규정이나 계약 등에서 임용권자에게 임용기간이 만료된 근로자를 재임용할 의무를 지우거나 재임용 절차 및 요건 등에 관한 근거 규정을 두고 있는 경우"다. 위 2011년 판결은 여기에 덧붙여 "그러한 규정이 없더라도 근로계약의 내용과 근로계약이 이뤄지게 된 동기 및 경위, 계약 갱신의 기준 등 갱신에 관한 요건이나 절차의 설정 여부 및 실태, 근로자가 수행하는 업무의 내용 등 당해 근로관계를 둘러싼 여러 사정을 종합해 볼 때 근로계약 당사자 사이에 일정한 요건이 충족되면 근로계약이 갱신된다는 신뢰관계가 형성되어 있는 경우"가 갱신 기대권의 인정 요건이라고 판시했다. 이는 그동안 하급심 판례에서 갱신 기대권의 인정 요건으로 판시해 오던 내용이었는데,[67] 위 2011년 판결에서 대법원이 이를 명시적으로 받아들여 관련 법리를 체계화했다(김

67 이 요건의 존재는 이미 노동법 학자들이나 대법원 모두 받아들이고 있던 것이다. 예컨대 신권철 교수가 기간제 근로자의 고용 보호에 관한 판례 법리를 ① 장기간 근로계약의 반복·갱신이 이뤄진 경우, ② 근로계약상 기간의 정함이 형식에 불과한 경우, ③ 갱신 기대권이 형성된 경우 및 ④ 기간제 근로계약을 인정하면서 해고 제한 법리가 유추 적용된 경우 등 네 가지 유형으로 구분한 것에서 알 수 있듯이, 위 2011년 판결 이전에도 대법원은 관련 하급심 판결에 대한 상고를 기각하거나 심리불속행 결정을 통해 그대로 확정했다. 다만, 그때까지 관련 법리를 본격적으로 수용했다고 볼 만한 대법원의 판결례는 없었다고 한다(신권철, 2011: 213-214; 정인섭, 2012: 175-176).

홍영, 2013: 87; 박제성, 2011: 220; 이미선, 2011: 492-494).

3. 기간제 고용 보호 법제에 대한 검토

위와 같이 변화된 판례와 기간제법의 제정이 기간제 근로계약의 원칙을 훼손하지는 않았다. 특별한 사정이 없는 한 기간제 근로계약은 적법한 것으로 해석된다(이미선, 2011: 480). 여전히 기간제 근로계약을 체결한 당사자들의 의사는 존중되고, 그 계약에서 정한 기간이 만료됨으로써 근로자로서의 신분관계는 당연히 종료되며 근로계약을 갱신하지 못하면 갱신 거절의 의사표시가 없어도 당연 퇴직되는 것이 원칙이다. 즉, 기간제 근로자의 고용 보호 법제는 제한된 범위에서 작동한다.

이렇게 한정된 범위에서 기간제 근로자에 대한 고용 보호 법제가 도입되기는 했지만, 그 효과는 긍정적으로 평가되고 있다. 2005년 정점을 찍은 기간제 근로계약의 규모가 갱신 기대권 법리의 도입과 기간제법의 시행과 맞물려 14~15%대로 감소했기 때문이다. 일부 조사에서 대기업의 경우에 정규직 전환율이 낮은 것으로 나타나긴 하지만, 전체적으로는 기간제법 시행 이전보다 정규직 전환율이 높아졌고 노동법적 보호를 받는 비율 역시 늘었다(김준, 2011: 19-20). 즉, 기간제법의 제정이 기간제 근로자의 고용 보호와 그 규모의 축소에 제한적이나마 긍정적 영향

표 4 기간제 근로자 고용 보호 법제의 개요

규율 방식	요건	효과	해고 제한 규정
기간제법	사용기간의 2년 초과	무기계약으로 전환	적용
판례	기간제 근로계약의 반복 갱신	사실상 무기계약으로 인정	적용
	기간제 근로계약의 해석		
	기간제 근로계약 갱신 절차와 요건의 존재	갱신 기대권 인정	적용
	기간제 근로관계를 둘러싼 여러 사정		

을 미치고 있는 것이다(전윤구, 2008: 354).

그렇다면 이제 기간제 근로계약과 관련된 모든 문제가 해결된 것일까? 그렇지는 않다. 위에서 살펴본 보호 법제에도 불구하고, 여전히 기간제 근로계약과 관련해서는 많은 질문이 제기되고 있다. 아래에서는 이 질문들에 대해 논의해 보겠다.

Ⅳ. 기간제 고용 보호 법제의 새로운 쟁점

1. 기간제법 하에서 갱신 기대권 법리의 유효성

기간제법에서 사용기간이 2년을 초과하는 기간제 근로자에 대해서는 근로기준법상 해고 제한 법제가 적용되도록 규정하고, 사용기간이 2년 이하인 기간제 근로계약의 갱신 여부는 사용자가 자유롭게 결정할 수 있다고 규정한 점에 비춰볼 때, 그와 어긋나는 갱신 기대권 법리는 더 이상 유효하지 않다는 주장이 있다. 아래에서는 그 경우를 구분해서 검토하도록 하겠다.

첫째, 기간제법 시행 이전에 이미 기간제 근로자에게 갱신 기대권이 발생한 경우라 하더라도, 기간제법 제4조에 의해 사용자가 2년의 범위에서 기간제 근로계약의 갱신 여부를 자유롭게 결정할 수 있는지가 문제된다. 이에 대해 법원은, 기간제법 제4조의 입법 취지가 기간제 근로계약의 남용을 방지함으로써 근로자의 지위를 보장하려는 데에 있는 점을 고려하면, 기간제법의 시행만으로 그 시행 전에 이미 형성된 기간제 근로자의 갱신에 대한 정당한 기대권이 배제 또는 제한된다고 볼 수는 없다고 판단했다.[68]

---

68 대법원 2014. 2. 13. 선고 2011두12528 판결, 2014. 2. 13. 선고 2011두19550 판결, 2014. 2.

둘째, 기간제법에 따라 사용기간이 2년 이하인 기간제 근로계약에 대해서는 사용자가 자유롭게 갱신 여부를 결정하는 것이 보장되므로, 더 이상 갱신 기대권 법리를 적용할 수 없다는 주장이 있을 수 있다. 그러나 이 경우에도 갱신 기대권 법리를 적용할 수 있다. 왜냐하면 기간제법에 의해 기간제 근로자가 기간의 정함이 없는 근로자로 되는 요건과 판례에 의해 갱신 기대권이 인정되는 요건은 서로 다르기 때문이다. 판례에 따르면, 사용기간은 갱신 기대권의 유무를 판단하는 절대적 기준이 아니다. 갱신 기대권 유무는 기간제 근로계약의 갱신 횟수나 사용기간뿐만 아니라 그 계약기간의 성격과 체결 경위, 업무의 내용 등 여러 상황을 고려해 판단되는 것이다. 이렇게 기간제법 제4조와 갱신 기대권 법리는 성립 요건과 범위가 다르고, 그 소송물도 서로 다르다(신권철, 2011: 223). 따라서 기간제법이 갱신 기대권 법리를 대체하거나 폐지하는 효력을 발휘한다고 보기는 어렵다.

셋째, 위에서 살펴본 논리는 기간제법의 적용 범위에서 제외되는 4명 이하의 사업장이나 기간제법 제4조 제1항의 예외 사유에 대해서도 동일하게 적용된다. 기간제법은 원칙적으로 상시 5명 이상의 근로자를 사용하는 사업 또는 사업장에 적용되고, 상시 4명 이하의 근로자를 사용하는 사업 또는 사업장에서 일하는 기간제 근로자에게 기간제법 제4조는 적용되지 않는다(기간제법 제3조 제1항). 그리고 앞에서 살펴본 것처럼 기간제법 제4조 제1항 단서는 2년을 초과해 기간제 근로자를 사용할 수 있는 여러 예외 사유를 규정하고 있다. 이렇게 기간제법 제4조의 적용 범위에서 배제되는 기간제 근로자에게도 갱신 기대권 법리를 적용할 수 있다(신권철, 2011: 222).

한편, 기간제 근로계약에 관한 판례 법리 중 사실상 기간의 정함이

13. 선고 2012두1402 판결, 2014. 2. 13. 선고 2013다51674 판결.

없는 근로계약에 관한 것은 두 가지로 나눠 생각할 수 있다. 제반 사정에 비춰 그 기간의 정함이 단지 형식에 불과한 경우는 기간제 근로계약에 대한 해석의 결과에 기초한 것이므로, 이것은 기간제법으로부터 영향을 받지 않는다. 그러나 장기간에 걸쳐서 그 기간의 갱신이 반복되어 그 정한 기간이 단지 형식에 불과하게 된 경우는 기간제법의 규율 대상과 겹치는 부분이 있을 수 있다.

2. 기간제법의 위헌 판단 기준에 대한 검토

위에서 살펴본 바와 같이 기간제법 제4조에 의해 원칙적으로, 사용자는 2년의 범위에서만 기간제 근로자를 사용할 수 있다. 설령 근로자와 사용자가 2년을 초과해 기간제 근로계약을 체결하기로 합의하더라도, 그 의사와 상관없이 그들에게도 기간제법은 적용된다. 이것이 기간제 근로자가 가지는 계약의 자유를 침해하는 것일까? 2010년 몇몇 근로자가 이 점을 이유 삼아 기간제법 제4조가 위헌이라고 주장하며 헌법소송을 제기했다. 즉, 근로자는 어떤 장소에서 어떤 내용으로 근로할 것인지에 관해 자유롭게 의사를 형성할 수 있고, 더 좋은 직장으로 옮기기 전까지 기간제 근로자로 기존 직장에서 계속 일하겠다고 하는 당사자의 의사는 존중되어야 하는 바, 그런 기회를 박탈하는 기간제법 제4조는 기간제 근로자들의 계약의 자유 등을 침해한 위헌 법률이라는 것이다.

이에 대해 헌법재판소는, 기간제법 제4조의 기간제 근로자 사용기간 제한으로 인해 경우에 따라 개별 근로자들에게 일시 실업과 같은 불합리한 결과가 발생한다고 하더라도, 이 점을 이유로 기간제법이 기간제 근로자들의 계약의 자유를 지나치게 제한하는 위헌적 법률이라고 보기는 어렵다고 결정했다. 헌법재판소는 이러한 제한을 기간제 근로자의 무기계약직 전환 유도를 통한 고용 불안 해소와 근로조건 개선을 위한 부득이한 선택이라고 봤다. 그리고 기간제법이 불가피하게 취업 희망자의 고용을 막는 경우가 발생한다고 하더라도 기간제 근로자의 사용기간 제한이 전반적으로 무기계약직으로의 전환을 불러와 고용 불안 해소나 근로조건 개선에 긍정적으로 작용한다면, 그러한 입법자의 선택을 존중해야 한다고 설명했다. 이런 전제 하에 헌법재판소는 기간제법 시행 이후 전체 임금근로자 중 기간제 근로자가 차지하는 비율이 17%대에서 14%대로 낮춰졌으며, 기간제 근로자로 2년 이상 근무한 경우에 대부분 안정된 고용을 보장받는 등 기간제법 제4조가 고용 안정에 상당 부분 기여하고 있다는 점을 들어 자신의 판단을 뒷받침했다.[69]

그런데 기간제법이 기간제 근로자의 고용 불안을 해소하는 데 긍정적으로 작용한 점이 합헌의 근거로서 어느 정도까지 기여할 수 있는지에 대해서는 신중하게 접근해야 한다. 왜냐하면 기간제법 제4조가 노동시장에서 기간제 근로자의 비율을 낮추지 못하거나 무기계약직으로 유도하는 데 실패한다 하더라도, 그로 인해 위헌 법률이 되는 것은 아니기 때문이다. 노동시장에서 법률이 발휘하는 효력을 들어 그 법률의 합헌성 유무를 판단하는 것은 자칫 노동시장에 대한 규범적 규율의 의의를 간과하는 과오로 이어질 수 있다. 즉, 노동시장은 헌법 원리와 기본권 규정에 근거해서 조직되고 운영되어야 하는 것이고, 어떤 고용 보호 법제가 노동시장에서 발휘하는 정책적 효과가 그 법률의 합헌성을 판단하는 절대적 기준이 될 수는 없다. 따라서 설령 기간제법 제4조에도 불구하고 고용 불안이 해소되지 않고 그 정책적 효과가 제대로 발휘되지 못하더라도, 그것이 새로운 입법의 필요성을 제기할 수는 있어도 그로 인해 곧바로 위헌이라는 결론에 이르지는 않는다.

---

69 헌법재판소 2013. 10. 24. 2010헌바219·265(병합) 결정.

3. 정부의 비정규직 종합대책에 대한 평가

2014년 12월 고용노동부는 "비정규직 종합대책(안)"을 마련해 노사정위원회에 공식 논의를 요청했다. 여기에서 고용노동부는 비정규직 근로자들의 고용 안정을 위해 ① 기간제 근로계약의 갱신 횟수를 최대 3회로 제한함으로써 단기 계약을 반복 갱신하는 관행을 해소하고, ② 35세 이상 기간제 근로자가 신청할 경우 사용기간을 2년 범위 내에서 연장할 수 있도록 하되, 만약 사용자가 그 이후 해당 기간제 근로자를 정규직으로 전환하지 않고 기간제 근로계약을 해지할 경우 이직수당(연장기간 중 임금의 10%)을 별도로 지급하는 방안을 제안했다.

노동계는 두 번째 제안에 대해 반대하고 있다. 고용노동부는 근속기간이 길어질수록 무기계약직 전환 비율이 높아진다는 점을 제안의 근거로 삼았으나, 노동계는 기간제 근로자의 사용기간이 4년으로 연장될 경우 기업이 정규직 일자리를 기간제 일자리로 대체할 가능성이 높다고 보고 있다. 이 제안의 문제점은 크게 두 가지로 설명할 수 있다.

첫째, 고용노동부의 제안대로 사용기간을 연장할 경우 정규직 근로자로의 전환 비율을 확대하는 데 도움이 되는지에 대한 실증적 증거가 없고, 이와 연계된 적극적 노동시장 정책도 보이지 않는다. 고용노동부는 자신의 논거로서 기간제 근로자들이 사용기간 연장을 원한다는 조사 결과를 제시했다. 그러나 실제 그 정책의 성공을 위해 필요한 것은 기업이(특히 대기업이) 얼마나 정규직 전환을 할 것인지 여부인데, 여기에 대한 깊이 있는 조사나 고려가 있었는지는 분명하지 않다.

둘째, 위 두 번째 제안이 실현될 경우 기간제 근로에 대한 정부 정책의 신뢰도가 하락할 위험성이 있다. 기간제법 시행 이후 일부 기업은 기간제 근로자를 정규직으로 전환하거나 분리직군제를 도입해 나름대로 고용 안정 조치를 취했다. 이런 상황에서 정부가 사용기간을 연장할 경우 그동안 기간제법의 적용을 회피했던 기업은 개정 기간제법으로부터 이익을 얻는 반면, 정부 정책을 신뢰한 기업은 쓸모없는 일을 한 것이 되기 때문이다. 종국적으로 이는 국가의 법률 적용을 회피한 기업의 기회주의적 행태를 규범적으로 정당화시키는 효과만 발휘하게 된다. 이런 점 때문에 고용노동부의 위 제안은 상시적 업무를 수행할 근로자를 낮은 비용으로 계속 활용하려는 일부 기업집단의 이익을 반영하는 것에 불과하다는 비판을 받고 있다(전윤구, 2008: 363-365).

4. 입구 규제 방식으로의 전환에 대한 고민

비정규 일자리가 노동시장에서 정규직 일자리로 옮기는 징검다리로 기능하는지 혹은 저임금 일자리로 머무르게 하는 함정인지에 대해서는 논란이 있었다. 그런데 실증적 자료에 의하면, 비정규직에서 정규직으로의 이행 확률은 낮고 이런 현상은 한국에서 더 강하게 나타나는 것으로 드러났다. 2015년 5월 OECD가 발표한 조사 결과에 의하면, 다른 OECD 국가들과 달리 한국에서 비정규직 근로자들이 정규직 일자리로 이동하는 경우는 매우 적다. 그리고 임시직 근로자의 중위 시급은 정규직 중위 시급보다 45% 낮은데, 이것 역시 OECD 평균인 30%에 비해 그 격차가 크다.

위와 같은 점 때문에 최근 기간제 근로자의 사용 사유를 제한해야 한다는 주장이 다시 나타나고 있다. 현행 기간제법 제4조 제1항은 기간제 근로자의 사용기간을 최대 2년으로 제한하는 '출구' 규제 방식을 취하고 있는데, 기간제 근로계약의 남용을 제한하기 위해서는 합리적인 이유가 있는 경우에 한정해 기간제 근로계약 체결을 허용하는 '입구' 규제 방식으로 전환되어야 한다는 것이다. 잘 알다시피 입구 규제 방식은 당사자의 선택을 제한하고, 고용 전반의 경직성을 높일 우려가 있으며, 기업의 법

적용 회피 행위를 촉진해 법률 규제의 실효성을 확보하기 어렵다는 문제점이 있다. 그럼에도 입구 규제 방식을 주장하는 이유는 정규직과 비정규직의 임금 등 근로조건의 격차가 심화되고 비정규직에서 정규직으로의 이행 비율이 점점 더 낮아지고 있기 때문이다(김훈, 2015: 64).

기간제 근로계약의 규모를 줄이는 가장 전형적인 수단은 그 사용 사유를 제한하는 것이다. 이 점에서 사용 사유를 제한해 비정규 근로의 규모를 줄이겠다는 위 제안의 목적은 정당하다. 현재 우리나라의 비정규 근로의 규모와 낮은 정규직 전환 가능성 등을 고려할 때 그 필요성 역시 인정할 수 있다. 문제는 그것이 노동시장에서 실제로 어떻게 작동할 것인지를 예측하기가 쉽지 않다는 점이다. 이러한 점을 고려해 절충적인 입장에서 기간제 근로자의 교체 사용을 방지하는 방안이 제안된 바 있다. 현행 기간제법이 사용자가 특정 업무에 관한 기간제 근로자를 계속 교체하며 사용하는 것을 막지 못하는 점을 보완하자는 것이다. 예컨대 전윤구 교수는 현행 기간제법과 같이 2년 이내의 근로계약 기간 설정은 원칙적으로 자유롭게 인정하되, 2년 만료를 앞둔 사용자가 그 갱신을 거절하고 새로운 근로자를 채용하고자 할 때 정당한 사용 사유를 요구할 것을 제안한 바 있다(전윤구, 2008: 358). 그리고 김홍영 교수는, 같은 업무에 대해서는 근로자를 교체 사용하는 것을 포함해 2년 이내만 기간제 근로자를 사용할 수 있도록 해야 한다고 주장했다(김홍영, 2013: 85).

제2절 간접고용 관계에서 노동법 규범력의 확대

I. 문제의 소재

간접고용이란 자신의 사업에 타인이 고용한 근로자를 직접 편입시켜 사용(또는 이용)하는 형태를 뜻한다(강성태, 2010a: 2).[70] 간접고용에서는 근로계약의 체결 주체와 근로자의 사용 주체 등이 다르게 되고, 관련 근로자의 근로 제공에 둘 이상의 사업 또는 사용자가 관여하는 다면적 근로관계가 형성된다(이병한, 2010: 833-834).

간접고용은 제조업과 서비스업의 거의 모든 부문에서 이용되고, 민간 부문뿐만 아니라 공공 부문에서도 광범위하게 사용된다. 간접고용은 직무의 내부 분리(직군 분리-내부 비정규직화)-외부 분리(특수형태근로종사자, 근로자파견, 도급) 과정을 통해 발달한 것으로 유연성 및 효율성 제고를 위한 노무 관리의 마지막 단계로 평가된다(이병한, 2010: 834). 현행 법령상 사업 방식으로 그리고 합법적으로 간접고용을 발생시킬 수 있는

70 간접고용이란 용어는 직접고용에 대비되는 개념으로서 실정법상의 용어는 아니다. 간접고용이란 개념을 넓게 이해하면 기업의 필요에 의해 타인의 노무를 이용하지만 노무공급자와 근로계약을 직접 체결하지 않고 제3자에게 고용된 근로자를 이용하는 고용 형태라고 말할 수 있다(조경배, 2001: 48).

법률관계로는 근로자공급 계약, 근로자파견 제도 및 사내하도급 계약 등이 있다(강성태, 2010a: 2).

개별 기업의 입장에서 볼 때, 간접고용 방식을 이용한 노동력의 사용을 확대하는 것은 단기적으로 노무비의 절감 효과를 기대할 수 있다. 그러나 장기적으로는 기술 축적 기회의 상실, 소속감 결여에 따른 업무 수행 충실도의 저하 등으로 이어져 기업의 체질을 약화시키는 결과를 초래한다. 국가 경제로는 빈부 격차의 심화 및 사회 갈등의 확산, 내수 기반의 약화 등으로 이어져 사회 전체가 그 비용을 부담해야 하는 사회·경제적 위기를 야기할 수 있다. 개별 근로자의 입장에서도, 정규직 근로자와 같은 일을 하면서도 낮은 수준의 임금을 받고 사실상 중간 착취의 대상으로 전락하게 된다(최은배, 2009a: 213).

이는 '경제 주체 간의 조화를 통한 경제의 민주화'(헌법 제119조 제2항) 및 '인력의 개발을 통한 국민 경제의 발전'(헌법 제127조 제1항)을 규정한 헌법 정신에 위배되고, 국가에 대해 '사회적·경제적 방법으로 근로자의 고용의 증진과 적정 임금의 보장에 노력할 의무'(헌법 제32조 제1항)를 부과하고 '인간의 존엄성을 보장하도록 근로조건의 기준을 법률로 정할 의무'(헌법 제32조 제3항)를 부과한 헌법 규정에 어긋나는 것이다.

간접고용의 사회·경제적 부작용을 방지하고 헌법적 가치들 사이의 조화를 꾀하기 위해 한국 노동법제는 몇 가지 제한 입법을 두고 있다. 파견법은 그러한 간접고용 제한 법제의 하나로서, 정부와 법원에 "파견근로자의 근로조건 등에 관한 기준을 확립함으로써 파견근로자의 고용안정[에] 이바지[할 것]"과 "파견근로자를 보호하고 […] 근로자가 사용자에게 직접 고용될 수 있도록 노력[할 것]"을 요구하고 있다(파견법 제1조, 제3조). 따라서 간접고용 관계에 대해 파견법의 적용 여부를 판단할 때는 위와 같은 헌법 규정 및 파견법의 입법 취지를 존중해야 한다.

이 절(節)에서는 위와 같은 문제 의식에 터 잡아 간접고용 관계에서 노동법상 사용자 범위가 확대된 과정 및 사내하도급 관계에서 근로자파견 인정 기준이 확립되는 과정을 살펴보고자 한다.

첫째, 현대중공업 사건을 단서 삼아 노동조합법상 사용자 개념을 검토한다. 간접고용 관계에서 제3자의 사용자성이 문제된 경우에 종래 법원은 근로계약 관계가 없다면 사용자로서의 지위를 인정할 수 없다고 봤다.[71] 따라서 간접고용 관계에서 근로자에 대한 지휘·명령권을 행사하는 자라 하더라도 근로계약의 당사자가 아닌 이상 사용자에 해당하지 않았다. 이러한 법원의 태도는 간접고용 관계에서 일하는 근로자들의 권익 보호를 포기한 것에 다름 아니었다. 왜냐하면 노무 공급의 실태를 살펴보면, 전형적인 근로계약 관계와 도급 관계 사이에는 간접고용 관계, 즉 사용사업주와 고용사업주 양자가 중첩적으로 사용자로 인정될 수 있는 영역이 존재하는데, 법원의 단선적인 사고 방식으로는 이를 규율할 수 없기 때문이다(조경배, 2003: 378). 이로 인해 판례 법리는 노동법 학계로부터 신랄한 비판을 받았다. 결국 법원은 2010년 현대중공업 사건에서 실질적 지배력·영향력설을 받아들여 사용사업주인 원청업체의 노동조합법상 사용자성을 인정하게 된다.

둘째, 간접고용의 한 유형인 사내하도급 관계에서 파견법을 적용하는 문제에 대해 살펴본다. 이는 사내하도급이 간접고용의 대표적 유형이라는 점을 감안한 것이지만, 그와 함께 사내하도급 관계에서 파견법의 적용 문제가 현재 진행되는 논쟁의 중심에 있기 때문이다. 이렇게 된 이유로는, 많은 산업·업무 부문에서 사내하도급 관계가 과도하게 사용되고 있다는 점, 이를 직접 규율하는 노동관계법이 없다는 점 및 다수의 사내하도급 관계에서 불법파견 또는 위장 도급의 문제가 발생하고 있는

71 대법원 1972. 11. 14. 선고 72다895 판결, 1995. 12. 22. 선고 95누3565 판결, 1999. 2. 5. 선고 97다48388 판결, 1999. 11. 12. 선고 97누19946 판결.

점 등을 들 수 있다(이병한, 2010: 834). 사내하도급 관계에서 파견법의 적용 여부를 판단할 때, 민법상 도급인의 지시와 파견법상 사용사업주의 지휘·명령의 구별이 어려운 문제로 다가온다.

II. 간접고용 관계에서 노동법상 사용자 범위의 확대[72]

1. 기존 판례 법리의 한계

종래 판례 법리에 따르면, 노동조합법상 사용자로 인정되기 위해서는 명시적 또는 묵시적 근로계약 관계가 존재해야 한다.[73] 이렇게 집단적 노사관계에서의 사용자(사업주)를 근로계약의 당사자와 일치시키는 논리는 노동관계 당사자들이 사용자의 범위를 쉽게 예측할 수 있다는 장점을 갖는다. 근로계약 관계의 존부를 기준으로 삼는다는 것이 반드시 사용자의 범위를 근로계약서에 명시된 사용자에 한정하는 것도 아니다. 법률관계에 대한 판단은 형식이나 명칭에 구애받지 않고 실질을 따져 판단해야 한다는 점을 고려할 때, 이는 당연하다. 예컨대 계약의 명칭이 임대차라 하더라도, 그 실질을 따졌을 때 근로계약이라고 인정되면, 그것은 근로계약으로 봐야 한다.

그러나 기존 판례 법리만으로는 간접고용 관계에서 나타나는 현실적인 문제점을 해결할 수 없다. 왜냐하면 기존 판례 법리는 '둘 중 누가 사용자인가?'란 양자택일적 질문에 대답하기 위한 것이기 때문이다. 판례 법리는 근로계약 관계를 중심에 두고 사용자 여부를 판단한다는 것인데,

---

72 이 부분은 도재형, "간접고용에서 부당노동행위 형사책임주체", 「법학논총」 제28집 제1호, 전남대학교 법률행정연구소, 2008: 523-532의 내용을 수정·보완했다.

73 대법원 1972. 11. 14. 선고 72다895 판결, 1995. 12. 22. 선고 95누3565 판결, 1999. 2. 5. 선고 97다48388 판결, 1999. 11. 12. 선고 97누19946 판결.

이 경우 사용자는 단수(單數) 혹은 단선적(單線的)으로만 존재하고 간접고용에서의 '계약관계와 지휘·명령 관계의 분리'라는 현상에 대응할 수 없다(박제성, 2000: 79-80; 조경배, 2001: 56; 조경배, 2003: 375). 이것이 판례 법리의 약점이었다. 판례 법리는 "사용사업주와 근로자 간이든 혹은 고용사업주와 근로자 간이든 하나의 근로계약 관계만 존재할 수 있다는 사고에 기초한 것이고 근로계약 관계의 다면적 성격을 인정하지 않을 수 없는 간접고용에서 사용자 개념을 판단하는 일반적인 기준은 될 수 없는 논리이다"(조경배, 2001: 58). 이러한 한계에도 불구하고 한국 법원은 기존의 판례 법리를 이용해 간접고용 관계를 규율했다. 이것이 법관의 무지(無知)에 따른 것인지 아니면 법관이 의도한 바인지는 분명하지 않다.

간접고용 관계에 놓인 근로자들의 조직률은 미약하고 그나마 조직된 노동조합도 유지하기 어렵다. 이는 간접고용의 특성에서 비롯된 것일 뿐만 아니라 부당노동행위로부터 보호받기 어려운 면이 있기 때문이다(윤애림, 2003: 161). 비정규 근로자는 집단적인 권리의 행사에서도 정규직에 비해 차별을 받는데, 이 차별은 고용의 불안정에서 비롯된 것이기도 하지만, 그와 함께 위와 같은 현실에 맞지 않는 판례 법리도 그 차별을 정당화·합리화하곤 했던 것이다. 조경배 교수의 지적처럼 "기존의 판례 법리는 의사(意思)물신주의와 일원론적인 근로관계론에 갇혀 현실감을 상실하고 노동조합법상의 사용자 개념의 범주를 극도로 왜곡시켰다"(조경배, 2003: 397).

간접고용 관계와 관련해 집단적 노사관계에서 사용자 범위 문제는 '사용자 개념의 외부적 획정'이라는 이름으로 논의되었다(김유성, 1999: 318). 그리고 판례 법리에 비판적인 학자들은 실질력 지배력·영향력설과 대향관계설을 주장했다.[74]

---

74 이는 일본의 경우도 마찬가지였다고 한다. 노상헌 교수의 설명에 의하면, 하도급 근로자와 관

2. 사용자 범위 확대에 관한 학설

가. 실질적 지배력 · 영향력설

실질적 지배력·영향력설은 근로계약의 유무와 관계없이 '근로관계상의 제(諸)이익에 대해 실질적 영향력 내지 지배력을 가질 수 있는 지위에 있는 자'를 부당노동행위 제도에서의 사용자로 본다(김유성, 1999: 320). 단체교섭과 관련해서도, 단체교섭의 대상 사항이 되는 근로조건 기타 노동관계상의 제이익에 대해 실질적 영향력 내지 지배력을 행사하고 있는 자는 널리 단체교섭의 상대방이 된다고 주장한다. 즉, 사용자 개념은 근로계약의 사실적 존부와는 무관하다는 것이다(김유성, 1999: 132; 김형배, 2015: 912).

이는 조일방송(朝日放送) 사건에서 일본의 최고재판소가 채택한 입장이다. 이 사건에서 일본 최고재판소는 "노동조합법 제7조의 사용자란 일반적으로 고용계약상의 고용주를 가리키지만 고용주 이외의 사업주라 하더라도 고용주로부터 근로자의 파견을 받아서 자기의 업무에 종사시키고 그의 근로조건에 대해 고용주와 부분적이긴 하지만 동일시할 수 있을 정도로 현실적이고 구체적으로 지배·결정할 수 있는 지위에 있는 경우에는 그에 한해 위 사업주는 동조의 사용자에 해당한다."[75]고 판시했다. 일본 최고재판소는 실질적 지배력·영향력설을 취하면서 그와 함께 '부분적 사용자성'을 승인함으로써 간접고용 관계 하의 근로자들이 사용사업주에 대해 단체교섭을 요구할 수 있는 근거를 마련한 것이다

련한 부당노동행위 사례 중 다수는 업무수급기업(파견사업주)이 해산되어 결과적으로 근로자가 해고되어 모기업 또는 사용기업에 대해 원직복귀를 요구하는 위장 해산 사례였다고 한다. 그리고 위장 해산과 관련해서 법인격 부인의 법리와 실질적 지배력·영향력설과 대향관계설이 주장되었다고 한다(노상헌, 2005: 326).

75 最高裁 平成 7(1995). 2. 28, 勞働判例 668号(윤애림, 2003: 152에서 재인용).

(馬渡淳一郎, 1996: 4). 이러한 일본 판례의 변화는 객관적인 고용 현실을 종래의 일원적인 근로계약 관계론만으로 포섭하는 데는 한계가 있다는 점을 인정했기 때문이라고 한다(조경배, 2001: 60).[76]

나. 대향관계설

대향관계설은 근로자의 자주적인 단결과 단결 목적과 관련해 대향관계(對向關係)에 있는 자를 부당노동행위의 사용자로 본다. 이것은 일본의 학설에서 유래했다.[77] 이 입장은 실질적 지배력·영향력설에서 기준으로 이용하는 사용자의 지배력 내지 영향력이 미치는 근로관계상의 제 이익의 중점이 인사와 근로조건에 놓여 있다는 점을 비판하고, 부당노동행위의 보호 법익은 일반적인 근로자의 단결활동 그 자체이므로 부당노동행위 제도에서의 사용자를 인사와 근로조건 등에 지배력을 가신 사로 한정할 이유가 없다고 주장한다(윤애림, 2003: 153; 조경배, 2003: 380). 그리고 실질적 지배력·영향력설에 의하면 직접적인 지휘·명령 관계가 없는 상태에서 해당 노동관계를 지배하는 자의 부당노동행위를 인정하기 어렵다고 비판한다(윤애림, 2003: 182).

---

76 그런데 이러한 일본 최고재판소의 입장은 사용자 개념을 집단적 노사관계의 고유한 성격에 기초해 독립적으로 구성한 것이라고 보기는 어렵고, 그 판단 기준을 형식적인 근로계약 관계에서 실질적인 근로계약 관계로 확장한 것이라고 평가할 수 있다고 한다(조경배, 2003: 372). 따라서 일본의 판례 법리는 근로계약론의 부분적인 확장 이론이라고 보는 것이 정확한 표현이고, 이 점에서 근로계약 관계의 존재 유무와 관계없이 근로자의 자주적인 단결 목적과 관련해 대향관계에 있는 자를 사용자로 보는 대향관계설과는 뚜렷이 구분된다고 한다(노상헌, 2005: 332; 조경배, 2003: 372; 馬渡淳一郎, 2002: 11).

77 本多淳亮 교수는 집단적 노사관계법상의 사용자는 '근로자의 단결에 대향하는 사용자측의 진영에 속하고 간접적으로라도 당해 노동관계에서의 노동조합 내지 조합원의 제이익에 지배력 내지 영향력을 미칠 수 있는 자'라고 해야 한다고 주장한다(本多淳亮, "不當勞動行爲論における勞働者の概念", 「季刊勞働法」 第148号, 總合勞働硏究所, 1988: 21, 윤애림, 2003: 153에서 재인용).

즉, 노동조합법상의 사용자인가를 판단하기 위해서는 '근로자 및 노동조합의 자주적 단결 활동에 영향을 미침으로써 노동3권을 침해할 수 있는 지위에 있는 자'인가를 봐야 한다는 것이다. 따라서 근로계약 관계의 존부에 구애받지 않고 해당 근로자와 노동조합의 노동3권을 침해할 수 있는 지위에 있는 자를 노동조합법상의 사용자로 보고, '해당 근로자와 노동조합의 자주적 단결 활동에 영향을 미친다'는 뜻은 근로조건뿐만 아니라 널리 노동관계 전반에 미치는 영향력을 중심으로 판단해야 한다고 한다(윤애림, 2003: 156-157).

다. 학설에 대한 검토

집단적 노사관계법상 주체로서의 사용자를 정할 때 근로계약의 틀에 얽매여서는 안 되며 그럴 필요도 없다. 부당노동행위 주체로서의 사용자는 근로계약상 책임 추급이나 노동조합 결성·가입의 부적격자의 획정을 목적으로 하는 경우와는 달리 해석해야 한다(김유성, 1999: 131, 316-317; 조경배, 2003: 370). 집단적 노사관계법의 사용자 지위를 무조건 근로계약과 연결짓는 것은 고용과 사용이 일치하는 통상적인 노무 공급 형태에서는 타당할 수 있으나, 그것이 당초부터 분리되는 상황에서는 근로자의 기본권 보호에 불충분하다(이병한, 2010: 858).

노무 공급 관계에서 사용자 책임이 중복될 수 있다는 것은 관련 법률에서 이미 받아들이고 있는 바다. 예컨대 근로기준법이나 노동조합법의 사용자 개념에 관한 규정은 각 법규의 이행 책임자로서 복수의 사용자를 예정하고 있다. 이렇듯 노무 공급 관계에서 책임과 권한이 중복·분할해 존재하는 것은 현대의 조직화된 사회에서 일반적인 현상이고 그 한도 내에서 사용자 책임이 중복되는 것은 당연하다(이국환, 1998: 245). 그러나 이것만으로 곧바로 집단적 노사관계법 분야에서 사업 밖에 있는 제3자가 사용자 책임을 질 수 있다는 결론에 이르지는 못한다. 이러한 결과는 전통적인 판례 법리에서는 부당노동행위의 사용자 책임 인정 여부가 근로계약과 직접 연결되어 있다는 점에 기인한 것이다(이철수, 1998: 287).

이 점 때문에 부당노동행위 제도와 관련해 '복수의 사용자' 혹은 '부분적 사용자'란 개념이 논의된 것은 파견법의 제정과 연결되어 있다고 말하기도 한다(노상헌, 2005: 331). 왜냐하면 근로자파견의 경우 파견사업주와 사용사업주 그리고 파견근로자 간에는 다면적인 근로관계가 형성되고, 따라서 근로자파견 관계에서는 처음부터 사용종속 관계가 단일한 형태가 아닌 복합적인 모습을 띠게 되기 때문이다.[78] 다시 말하자면 파견법은 사용종속성이 근로계약과 분리되어 존재할 수 있다는 점을 전제한 것이고, 이 점에서 파견법은 전통적인 판례 법리에서의 사용자 개념이 분화(分化)될 수 있는 계기로 작동한다.[70] 이 점에 근거해 흔히 근

78 파견법은 파견근로자의 보호를 위해 원칙적으로 파견사업주와 사용사업주 모두를 근로기준법상의 사용자로 보도록 규정하면서 특별한 경우에는 파견사업주 또는 사용사업주만을 근로기준법상의 사용자로 본다고 규정하고 있다(제34조). 그리고 파견법 제35조는 산업안전보건법의 적용에 관해 사용사업주만을 사업주로 보도록 규정하면서 경우에 따라서는 파견사업주와 사용사업주 모두를 사업주로 보기도 하고, 파견사업주를 사업주로 취급한다고 규정했다(문영화, 2004: 244).

79 이철수 교수는 파견법의 제정 의의를 다음과 같이 설명했다. "사용자 개념을 계약당사자로서의 사용자와 지휘명령 권한을 행사하는 사용자로 구분하려는 입법정책적 구상은 사용자 개념을 둘러싼 종래의 논의에는 매우 생소한 방식이다. 이러한 이유로 근로자파견법이 제정됨에 따라 이론적 파급 효과로서 사용자 개념의 이론 구성 및 근로계약의 법리에 대해 재검토 내지 재구성이 필요하게 되었다. 무엇보다도 근로계약의 형식적 당사자에게만 사용자 책임을 한정시키고자 하는 이론 구성은 학설상의 영역은 물론 제정법의 영역에서 더 이상 설득력을 지닐 수 없게 되었다. 근로계약이 매개되지 않은 사용사업주에게도 노동법상의 보호책임을 전환시키려는 대담한 입법적 시도는 향후 실무계에도 지대한 영향을 미칠 것으로 예상되는바, 법이론상 이를 어떻게 평가할 것인가의 문제가 금후의 주요한 과제라고 할 것이다(이철수, 1998: 287). 이러한 입법이 가능했던 이유는 파견법이 엄격한 요건 하에 근로계약 관계와 지휘·명령관계가 분리되는 것을 극히 예외적으로 허용하는 법, 즉 당연히 금지되는 근로자공급사업의 일종인 근로자파견사업을 제반 경제적·사회적 여건 등을 감안해 까다로운 조건 하에 허용하고 있는 예외적인 법이기 때문이다(강성태, 2002: 189-190).

로자파견 관계의 본질상 파견사업자뿐만 아니라 사용사업주도 단체교섭의 상대방이 되거나 부당노동행위의 주체가 될 수 있다고 한다(김선수, 2002: 467; 윤애림, 2000: 108-109; 조경배, 2001: 65).

그러나 굳이 파견법의 제정과 연결하지 않더라도 해석론을 통해 중첩적인 사용자의 존재를 이끌어낼 수 있다. 법원은 노무 공급 관계, 특히 간접고용 관계에서 제3자에 대한 사용자의 불법행위책임이 문제된 경우에 복수의 사용자 혹은 중첩적인 사용자 책임을 인정하고 있다. 법원은 피해자의 손해 전보라는 목적에 주목해 근로계약 관계의 존재와 연결하지 아니한 채 불법행위법상 사용자 책임을 부담하는 범위를 넓게 본 것이다. 예컨대 기사와 함께 중기를 임대했다가 중기 기사의 과실로 인해 제3자에게 손해를 끼친 사안에서 법원은, 기사와 함께 중기를 대여한 자는 일시적인 대여로써 그 기사에 대한 관계로부터 완전히 이탈하는 것이 아니라 사용자로서의 지위는 여전히 유지하고, 중기의 임차인 역시 그 임차기간 중에 기사를 지휘·감독해 작업을 하게 한 이상 피해자와의 관계에서 사용자로서의 배상책임을 면할 수 없고, 중기의 임대인과 임차인의 배상책임은 서로 부진정 연대관계에 있다고 판시했다.[80] 이러한 법리에 의하면, 파견근로자가 파견기간 중에 파견 업무와 관련해 제3자에게 손해를 입힌 경우에도, 사용사업주와 파견근로자 사이에 고용관계는 없지만 사실상 지휘·감독 관계는 존재하므로, 사용사업주로서는 파견근로자의 불법행위에 관한 사용자 책임을 면하기 어렵다(이국환, 1998: 256).[81]

물론 불법행위론과 노동법상의 사용자 개념론은 다른 차원의 문제라고 볼 수 있다. 아마도 이 두 논의의 가장 큰 차이는 노동법상의 사용자

80 대법원 1992. 3. 31. 선고 91다39849 판결, 1995. 4. 7. 선고 94다3872 판결.

81 대법원 2003. 10. 9. 선고 2001다24655 판결.

는 형사 책임을 부담할 수 있다는 점일 것이다. 그러나 이 점만으로 사용자 책임에 관한 논의를 노동법상의 사용자에 관해 원용하지 못한다고 얘기할 수는 없다. 왜냐하면 노동법상 사용자 책임을 지는 자가 그 의무를 이행하지 아니했다 해서 반드시 형사 책임을 부담하는 것은 아니다. 그것은 다시 고의의 존재 여부에 따라 좌우된다. 부당해고에 관한 구(舊) 형사처벌 조항과 관련한 판례가 그 예다.

결국 해석론을 통해 사용자 개념의 확장 문제를 논의하는 것은 가능하고, 이 점에서 실질적 지배력·영향력설과 대향관계설을 검토할 필요성이 있다.

그런데 대향관계설에는 다음과 같은 한계가 있다. 대향관계설을 채택할 경우, 그 사용자 개념이 노동조합법에서 기대하는 자신의 역할을 적절히 수행할 수 있을지 의문스럽다. 노동조합법상의 사용자 개념은 한편으로는 부당노동행위 제도의 적용 범위를 정하는 역할을 하지만, 다른 한편으로는 제3자와 사이의 경계선을 획정하는 역할을 수행한다. 제3자는 노동법상의 책임을 지지 않는다. 제3자가 아닌 사용자는 노동조합법 제81조에서 정한 부당노동행위를 한 경우 형사처벌의 대상이 되고, 그 행위들은 사법상 무효로 파악된다. 다시 말하면, 노동조합법상의 사용자 개념은 적극적으로는 부당노동행위 책임 주체의 범위를 정하고, 소극적으로는 노사관계에서 제3자의 범위를 정하는 역할을 수행하고 있는 것이다.[82] 실질적 지배력·영향력설을 취한 학자들이 '제반 근로조건에 대해 구체적으로 지시권 또는 지배력을 행사하고 있는 경우'나 '근로관계상의 제이익에 대해 실질적 영향력 내지 지배력을 가질 수 있는 지위'라는 표현을 쓰고 있는 것 역시 이런 점(한계 개념으로서의 성격)

82 노동조합법에 의하면, 엄격한 의미에서의 제3자의 부당노동행위는 인정되지 않기 때문에 그러한 행위에 대해 책임을 묻는 것은 그 자를 위 법 제81조 소정의 '사용자'로 볼 수 있는 경우와 그 자의 행위를 사용자의 '행위'로 볼 수 있는 두 가지뿐이다(김유성, 1994: 81).

에 주목하기 때문이다.

대향관계설은 "근로계약 관계의 존부에 구애받지 않고 해당 노동조합의 노동3권을 침해할 수 있는 지위에 있는 자"를 노동조합법상 사용자로 파악해야 한다고 주장한다. 그러나 '노동조합의 노동3권을 침해할 수 있는 지위에 있는 자'라는 징표만을 사용해 사용자 범위를 정할 경우, 부당노동행위 규정을 준수해야 할 자의 범위는 제3자의 영역으로 계속해 확장되고 만다. 법의 적용이란 어떤 자가 자신의 권리 혹은 자신의 법률관계에 누군가가 부당한 영향을 끼쳤다고 느꼈을 때 문제되는 것이고, 이것이 노사관계에서도 마찬가지라고 가정한다면, 대향관계설은 근로자가 그런 감정을 느낄 때마다 부당노동행위 규정을 적용할 수 있다는 극단적인 결론에 이를 수 있기 때문이다(누군가가 부당한 영향력을 미쳤다는 생각이 들지 않을 때에는 법률적 문제가 발생할 여지가 없다). 매우 극단적인 가정이긴 하지만, 검사나 근로감독관이 노사관계에 부당하게 개입할 경우 이것이 부당노동행위로 판단될 수 있느냐라는 질문을 떠올릴 수 있다. 이 물음에 대해 '예'라고 대답한다면, 대향관계설은 그 일관성을 유지할 수 있지만 그 범주는 무한정 확대된다. 그렇지 않고 부정적인 답변을 한다면, 그것은 다시 종전의 학설로 돌아가 '실질적 영향력 내지 지배력', '구체적인 지시권'이라는 징표를 사용할 수밖에 없다.

대향관계설은 파견법 제22조 제1항을[83] 논거로 제시하나(윤애림, 2003: 156), 근로자파견계약의 당사자는 파견사업주와 사용사업주이고 파견근로자가 제외된다는 점을 고려한다면, 위 법 규정은 대향관계설의 근거로는 부족하다. 단지 사용사업주를 노동조합법상의 사용자로 포섭하기 위해 대향관계설을 이용한다면, 그 역시 예상치 못한 부작용을 일

83 파견법 제22조 제1항의 내용은 다음과 같다. "사용사업주는 파견근로자의 성별·종교·사회적 신분이나 파견근로자의 정당한 노동조합의 활동 등을 이유로 근로자파견계약을 해지하여서는 아니된다."

으킬 수 있다. 대향관계설을 취하는 학자들은 사용자 개념의 확대 필요성에 관한 여러 가지 예를 들고 있으나, 필요성만에 근거해서 기왕의 개념을 변형하는 것은 바람직하지 않다. 우리가 법원의 기업질서론이나 경영권설을 비판할 때, 기업 질서를 유지할 필요성이나 사업의 운영 필요성을 부정하지는 않지만, 타인의 권리 행사를 제한하기 위해서는 그러한 필요성 외에 법적 매개체로서 다른 것이 있어야 한다고 주장한다. 이러한 논리는 사용자 개념을 확장하고자 하는 경우에도 동일하게 적용되어야 한다.

위와 같은 점을 고려할 때, 대향관계설의 입장을 취하기는 어렵다. 따라서 간접고용 관계에서 극명하게 드러난 판례 법리의 문제점을 주목하면서 아래에서는 실질적 지배력·영향력설에 대해 좀더 살펴보도록 하겠다.

헌법이 노동3권을 보장하는 취지는, 원칙적으로 시장경제 원리를 경제의 기본 질서로 채택하면서도, 노동관계 당사자가 상반된 이해관계로 말미암아 계급적 대립·적대의 관계로 나아가지 않고 대등한 교섭 주체의 관계로 발전하게 해서 그들로 하여금 때로는 대립·항쟁하고, 때로는 교섭·타협의 조정 과정을 거쳐 분쟁을 평화적으로 해결하게 함으로써, 결과적으로 근로자의 이익과 지위의 향상을 도모하는 사회복지국가 건설의 과제를 달성하고자 함에 있다.[84] 노동조합법은 이러한 헌법 규정에 따라 '노무공급자들 사이의 단결권 등을 보장해 줄 필요성이 있는가'라는 관점에서 집단적 노사관계를 규율할 목적으로 제정된 것으로 그 입법 목적에 따라 근로자의 개념을 근로기준법과는 다르게 정의하고 있다.[85]

---

84 헌법재판소 1993. 3. 11. 선고 92헌바33 결정.

85 대법원 2004. 2. 27. 선고 2001두8568 판결.

간접고용 관계에서 노동조합법상 사용자 개념을 논의할 때 근로계약 관계의 존재에 집착해서는 안 된다. 위에서 살펴본 노동3권 조항 및 노동조합법의 입법 취지에 비춰볼 때 이는 분명하다. 이 점에서 대향관계설의 문제 제기는 타당하다. 대향관계설이 지적한 바처럼 노동조합법상 사용자 개념의 출발점은 "자신의 이익의 유지 또는 향상을 위해 근로자 및 노동조합의 자주적 단결 활동에 영향을 미침으로써 노동3권을 침해할 수 있는 지위에 있는 자"다. 그런데 앞에서 살펴본 것처럼 대향관계설에는 사용자 개념의 한계를 적절하게 설정할 수 없다는 약점이 있다. 결국 그 한계를 설정할 수 있는 기준을 찾아야 하는데, 이는 근로계약 관계가 아니라 집단적 노사관계에서 실제 존재하는 "근로관계상의 제 이익에 대한 실질적 영향력 내지 지배력의 행사" 여부다. 여기에서 중심에 둬야 하는 것은 근로계약 관계의 존재뿐만 아니라 "누가 계속적으로 근로자에 대한 지휘·명령을 통해 근로를 제공받음으로써 이익을 향유하고 있는가?"다. 1차적으로는 근로계약의 당사자가 사용자의 지위에 있겠지만, 그와 중첩적으로 사용자에 해당하는 자가 있을 수 있다. 간접고용 관계에서 근로자의 근로 제공과 사용사업자의 지휘·명령이 근로계약 관계에 의해 매개되지 않는데도, 계약의 유무만을 기준으로 삼아 사용자 책임을 논의하겠다는 것은 그 근로자들을 보호하지 않겠다는 말과 다름없다. 문제된 법률관계에서 존재하지 않는 것을 기준 삼아 그 법률관계를 해결할 수는 없다.

따라서 근로계약상의 사용자 이외의 제3자도 원고용주의 근로자를 자기의 업무에 종사시키고, 그 근로자의 기본적 근로조건 중 일부에 관해 현실적이고 구체적으로 지배·결정할 수 있는 지위에 있는 경우에는 노동조합법 제2조 제2호 소정의 사용자에 해당한다. 근로계약 관계가 없다고 해서 불이익취급에 대한 책임이나 단체교섭 의무가 없다고 단언할 수도 없다.

3. 간접고용 관계에서 사용자 범위 관련 판례 법리

가. 2010년 현대중공업 사건

현대중공업 주식회사는 선박 건조 및 철골구조물 제작업 등을 경영하는 회사다. 영진기업, 동아산업, 원일기업 등은 현대중공업과 도급계약을 체결한 다음 협력업체로 등록해 도장·사상·주조 작업을 수행했다. 2003년 8월 현대중공업 사내 협력업체 소속 근로자들은 현대중공업사내하청노동조합을 설립했다. 위 노동조합이 설립된 사실이 알려지고 주요 활동 인원이 밝혀지자, 위 협력업체들은 노동조합 설립에 주도적으로 참여한 근로자들을 해고한 후 폐업하거나 폐업을 이유로 그 근로자들을 해고했다. 해고된 근로자들은 협력업체 및 현대중공업을 상대로 부당해고구제신청 및 부당노동행위구제신청을 제기했으나, 현대중공업을 상대로 한 부당해고구제신청 및 불이익취급에 관한 부당노동행위구제신청은 모두 각하되고,[86] 법원에서도 이를 뒤집지는 못했다.[87] 다만 현대중공업의 지배·개입과 관련해 제기된 부당노동행위구제신청 사건에서 중앙노동위원회는 현대중공업이 사용자로서의 지위에 있다는 점을 인정한 후 "협력업체에 대한 실질적인 영향력과 지배력을 행사하여 사업 폐지를 유도하는 행위와 이로 인하여 현대중공업 내 하청노동조합활동이 위축 또는 침해되는 행위를 하여서는 아니 된다."는 구제명령을 내렸다.[88]

---

86 중앙노동위원회 2005. 3. 3.자 2004부노68-5, 부해292-5 판정, 2005. 3. 3.자 2004부노94, 부해430 판정, 2005. 3. 3.자 2004부노99, 부해449 판정, 2005. 3. 3.자 2004부노68-4, 부해292-4 판정, 2005. 3. 3.자 2004부노68-3, 부해292-3 판정.

87 서울고등법원 2007. 4. 11. 선고 2006누14065 판결(1심 : 서울행정법원 2006. 5. 16. 선고 2005구합12206 판결), 서울고등법원 2007. 4. 11. 선고 2006누13505 판결(1심 : 서울행정법원 2006. 5. 18. 선고 2005구합12190 판결), 서울고등법원 2007. 4. 17. 선고 2006누13512 판결(1심 : 서울행정법원 2006. 5. 18. 선고 2005구합12220 판결).

위 중앙노동위원회 재심 판정에 대해서 현대중공업이 취소소송을 제기했으나, 서울행정법원 역시 중앙노동위원회와 마찬가지로 "노노법 제81조 제4호에서 지배·개입의 주체로서 사용자는 일반적으로 근로계약상의 사용자를 말하는 것이지만 [···] 근로계약상의 사용자 이외의 사업주도 근로계약상의 사용자와 직접 근로계약 관계를 맺고 있는 근로자를 자기의 업무에 종사시키고, 그 근로자의 기본적인 노동조건 등에 관하여 부분적이기는 하더라도 근로계약상의 사용자와 같이 볼 수 있을 정도로 현실적이고 구체적으로 지배·결정할 수 있는 지위에 있는 경우에는 그 한도 내에서 위 조항에서 정하는 '사용자'에 해당한다."고 판시하며 그 청구를 기각했다.[89] 항소심은 1심 판결 이유를 원용해 현대중공업의 항소를 기각했고,[90] 대법원 역시 피고측 상고를 기각했다.[91] 아래에서는 관련 대법원 판결 내용을 인용했다.

> 가. [···] 부당노동행위의 예방·제거는 노동위원회의 구제명령을 통해서 이루어지는 것이므로, 구제명령을 이행할 수 있는 법률적 또는 사실적인 권한이나 능력을 가지는 지위에 있는 한 그 한도 내에서는 부당노동행위의 주체로서 구제명령의 대상자인 사용자에 해당한다고 볼 수 있을 것이다.
>
> 나아가 법 제81조 제4호는 '근로자가 노동조합을 조직 또는 운영하는

88 중앙노동위원회 2005. 3. 3.자 2004부노68-1, 68-4 판정, 2005. 3. 3.자 2004부노68-2, 68-5 판정, 2005. 3. 3.자 2004부노68-3 판정, 2005. 3. 3.자 2004부노68-6 판정, 2005. 3. 3.자 2004부노99 판정.

89 서울행정법원 2006. 5. 16. 선고 2005구합11968 판결(서울행정법원 2006. 5. 18. 선고 2005구합11951 판결에서도 같은 취지로 선고되었다).

90 서울고등법원 2007. 4. 11. 선고 2006누13970 판결(위 서울행정법원 2005구합11951 판결에 대한 항소심 판결인 서울고등법원 2007. 4. 11. 선고 2006누13499 판결도 같은 취지로 선고되었다).

91 대법원 2010. 3. 25. 선고 2007두8881 판결(위 서울고등법원 2006누13499 판결에 대한 상고심 판결인 대법원 2010. 3. 25. 선고 2007두9075 판결도 같은 취지로 선고되었다).

것을 지배하거나 이에 개입하는 행위' 등을 부당노동행위로 규정하고 있고, 이는 단결권을 침해하는 행위를 부당노동행위로서 배제·시정하여 정상적인 노사관계를 회복하는 것을 목적으로 하고 있으므로, 그 지배·개입 주체로서의 사용자인지 여부도 당해 구제신청의 내용, 그 사용자가 근로관계에 관여하고 있는 구체적 형태, 근로관계에 미치는 실질적인 영향력 내지 지배력의 유무 및 행사의 정도 등을 종합하여 결정하여야 할 것이다. 따라서 근로자의 기본적인 노동조건 등에 관하여 그 근로자를 고용한 사업주로서의 권한과 책임을 일정 부분 담당하고 있다고 볼 정도로 실질적이고 구체적으로 지배·결정할 수 있는 지위에 있는 자가, 노동조합을 조직 또는 운영하는 것을 지배하거나 이에 개입하는 등으로 법 제81조 제4호 소정의 행위를 하였다면, 그 시정을 명하는 구제명령을 이행하여야 할 사용자에 해당한다.

나. 원심은, ① 원고 회사가 공정의 원활한 수행 및 품질관리 등을 위해서 사내 하청업체 소속 피고 보조참가인 참가인 1, 참가인 2, 참가인 3, 참가인 4(이하, '참가인들'이라 한다)을 포함한 근로자들이 해야 할 작업 내용 전반에 관하여 직접 관리하고 있었고, 또 개별도급계약을 통하여 작업 일시, 작업시간, 작업 장소, 작업 내용 등에 관하여 실질적·구체적으로 결정하는 등 원고 회사가 작업시간과 작업 일정을 관리·통제하고 있기 때문에 근로자들이 노동조합의 총회나 대의원대회 등 회의를 개최하기 위하여 필요한 노조활동 시간 보장, 노조 간부의 유급 노조활동시간 보장 등에 대하여 실질적인 결정권을 행사하게 되는 지위에 있는 점, ② 사내 하청업체는 위와 같은 작업 일시, 장소, 내용 등이 개별도급계약에 의해 확정되기 때문에 사실상 이미 확정되어 있는 업무에 어느 근로자를 종사시킬지 여부에 관해서만 결정하고 있던 것에 지나지 않았던 점, ③ 사내 하청업체 소속 근로자는 원고 회사가 제공한 도구 및 자재를 사용하여 원고 회사의 사업장 내에서 작업함으로써 원고 회사가 계획한 작업 질서에 편입되고 원고

회사 직영 근로자와 함께 선박 건조 업무에 종사하고 있었던 점, ④ 작업의 진행 방법, 작업시간 및 연장, 휴식, 야간근로 등에 관하여서도 위 근로자들이 실질적으로 원고 회사 공정관리자(직영반장이나 팀장)의 지휘·감독하에 놓여 있었던 점 등을 종합하여, 원고 회사가 참가인들을 포함한 사내 하청업체 소속 근로자들의 기본적인 노동조건 등에 관하여 고용사업주인 사내 하청업체의 권한과 책임을 일정 부분 담당하고 있다고 볼 정도로 실질적이면서 구체적으로 지배·결정할 수 있는 지위에 있다고 보고, 사내 하청업체의 사업 폐지를 유도하는 행위 및 그로 인하여 노동조합의 활동을 위축시키거나 침해하는 지배·개입 행위를 한 원고 회사를 법 제81조 제4호 소정의 부당노동행위의 시정을 명하는 구제명령을 이행할 주체로서의 사용자에 해당한다고 판단하였다.

원심의 이러한 판단은 위 법리에 비추어 정당하고, 거기에 상고 이유에 지적하는 바와 같은 법 제81조 제4호가 정하는 사용자 개념 등에 관한 법리 오해의 위법은 없으며, 상고 이유에서 내세우는 대법원 판결들은 사안을 달리하는 것이어서 이 사건에 원용될 것은 아니다.

나. 판례 법리에 대한 검토

현대중공업 사건 판결은 앞에서 살펴본 판례 법리의 단점을 보완하기 위해 실질적 지배력·영향력설을 수용하고, 근로계약 관계의 형식적 존부와 사용자성 인정 문제를 분리했다.

먼저, 대법원은 노동조합법 제81조 제4호 소정의 지배·개입의 주체로서 사용자 개념에 대해 부당노동행위 제도의 취지에 비춰볼 때 "근로자의 기본적인 노동조건 등에 관하여 그 근로자를 고용한 사업주로서의 권한과 책임을 일정 부분 담당하고 있다고 볼 정도로 실질적이고 구체적으로 지배·결정할 수 있는 지위에 있는 자"가 부당노동행위 "구제명령을 이행하여야 할 사용자에 해당한다."고 판시했다. 이는 노동조합법의 사용자 개념과 근로계약 관계를 분리시키고 이를 통해 복수의 사용자가 존재할 수 있다는 점을 밝힌 것으로 해석할 수 있다.

위 사건에서 대법원은 "구제명령을 이행할 수 있는 법률적 또는 사실적인 권한이나 능력을 가지는 지위에 있는 한 그 한도 내에서는 부당노동행위의 주체로서 구제명령의 대상자인 사용자에 해당한다."고 판시하며 원청업체의 사용자성은 제한적으로 인정된다는 점을 강조했다. 대법원은 원청업체에게 노동조합법상 사용자로서의 책임을 인정하는 한편, 그것이 집단적 노사관계에만 적용된다는 점을 분명히 했다. 이 사건에서 법원이 협력업체 소속 근로자들이 현대중공업을 상대로 제기한 부당해고구제신청 사건과 불이익취급에 관한 부당노동행위구제신청 사건에서 당해 근로자들과 현대중공업과의 근로계약 관계의 성립을 부인하고 협력업체만을 사용자로 인정한 것은 이러한 인식에 기초한 것이다.[92] 요컨대 위 판결은 사용자 개념과 근로계약을 분리시킴으로써 집단적 노

92 현대중공업 사건에서 법원이 개별적 근로계약 관계에서도 중첩적 사용자의 존재를 인정한 것은 아니다. 이와 관련해 법원은 기존 판례 법리를 따랐다. 그 1심 법원은 계약당사자로서 당해 근로자와 근로계약을 체결한 원고용주는 각 소속 협력업체이고 현대중공업이 아닌바, 이러한 외견상의 계약관계에도 불구하고 제3자인 현대중공업이 당해 근로자들의 실질적 근로계약 당사자로 인정되기 위해서는, "원고용주인 각 협력업체가 사업주로서의 독자성이 없거나 독립성을 결하여 제3자의 노무대행기관과 동일시할 수 있는 등 그 존재가 형식적, 명목적인 것에 지나지 아니하고, 사실상 당해 피고용인은 제3자와 종속적인 관계에 있으며, 실질적으로 임금을 지급하는 자도 제3자이고, 또 근로 제공의 상대방도 제3자이어서 당해 피고용인과 제3자 사이에 묵시적 근로계약 관계가 성립되어 있다고 평가될 수 있어야" 한다고 전제한 후, 당해 근로자와 현대중공업 사이에 외견상 근로관계와 유사한 면이 없지는 않으나, "협력업체를 형식적, 명목적 존재로 보기는 어렵고, 오히려 경제 활동적인 측면에서나 그 지배 구조, 의사결정의 구조상 원고 회사로부터 독립성을 가진 사용자라고 인정될 뿐이며, 달리 참가인들과 원고 회사 사이에 각 소속 협력업체가 형식적으로 매개된 묵시적 근로계약 관계가 성립되었다고 볼 만한 증거가 없다."고 판단했고(서울행정법원 2006. 5. 16. 선고 2005구합11968 판결), 이 결론은 상소심에서 그대로 유지되었다.

사관계에서 경합적 사용자의 존재를 인정했다는 점에서 그 의의를 찾을 수 있고, 선례로 정착되었다.[93]

Ⅲ. 간접고용 관계에서 근로자파견의 인정 기준[94]

1. 근로자파견의 의의

가. 근로자파견의 의의

파견법상 근로자파견이라 함은 "파견사업주가 근로자를 고용한 후 그 고용관계를 유지하면서 근로자파견계약의 내용에 따라 사용사업주의 지휘·명령을 받아 사용사업주를 위한 근로에 종사하게 하는 것을 말한다"(파견법 제2조 제1호). '근로자파견' 개념은 파견법의 적용 대상 및 범위인 근로자파견사업, 파견사업주, 사용사업주, 파견근로자 등을 정하는 기준이 된다.[95] 따라서 '근로자파견'은 파견법의 적용 여부를 판가름하는 중요한 개념이고, 그 의미 및 인정 기준은 파견법 관련 논쟁의 핵심 주제다.

근로자파견이란 무엇인가? 앞에서 살펴본 바와 같이 파견법 제2조 제1호에 따르면, 근로자파견 관계는 "파견사업주가 근로자를 고용한 후

---

93 대법원 2014. 2. 13. 선고 2011다78804 판결 참조.

94 이 부분은 도재형, "사내하도급 관계에서 근로자파견의 인정 기준", 「법조」 통권 659호(2011년 8월호), 법조협회, 2011: 135-169의 내용을 수정·보완했다.

95 즉, 근로자파견사업이라 함은 '근로자파견'을 업으로 행하는 자를 말하고, 파견사업주라 함은 '근로자파견'사업을 행하는 자를 말한다. 사용사업주라 함은 '근로자파견'계약에 의하여 파견근로자를 사용하는 자를 말하며, 파견근로자라 함은 파견사업주가 고용한 근로자로서 '근로자파견'의 대상이 되는 자를 말하고, 근로자파견계약이라 함은 파견사업주와 사용사업주 간에 '근로자파견'을 약정하는 계약을 말한다(파견법 제2조 제2호, 제3호, 제4호, 제5호, 제6호).

그 고용관계를 유지하[는 것]"과 "[파견사업주가 그 근로자로 하여금] 근로자파견계약의 내용에 따라 사용사업주의 지휘·명령을 받아 사용사업주를 위한 근로에 종사하게 하는 것"으로 구분된다. 그런데 위에서 살펴본 바와 같이 파견사업주, 근로자파견계약 및 사용사업주 등을 정하는 기준은 '근로자파견'이므로 그 세 가지 개념은 근로자파견 관계의 의미를 정할 때에만 일정한 역할을 할 수 있고 독립적 의미는 없다. 따라서 근로자파견 관계는 "[어떤] 사업주가 근로자를 고용한 후 그 고용관계를 유지[하는 것]"과 "[그 사업주가 그 근로자로 하여금] [어떤] 계약의 내용에 따라 [고용관계의 제3자인] 사업주의 지휘·명령을 받아 [그 제3자인] 사업주를 위한 근로에 종사하게 하는 것"을 합(合)한 것이라고 달리 말할 수 있다. 이를 줄여 말하면, 근로자파견 관계의 중요한 성립 요건은 ① 어떤 사업주와 근로자 사이에 고용관계가 유지되고, ② 그 근로자가 어떤 계약에 따라 제3자의 지휘·명령을 받아 근로하는 것이다. 이 가운데에서 ① 요건에서 말하는 고용관계가 무엇을 말하는지는 노동법 연구자 사이에서 쉽게 동의가 이뤄질 수 있다. 결국 근로자파견이 무엇인지를 정할 때 본격적으로 다뤄야 할 것은 ② 요건 중에서 '지휘·명령을 받아 근로하는 것'이다(강성태, 2011: 32; 최은배, 2009a: 227). 이러한 내용을 나눠 설명하면 아래와 같다.

첫째, 어떤 사업주와 근로자 사이에 고용관계가 유지되어야 한다. 그 사업주는 적어도 외형상의 실체를 갖추고 있어야 한다(이병희, 2006: 497; 최은배, 2009a: 227). 만약 그 사업주가 실체가 없거나 그 존재가 형식적, 명목적인 경우에는 노무를 수령하는 제3자와 해당 근로자 사이에 직접적인 근로계약 관계가 있다고 인정될 수 있다.[96] 이 점에서 근로자

96 판례에 의하면 "원고용주에게 고용되어 제3자의 사업장에서 제3자의 업무에 종사하는 자를 제3자의 근로자라고 할 수 있으려면, 원고용주는 사업주로서의 독자성이 없거나 독립성을 결하여 제3자의 노무대행기관과 동일시할 수 있는 등 그 존재가 형식적, 명목적인 것에 지나지

파견 관계의 인정 문제에서 사업주의 실체 여부를 판단하는 것이 의미를 지닌다.

둘째, 그 사업주가 제3자와 사이에 어떤 계약을 체결해야 한다. 이러한 계약관계가 없다면, 근로자파견 관계라고 할 수 없다. 당연한 얘기지만, 그 계약은 명목을 불문하고 그 실질이 노동력의 제공에 관한 것이면 된다. 이와 관련해서는 뒤에서 좀더 자세히 살펴보겠다.

셋째, 그 근로자가 어떤 계약에 따라 제3자의 지휘·명령을 받아 근로해야 한다. 근로기준법 제2조 제1항 제3호에 의하면, '근로'란 정신노동과 육체노동을 말한다. 그렇다면 '지휘·명령'은 무엇을 의미할까? 근로에 관한 '지휘·명령'이 무엇을 의미하는지에 관한 특별한 법률 규정은 없다. 다만 판례에 의하면, 여기서 말하는 '지휘·명령'이 근로자가 제공하는 노동의 사용에 관한 것임을 알 수 있다. 예컨대 법원은 "근로기준법상의 휴게시간이란 근로자가 근로시간 도중에 사용자의 지휘명령으로부터 완전히 해방되고 또한 자유로운 이용이 보장된 시간을 의미[한다]"거나[97] "원고들은 위 병원의 지휘·감독 아래 노무를 제공함으로써 피고와의 사이에는 사용종속 관계가 있었다."고[98] 판시하며 이를 사용자가 노동에 관한 사용 권한을 행사하는 방법으로 이해하고 있다(밑줄은 필자가 강조를 위해 표시한 것이다). 따라서 파견법의 '지휘·명령' 역시 제3자가 그 근로자의 노동에 관한 자신의 사용 권한을 행사하는 방법을 표현한 것으로 이해할 수 있다. 그러나 이것만으로는 파견법의 '지휘·명령'이란 용어의 뜻이 명확해지지는 않는다. 왜냐하면, 위에서

아니하고, 사실상 당해 피고용인은 제3자와 종속적인 관계에 있으며, 실질적으로 임금을 지급하는 것도 제3자이고, 또 근로 제공의 상대방도 제3자이어서 당해 피고용인과 제3자 간에 묵시적 근로계약관계가 성립되어 있다고 평가될 수 있어야 한다"(대법원 2010. 7. 22. 선고 2008두4367 판결).

97 대법원 1992. 4. 14. 선고 91다20548 판결.

98 대법원 1998. 4. 24. 선고 97다57672 판결.

살핀 판례는 근로자와 사용자라는 이면(二面)적 근로관계에 관한 것이고 이 점에서 이른바 3 당사자가 존재하는 다면적 근로관계를 규율하기 위한 파견법의 용어 해설에 적절하지 않다는 의문을 제기할 수 있기 때문이다.

파견법의 '지휘·명령'이란 용어를 이해하기 위해서는 먼저 직업안정법상 근로자공급사업에 관한 규정을 살필 필요가 있다. 흔히 파견법상 근로자파견사업과 직업안정법상 근로자공급사업은 그 규율 대상이 동일한 것으로 이해되기 때문이다(박제성 외, 2009: 44; 조윤희, 2005: 681).[99] 직업안정법 제2조의2 제7호는 ""근로자공급사업"이란 공급계약에 따라 근로자를 타인에게 사용하게 하는 사업을 말한다. 다만, 「파견근로자보호 등에 관한 법률」 제2조 제2호에 따른 근로자파견사업은 제외한다." 고 규정하고 있고, 법원은 파견법상 업무를 대상으로 한 근로자파견사업에는 직업안정법을 적용해 처벌할 수 없다고 한다.[100] 그런데 직업안정법이 근로자공급사업을 규정할 때에는 파견법의 '지휘·명령'이 아닌 '사용'이라는 용어를 사용한다.[101] 따라서 파견법의 '지휘·명령'이란 용어를 이해하기 위해서는 직업안정법의 '사용'이란 용어가 무엇을 의미하는지를 다시 검토해야 한다.

직업안정법상 근로자공급사업에 대해 법원은 "근로자공급사업에 해당하기 위하여는 공급사업자와 근로자 간에 고용 등 계약에 의하거나 사실상 근로자를 지배하는 관계가 있어야 하고 공급사업자와 공급을 받는 사용사업자 간에 제3자의 노무 제공을 내용으로 하는 공급계약이 있어야 하며 근로자와 공급을 받는 자 간에는 사실상 사용관계가 있어야

99 대법원 2008. 9. 18. 선고 2007두22320 판결.

100 대법원 2007. 9. 7. 선고 2006도6292 판결.

101 근로자파견을 설명할 때 "근로계약과 달리 고용과 사용이 분리된다."라고 표현하는 것은 이러한 용어례로부터 영향을 받았기 때문인 듯하다(최은배, 2009a: 215).

한다.”고 판시한 바 있다.[102] 여기서 ‘사용’은 ‘사실상 사용관계’로 풀이된다는 것을 알 수 있지만, 그것만으로 그 의미가 분명해지지는 않는다.

‘사용’이란 용어가 사용되는 가장 대표적인 예는 민법 제756조의 사용자 책임에 관한 규정일 것이다. 민법 제756조 제1항 본문은 “타인을 사용하여 어느 사무에 종사하게 한 자는 피용자가 그 사무 집행에 관하여 제삼자에게 가한 손해를 배상할 책임이 있다.”고 규정하고 있다. 민법 제756조 소정의 책임 주체에 관한 판단 기준은 ‘타인을 사용하였다’는 점이다. 이러한 사용관계는 법률적으로 유효한 계약관계에 의할 필요는 없고, 사용자가 불법행위자를 실질적으로 지휘·감독한 경우에도 인정된다(곽윤직, 2004: 417).[103] 그리고 법원은 순수한 도급이 아닌 노무도급의 경우에는 도급인이라 하더라도 민법상 사용자로서의 배상 책임을 진다고 보고 있다(송덕수, 2013: 1676).[104]

이렇게 노무도급에 해당해 민법상 사용자 책임을 진다고 해서 그에 해당하는 모든 경우가 직업안정법상 근로자공급이나 파견법상 근로자파견에 해당하는 것은 아니다. 즉, 노무도급의 경우 도급인이 근로자를 ‘사용’하고 있다고 볼 수 있고 민법상 사용자 책임을 부담하나, 그 ‘사용’이 파견법의 ‘지휘·명령’에 해당하기 위해서는 별도의 판단 요소가 더 필요하다.[105] 이러한 추가적 요소에 대한 검토 작업이 필요한 것은 특별

---

102 대법원 1999. 11. 12. 선고 99도3157 판결.

103 대법원 2001. 9. 4. 선고 2000다26128 판결.

104 “일반적으로 도급인과 수급인 사이에는 지휘·감독의 관계가 없으므로 도급인은 수급인이나 수급인의 피용자의 불법행위에 대하여 사용자로서의 배상책임이 없는 것이라 하겠으나, 도급인이 수급인에 대하여 특정한 행위를 지휘하거나 특정한 사업을 도급시키는 경우와 같은 이른바 노무도급의 경우에 있어서는 도급인이라 하더라도 사용자로서의 배상책임이 있다[.]”(대법원 1983. 2. 8. 선고 81다428 판결).

105 즉, 원청업체와 하청업체 사이의 도급 계약이 위장 도급으로 판단되어도 그 점으로부터 곧바로 노동법적 책임이 인정되는 것은 아니다. 이때에도 다시 근로기준법상 근로계약 관계 또는 파견법상 근로자파견 관계 유무에 관한 판단이 있어야만 최종적으로 책임 관계가 정리될 수

한 이유에 기초한 것은 아니다. 근로기준법과 노동조합상 사용자 개념에서 보듯이 책임이 다를 경우 같은 낱말을 사용하더라도 그 낱말이 목표로 삼는 규범의 적용 범위가 달라질 수 있기 때문이다. 이 점은 근로자파견과 도급의 구별 기준을 확립하는 데 어려운 문제를 제기한다.

일반적으로, 근로자파견과 도급을 구별하는 기준은 다음과 같이 설명된다. 도급은 민법의 계약 유형 중 하나로서[106] 도급 관계에서는 사업주(수급인)의 '지휘·명령'에 따라 행한 근로자의 노동의 결과물이 제3자(도급인)에게 이전된다. 이 점에서 제3자가 근로자를 '지휘·명령'하는 근로자파견 관계와 구별된다. 즉, 근로자파견과 도급은 그 목적이 노동력 자체인지 아니면 노동의 결과인지에 따라 구분된다. 그 개괄적인 구별 기준으로는 ① 사업주가 제3자와의 계약 관계에 따라 제공한 것이 근로자의 노동 그 자체인지 아니면 노동의 결과물인지, ② 제3자가 근로자의 노동을 직접 자신의 생산 과정에 사용하는지, 즉 제3자가 근로자에 대해 직접 지휘·명령을 하거나 노무 관리를 행하는지 등을 든다. 흔히 전자를 '사업 경영의 독립성'으로, 후자를 '업무 수행의 독립성'으로 구분한다(박종희, 2010: 33; 이병희, 2006: 497, 503-504).

대부분의 법률관계는 이러한 구별 기준에 의해 해결이 된다. 그러나 때때로 실무에서 그 구분이 까다로운 경우가 있다. 이는 특히 사내하도급 관계에서 두드러진다. 이런 분쟁이 재판으로 이어질 때, 법원은 당사자의 의사에만 의존하지 않고 관련 요소들을 종합적으로 평가해 근로자파견과 도급 여부를 실질적으로 판단한다(이병희, 2006: 508).[107] 아래에

있다(박수근, 2011: 142).

106 민법 제664조에 의하면, "도급은 당사자 일방이 어느 일을 완성할 것을 약정하고 상대방이 그 일의 결과에 대하여 보수를 지급할 것을 약정함으로써 그 효력이 생긴다."

107 이는 대법원이 사내하도급 관계에서 근로자파견 유무를 판단하는 법리를 제시하기 이전부터 이미 하급심에서 채용한 방식이다. 예컨대 현대미포조선 사건의 항소심에서는 "도급계약 관계인지, 근로자파견 관계인지 여부는, 관여 당사자들의 의사와 함께 도급인의 사업 영역, 수

서는 이러한 판례 법리에 대한 비판적인 견해를 검토한 후 사내하도급의 상황과 연결해 그 구별 기준과 관련된 판례 법리를 더욱 구체적으로 논의하도록 하겠다.

나. 근로자파견과 계약의 자유, 파견법의 합헌성

파견법에 관한 최근 논쟁에서는 간접고용 관계에서 나타나는 법률행위 주체의 의사(意思)를 법원이 어느 정도 존중해야 하는지, 계약 당사자의 의사에도 불구하고 해당 법률관계에 제정법(간접고용 제한 법제)을 적용할 수 있는지(그것이 헌법 규정을 위반한 것은 아닌지) 등이 다퉈졌다. 이것은 파견법의 단순한 해석 문제를 넘어서 법률과 경제적 이익과의 조정·대립 혹은 헌법적 가치들 사이의 충돌 문제로 발전했다.

위에서 설명한 것처럼 법원은 근로관계의 실질을 따져 근로자파견과 도급을 구분하는데, 이런 판례 법리를 비판하며 근로자파견 여부를 판단할 때 계약 당사자의 의사를 중요하게 고려해야 한다는 주장이 있다. 즉, 파견법의 규율 대상이 되는 도급관계는 "파견법을 우회하기 위해 도급으로 위장하는 경우"에 한정되고, "파견근로관계가 성립되는지에 대한 판단은 당사자인 외부 노동력의 제공자가 노무급부를 법률행위에 의해서 급부하기로 약정했는가가 우선적으로 고려되지 않으면 안 [되고]",

---

급인의 전문성과 기술성, 완성할 일의 특정 가능성, 보수 지급의 기준, 작업 현장에서의 지휘·감독, 노무 관리와 업무 수행의 독립성, 사업 경영의 독립성 등 전체적인 근로제공 관계를 종합적으로 판단하여 결정하여야 할 것"이라고 판시했고(부산고등법원 2005. 11. 9. 선고 2004나9787 판결(이병희, 2006: 507에서 재인용)), 한국마사회 사건의 1심에서는 "도급계약이나 근로자파견계약 중 어느 것에 해당하는지는 단순히 계약서의 문구에 의하여 형식적으로 판단할 것이 아니라, 파견 근로자가 사용사업주의 노동 조직 속에 완전히 통합되어 근로를 제공하는지 여부, 사용사업주가 파견 근로자에 대하여 일의 완성, 즉 노무 제공 자체를 요구하는 것을 넘어서 직접적으로 근로자의 출·퇴근시간 등 근로 제공의 종류 및 방법에 의하여 지휘·명령을 하고 있는지 여부 등을 고려하여 실질적으로 판단해야 할 것"이라고 판시한 바 있다(수원지방법원 2006. 5. 26. 선고 2005가합4409 판결(이병희, 2006: 507-508에서 재인용)).

"당사자가 의욕한 법률관계를 무엇으로 볼 것인가 하는데 대해 규준을 주는 법률행위 내용은 오로지 계약 자유에 의해 당사자에 의해서만 확정될 수 있[으므로] 그때그때의 급부 약정의 내용으로부터 파견근로 관계가 존재하는가, 아니면 기타의 법률관계가 존재하는지가 결정된다."는 주장이 그것이다(김영문, 2010a: 166, 211, 213).

위 견해의 타당성을 검토하기 위해서는 법률행위(계약) 제도의 의의를 우선적으로 살필 필요가 있다. 법률행위는 사적 자치의 원칙을 실현하는 수단이다. 사적 자치의 원칙은 자유의 원칙에 입각한 "정치적 정의의 근대적 기획"으로부터 도출되었다고 한다. 이는 법과 국가 질서 측면에서는 자유주의적 법치국가의 수립을 목표로 했다. 여기에서의 최고 가치는 인간의 자기 결정권, 즉 자율성이었다. 즉, 근대적 사적 자치의 원칙은 근대 정치적 정의의 실현을 도모하고자 하는 법질서에 의해 보장된 것이다(심헌섭, 2001: 522-526). 또한 이는 19세기 자유방임 경제의 법적 표현이기도 하다(이은영, 1997: 422).

그러나 이러한 자율성도 연대성, 사회적 부조 및 평등 원리에서 도출되는 인권과 '인간의무(人間義務)'에서 오는 법적 및 사실적 한계를 인정해야 한다(심헌섭, 2001: 526). 19세기 계약 자유의 시대에 전성기를 누렸던 '계약'은 20세기에 들어서 그 힘이 쇠퇴했다(곽윤직, 2004: 12 이하). 이는 사회에서 계약의 역할이 감소하고 있다는 점, 권리 의무의 발생 원인으로서 자유 선택의 가치가 감소하고 반대로 비임의적인 권리의무 관계의 중요성이 커졌다는 점 등에서 나타난다. 이러한 현상은 현대에 들어 개인적 선택의 자유에 대한 신념이 약화된 것이 법에 반영된 것이고, 경제적·상업적 분야에서 현저하다.[108]

---

108 P. S. Atiyah, *The Rise and Fall of Freedom of Contact*, Clarendon Press, 1973(reprinted 2003): 716 이하(이은영, 1997: 424-425에서 재인용).

법률행위가 다른 법률요건을 압도하는 것이라고 말하기도 어렵다. 법률행위는 법률효과를 구성하는 여러 법률요건 중 하나다(곽윤직, 2004: 1 이하). 법률행위 역시 수권 규범의 존재를 필요로 한다. 법률행위는 규범을 창설하거나 적용할 힘을 규범으로부터 부여받은 개인들에 의해 행해진다(심헌섭, 2001: 522). 그런데 잘 알다시피 법률효과는 법률행위에 의해서만 발생하는 것은 아니다. 법률효과는 법률에 의해서도 부여된다. 그 대표적 예로는 민법의 불법행위 책임을 들 수 있다(민법 제750조). 민법상 불법행위 책임 조항은 그 손해가 법률행위에 기한 것인지 혹은 사실행위에 의한 것인지를 따지지 않고 적용된다.

파견법은 파견근로자의 최저생활을 보장하고 근로조건을 보호하기 위한 제정법으로서 강행법규적 성격을 띠고, 당사자의 의사로 그 적용 여부를 좌우할 수 없다(최은배, 2009a: 235).[109] 이는 노동법의 다른 분야에서도 마찬가지다. 노동법은 근로자 보호를 위한 강행법규이고, 그 적용 여부는 당사자의 자유에 맡겨질 수 없다. 예컨대 노무공급계약의 당사자는 근로기준법이 적용되어야 할 거래 활동에서는 근로계약을 체결해야 하고, 이 범위에서 사적 자치는 제약된다.[110] 결국 근로자파견과 도급의 구별에서 중요한 것은 당사자들이 체결한 계약 유형의 형식적 모습이 아니라 노동력을 제공하는 실제 모습이 파견법의 적용 대상이 되는지 여부다.

한편, 당사자의 의사가 근로자파견과 도급을 구별할 때 중요한 기준이어야 한다는 위 주장은 파견법을 그렇게 해석하지 않는 것은 위헌이라는 주장으로 이어진다. "사내하도급이 도급의 본래 형태를 취하는 한

---

109 BGH 25. 6. 2002, DB 2002, 2216(김영문, 2010a: 201에서 재인용).

110 Jahnke, Rechtsformzwang und Rechtsformfehlung bei der Getaltung Privater Rechtswerhältnisse, *ZHR* 145(1982), S. 595, 623; Konzen, Arbeitsrechtliche Drittbeziehungen, *ZfA* 1982, S. 259, 293(김영문, 2010a: 210에서 재인용).

제3자의 노동력 활용이 허용되며 이를 막는 것은 기본권 침해의 소지가 있다."는 것이 그것이다(김영문, 2010b: 69). "즉, 근로자를 직접 고용할 것인지, 아니면 외부 노동력을 활용할 것인지에 대해서는 유저(user)가 스스로 결정할 수 있으며, 이러한 권리는 헌법 제10조의 행복추구권에서 도출되는 자기 결정권이라고 할 수 있으며 직업의 자유에 속하는 것이기도 하다. […] 인사 조직 및 인력 활용을 어떤 구조로 수행할 것인지, 노동력을 직접 지휘할 것인지, 아니면 타기업 노동력을 활용할 것인지는 기업가의 결정의 자유 영역에 속하는 것이다. 이와 같은 경영상 의사 결정의 자유는 일종의 경영권에 속하는 것으로서, […] 헌법 제119조 1항, 제23조 1항, 제15조를 기초로 해 인정되는 실체적인 기본권으로 해석된다."는 것이다(김영문, 2010b: 69).

그러나 행복추구권이나 직업 선택의 자유 등은 헌법 제37조 제2항에 근거해 국가 안전 보장, 질서 유지 또는 공공복리의 실현을 위해 제한될 수 있다. 즉, 계약의 자유도 다른 기본권과 마찬가지로 헌법 제37조 제2항에 근거해 공익상의 이유로 제한할 수 있는 것이다.[111] 물론 이 경우 입법자는 헌법 제37조 제2항에 따라 과잉 금지의 원칙을 지켜야 하며 그 기본권의 본질적 내용을 존중해야 한다. 그런데 파견법은 직업 선택의 자유나 계약의 자유의 본질적 내용을 침해하는 것이 아니다. 근로자 파견으로 인정될 때 사용자가 부담하는 의무는 그 자신이 해당 근로자의 노동을 사용함으로써 얻은 이익에 대한 응분의 대가를 지불하는 것에 다름 아니다. 파견법은 불법적인 근로자파견에 대해서도 합법적인 근로자파견과 동일한 정도의 보호를 보장하고 있을 뿐이다. 이는 민법상 사용자 책임의 인정 근거와도 일맥상통한다. 사용자 책임도 근로자를 자기 지배 아래 두고 사회적 활동의 범위를 확장하고 이익을 확대하

111 헌법재판소 1998. 10. 29. 선고 97헌마345 결정.

는 경우 공평의 견지에서 이익이 있는 곳에 손실도 돌아가야 한다는 이념에 기초하고 있다(박보무, 1979: 231).

파견법은 기업이 노동력을 구매하는 것 자체를 금지하는 것이 아니다. 또한 도급의 방식으로 수급인 소속 근로자의 노동을 사용하는 것을 금지하는 것도 아니다. 헌법과 노동법은 기업이 노동을 고용, 도급, 위임, 현상광고 등 어떤 형태의 계약으로 구매하든 그것을 허용한다. 단지 그것이 사용종속 관계에 기초해 이뤄질 때 구매자에게 근로기준법 등의 의무를 부과하고, 근로자파견의 형태일 때는 파견법상 의무를 부과할 따름이다. 즉, 파견법은 기업의 노동력 구매 자체가 아닌 그 구매 방법 중 일부에 대해 법률적 의무를 부과하는 것이다(이병희, 2006: 487; 최은배, 2009a: 217).[112]

이는 노동력의 구매에서만 이뤄지는 입법 방식이 아니다. 예컨대 「부동산 실권리자명의 등기에 관한 법률」(이하 '부동산실명제법'이라 한다) 제3조와 제4조에 의하면, "누구든지 부동산에 관한 물권을 명의신탁 약정에 따라 명의수탁자의 명의로 등기하여서는 [안 되고]", "명의신탁 약정은 무효로 [되고]", "명의신탁 약정에 따른 등기로 이루어진 부동산에

---

112 "근로자파견은 원래 근로자 공급의 한 형태인데, '근로자공급사업'은 '공급계약에 의하여 근로자를 타인에게 사용하게 하는 사업'(직업안정법 제4조 제7호)으로서 사실상 또는 고용계약에 의하여 자기의 지배하에 있는 근로자를 타인의 지휘 아래 사용하게 하는 사업이므로 이를 자유로이 허용하면 타인의 취업에 개입하여 영리를 취하거나 임금 기타 근로자의 이익을 중간에서 착취하는 폐단이 생길 염려가 있어 근로기준법은 원칙적으로 이를 금지하고 […], 다만 직업안정법에 의하여 노동부 장관의 허가를 받은 자에 대하여만 이를 인정하면서 국내 근로자공급사업의 경우는 그 허가 대상을 노동조합으로 한정하고 있었다 […]. 그러던 중 1998. 2. 9. '경제위기 극복을 위한 사회협약'(이른바 노사정 합의)에서 노동시장의 유연성을 제공하는 한 방법으로 제한된 범위 안에서 근로자파견 제도를 도입하기로 합의가 이루어졌고 이를 계기로 파견근로자보호법이 제정되면서 근로자파견사업은 근로자공급사업의 범위에서 제외되게 되었다(직업안정법 제4조 제7호)"(대법원 2008. 9. 18. 선고 2007두22320 판결). 이 점에서 근로자파견 제도는 직업 선택의 자유를 제한하는 것이 아니라 금지된 영업의 자유 등을 일정한 조건 아래 회복시켜 주는 것이다(헌법재판소 1998. 11. 26. 선고 97헌바31 결정).

관한 물권 변동은 무효로 [하며]", "제1항 및 제2항의 무효는 제3자에게 대항하지 못한다." 부동산실명제법에 의하면 국민이 부동산의 소유권을 취득하는 거래행위는 제한되고, 자신이 매매 계약을 체결하고 대가를 지급한 부동산의 소유권을 주장하지 못하는 결과가 초래된다. 그렇다고 하여 부동산실명제법이 국민의 행복추구권 혹은 계약의 자유, 직업 선택의 자유나 기업의 경영권을 침해했다는 주장이 받아들여질 가능성은 없다. 왜냐하면 그것은 부동산 소유권의 취득 자체를 금지하는 것이 아니라 공익적 관점에서 그 취득 방법 중 일부를 제한하는 것에 불과하므로, 기본권의 본질적 내용을 침해하지 않기 때문이다. 설령 자유주의적 관점에서 헌법 조항을 해석하는 입장을 취한다고 하더라도, 부동산 소유권의 취득 방법을 제한하는 것보다 노동력의 취득 방법을 제한하는 입법에 대해 더 엄격한 위헌 심사 기준을 적용할 근거는 없다.

파견법은 다른 사람의 노동을 이용해서 자신의 이익을 얻은 자에게 그 사용 모습에 부합하는 의무를 부과한다는 것을 내용으로 한 간접고용 제한 입법이다. 이는 근로권에 관한 헌법 제33조 제1항(모든 국민은 근로의 권리를 가진다. 국가는 사회적·경제적 방법으로 근로자의 고용의 증진 [···] 에 노력하여야 [···] 한다) 및 제33조 제3항(근로조건의 기준은 인간의 존엄성을 보장하도록 법률로 정한다)의 이념에 부합하는 것으로서 위헌의 소지가 없다. 헌법재판소가 운송수입금 전액관리제에 관한 구(舊) 자동차운수사업법이 직업 수행의 자유를 침해하는지가 문제된 사건에서 "운송수입금 전액관리제는 사업자에게 기업 경영상 당연한 원칙을 지킬 것을 요구하는 것으로서 기업의 자유에 대한 제한의 정도가 크다고 할 수 없다."고 판시한 것도 이러한 점에 기인한 바다.[113]

---

113 헌법재판소 1998. 10. 29. 선고 97헌마345 결정.

2. 사내하도급 관계에서 근로자파견의 인정 기준

가. 사내하도급 관계의 의의

사내하도급이란 사업주와 고용관계를 맺은 근로자가 제3자의 사업장에서 도급 형식으로 일하는 것을 말한다.[114] 한국의 사내하도급은 다음과 같은 특성을 갖고 있다. ① 사내하도급은 제조업과 서비스업, 민간 부문과 공공 부문을 막론하고 전 산업에 걸쳐 있다. ② 사업체 규모가 클수록 사내하도급을 활용하는 사업체의 비중이 증가한다. ③ 사내하도급을 활용하는 주된 이유는 노무비용을 절감하기 위한 것이며 사내하도급과 정규직 사이에는 대체 관계가 존재한다. 따라서 사내하도급이 기업의 수익성 향상에는 기여할 수 있되, 노동 수요의 촉진으로 이어지지는 않는다(은수미, 2012: 87-89; 이병희, 2012a: 4, 13, 20-21, 27).

법적 관점에서 사내하도급 관계는 근로계약 관계, 근로자파견 관계, 도급관계 중 하나로 분류될 가능성이 높다. 이 중 근로계약 관계란 고용관계와 지휘·명령 관계가 함께 존재하는 경우이고, 근로자파견은 지휘·명령 관계만 존재하는 경우이며, 도급은 양자가 모두 없는 경우다(강성태, 2011: 21).

단발성 혹은 일회적 사내하도급은 법률적으로는 전형적인 도급일 가능성이 크다. 전형적인 도급관계에서 수급인의 근로자는 그 수급인의 지휘·명령 하에서 일하고, 임금이나 근로시간 역시 수급인과의 합의에 의해 결정된다. 이는 사내하도급이라 하여 달라지지 않는다. 예컨대 어

114 하도급이란, 수급인이 맡은 일의 전부 또는 일부의 완성을 제3자가 하수급인이 되어 맡기로 하는 원래의 수급인과 제3자 간의 계약을 뜻한다(정종휴, 1999: 173). 따라서 '사내하도급'이란 명칭은 현재 제조업 분야에서 이뤄지는 이른바 하청 관계를 정확히 표현하는 말은 아니다. 굳이 말하자면, 사내도급 혹은 사업장 내 도급 등의 말이 더 적당할 것이다. 다만, 이 글에서는 일반적인 사용례에 따라 '사내하도급'이란 용어를 사용한다.

떤 인테리어 업체에 소속된 근로자가 특정 기업 사무실의 내부 인테리어 공사를 수행하는 경우를 생각해 보자. 이때 그 근로자는 인테리어 업체의 지휘·명령을 받으며 일하고 그로부터 임금을 받으며 근로시간 역시 업체의 사정에 따라 변동된다. 도급인은 단지 인테리어 업체에 대해 약정한 바에 따라 공사를 완성해 달라는 요구만을 할 뿐이고, 공사 현장에서 누가 일하는지, 그 근로자들이 언제부터 언제까지 일할 것인지, 임금을 어떻게 지급하는지에 대해 관여하지 않는다(물론 보안상 혹은 시설관리 측면에서 일정한 제약이 있을 수는 있다). 현재 한국에서는 이러한 단발성 혹은 일회적 사내하도급이 노동법적으로 문제되는 것이 아니다. 이 경우에는 단지 그 근로자들의 임금 청구권을 어떻게 보장할 수 있는지가 주요한 쟁점일 뿐이다(예컨대 근로기준법 제44조, 제44조의2, 제44조의3).

노동법에서 문제되는 것은 제조업이나 서비스업 분야에서 일정한 기간을 유지하며 계속적으로 이뤄지는 사내하도급이다. 이것은 민법에서 규율하는 위와 같은 일반적인 도급과는 다른 모습을 띠곤 한다. 즉, 도급인(원청업체)과 수급인(하청업체) 그리고 수급인의 근로자 사이에 근로자공급 또는 근로자파견과 비슷한 근로관계, 즉 도급인이 수급인의 근로자에 대해 일정한 지휘·명령 권한을 행사하는 모습이 나타난다(박제성 외, 2009: 2). 사내하도급 관계에서 근로자들은 도급인의 생산 과정에 직·간접적으로 결합하고 근로자의 근무 여부가 도급인의 생산 유무 및 생산량과 직접적으로 연동된다. 이 경우 도급인으로서는 생산품(그것이 상품이든 용역이든 불문하고)의 품질을 유지할 필요가 있기 때문에 근로자의 노무 제공 과정에 직·간접적으로 관여하게 된다. 결국 도급인은 수급인 소속 근로자의 노무 제공에 관여해 자신의 상품 혹은 용역을 생산하면서도, 수급인의 뒤에 숨어 노동법이 요구하는 사용자로서의 의무를 지지 않는 모습을 띠게 된다. 이것이 사내하도급의 문제 상

황이다.[115]

그리고 대법원이 2008년 예스코 사건(대법원 2008. 9. 18. 선고 2007두22320 판결)에서 사내하도급 관계가 도급의 외양을 띤 위법한 근로자파견에 해당할 경우에도 구 파견법상 직접고용간주 규정이 적용된다고 판시한 이래, 사내하도급 관계에서 그 근로관계의 실질이 근로자파견에 해당하는지 여부가 간접고용의 핵심적 쟁점이 되었다(이병한, 2011: 125).

나. 근로자파견의 인정 기준에 관한 판례 법리

사내하도급 관계에서 근로자파견의 인정 기준을 판시한 대표적 판결로는 2010년과 2015년 현대자동차 사건에서 내려진 대법원 판결을 들 수 있다.

2010년 현대자동차 사건은 법원이 사내하도급 관계에서 근로자파견 관계를 최초로 인정하고, 근로자파견과 도급의 구별 문제를 정면으로 다뤘다는 점에서 의미가 있다.[116] 이 사건은 근로자파견의 인정 여부를

115 다음과 같은 질문은 노동법 연구자들이 고민하는 사내하도급의 문제 상황을 잘 설명하고 있다. "사내하도급이 도급의 한 유형으로 인정된다면, 그것은 기본적으로 일의 완성을 목적으로 하는 계약이다. 민법상 도급이란 계약의 일방 당사자(수급인)가 일의 완성을 약정하고 타방(도급인)이 그 일의 결과에 대해 보수의 지급을 약정함으로써 성립하는 계약이다(민법 제664조). 여기서 '일'이라 함은 근로에 의하여 생기는 결과를 말하며 건물의 건축, 선박의 건조, 가구의 제작이나 수선 등과 같은 유형적 결과뿐만 아니라, 원고의 출판, 화물의 운송, 병의 치료, 소송 사건의 처리, 음악의 연주 등과 같은 무형적인 결과도 포함한다. 그리고 일의 '완성'이라 함은 근로에 의하여 일정한 결과를 발생하게 하는 것을 말한다. 따라서 수급인이 근로를 제공하였더라도 소기의 결과가 발생하지 않으면 채무를 이행한 것이 되지 않으며, 반대로 약정된 결과를 발생시키면 수급인 자신이 스스로 근로를 공급하지 않았어도 채무를 이행한 것으로 되는 것이 원칙이다. 그런데 현재 사내하도급이 활용되는 경우를 보면, 자동차의 직접 생산공정이나 대형 할인 매장 및 백화점의 판매·계산 또는 건물의 청소와 경비 등이 있는데, 이러한 경우에 과연 사내하도급 계약의 목적인 '일의 완성'이란 무엇을 의미하는 것일까?"(박제성 외, 2009: 9-10).

116 대법원 2010. 7. 22. 선고 2008두4367 판결.

근로 제공의 실질에 따라 판단했다는 점에서 학계의 많은 관심을 받았다. 다만, 대법원은 이 사건에서 근로자파견으로 인정될 수 있는 사정만을 열거한 채 결론을 내렸고 근로자파견의 인정 기준에 관한 법리를 체계적으로 제시하지는 않았다(김기선, 2015: 80). 이후 법원은 사용사업주의 파견근로자에 대한 보호 의무와 관련된 대법원 2013. 11. 28. 선고 2011다60247 판결을[117] 거쳐 2015년 현대자동차 사건에서 관련 법리를 더욱 체계화했다. 위 2015년 현대자동차 사건에서 근로자파견의 인정 기준에 관한 판시 내용은 아래와 같다.[118]

> "원고용주가 어느 근로자로 하여금 제3자를 위한 업무를 수행하도록 하는 경우 그 법률관계가 위와 같이 파견법의 적용을 받는 근로자파견에 해당하는지는 당사자가 붙인 계약의 명칭이나 형식에 구애될 것이 아니라, 제3자가 당해 근로자에 대하여 직·간접적으로 그 업무 수행 자체에 관한 구속력 있는 지시를 하는 등 상당한 지휘·명령을 하는지, 당해 근로자가 제3자 소속 근로자와 하나의 작업집단으로 구성되어 직접 공동 작업을 하는 등 제3자의 사업에 실질적으로 편입되었다고 볼 수 있는지, 원고용주가 작업에 투입될 근로자의 선발이나 근로자의 수, 교육 및 훈련, 작업·휴게시간, 휴가, 근무 태도 점검 등에 관한 결정 권한을 독자적으로 행사하는지, 계약의 목적이 구체적으로 범위가 한정된 업무의 이행으로 확정되고 당해 근로자가 맡은 업무가 제3자 소속 근로자의 업무와 구별되며 그러한

---

117 이 판결에서 근로자파견 인정 기준과 관련한 판시 사항은 다음과 같다. "근로자를 고용하여 타인을 위한 근로에 종사하게 하는 경우 그 법률관계가 파견근로자보호법이 적용되는 근로자파견에 해당하는지 여부는 당사자들이 붙인 계약의 명칭이나 형식에 구애받을 것이 아니라, 계약의 목적 또는 대상에 특정성, 전문성, 기술성이 있는지 여부, 계약당사자가 기업으로서 실체가 있는지와 사업 경영상 독립성을 가지고 있는지 여부, 계약 이행에서 사용사업주가 지휘·명령권을 보유하고 있는지 여부 등 그 근로관계의 실질에 따라 판단하여야 한다."

118 대법원 2015. 2. 26. 선고 2010다106436 판결.

업무에 전문성·기술성이 있는지, 원고용주가 계약의 목적을 달성하기 위하여 필요한 독립적 기업 조직이나 설비를 갖추고 있는지 등의 요소를 바탕으로 그 근로관계의 실질에 따라 판단하여야 한다."

위 판결들에서 대법원은, 노동법 적용 범위와 관련한 판례의 전통적 방식에 따라[119] 간접고용 방식의 노무 제공이 근로자파견에 해당하는지 여부를 그 근로관계의 실질에 비춰 판단했다(이병희, 2006: 509; 조경배, 2010: 104; 최은배, 2009a: 234). 그리고 2015년 현대자동차 사건에서 대법원은 근로자파견에 해당하는지 여부를 판단할 때 근로자파견과 도급계약에서 서로 대비되는 요소를 제시하고 그에 따라 해당 사안의 사실관계를 종합적으로 검토하는 방식을 채택했다. 위 사건에서 대법원은 근로자파견의 판단 요소로서 ① 제3자가 해당 근로자에 대해 직·간접적으로 그 업무 수행 자체에 대해 상당한 지휘·명령을 하는지, ② 해당 근로자가 제3자의 사업에 실질적으로 편입되었다고 볼 수 있는지, ③ 원고용주가 근로자의 선발이나 근로자의 수, 교육 및 훈련, 작업·휴게시간, 근무 태도 점검 등에 관한 권한을 독자적으로 행사하는지, ④ 계약의 목적이 구체적으로 범위가 한정된 업무의 이행으로 확정되고 해당 근로자의 업무가 제3자 소속 근로자의 업무와 구별되며 그러한 업무에 전문성·기술성이 있는지, ⑤ 원고용주가 계약의 목적을 달성하기 위해 필요한 독립적 기업 조직이나 설비를 갖추고 있는지 등 다섯 가지 요소를 열거했다. 김기선 박사에 의하면, 이들 중 ①과 ②의 요소는 근로자

119 예컨대 법원은 근로기준법 등의 적용 대상인 근로자인지 여부를 판단할 때 같은 방식을 이용하고 있다. 근로자성 관련 사건의 판결문은 근로기준법의 근로자 개념에 관한 규정 내용을 적시한 후 그에 따른 판단 요소들을 열거하고, 그 요소에 해당하는 각각의 사정들을 종합적으로 살펴본 후 근로자 해당 여부를 판단하는 순서로 작성된다. 이때 법원은 근로자라는 개념을 범주적인 것으로 이해하고 계약의 형식(당사자의 의사)보다는 그 실질에 따라 근로자 해당 여부를 판단한다(대법원 2010. 4. 15. 선고 2009다99396 판결).

파견 관계라는 걸 적극적으로 드러내는 징표로 ③, ④, ⑤의 요소는 해당 계약이 도급계약이란 걸 보여주는 징표로 분류되고(김기선, 2015: 81-82), 강선희 박사에 의하면 위 ①, ②, ③의 요소는 원청업체의 지휘·명령의 존부에 대한 판단 부분으로, ④와 ⑤의 요소는 계약의 성격에 대한 판단 부분으로 분류된다(강선희, 2015: 85).

다. 판례 법리의 검토

근로자파견의 인정과 관련해 이렇게 제반 사정을 실질적·종합적으로 검토하고 판단하는 방식에 관해서는 노동법 학자들도 기본적으로 동의하고 있다(강성태, 2008: 17; 박종희, 2010: 33-34; 조경배, 2010: 105).

그런데 위와 같은 평가가 현대자동차 사건 판결들이 근로자파견과 도급의 구별 기준에 관해 완성된 틀을 제시했다는 것을 뜻하지는 않는다. 단지 여러 요소를 종합적·실질적으로 검토한다고 해서 근로자파견과 도급의 구별 문제가 쉽게 해결되지는 않기 때문이다. 이는 우리가 근로자 개념 문제에서 이미 겪은 바이기도 하다. 법원이 판결을 통해 어떤 개념의 판단 기준을 제시하는 것은, 그 적용 범위로부터 탈출해 법률상 의무를 회피하려는, 사용자에게 노동력 사용 방식을 변화하라는 신호를 주는 것과 같다.[120] 특히 사내하도급 관계에서는 계약의 형식적 문언이나 생산 과정 및 작업 방식의 변경 등을 통해 판례의 판단 기준을 회피하는 것이 상대적으로 용이하다.[121] 따라서 사내하도급 관계에서 해당

120 이를 박수근 교수는 "위장 도급을 통한 노무 관리에 대한 사실관계와 증거의 측면에서 원청회사는 적극적이고 선행적인 반면, 근로자의 대응은 후행적이다."라고 표현한 바 있다(박수근, 2010: 34).

121 사내하도급이라는 법 형식을 사용할 수 있는 사용자라면, 고용관계나 지휘·명령 관계에 직접 개입하는 경우는 오히려 예외적이라는 지적도 있다. 이 경우 사용자는 생산 방식의 변화를 통해 혹은 작업지시서나 기타 간접적 규율 방식을 택함으로써 자신의 지휘·명령의 모습이 다른 사람의 눈에 띄는 것을 예방하려고 하기 때문이다(강성태, 2011: 22).

노무 제공 방식이 근로자파견인지 여부를 판단할 때에는 그 노동력 사용 실태의 실제에 따라 종합적으로 판단해야 한다는 점 외에도 아래와 같은 사항을 주의해야 한다.

첫째, 근로자파견과 도급의 구별은 지휘·명령 관계가 존재하는지 여부에 따라 좌우되는 것이지만, 그와 함께 하청업체가 원청업체의 사업에 어느 정도 편입되어 있는지에 대해서도 살펴봐야 한다. 후자를 기왕의 부르는 방식처럼 '사업 경영의 독립성'이라고 하든, 아니면 '사업 경영의 독립성'의 한 요소로서 '사업에의 편입 정도'라고 하든, 그 명칭과 상관없이 이는 필수적 검토 사항이다. 하청업체의 근로자가 원청업체의 사업 조직에 편입되어 있는지 여부 및 그 정도와는 별도로, 하청업체의 사업이 원청업체의 사업에 어느 정도 편입되어 있는지를 살펴봐야 하는 것이다. 예컨대 원청업체와의 계약 해지가 하청업체의 사업 폐지·해산 혹은 근로자의 집단적 해고로 이어진다면, 이는 '사업에의 편입 정도'가 강하다고 평가할 수 있다(조경배, 2010: 100).

지휘·명령 관계와 사업에의 편입 정도는 상관적으로 검토되어야 한다. 즉, 하도급 근로자의 노무 제공에 대해 일정한 부분에서는 하청업체가 주도하고 다른 부분에서는 원청업체가 주도함으로써 전체적으로 지휘명령 관계의 존부가 모호할 때에는 하청업체가 원청업체의 사업에 어느 정도 편입되어 있는지를 확인해야 한다(강성태, 2011: 26). 만약 그 편입 정도가 강하다면, 지휘·명령 관계에서의 흐릿함은 도급인의 의도에 의한 것이란 추정이 가능하다.

둘째, 지휘·명령과 도급인의 지시와의 구별 문제다. 근로자파견과 도급의 구별 문제에서 가장 까다로운 부분은 근로자파견 관계에서의 지휘·명령권의 행사와 도급에서의 지시권 행사를 어떻게 구분할 것인지 여부다. 이에 관해 개괄적으로 말한다면, 근로자파견의 지휘·명령권은 근로자의 노동력 제공 과정에 대해 행사되는 반면에, 도급의 지시권은 완성된 일의 하자담보 책임과 관련된 것, 즉 일의 결과물에 대한 것이라 할 수 있다. 원청업체가 하청업체 소속 근로자에게 어떤 작업 방식으로 누구와 함께 일을 하라고 지시하는 것은 전자의 예이고, 원청업체가 하청업체에게 설계도를 주며 특정한 형태와 성능을 갖춘 물건을 생산해 달라고 요구하는 것이 후자의 예다. 여기서 도급인의 지시란 원칙적으로 그 일의 완성물에 관한 것이다(박종희, 2010: 35). 즉, 도급인의 지시는 근로관계에서의 지휘·명령과 구별되는 '주문' 정도의 의미로 파악할 수 있다(이병희, 2006: 512).

민법 제667조는 완성된 목적물 또는 완성 전의 성취된 부분에 하자가 있는 때 도급인은 하자의 보수를 청구하거나 손해배상을 청구할 수 있으며, 민법 제668조는 완성된 물건의 하자로 인해 계약의 목적을 달성할 수 없는 때에는 계약을 해제할 수 있다고 규정하고 있다.[122] 다만, 목적물의 하자가 도급인의 지시에 기인한 때에는 제667조와 제668조를 적용하지 않는다(민법 제669조). 여기서의 지시는 구속력을 가진 것이어야 한다. 그런데 수급인이 도급인의 지시가 부적당함을 알면서도 이를 도급인에게 고지하지 아니한 경우에는 완성물의 하자가 도급인의 지시에 기인한 것이라 하더라도 그에 대한 담보책임을 면할 수 없다. 즉, 수급인은 구속력을 지닌 도급인의 지시가 있더라도 그것이 부적당하다면 따르지 않아야 한다.[123] 이는 수급인이 도급인과 달리 해당 분야에 대해 전문성을 가지고 독립적인 판단을 할 수 있다는 점을 감안한 것이다.[124]

---

122 여기서 '하자'란 일의 결과가 수급인이 보증한 성질을 가지지 않거나, 통상적으로 또는 당사자가 계약에 의해 일의 품질과 성능 등에 대해 기대한 일정한 성상(性狀)을 완전하게 구비하지 않은 불완전한 점을 말한다. 또한 수급인이 완성한 일이 거래 관념상 보통 갖춰야 할 품질, 성능을 갖추지 않으면 하자가 된다(정종휴, 1999: 211).

123 대법원 1995. 10. 13. 선고 94다31747, 31754(반소) 판결; 정종휴, 1999: 264-265.

124 다른 관점에서 지적한 것이긴 하지만, 박종희 교수는 "도급과의 관계에서 파견이 지니는 가장 본질적인 요소는 노동급부 관련 지시권 행사와 그에 대한 파견근로자의 구속이라 할 수 있

그런데 사내하도급 관계에서 원청업체와 하청업체는 동일한 공간에서 자신들의 사업을 운영하고 관련 작업이 수행되는바, 이로 인해 원청업체가 하청업체 또는 그 소속 근로자에게 행한 지시가 도급에서의 지시인지 아니면 근로자파견에서의 지휘·명령인지를 구별하는 것은 어려운 과제다. 결국 이 문제는 노동력 제공 모습의 실질을 따지고, 여러 요소를 종합적으로 검토하는 과정을 통해 해결하게 된다. 한편, 대법원은 원청업체와 하청업체 소속 근로자 사이에 지휘·명령 관계가 존재하는지 여부를 따질 때 명시적·직접적 지휘·명령 관계만이 아니라 묵시적·간접적 지휘·명령 관계를 인정했다. 이는 사내하도급 관계에서 원청업체와 하청업체 관계의 특수성을 고려한 것이기도 하지만, 그와 함께 근로자성 인정 여부를 따질 때 대법원이 사용했던 전통적 판단 방식을 따른 것이기도 하다.[125]

셋째, 위 판결들에서 판시한 근로자파견과 도급의 구별 기준을 모든 산업이나 업무 영역에 적용할 수 있는 보편적인 것으로 보기에는 부족하다. 이를 제조업에 적용하는 것은 어느 정도 가능하다고 말할 수 있지만, 서비스업의 경우에는 그러하지 아니하다. 이러한 우려는 2015년 현대자동차 사건과 같은 날짜에 선고된, KTX 승무 서비스를 담당하는 근로자 관련 판결에서[126] 근로자파견 관계가 부인됨으로써 현실화되었다

다."고 설명한다(박종희, 2010: 34).

125 예컨대 법원은 미용학원의 강사가 근로자에 해당하는지 여부와 관련해 "피고인이 강사들에 대하여 복무·징계 등에 관한 취업규칙, 복무규정, 인사규정 등 일체의 규정을 정하지 않았던 사정들은, 최근에 급격하게 증가하고 있는 시간제 근로자에게 일반적으로 나타나는 현상이거나 사용자인 피고인이 경제적으로 우월한 지위에서 사실상 임의로 정한 사정들에 불과하다. 또한, 위 공소외인을 비롯한 강사들이 피고인으로부터 강의 내용이나 방법 등에 관한 구체적·개별적인 지휘·감독을 받지 않은 것은 지적 활동으로 이루어지는 강의 업무의 특성에 기인하는 것일 뿐, 그들이 근로자가 아니었기 때문이라고 볼 수도 없다."고 판시한 바 있다(대법원 2007. 9. 7. 선고 2006도777 판결).

126 대법원 2015. 2. 26. 선고 2011다78316 판결, 2015. 2. 26. 선고 2012다96922 판결.

(강선희, 2015: 86).

넷째, 2015년 현대자동차 사건은 도급계약 여부를 판단하기 위한 기준으로서 “당해 근로자가 맡은 업무가 제3자 소속 근로자의 업무와 구별”되는지 여부를 제시하고, 해당 사안에서는 “사내협력업체가 도급받은 업무 중 일부는 피고 소속 근로자의 업무와 동일해 명확히 구분되지 아니하는 점”을 근로자파견이 인정되는 요소로 판단했다. 이 사건에 국한한다면 이러한 판단 방식에 특별한 하자가 있다고 보기는 어려울 수 있으나, 이것이 기업 현실에서 왜곡된 신호로 받아들여질 가능성이 있다는 점을 주의해야 한다. 즉, 업무만 분리되어 있다면 도급계약이 된다는 식으로 해석해서는 안 된다는 것이다. “당해 근로자가 제3자의 사업에 실질적으로 편입되었다고 볼 수 있는지”에 대해서도 동일한 주의가 필요하다(강선희, 2015: 86-87).

Ⅳ. 소결

1990년대 이후 한국 노사관계의 중요한 변화 중 하나는 간접고용의 확대다. 간접고용 관계에서 사용사업주(예컨대 원청업체)의 사용자성 여부와 관련해 법원은 엄격하게 근로계약의 존재를 요구했다. 이러한 판례 법리는 노동법의 입구에서부터 그 적용 여부를 엄격하게 판단하겠다는 뜻을 드러낸 것에 다름 아니었다. 즉, 법원은 전형적인 고용 형태에 대해 노동법을 적용하는 것에 대해서는 다투지 않았으나, 새롭게 나타나거나 회색지대에 있는 고용 형태에 관해서는 사용자성을 엄격하게 판단함으로써 노동법의 적용 범위를 축소했다(도재형, 2005b: 168-169). 판례 법리는 비정규 근로자의 집단적 분쟁을 해결할 만한 적절한 법적 기준을 제시하지 못했다. 법원은 간접고용 관계에서 사용사업주와 비정규 근로자 사이에 존재하지 않는 기준을 가지고서 그 분쟁을 해결할 수 있다고 고집했다. 그로 인해 비정규 근로자의 노동3권과 집단적 분쟁은 민사법의 영역에 방치되었다(도재형, 2008b: 538). 이러한 법원의 정책은 '경제적으로 합리적인 사용자'에게는 더 많은 이익을 보장했다.

간접고용 관계에서 집단적 노사 분쟁은 근로자와 사용사업주 사이에 존재하는 것을 기준으로 해결되어야 한다. 앞에서 살펴본 바와 같이, 그들 사이에 존재하는 것으로서 집단적 노사 분쟁 해결에 적합한 기준은 '실질적 영향력'의 존부다. 이는 비정규 근로자들이 그 소속 기업과 적절한 파트너십을 유지하고, 이를 통해 기업의 경쟁력을 도모한다는 점에서도 중요하다(도재형, 2008b: 539).

한편, 사내하도급 관계에서 근로자파견 인정 문제 역시 중요한 쟁점이다. 한국 노동법제가 예정한 대표적인 간접고용 방식은 근로자파견이다. 그런데 실제 사업 또는 사업장에서는 사내하도급이 더 많이 사용되고 있다. 그리고 그 과정에서 원청업체는 간접고용의 이익을 취하면서도 노동법적 책임은 회피하는 일이 일어나곤 한다. 이와 관련해 법원은 간접고용의 실질을 따져 근로자파견 여부를 판단하고 있다. 즉, 근로자파견의 인정 여부와 관련해 현대자동차 사건 판결들에서 법원은 전통적 판례 법리, 즉 실질적·종합적 판단 방식을 이용했다(도재형, 2011a: 170).

사내하도급 관계에서 근로자파견 여부를 판단하는 요소들을 검토하는 과정에서 근로자파견과 도급을 비교하는 작업을 하는 것은 부득이한 측면이 있다. 이는 모든 개념을 확인하고 해석하는 과정에서 반드시 이뤄지는 작업이다. 법률가의 임무가 포섭의 문제를 해결하는 것이고, 그 과정에서 개념과 개념 사이의 경계선에서 발생하는 어려운 문제들을 해결하기 위해서는 필연적으로 인접한 개념들을 비교하는 작업이 요청되기 때문이다(도재형, 2011a: 170).[127]

간접고용 관계에서 당사자 의사의 존중 문제 역시 다시 생각해 볼 필요가 있다. 왜냐하면, 의사의 중요성을 주장하는 견해는 간접고용 관계의 한쪽 당사자인 근로자의 자유 의사 유무에 대해서는 고민하지 않기 때문이다. 그런데 사실 근로자의 자유 의사의 존재에 대한 고민은 간접고용 관계를 규율하기 위해 파견법을 제정한 동기 혹은 근거와 연결된다. 예컨대 사내하도급 관계에서 하청업체의 근로자로 취직할 것인지 여부는 근로자의 자유 의사에 기초했다고 볼 수 있지만, 그 외 임금이나 근로시간, 근로 장소 등에 관해서는 근로자의 자유 의사에 의해 결정되는 것이 아니라, 하청업체와 원청업체 사이의 계약에 의해 결정된다. 이것은 직업안정법이 근로자공급사업을 금지한 문제 상황이기도 하다.[128] 앞에서 살펴봤던, 근로자파견과 도급의 구별 과정에서 당사자의 의사를 존중해야 하는지에 대한 문제를 논의할 때 이 점을 도외시해서는 안 된다. 사적 자치의 원칙은 대등한 법률행위의 주체들 사이의 문제다. 그런데 사내하도급 관계에서 근로자파견의 인정 문제는 그 계약 형성에 자신의 자유 의사에 따라 결정할 수 없거나 사실상 관여할 지위에 있지 않은 자들의 근로조건의 보호를 위한 것이다. 이 점에서 사내하도급 관계에서 파견법의 적용 문제와 관련해 도급이라는 법률행위 주체들의 의사는 제한적으로 고려될 수밖에 없다(도재형, 2011a: 171-172).

---

127 예컨대 '법률행위'라는 개념을 생각해보자. 사람들이 살아가기 위해서는 그에 필요한 재화를 획득해야 한다. 이는 법률적으로 재화에 대한 권리를 취득하는 것을 뜻한다. 권리를 취득하기 위해서는 누군가의 재화를 자기의 처분 범위로 옮겨와야 하는데, 이는 결국 권리가 변동된다는 것이다. 이렇게 권리를 변동시키기 위해 하는 행위가 법률행위(法律行爲)다. 즉, 법률행위란 '개인이 생활 관계에서 행하는 의식적 혹은 무의식적 행동 가운데에서 어떤 것에 대해 법적 효과를 부여하고 법질서 전체가 그 실현을 위해 노력할 것인가'란 질문에 대한 대답이다. 이 질문을 해결하기 위해 우리는 법률행위의 개념을 정립하고, 그 다음에 그것과 다른 것(개인의 행동 중 법률행위가 아닌 것, 예컨대 잠을 자는 것과 같은 사실행위)을 상상하며 법률행위의 개념을 좀더 명확하게 한다. 또한 그러한 것들이 인간의 행동 혹은 행위라는 점에서는 동일하다는 것도 인식한다(도재형, 2011c: 62-63).

128 대법원 1985. 6. 11. 선고 84도2858 판결.

우리는 근로자와 자영업자 사이의 회색지대에 놓여 있는 노무공급자의 근로자성 여부가 문제되는 상황에서, 법원이 기계적·형식적 의사 해석 방식을 택할 경우 어떤 결과가 초래되는지를 목격한 바 있다. 그것은 근로관계에서 노무 수령자이면서 규칙 제정자(rule maker)인 사용자의 뜻대로 노무공급계약의 내용이 정해지고 그에 의해 해당 계약의 노무공급자의 법적 성격이 결정되는 결과를 초래했다. 즉, 법원의 판단이 노무제공의 실태가 아닌 계약의 형식에 종속될 때, 노동시장에서의 힘의 우월은 아무런 보호 장치 없이 사법의 영역으로까지 확장되었다. 이는 법원이 사회적 약자를 사법적 보호 대상에서 제외하고, 그들에게 노동시장의 상품이 될 것을 강요한 것에 다름 아니었다. 이로 인해 노동시장에서는 저임금·비정규 일자리가 늘어났고 사회적 양극화는 심화되었다. 그에 대한 대응책으로서 최근 대법원은 근로자성 여부를 판단할 때 개별 판단 요소들을 나열하는 방식을 탈피하고 실제적 접근 방식으로 그 방식을 변화했다. 이러한 문제 의식은 근로자파견의 인정과 관련된 사안에서도 동일하게 고려되어야 한다.

제3절 | 결론

1990년대 이래 법원은 비정규 근로에 관해 무관심했다. 이에 대해 노동법 연구자들은 비정규 근로에 관한 판례에 주목하고 이를 비판적으로 검토하는 작업을 진행했다. 노동법 연구자들이, 비본질적인 기준을 남용해 근로관계의 본질을 왜곡하고 그를 통해 "경제적으로 합리적인" 그러나 도덕적이지 않고 규범적으로도 용납할 수 없는 사용자만을 보호하는 법리에 무관심할 수는 없었기 때문이다(도재형, 2010a: 119-120). 무수한 법적 논쟁과 신자유주의적 구조조정의 결과로 초래된 사회적 양극화와 그 고착화 등 여러 원인이 겹치면서 2000년대 중반부터 비정규 근로자의 고용 보호가 중요한 쟁점으로 다뤄지고 기간제 보호 법률의 입법과 판례를 통해 비정규 근로관계에서 노동법의 규범력은 부분적으로 회복되었다. 이 과정에서 가장 중요한 역할을 한 것은 법원이었다(강성태, 2012a: 214).

비정규 근로에 관한 판례가 변경되는 과정에서 법원이 가졌던 고민은 2008년 예스코 사건에서 잘 드러난다. 이 사건에서 대법원은 구 파견법상 직접고용간주 규정이 불법 파견에는 적용되지 않는다고 할 경우 노동법의 규범력에 미칠 영향에 대해 깊이 고민했다. 즉, "직접고용간주 규정이 적법한 근로자파견에만 적용된다고 보면, 파견근로자보호법이 규정한 제한을 위반해 근로자파견의 역무를 제공받은 사용사업주는 오히려 직접고용 성립 의제의 부담을 지지 않는 결과가 되어 법적 형평에 어긋나고, 특히 제5조 제1항에 정한 근로자파견 대상 업무에 해당하거나 같은 조 제2항에 정한 근로자파견 사유가 있기만 하면, 위 제7조에 의한 근로자파견사업의 허가를 받지 아니한 파견사업주로부터 근로자파견의 역무를 제공받은 사용사업주는 형사처벌을 받지 아니하게 되는데(제44조 제1호), 이 경우 사용사업주가 직접고용간주 규정조차도 적용을 받지 아니한다면 사용사업주로서는 당연히 근로자파견사업의 허가를 받지 아니한 파견사업주로부터 근로자파견을 받는 쪽을 더 선호하게 될 것이므로, 파견근로자보호법에 위반하는 행위를 조장하고 근로자파견사업 허가제도의 근간을 무너뜨릴 염려가 있으므로 타당하지 않다."는 것이다.[129] 이 점에서 2008년 예스코 사건은 중요한 의미를 갖는다. 이 사건에서 대법원은 경제적 합리성만을 추구하는 기업을 보호하지 않고, 기업의 의사에 의해 노동법적 규율을 피할 수 있을 때 초래될 규범적 문제 상황을 외면하지 않겠다는 뜻을 밝혔기 때문이다. 비정규 근로의 폐해가 입법적으로 시정되지 않는 한 법원의 이런 노력은 일정 기간 계속될 수밖에 없다. 이는 기업이 비정규 근로를 통해 부당한 이익을 얻는 것을 막고, 한국의 노동시장과 상품·용역시장이 올바르게 작동하기 위해서도 필요하다(도재형, 2010a: 122).

파견법과 같은 간접고용 제한 법제(제정법)를 해석할 때는, 파견근로자의 보호라는 측면 외에도 노동시장에서 거래 당사자들 사이의 형평을 고려해야 한다. 파견법의 입법 취지는, 다른 사람에게 속한 노동력을 자신의 사업 영역의 확대를 위해 이용하는 사람은 그에 부합하는 책임을 져야 한다는 것이다. 노동시장의 수요자들 중에는 이러한 파견법의 입

129 대법원 2008. 9. 18. 선고 2007두22320 판결.

법 취지에 따라 타인의 노동력을 사용하는 자도 있고, 그렇지 않은 경우도 있다. 후자의 모든 경우 그 수요자들이 탈법행위로서 사내하도급 관계를 이용하거나 의식적으로 그러한 계약관계를 선택한 것은 아닐 수 있다. 그러나 전자와 후자는 최소한 동일한 부담을 져야 한다. 만약 그렇지 않다면, 결과적으로 후자 즉 파견법의 부담을 지지 않고 노무비를 낮게 지급하거나 불안정한 고용관계를 유지하는 기업들만이 시장의 경쟁에서 이기게 되기 때문이다. 한 국가 내의 제정법에 관한 해석을 담당하는 법원은 이 점을 도외시해서는 안 된다(도재형, 2011a: 172).

위와 같은 점을 고려할 때 근로자파견에 관한 현재의 논쟁은 민주주의와 경제적 합리성(일반적으로 얘기하는 개인의 이기심) 사이의 갈등 문제라고 볼 수 있다. 즉, 파견법에 관한 현재의 논쟁의 기저에는 '보이는 손'(입법)과 '보이지 않는 손'(시장)의 관계를 어떻게 설정한 것인가의 문제가 깔려 있다. 그런데 흔히 생각하는 것과 달리, 민주주의는 시장 질서에만 의탁해서는 유지될 수 없다. 왜냐하면 민주주의의 영역에서 근로자는 상품이 아닌 기본권의 주체인 인간으로서 인정되어야 하기 때문이다. 법률 해석 작업에서 이 점을 간과할 때, 우리 헌법의 중요한 가치인 민주적 기본 질서의 유지 혹은 '경제 민주화'의 실현은 불가능하게 된다. 이 점에서 근로자파견을 비롯한 간접고용에 관한 현재의 논쟁이 어떤 결론에 이를 것인지는 향후 한국 사회의 모습을 결정하는 한 계기로 작용할 수 있다(도재형, 2011a: 173).

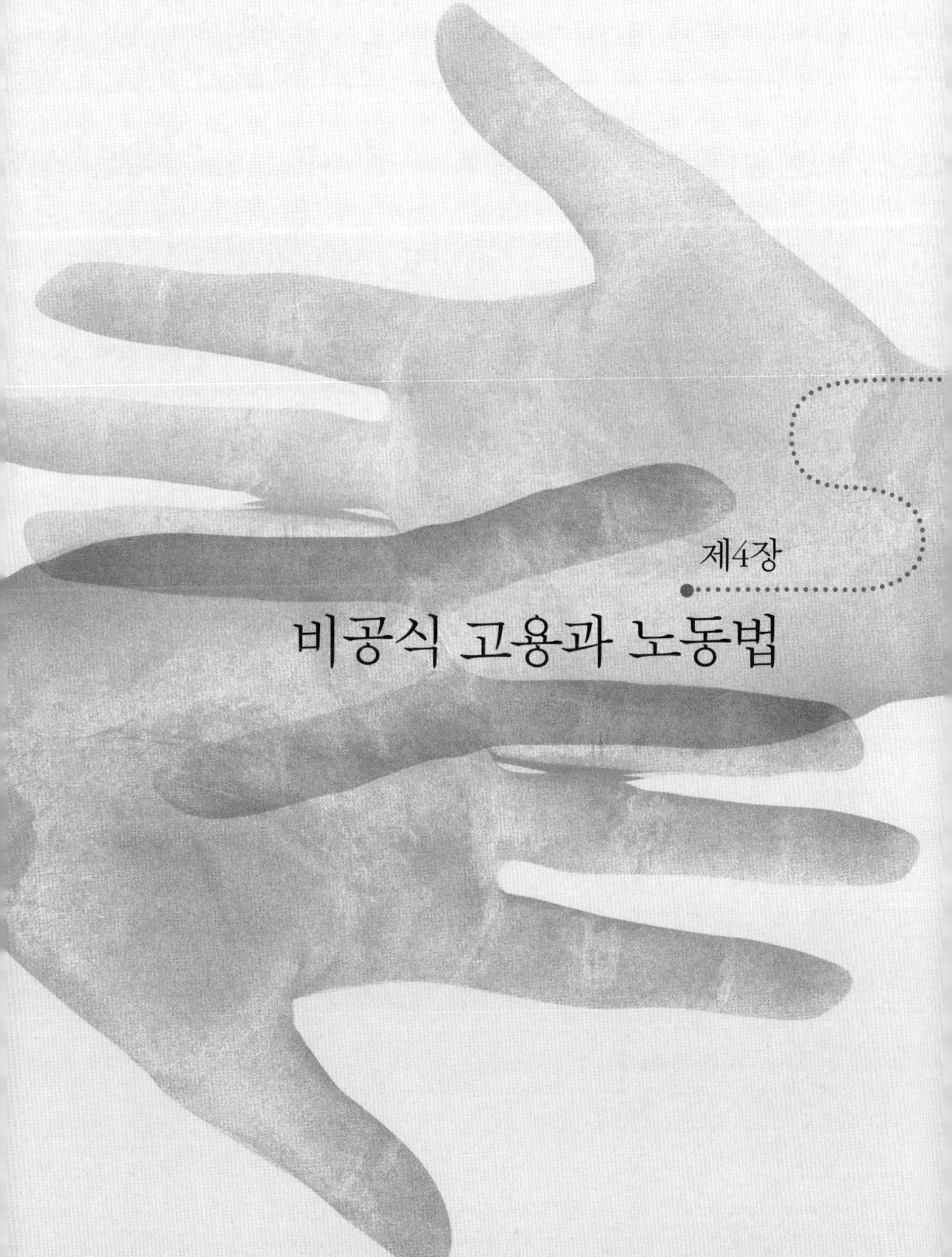

제4장

비공식 고용과 노동법

일반적으로 비공식 고용(informal employment)은 "노동법과 사회보장 제도 등의 보호를 받지 못하는 고용"으로 정의된다. ILO도 같은 취지에서 비공식 고용을 "노동법, 소득과세, 사회보장, 고용 관련 보호(해고 시 사전통지, 퇴직금, 유급휴가, 유급 병가 등)를 받지 못하는 고용"으로 정의하고 있다.[1] 이러한 기준을 고려해 최저임금, 퇴직금, 공적연금 중 어느 하나로부터 배제된 근로자를 비공식 근로자로 파악할 경우, 2011년 8월 현재 우리나라의 전체 임금 근로자 17,510천 명의 40.2%인 7,044천 명이 최저임금(1,899천 명, 10.8%) 또는 퇴직금(6,181천 명, 35.3%), 공적연금(6,108천 명, 34.9%) 중 어느 하나 이상으로부터 배제되어 있다(이병희, 2012b: 17-42).

비공식 고용은 비자발적 실직 상태에 놓일 때 소득 상실, 고용정책 접근의 제한, 노후 소득의 불안정에 직면할 위험이 크다. 경제적으로는 불공정 경쟁에 따른 공식 고용 부문의 부담 증가와 비공식 고용 부문의 비효율적인 생산의 온존에 따른 경쟁력의 약화를 초래하고, 공공부조의 재정 부담을 증가시킨다. 사회적으로는 사회적 위험 증가와 사회적 이동성 제한으로 인해 사회 통합을 저해할 가능성이 많다(이병희, 2011: 185). 나아가 비공식 고용은 노동시장의 이중구조화 및 사회적 양극화

1 이것은 실질적 관점에서 비공식 고용을 정의한 것이다. 형식적 관점에서 파악할 때, 비공식 고용이란 '공적 파악에서 제외되어 있는 고용' 또는 '국가나 공적 서류에서 파악하지 못하고 있는 고용'을 뜻한다. 우리나라의 경우 2010년 12월 말 기준 행정자료에 가입 또는 등록되어 있지 않은 임금 근로자는 전체 임금 근로자의 18.0%인 3,089천 명에 이른다(강성태, 2014: 152).

를 심화시킨다. 예컨대 사회보험의 광범위한 사각지대는 사회보장의 기반을 침식하고 복지 제도를 새로운 불평등 기제로 재생산할 위험성이 있다. 복지 지출의 확대가 최하위 계층을 배제하는 방식으로 사용될 경우 오히려 양극화를 심화시키는 결과를 낳을 수 있다는 것이다(장지연, 2012b: 20-21).

비공식 고용은 다시, 법적인 적용 대상에서 제외되어 보호를 받지 못하는 규제 부재형(non-regulation)과 적용 대상인데도 불구하고 실질적인 보호를 받지 못하는 규제 미준수형(non-compliance)의 범주로 구분된다(도재형, 2013b: 199).

이 장(章)에서는 먼저 규제 부재형 비공식 고용의 대표적 유형인 특수형태근로종사자와 관련해 1990년대 이래 판례의 변화 추세를 살펴보고, 이들을 공식 고용화하기 위한 방안으로 제시된 입법안의 내용을 검토한다. 그리고 이를 토대로 해서 특수형태근로종사자와 관련된 사법적 판단 기준과 그 보호 입법의 기준을 제시한다. 다음으로, 규제 미준수형 비공식 고용과 관련해 사회보험료 지원 방안에 대한 입법 논의를 살펴보고 현재 시행되고 있는 두루누리 사업에 대해 검토한다. 규제 미준수형 비공식 고용을 공식 고용으로 전환시키는 1차적 방안은 정부 당국의 행정적 제재이나, 이를 통해 사각지대를 해소하는 데에는 한계가 있다. 따라서 금전적 인센티브를 제공함으로써 이들을 사회보험의 적용 범위 안으로 유도하는 정책이 필요한 바, 이 점에서 사회보험료 지원 방안을 살펴볼 필요가 있다. 마지막으로, 특수형태근로종사자와 초단시간 근로자를 고용보험의 적용 대상에 포섭시키는 방안에 대해 검토한다.

제1절 사법과 입법의 사각지대, 특수형태근로종사자[2]

I. 문제의 소재

'규제 부재형 비공식 고용'의 대표적 유형은 종속적 지위에서 자신의 노동을 제공해 소득을 얻는 사람이 근로자 개념에 포섭되지 못해 노동법과 사회보험법의 적용에서 배제되는 경우다. 이러한 배제를 만드는 첫 번째 원인은 법률이다. 예컨대 근로기준법은 가사사용인을 그 적용범위에서 제외하고 있다(근로기준법 제11조 제1항). 또 다른 원인으로 들 수 있는 것은 노무 제공 방식의 모호함 혹은 비전형성을 법률이 적절하게 포착하지 못하는 경우다. 즉, 사회·경제적 여건의 변화로 새로운 노무 제공 형태가 나타났음에도 그에 걸맞은 적절한 입법과 사법적 규율이 부재한 상황이다. 이것이 이 절(節)에서 다루고자 하는 '규제 부재형 비공식 고용'의 문제 상황이다.

한국에서 노동법과 사회보험법적 보호 여부는 원칙적으로 근로자와 자영인이라는 이분법(二分法)에 의해 결정된다. 노무공급자 중 근로자

---

2 이 부분은 도재형, "사법과 입법의 사각지대, 특수형태근로종사자", 「노동법연구」 제34호, 서울대학교 노동법연구회, 2013: 199 이하의 내용을 수정·보완했다.

영역에 속하는 사람은 노동법과 사회보험법의 보호를 받지만 그렇지 않은 사람(자영인)은 그 보호로부터 완전히 배제된다. 이러한 이분법적 구분 방식은 전통적인 공장제 생산 혹은 포드주의적 대량 생산 체제 속에서 종속적 모습으로 노무를 제공하는 사람을 보호하는 데 적합했다(강성태, 2010b: 107-108; 권두섭, 2010: 108). 노무공급자 중 누구를 보호할 것인지는 그가 근로자인지 여부를 판단하는 것으로 충분했고, 근로자임에도 불구하고 사용자가 노동법과 사회보험법의 적용을 회피할 경우 형벌 등 공법적 제재를 통해 강제하는 것이 정당화되었다. 그리고 '규제 부재형 비공식 고용'은 있을 수 없고, 만약 존재한다면 그것은 법원이 법률이 정한 근로자 개념을 잘못 적용한 과오에 기인한 것에 불과했다. '규제 미준수형 비공식 고용' 역시 국가의 법 집행의 권위 혹은 형평성을 제고함으로써 해결할 수 있다고 믿었다.

문제는 위와 같은 전통적 방식을 통해 보호 여부를 결정하기 어려운 노무 제공 형태가 나타나면서 발생했다. 한국의 경우 이 형태는 1990년대 중반 이후 본격적으로 출현했다. 이것은 종속적 노동의 모습(근로자적 특징)과 독립적 노동의 모습(자영인적 특징)을 함께 갖고, 학습지판매회사의 교육상담교사, 보험설계사, 골프장 캐디, 레미콘 운전기사 등 금융, 서비스 및 운수산업 종사자 중심으로 나타났다(강성태, 2000b: 35).

종속적인 지위에서 자신의 노동을 제공해 생활을 영위함에도 불구하고, 이들은 판례에 의해 일체의 노동법 및 사회보험법적 보호로부터 배제되었다. 법률 역시 이들을 근로자로 포섭할 것인지 아니면 새로운 제3의 노무공급자 유형을 만들어 보호할 것인지를 결정하지 못했다. 이 점에서 이들은 명확한 입법적 기준에 의해 사각지대에 놓이게 된 또 다른 '규제 부재형 비공식 고용' 유형인 가사사용인과 구별되는 것이다. 결국 이렇게 사법과 입법의 사각지대에 놓이게 됨으로써 기업이 그들을 사용할 경우 얻게 될 경제적 이익이 부각되고, 그 결과 종속적 지위에서 노동을 제공함에도 불구하고 노동법과 사회보험 제도의 사각지대에 놓인 노무공급자의 규모는 확대되었다.

위와 같은 특수한 형태의 노무공급자를 어떻게 부를 것인지에 대한 합의는 아직 이뤄지지 않았다. 노동계와 상당수 노동법 학자들은 '특수한 고용관계'라는 측면을 강조해 '특수고용노동자'라는 용어를 사용하거나(윤애림, 2012: 48-49) '계약근로'(최영호, 2002: 123), '도급적 노무자'(임종률, 2016: 37) 혹은 '특수고용관계'(강성태, 2007: 94)란 용어를 사용한다. 다만, 2003년 노사정위원회에 '특수형태근로자특별위원회'가 만들어지면서 '특수형태근로종사자'라는 용어가 정부, 노사정위원회 및 법률안에서 일반적으로 사용되고, 2007년 개정 산재법과 고용산재보험료징수법에 도입되기에 이르렀다.[3] 따라서 이 글에서는 '특수형태근로종사자'라는 용어를 사용하고자 한다. 다만, 이것이 산재법의 규정에 따라 특수형태근로종사자의 범위를 결정하려는 의도는 아니므로 산재법에서 정한 특수형태근로종사자를 지칭할 경우에는 따로 '산재법상 특수형태근로종사자'란 용어를 사용한다.

이렇듯 '특수형태근로종사자'는 비공식 고용 유형 중에서 '규제 부재형'의 대표적 예이지만, 흔히 특수형태근로종사자로 지칭하는 노무 공급 유형 중 일부는 '규제 미준수형 비공식 고용'에 포함될 수 있다는 점을 주의할 필요가 있다. 근로자로서의 실질을 갖추고 있음에도 불구하고 법원의 오류 혹은 행정력의 미비로 인해 근로자로서 보호받지 못하는 경우가 있을 수 있기 때문이다. 이런 점에서 특수형태근로종사자의 보호 혹은 규율 방안을 마련하는 것은 간단치 않다. 그럼에도, 이들을 근로자의 범위로 포섭하거나 이들에 대해 적절한 보호 입법을 마련함으로써 노동법과 사회보험법을 전면적으로 혹은 부분적으로 적용하기 위

---

3 용어에 관한 설명은 김인재, 2009: 237 각주 1; 조경배, 2005: 155 참조.

한 시도는 이들을 공식 고용으로 전환하는 첫걸음이 될 것이다.

특수형태근로종사자를 어떻게 규율할 것인지는 한국 노사관계에서 중요한 쟁점이었다. 그 이유는 1990년대 중반 이후 그 규모가 급격하게 증가했다는 사회·경제적 현상뿐만 아니라 그것이 인위적인 인력 정책의 결과물이라는 인식 때문이었다. 즉, 특수형태근로종사자의 확대 원인으로서는 서비스 경제의 발전 등 여러 가지를 들 수 있지만, 주요한 원인은 정부가 고용 유연화 정책을 추진하고 기업 역시 강력하게 신자유주의적 구조조정 정책을 수행했다는 점이었다(강성태, 2007: 94; 최영호, 2002: 133). 이러한 구조조정 정책에 의해 기업 외부에서 그 사업에 노무를 제공하면서도 기업과의 관계에서 근로자와 유사한 정도로 인적 또는 경제적 종속성을 가진 사람, 즉 특수형태근로종사자가 다수 나타났다(강성태, 2007: 95).

특수형태근로종사자의 보호 방안과 관련해서는 많은 학설과 입법안이 논의된 바 있다. 이 내용을 크게 구분하면, ① 근로자·자영인의 이분법을 유지하면서 특수형태근로종사자를 근로자에 포함시켜 노동법의 규율 대상으로 삼거나 자영인과 동일하게 민·상법과 경제법을 적용하자는 제안, ② 그리고 근로자와 자영인 사이의 제3의 영역을 신설하자는 제안 등으로 나눌 수 있다(노상헌, 2009a: 523; 윤애림, 2012: 49).

한편, 이와 같은 논의는 2010년대 들어 조금은 주춤한 상황이다. 그 원인으로는 2000년대 중반부터 정부 스스로가 특수형태근로종사자 및 비정규 근로자 보호 입법안을 마련하고 있는 점, 근로빈곤층의 확대와 사회적 양극화에 대한 우려가 확산됨에 따라 기업의 신자유주의적 구조조정 정책에 제동이 걸리면서 특수형태근로종사자의 증가세가 수그러들고 있는 점 등을 들 수 있을 것이다. 또한 2000년대 중반부터 판례가 변화해 특수형태근로종사자 중 일부가 노동법과 사회보험법의 보호를 받고 있다는 점도 원인으로 볼 수 있다.

그런데 이렇게 논의가 주춤한 사이에 특수형태근로종사자의 문제가 해결된 것은 아니다. 2012년 국민권익위원회가 발표한 바와 같이 그들의 고용 불안정, 근로 기준이 없어 기본적 권익을 보호받지 못하는 점, 권익 침해 시 구제 제도의 미비, 사회보험의 제한적 수혜로 인한 개인적 부담 가중 등의 문제점이 누적되고 있고 이것이 관련 산업에도 나쁜 영향을 미치고 있기 때문이다(국민권익위원회, 2012: 10 이하). 이 점에서 특수형태근로종사자에 관한 기존 논의를 되짚고, 현 시점에서 그 해결 방안을 모색하는 작업은 여전히 필요하다.

위에서 설명한 문제 의식에 터 잡아, 이 절(節)에서는 먼저 특수형태근로종사자가 근로자와 자영인의 중간지대에 속하는 노무공급자의 범주이며 전통적인 근로자·자영인의 이분법적 접근으로는 이들에게 합당한 법률적 보호를 제공하기 어렵다는 점을 설명한다(II). 그리고 특수형태근로종사자와 관련된 판례에 대해 살펴본다. 2000년대 중반 이후 특수형태근로종사자에 관한 입법안이 나타난 배경에는 판례의 영향을 무시할 수 없기 때문이다(III). 이를 토대로 특수형태근로종사자의 규율 방식에 대한 세 가지 제안(입법안)을 살펴보고(IV), 그 검토 결과를 바탕으로 특수형태근로종사자의 법적 보호 방안에 관한 과제를 알아본다(V).

II. 특수형태근로종사자의 법적 규율 필요성

1. 특수형태근로와 그 취급 기준의 모호함

특수형태근로종사자를 법률적으로 어떻게 취급할지는 분명하지 않다. 산재법의 규정(예컨대 제125조 제1항) 외에는 특수형태근로종사자의 의의와 범위에 관한 법률 규정도 찾기 어렵다. 현행 노동법에서 특수형태근로종사자는 그 노무 제공 방식의 특수성에도 불구하고 근로자이거나 자영인 둘 중 하나로 취급될 따름이다(이승욱, 2005: 200). 아직까지도 특수형태근로종사자의 법률적 취급 기준은 '모호'하다. 이는 노동법 및 사회보험법의 적용 범위(근로자 개념)와 관련해 어려운 문제를 제기한다. 즉, 입법론적 측면에서 노동법과 사회보험법의 보호 대상을 근로자로 계속 한정할 것인지, 만약 그 대상을 확대한다면 어떤 기준으로 어느 범위까지 확대할 것인지, 보호의 내용을 무엇으로 삼고 어떻게 규정할 것인지 등의 질문뿐만 아니라, 해석론적 측면에서 현재의 근로자성 판단 법리는 적절한가라는 질문을 함께 던지고 있다(강성태, 2010b: 128).

이 문제를 해결하기 위해서는 특수형태근로종사자의 노무 제공 방식이 가지는 '모호함'을 이해할 필요가 있다. 흔히 특수형태근로종사자를 근로자와 자영인의 중간지대(grey zone)에 위치하고 있다고 표현하는데, 이것은 특수형태근로종사자가 근로자로서의 성격과 자영인으로서의 성격을 공유하고 있다는 것을 뜻한다(박제성, 2006: 96; 이승욱, 2005: 199). 즉, 우리가 통칭하는 특수형태근로는 실상 매우 다양한 모습으로 제공되고 있다. 가장 극단에는 근로자와 자영인의 전형적 모습에 속할 수 있는 범주가 있고, 그 사이에는 양쪽이 겹쳐진 범주가 존재하는 것이다.

특수형태근로종사자에 대한 특유한 법률적 규율의 필요성은 그 노무 제공 방식의 특징을 기존의 근로자와 자영인 개념과 비교하고, 그 과정을 통해 양쪽으로 포섭할 수 없는 영역이 존재한다는 사실이 밝혀질 때 인정할 수 있다. 이를 위해서는 특수형태근로가 구체적으로 제공되는 모습을 검토하는 것이 필요하나, 여기에서 이를 다시 상세히 기술할 필요는 없으며 기존의 연구 성과를 참조하는 것으로 충분하다. 예컨대, 이미 2000년대 중반부터 정부의 통계조사에서는 특수형태근로를 "독자적인 사무실, 점포 또는 작업장을 보유하지 않았으면서 비독립적인 형태로 업무를 수행하면서도, 다만 근로 제공의 방법, 근로시간 등을 독자적으로 결정하면서, 개인적으로 모집·판매·배달·운송 등의 업무를 통해 고객을 찾거나 맞이하여 상품이나 서비스를 제공하고 그 일을 한 만큼 소득을 얻는 근무 형태"(경제활동인구 부가조사) 또는 "스스로 고객을 찾거나 맞이하여 상품·서비스를 제공하고 일한 만큼 소득(수수료, 수당 등)을 얻고 근로 제공의 방법이나 근로시간 등은 본인이 독자적으로 결정하는 경우{보험설계사, 학습지 교사, 퀵서비스 배달기사, 레미콘 운전기사, 골프장 경기보조원(캐디), 신용카드 모집인 등}"(사업체근로실태조사)로 정의하고 있었다(이인재 외, 2007: 2, 4).

아래에서는 특수형태근로종사자에 관한 법률적 규율의 필요성을 따지기 위해서, 먼저 노동법 및 사회보험법 영역에서 근로자 개념이 가지는 의미를 되짚어보고 근로자·자영인이라는 이분법의 의미와 특징을 설명한 후 특수형태근로와 관련해서 제안된 대안들에 대해 살펴본다.

2. 근로자와 자영인의 구별

근로자 개념은 노무공급자가 노동법과 사회보험 제도로 들어가는 입구다(강성태, 2004: 543). 어떤 노무공급자가 근로자에 포함된다는 것은 시장 질서(계약 자유의 원칙) 하에 놓인 상품으로서의 지위에서 벗어나고 그 계약관계에 법률이 직접 개입하며 사회적 위험에 집단적으로 대비할 수 있다는 점에서 특별한 의미를 갖는다. 반면에, 자영인으로서의 노무공급자는 사적 자치의 영역에서 활동하고 노동법과 사회보험법의 적용범위에서 제외된다. 자영인은 스스로 자신의 권리를 보호하고 위험에 대비해야 한다(박지순, 2005: 167).

앞에서 언급한 바와 같이 근로자와 자영인이 무엇을 뜻하는지는 특수형태근로종사자의 규율 방안을 검토할 때 중요한 의미를 갖는다. 이는 근로자 또는 자영인이라는 개념이 단지 노동법의 적용 대상을 획정한다는 의미를 넘어서서 사회보험에까지 영향을 미친다는 점에서 그 중요성이 더해진다(박지순, 2005: 163-164). 예컨대 근로자에 포함해야 할 특수형태근로종사자를 사회보험의 적용 범위에서 제외하는 것은, 그것이 법률에 의하든 혹은 판결에 의하든, 사회보장 재정에 나쁜 영향을 미친다. 왜냐하면 이 경우 사회보험료 납부 의무를 부담해야 할 사용자는 그 의무를 면제받고, 반면에 사회적 위험에 미처 대비하지 못한 특수형태근로종사자가 공공부조의 도움을 받을 경우 그 부담은 사회 전체가 지기 때문이다(이경희, 2013: 58). 나아가 이것은 특수형태근로종사자를 사용하는 기업이 근로자를 사용하는 기업에 비해 시장에서 더 나은 경쟁력을 가지도록 하고, 결국 후자가 시장에서 도태되는 결과를 초래한다. 반면에 자영인으로 취급해야 할 특수형태근로종사자를 노동법과 사회보험의 적용 범위에 포함시킬 경우 그것은 그들을 사용하는 기업에 부당한 부담을 지우고, 시장의 수요 공급 원칙에 의해 정해져야 하는 용역의 가격 결정 시스템을 왜곡하는 결과를 초래한다.

노동법은 근로자 개념을 추상적으로 규정하고 있다(이승욱, 2006: 187). 예컨대 근로자를, 근로기준법 제2조 제1항 제1호는 "직업의 종류와 관계없이 임금을 목적으로 사업이나 사업장에 근로를 제공하는 자"로, 노동조합법 제2조 제1호는 "직업의 종류를 불문하고 임금·급료 기타 이에 준하는 수입에 의하여 생활하는 자"로 규정한다. 이 규정만으로는 어떤 노무공급자의 근로자성 여부가 문제될 경우, 그 판단에 필요한 적절한 기준을 찾기 어렵다.

이 추상적 규정 내용을 구체화하고 누구에게 노동법과 사회보험법을 적용받을 자격을 줄 것인지를 결정하는 것은 법원의 권한이다(이승욱, 2006: 187). 그리고 법원은 전통적으로 노무공급자의 근로자성 여부를 판단할 때에는 노무 공급 계약의 형식이 아니라 그 실질적인 공급 관계가 사용종속성을 띠고 있는지를 검토했다(박종희, 2003: 76).[4] 뒤에서 상세히 설명하겠지만, 이러한 판례 법리를 간략하게 요약하자면, 법원은 사용종속 관계의 존재 여부에 따라 근로자성을 판단하고(인적 종속성), 사용종속 관계의 존재 여부는 계약의 형식이나 명칭이 아니라 노무 공급 관계의 실질에 따라 정하며(실질적 판단), 노무 공급 관계의 실질은 그것을 둘러싼 제반 요소를 종합적으로 고려해 판단한다(종합적 고려)고 말할 수 있다(강성태, 2000b: 39).

자영인에 대한 법적 정의 규정은 없다. 법원 역시 자영인의 개념을 명확하게 판시한 바 없다. 다만 구체적 사건에서 어떤 노무공급자의 근로자로서의 지위가 부정되면, 자연스럽게 해당 당사자는 자영인으로서의 지위를 인정받는다. 이 점에서 자영인은 잔여적 개념이라고 말할 수 있다(이승욱, 2005: 200). 자영인의 전형적인 모습은 근로자성 여부가 다퉈진 판례로부터 추출할 수 있다. 즉, 법원이 자영인의 판단 기준을 명시적으로 밝힌 바는 없지만, 근로자성에 관한 판결 내용을 고려할 때 그 기준선은 노동법에 의한 보호 필요성, 즉 '현실적으로 근로를 제공하는 자에 대해 국가의 관리·감독에 의한 직접적인 보호의 필요성'이 없는

4 예컨대 근로자성 여부가 다퉈진 초기 판례로서 한국전력주식회사의 위탁수금원에 대해 '종속적인 관계에 있다고 할 수 없다'는 이유로 노동조합법 및 근로기준법상 근로자성을 부정하거나(대법원 1970. 7. 21. 선고 69누152 판결, 1978. 7. 25. 선고 78다510 판결) 도급제 근로자에 관해 '도급계약의 형식을 빌려 근로를 제공하였다 하더라도 그 근로 형태가 사용자와의 사이에 사용종속 관계를 유지하면서 도급인의 사업장에서 특정한 노무 제공만을 하는 것'이라는 이유로 근로기준법상 근로자로 인정한 것(대법원 1987. 5. 26. 선고 87도604 판결, 1991. 10. 25. 선고 91도1685 판결), 고등학교 졸업예정자인 실습생에 대해 '사용종속 관계가 있음이 인정된다'고 하며 근로기준법상 근로자에 해당한다고 판시한 것(대법원 1987. 6. 9. 선고 86다카2920 판결), 전공의에 대해 '병원측의 지휘감독 아래 노무를 제공함으로써 피고와의 사이에는 실질적인 사용, 종속관계가 있다'는 이유로 근로기준법상 근로자성을 인정한 경우(대법원 1991. 11. 8. 선고 91다27730 판결) 등이 그 예다.

자라고 할 수 있다(이승욱, 2005: 201).[5] 그리고 자영인은 근로자와 대비되는 개념으로서 "사용종속 관계 없이 독립적으로 노무를 제공하는 자"(박지순, 2006: 242), "비종속적 지위에서 경제 활동을 하는 자"(박종희, 2003: 124) 또는 "인적 종속성(사용종속성) 없이 독자적인 계획과 구상에 따라 계약 목적을 실현하는 자"(박지순, 2005: 169-170)라고 정의하거나 '독립성을 갖춘 노무공급자'라고 줄여 표현할 수 있다. 한편, 이른바 소사장(小社長)의 근로자성 여부가 문제된 사안에서 법원이 간접적으로 표현하고 있는 자영인의 모습을 고려할 때,[6] 자영인이란 근로자에 비해 상대적으로 소득이 많고, "사업계획·손익계산·위험 부담 등의 주체로서 사업 운영에 독자성을 가지고 강행법규에 의한 보호의 필요성이 없는 자"(이승욱, 2005: 201-202)라고도 말할 수 있다.

3. 이분법적 구분에 대한 대안의 필요성

위와 같은 근로자·자영인의 이분법적 구분은 1990년대 이후 한국 노동시장의 변화를 제대로 규율하지 못하고 있다(박지순, 2005: 171; 김형배, 2015: 1329). 오늘날 한국 노동시장의 전형적인 근로자와 자영인 사이에는 양쪽 지대로 포섭하기 어려운 영역, 이른바 특수형태근로종사자라는 범주가 분명히 존재하고 그 규모 역시 적지 않다.[7] 따라서 특수형태근로종사자에 관한 법적 과제는 이들을 어떻게 규율할 것인지, 그 규율 방안의 구체적 모습을 어떻게 마련할 것인지에 관한 것으로 귀결된

5 대법원 2004. 2. 27. 선고 2001두8568 판결.

6 대법원 1995. 6. 30. 선고 94도2122 판결, 2004. 3. 11. 선고 2004두916 판결.

7 특수형태근로종사자의 현황에 관한 공식적인 통계는 없으나, 정부는 2010년 말 기준으로 약 115만 명으로 추산하고 2020년에는 약 129만 명으로 증가할 것으로 예측하고 있다. 노동계는 현재 39개 업종에 약 250만 명이 종사하는 것으로 추산하고 있다(국민권익위원회, 2012: 6-7).

다. 이러한 과제에 대한 대답은 크게 세 가지 대안으로 나타난다.

첫째, 특수형태근로종사자는 근로자와 자영인의 중간 영역에 속한다고 본다. 특수형태근로종사자는 전통적인 근로자에 비해 인적 종속성이 완화된 형태로 노무를 제공한다는 특성을 가지고 있다. 즉, 근로자와 특수형태근로종사자의 구별은 인적 종속성의 '정도 또는 크기'에 달려 있는 것이지, 인적 종속성과 인적 자주성을 일도양단(一刀兩斷)해 적용할 수는 없다(김인재, 2009: 238). 다만, 특수형태근로종사자에게 노무 제공이 자신과 가족의 생계에 필요불가결한 기초가 된다는 것은 근로자와 유사하다. 요컨대 경제적 의존성이라는 관점에서 근로자와 특수형태근로종사자는 양적·질적으로 비슷하지만, 인적 종속성 면에서는 양적인 차이가 있다고 말할 수 있다(이승욱, 2006: 196-197).

위와 같은 견해에 따르면, 그 보호 방안은 원칙적으로 새로운 입법을 통해 근로자와 자영인 사이에 제3의 법적 규율 영역을 만드는 방식으로 이뤄져야 한다.

둘째, 그런데 현재 나타나고 있는 특수형태근로종사자의 모습을 이렇게 단순하게만 바라볼 수는 없다. 왜냐하면, 앞에서 설명한 바와 같이 1990년대 이후 특수형태근로종사자가 확대된 주요한 원인이 기업의 구조조정 정책이라는 점을 고려해야 하기 때문이다. 특히 한국의 경우 기존에 정규직이 행하던 업무가 구조조정 과정에서 강제 또는 반강제적으로 근로자들로 하여금 사업자등록을 하도록 하는 방식에 의해 특수형태근로화(化)되는 상황, 즉 '위장 자영인'의 문제가 내재하고 있다는 점을 감안해야 한다. '위장 자영인'이란 실질적으로 근로자성의 중요한 판단 기준인 인적 종속성이 존재하지만 판단 기준의 불명확성과 유동적 성격으로 인해 근로자로 인정받지 못하는 경우를 뜻한다.[8] 이러한 문제 상황

8 위장 자영인은 실질적으로는 근로자이지만 사용자가 우월적 지위를 이용해 근로계약이 아닌

을 중요하게 바라보는 입장은 위장 자영인을 근로자로 재규정하는 원칙을 확립하고 이를 보장하는 법적 장치를 마련하는 것을 우선 과제로 파악하게 된다(조경배, 2005: 153, 157-158).

이 입장에서는 근로자 개념을 입법적으로 재규정하는 것뿐만 아니라 법원의 해석 기준 역시 중요한 검토 대상이 된다. 왜냐하면, 위장 자영인은 일반적으로 자율적인 근로자와 종속적인 자영인의 경계에 위치하고, 그 사이의 경계를 절대적으로 명확하게 규정하는 것은 불가능에 가깝기 때문이다. 결국 그 최종적인 수단은 실질적인 종속 상태를 나타내는 여러 요소를 종합적으로 고려해서 판단하는 기술을 사용할 수밖에 없고, 그 판단 절차는 법관에 의존하게 된다(강성태, 2007: 112; 박수근, 2002; 조경배, 2005: 158).[9]

셋째, 특수형태근로종사자가 가지고 있는 자영인으로서의 성격에 주목하는 입장이 있다. 이 견해는 특수형태근로종사자의 노동법적 지위를 원칙적으로 부정하고, 이들에 대해서는 경제법 등을 통한 보호 방안을 마련할 것을 주장한다. 특히 경영계는 경제적 종속성이 있다는 이유만으로 특수형태근로종사자를 근로자로 취급하거나 근로자 범위를 확대하는 것은 노동법 체계에 혼란을 일으키며 사용자에게 추가 비용을 발생시켜 새로운 산업의 발전 및 기존 산업의 축소를 야기한다고 주장한다(경제단체협의회, 2000: 9).

도급이나 위임계약을 체결함으로써 형성된다. 업무 수행 과정에서도 구체적이고 직접적인 통제 방식 대신에 포괄적이고 간접적인 통제 방식으로 전환한다. 이 때문에 지휘·명령의 구속성이라는 전통적인 표지를 중시하는 근로자성 판단 방식은 업무 수행의 자율성이라는 측면에서 차이가 나지 않는 '자율성을 가진 근로자'와 '경제적으로 종속되어 있는 자영인'을 가려내는 기준으로 작동하기 어렵게 된다. 그 결과 근로자이면서도 노동법적 보호로부터 배제당할 위험성이 상존한다.

9 이 입장이 새로운 제3의 입법이 필요하다는 점을 거부하는 것은 아니다. 즉, 위장 자영인이 아니지만 사회·경제적 조건이 근로자와 거의 다를 바 없어 노동법 및 사회보험법적 보호가 필요한 사람에게 적절한 보호를 하는 것은 필요하다고 보기 때문이다(조경배, 2005: 188).

한편, 이러한 경영계의 논거와는 다른 관점에서 특수형태근로종사자에 대한 보호 입법이 마련될 때까지 단계적 조치로서 경제법적 보호 방안이 필요하다는 견해도 있다(김재훈, 2002: 161).[10]

Ⅲ. 특수형태근로종사자의 근로자성에 대한 판례 법리

1. 판례 법리의 분석 필요성

한국에서 특수형태근로종사자를 근로자에 포함시킬지, 아니면 이들을 노동법과 사회보험법으로부터 완전히 배제할지 혹은 부분적으로 보호할지를 논의할 때에는 근로자성 판단 방법과 관련한 보편성과 한국적 특성을 함께 고려해야 한다.

'보편성'이란, 근로자의 범위 혹은 그 한계는 법률 규정에 기초해 개별 사건에서 법원이 내리는 유동적이고 산발적인 판단에 기초할 수밖에 없다는 뜻이다. 즉, 특수형태근로종사자의 문제는 근로자 개념에 대한 재정립에 의해서도 일정 정도 해결할 수 있지만, 근로자 개념 자체가 유형적이기 때문에 그 판단 과정에서 법원의 역할은 매우 중요하다(강성태, 2007: 95).

'한국적 특성'이란, 한국 법원이 근로자성 판단 기준을 스스로 변경하면서 때로는 근로자의 인정 범위를 축소하고 때로는 확대하는 과정을 거쳤다는 점을 무시해서는 안 된다는 뜻이다. 판례의 변경이란 항상 일어나는 현상이긴 하지만, 1990년대 이후 한국 판례의 변화는 고용 유연

---

10 2006년 6월 관련 정부 부처로 구성된 특수형태근로종사자대책위원회(위원장 : 노동부 장관)가 마련한 특수형태근로종사자 보호 대책도 비슷한 취지에서 산재법의 확대 적용 및 경제법적 보호 방안을 제시했다(관계부처합동, 2006: 4).

화 정책의 주요한 추진력이 되었다는 점이 특징이다.[11] 앞에서 잠깐 언급했듯이 특수형태근로종사자에 대한 입법적 규율 방안이 시작된 배경에는, 새로운 형태의 노무 제공 방식이 나타난 사회·경제적 현실만이 아니라, 그 대부분을 근로자가 아니라고 본 판례에 대한 비판적 시각이 존재한다. 이로 인해 한국에서는 해석론에 의해 근로자 판단 방식을 재정립하는 방안뿐만 아니라 입법을 통해 근로자 개념을 확대하기 위한 방안을 추가하게 된다(강성태, 2007: 95; 이승욱, 2005: 258).

이러한 점을 고려할 때 법원이 특수형태근로종사자를 근로자 범위에 포함시켰는지 여부, 구체적 사건에서 법원이 어떤 기준을 이용해 판단하는지, 이러한 기준은 어떻게 변화했는지를 살펴보는 것은 특수형태근로종사자에 관한 입법안을 검토하는 토대로서 필요하다. 또한 이러한 작업은 입법안과 학설의 논의 배경을 이해하는 데도 도움이 될 것이다.

2. 특수형태근로종사자의 근로기준법상 근로자성 관련 판례 법리

특수형태근로종사자가 근로기준법상 근로자에 포함되는지에 관한 판례의 변화 모습은 크게 세 기간으로 구분할 수 있다(강성태, 2007: 100; 박제성, 2011b: 403-404). 그 기준이 되는 판결은 대법원 1994. 12. 9. 선고 94다22859 판결(이하 '1994년 판결'이라 한다)과 대법원 2006. 12. 7. 선고 2004다29736 판결(이하 '2006년 판결'이라 한다)이다.

1990년대 초 전형적인 근로계약의 모습을 띠지 않고 노무 제공이 이뤄진 사안에서 그 노무공급자의 근로자성이 문제되었을 때, 법원은 노무 제공의 실질적인 모습이 사용종속성을 띠고 있는지에 따라 근로자성

11 이 점에서 이 시기의 대법원을 '사회적 양극화의 법적 전위(前衛)'라고 비유하기도 한다(박제성, 2006: 95).

여부를 판단했다. 계약 체결의 근거가 예산회계법에 의한 학술용역계약임에도 불구하고 실질적으로 종속적인 관계에서 근로를 제공한 것으로 보아 근로기준법상 근로자성을 인정한 것이나,[12] 한국방송공사의 시청료징수원의 근로기준법상 근로자성을 인정한 것[13] 등이 그 예다.

특히 위 시청료징수원 사건에서 법원은 사용자의 지휘·명령권에 관해 "[근로자의] 업무 처리상의 독자성이 인정되는 것은 그 담당 업무의 특수성 때문에 그러한 것이지 이것만 가지고 사용자의 지휘, 감독과 통제로부터 벗어난 것이라고 할 수 없[다]"라고 판시함으로써 노무 제공 형태에 따라 지휘·명령권의 존부를 탄력적으로 파악해야 한다고 지적했다. 보수와 관련해서도 "기본급이나 고정급이 없이 징수한 시청료에 대한 일정 비율의 금액만을 수수료 명목으로 지급받아 왔다 하더라도 그것이 전체 근로에 대한 대가로서 지급된 것임이 명백한 이상 그 임금으로서의 성격(일종의 성과급 또는 능률급)이 부정되는 것은 아니[다]"라고 판시하며 같은 태도를 유지했다.

이와 같은 1990년대 초 판례 법리는 실무가들의 근로자 개념에 관한 연구 결과에 기초한 것으로 추측된다. 예컨대, 1979년 발간된 「사법연구자료」 제6집에 게재된 "근로기준법상 근로자의 범위"란 논문은 지휘·명령의 존부의 판단 기준에 관해 "그의 지휘명령이라는 것은 근로의 수행에 있어서 구체적으로 개개의 지시를 받는 것을 요하는 것은 아니다. 어느 정도 작업의 수행에 대한 판단이 맡겨져 있더라도 근로시간이 정해지고 작업 수행에 대하여 포괄적으로 하라는 일정한 지시가 행해지고 있을 때에는 물론 근로 제공 관계라고 할 수 있다."고 설명하고 있었다(홍기배, 1979: 114).

---

12 대법원 1991. 12. 13. 선고 91다24250 판결.

13 대법원 1993. 2. 9. 선고 91다21381 판결.

그런데 위와 같은 1990년대 초 판례 법리는 곧 변화하게 된다. 1994년 판결에서 법원은 근로자성의 판단은 실질적으로 종속적인 관계에서 사용자에게 근로를 제공하는지 여부에 따라 판단해야 한다는 기존 법리의 골격을 유지하면서도, 관련 요소의 검토 단계에서 종전 입장을 변경해 지휘·명령과 관련해서는 "사용자로부터 구체적, 개별적인 지휘·감독을 받는지 여부", 보수와 관련해서는 "기본급이나 고정급이 정해져 있는지 여부", "근로소득세의 원청징수 여부" 등과 같은 엄격한 기준을 제시했다.[14] 이렇게 엄격한 인적 종속 기준에 입각한 근로자성 판단 방식은 근로자성 인정을 위한 적극적인 기준을 제시한 후 이를 충족하지 못하면 노동법과 사회보험법의 적용을 모두 배제한다는 특징을 가지고 있었다(조경배, 2005: 159).

2000년대 초반까지 대법원은 특수형태근로종사자의 근로자성이 다퉈진 사건에서 1994년 판결 법리를 이용해 일관되게 그 근로자성을 부정했다(강성태, 2007: 102; 이승욱, 2006: 188; 최영호, 2002: 152). 학습지판매회사 교육상담교사, 골프장 캐디, 보험설계사, 레미콘 차주 겸 운전기사, 지입차주, 중기 지입차주 겸 운전사, 양복점 재봉공, 방문판매회사

14 이 판결의 주요한 판시 내용은 다음과 같다. "근로기준법상의 근로자에 해당하는지 여부를 판단함에 있어서는 그 계약의 형식이 민법상의 고용계약인지 또는 도급계약인지에 관계없이 그 실질에 있어 근로자가 사업 또는 사업장에 임금을 목적으로 종속적인 관계에서 사용자에게 근로를 제공하였는지 여부에 따라 판단하여야 할 것이고, 위에서 말하는 종속적인 관계가 있는지 여부를 판단함에 있어서는, 업무의 내용이 사용자에 의하여 정하여지고 취업규칙 또는 복무(인사)규정 등의 적용을 받으며 업무 수행 과정에 있어서도 사용자로부터 구체적, 개별적인 지휘·감독을 받는지 여부, 사용자에 의하여 근무시간과 근무 장소가 지정되고 이에 구속을 받는지 여부, 근로자 스스로가 제3자를 고용하여 업무를 대행케 하는 등 업무의 대체성 유무, 비품, 원자재나 작업도구 등의 소유관계, 보수의 성격이 근로 자체의 대상적 성격이 있는지 여부와 기본급이나 고정급이 정하여져 있는지 여부 및 근로소득세의 원천징수 여부 등 보수에 관한 사항, 근로 제공 관계의 계속성과 사용자에의 전속성의 유무와 정도, 사회보장 제도에 관한 법령 등 다른 법령에 의하여 근로자로서의 지위를 인정받는지 여부, 양 당사자의 경제·사회적 조건 등을 종합적으로 고려하여 판단하여야 할 것이다."

의 판매대리인 등에 관한 사건이 그 예다(강성태, 2007: 103-104; 최은배, 2007: 536-539).[15] 그 주된 근거는 특수형태근로종사자에게는 근로자로 볼 수 있을 정도의 인적 종속성이 없다는 것이었다(이승욱, 2006: 188).

물론 이 기간 중에도 근로자성을 긍정한 판결이 있긴 하나, 그것은 회사가 갑종근로소득세를 원천징수해 세무관서에 납부한 사안이거나 사업소득세를 공제한 사실이 없는 경우, 근로약정서를 체결하고 회사를 사업장으로 하는 국민연금과 의료보험조합에 가입한 사안 또는 사용자에 의한 지휘·명령권의 행사가 뚜렷하게 드러나고 시간외수당 등이 지급된 경우 등과 같이 예외적으로 형식적 징표가 명확히 드러난 사건들이었다.[16] 역설적인 얘기이지만, 이러한 판례를 통해 이 기간 동안 특수형태근로종사자의 근로자성 여부에 관한 예측 가능성은 확실히 확보되었다. 이 점에서 그들의 근로자성에 관해서는 대법원의 정책적 판단이 이미 전제되었다는 의심을 배제할 수 없었다(이승욱, 2006: 189).

판례 법리는 2006년 판결에서 변화를 겪는다. 1994년 판결에 대해 거의 모든 학설은 사용자의 지휘·감독 여부에 대한 지나친 강조, 전통적인 근로자 상(像)에 집착하고 있는 점, 고려 요소 상호간의 관계 및 상대적 중요성에 대한 기준의 결여, 고려 요소들에 대한 형식적 평가 등의 이유를 들어 비판했다(강성태, 2000b: 45-48; 박수근, 2002: 39; 윤애림, 2012: 57; 이승욱, 2006: 187). 대법원은 2006년 판결을 통해 그러한 비판

---

15 본문에 열거된 순서에 따라 대법원 1996. 4. 26. 선고 95다20348 판결; 대법원 1996. 7. 30. 선고 95누13432 판결; 대법원 2000. 1. 28. 선고 98두9219 판결; 대법원 1995. 6. 30. 선고 94도2122 판결, 1997. 2. 14. 선고 96누1795 판결, 2003. 1. 10. 선고 2002다57959 판결; 대법원 1996. 11. 29. 선고 96누11181 판결; 대법원 1997. 12. 26. 선고 97누16534 판결, 1998. 5. 8. 선고 98다6084 판결; 대법원 2001. 8. 21. 선고 2001도2778 판결; 대법원 2002. 7. 12. 선고 2001도5995 판결.

16 본문에 열거된 순서에 따라 대법원 1997. 12. 26. 선고 97다17575 판결; 대법원 2000. 1. 18. 선고 99다48986 판결; 대법원 2001. 6. 26. 선고 99다5484 판결; 대법원 2002. 7. 26. 선고 2000다27671 판결.

을 수용하고 근로자성에 관한 판례 법리를 부분적으로 변경했다. 다만, 이러한 판례 변화가 2006년 판결에서 돌연히 일어난 것이 아니라 2000년대 초반부터 부분적으로 그 조짐이 나타났다는 점을 주의할 필요가 있다.[17]

2006년 판결에서 법원은 사용종속 관계의 판단 요소에 "노무제공자가 스스로 비품·원자재나 작업도구 등을 소유하거나 제3자를 고용하여 업무를 대행케 하는 등 독립하여 자신의 계산으로 사업을 영위할 수 있는지, 노무 제공을 통한 이윤의 창출과 손실의 초래 등 위험을 스스로 안고 있는지"란 요소를 추가하고, "구체적이고 직접적인 지휘·감독을 받는지 여부"란 요소를 "사용자가 상당한 지휘·감독을 하는지"로 대체했다. 그리고 종합적 고려에 의한 판단 방식을 유지하면서도 "다만, 기본급이나 고정급이 정하여졌는지, 근로소득세를 원천징수했는지, 사회보장 제도에 관하여 근로자로 인정받는지 등의 사정은 사용자가 경제적으로 우월한 지위를 이용하여 임의로 정할 여지가 크다는 점에서 그러한 점들이 인정되지 않는다는 것만으로 근로자성을 쉽게 부정하여서는 안 된다."는 점을 부가했다.[18]

---

17 예컨대 이삿짐센터의 이삿짐 운반용 트럭 운전기사에 관한 대법원 2001. 2. 9. 선고 2000다57498 판결에서 "근로자에 관한 여러 징표 중 근로조건 등에 관한 일부 사정이 결여되었다고 하여 그러한 사유만으로 산업재해보상보험법 및 근로기준법상의 근로자가 아니라고 할 수는 없다."고, 광고영업사원에 관한 대법원 2001. 6. 26. 선고 99다5484 판결에서는 "사용종속성의 판단에 있어서는 노동관계법에 의한 보호필요성도 고려하여야 한다."고 판시한 바 있다. 그리고 오토바이 택배 배달원에 관한 대법원 2004. 3. 26. 선고 2003두13939 판결은 이러한 판례를 종합해 "사용종속성의 판단에 있어서는 노동관계법에 의한 보호필요성도 고려하여야 하며(대법원 2001. 6. 26. 선고 99다5484 판결 참조), 전체적으로 보아 임금을 목적으로 종속적 관계에서 사용자에게 근로를 제공하였다고 인정하는 이상, 근로자에 관한 여러 징표 중 근로조건에 관한 일부의 사정이 결여되었다고 하여 그러한 사유만으로 근로기준법상의 근로자가 아니라고 할 수는 없다"(대법원 2001. 2. 9. 선고 2000다57498 판결 참조)라고 판시한 바 있다.

18 2006년 판결의 주요한 판시 내용은 다음과 같다. "근로기준법상의 근로자에 해당하는지 여부

2006년 판결에서 법원은 근로자성에 관한 종합적 판단 방법을 유지하면서도 새로운 노무 제공 실태에 대응해 근로자성 판단 기준을 유연화하고, 그 판단 요소들을 핵심적 징표와 부차적 징표로 구별했으며, 경제적 종속성과 조직적 종속성을 고려하고 성과급 보수를 보는 관점을 유연화했다(박순영, 2010: 768-771). 이를 통해 법원은 근로자성 판단에서 고려하는 요소들에 대한 실질적 평가를 다시 시도할 수 있게 되었다.[19] 그리고 지휘·명령권의 존재 및 보수의 근로대상성에 관해 탄력적 기준을 제시한 점, 세금과 사회보험 등과 관련된 요소에 대한 종전 평가 방법으로의 복원이라는 측면에서 1994년 판결 이전의 판례 법리로 회

는 계약의 형식이 고용계약인지 도급계약인지보다 그 실질에 있어 근로자가 사업 또는 사업장에 임금을 목적으로 종속적인 관계에서 사용자에게 근로를 제공하였는지 여부에 따라 판단하여야 하고, 위에서 말하는 종속적인 관계가 있는지 여부는 업무 내용을 사용자가 정하고 취업규칙 또는 복무(인사)규정 등의 적용을 받으며 업무 수행 과정에서 사용자가 상당한 지휘·감독을 하는지, 사용자가 근무시간과 근무 장소를 지정하고 근로자가 이에 구속을 받는지, 노무제공자가 스스로 비품·원자재나 작업도구 등을 소유하거나 제3자를 고용하여 업무를 대행케 하는 등 독립하여 자신의 계산으로 사업을 영위할 수 있는지, 노무 제공을 통한 이윤의 창출과 손실의 초래 등 위험을 스스로 안고 있는지와 보수의 성격이 근로 자체의 대상적 성격인지, 기본급이나 고정급이 정하여졌는지 및 근로소득세의 원천징수 여부 등 보수에 관한 사항, 근로 제공 관계의 계속성과 사용자에 대한 전속성의 유무와 그 정도, 사회보장제도에 관한 법령에서 근로자로서 지위를 인정받는지 등의 경제적·사회적 여러 조건을 종합하여 판단하여야 한다(대법원 1994. 12. 9. 선고 94다22859 판결 등 참조). 다만, 기본급이나 고정급이 정하여졌는지, 근로소득세를 원천징수하였는지, 사회보장 제도에 관하여 근로자로 인정받는지 등의 사정은 사용자가 경제적으로 우월한 지위를 이용하여 임의로 정할 여지가 크다는 점에서 그러한 점들이 인정되지 않는다는 것만으로 근로자성을 쉽게 부정하여서는 안 된다."

19 2006년 판결에 대해 박제성 박사는 다음과 같이 평가했다. "보다 큰 의미는 평석 대상 판결이 근로자성 판단의 제지표는 긍정의 방향과 부정의 방향 양 방향 모두에서 동일한 가치를 갖는 것은 아니라는 점을 일깨워주고 있다는 데 있다. 곧 근로자성 판단 지표는 긍정의 방향에서는 근로자성을 드러내는 적극적 가치를 가지며, 부정의 방향에서는 근로자성을 드러내지 못하는 소극적 가치만을 가질 뿐이라는 것이다. [⋯] 비유적으로 말하자면, 싹이 올라왔을 때에는 땅 속에 씨앗이 있음을 알 수 있지만, 싹이 올라오지 않았다고 해서 땅 속에 씨앗이 없다고 말할 수는 없는 것과 같은 이치이다"(박제성, 2007: 73-74).

귀했다고 말할 수 있는 점도 있다.[20] 2006년 판결 법리는 이후 선례로서 정착되었다.[21]

3. 특수형태근로종사자의 노동조합법상 근로자성 관련 판례 법리

특수형태근로종사자의 노동조합법상 지위를 살펴보기 위해서는 먼저 노동조합법상 근로자 개념이 근로기준법상 근로자 개념과 구별되는지를 검토해야 한다. 만약 전자가 후자와 다르고 그 범위가 더 넓다면, 특수형태근로종사자가 노동조합법상 근로자에 포함될 가능성이 더 높아지기 때문이다(박종희, 2003: 124).

법원은 노동조합법상 근로자 여부를 판단할 때에도 원칙적으로, 사용종속 관계에서 근로를 제공하는지 여부를 따지는 방식을 유지한다. 예컨대 한전 위탁수금원의 노동조합법상 근로자성 여부가 문제된 대법원 1970. 7. 21. 선고 69누152 판결에서 법원은 한전과 위탁수금원의 관계는 ① 수금 업무 그 자체보다는 수금의 실적 즉 일의 완성된 결과 자체에 중점이 있고, ② 노무공급자의 재량이나 독립성이 저해될 만한 회사의 어떠한 지휘·감독도 게재된 바가 없다는 점을 지적하며 "종속적

20 이는 전문의를 근로기준법상 근로자로 본 대법원 1989. 7. 11. 선고 88다카21296 판결 내용을 2006년 판결 내용과 비교해볼 때 분명하게 드러난다. 1989년 판결에서 대법원은 "근로자에게 지급되는 금품에 대하여 갑종근로소득세가 원천징수된다고 하여 반드시 이를 임금이라 단정할 수 없음은 논지가 지적한 바와 같으나, 부수적으로 급여소득세 등의 원천징수 의무는 그 급여의 임금성의 유무를 판단하는 하나의 자료는 될 수 있다."고 판시했다. 즉, 박제성 박사의 비유에 의하자면 1989년 판결에서 법원은 '싹이 올라왔을 때에는 땅 속에 씨앗이 있음을 알 수 있다'는 점을 지적한 것이다.

21 대법원 2007. 1. 25. 선고 2005두8436 판결, 2007. 3. 29. 선고 2005두13018,13025 판결, 2010. 4. 15. 선고 2009다99396 판결, 2011. 6. 9. 선고 2009두9062 판결, 2011. 7. 14. 선고 2009다37923 판결, 2013. 6. 27. 선고 2011다44276 판결, 2014. 2. 13. 선고 2011다78804 판결, 2014. 7. 24. 선고 2012두16442 판결, 2014. 11. 13. 선고 2013다77805 판결, 2015. 7. 9. 선고 2012다20550 판결.

인 관계에 있다고 할 수 없다"는 이유로 노동조합법상 근로자에 해당하지 않는다고 판시했다.[22] 같은 취지에서 대법원 1992. 5. 26. 선고 90누9438 판결은 서울건해산물주식회사의 하역작업종사자와 회사 사이에 종속적인 관계가 없다는 이유를 들어 노동조합법상 근로자성을 부정했다.

한편, 1990년대에 특수형태근로종사자의 노동조합법상 근로자성 여부가 문제된 최초의 사건은 골프장 캐디에 관한 것이다. 이와 관련된 대법원 1993. 5. 25. 선고 90누1731 판결에서 법원은 캐디 피를 "노동조합법 제4조 소정의 "기타 이에 준하는 수입"으로 못 볼 바도 아니라고 보여지는 점"을 지적하며 골프장 캐디의 노동조합법상 근로자성을 인정했다.

이 판결 역시 실무가들의 근로자 개념에 관한 이전 연구 결과에 기초한 것으로 추측된다. 예컨대 1987년 발간된 「재판자료」 제39집에 게재된 "근로기준법상의 근로자와 사용자의 범위"란 논문에서는 임금을 목적으로 근로를 제공한다는 점과 관련해 "음식점·술집 등 유흥업소에서 사업주로부터는 따로이 보수를 받지 아니하고 손님으로부터 이른바 팁만을 받는 접객부의 경우에, 원래 팁 자체는 임금이라 할 수 없으나, 손님이 사업주에게 지급하고 그 사업주가 다시 접객부에게 지급할 것으로서 편의상 손님으로부터 직접 접객부에게 지급되는 것이 용인되어 있을 때에는 그 팁 자체는 근로의 대상으로서 임금이라 할 수 있을 것이다. 골프장에서 골퍼들의 시중을 들고 골퍼로부터 팁을 받는 이른바 캐디

22 그리고 그 종속성을 부정하는 근거로서 "(1) 그 임명에 있어서 특별한 자격 요건이 요구되지 않으며, (2) 매월 담당 수금액의 70퍼센트 이상에 달하는 수금 실적이 있을 때 그 금액에 따라 일정한 비율에 의한 수수료 명목의 보수가 지급될 뿐 기본급 내지 고정급이 따로 없으며, (3) 수금한 돈은 매일 참가인 회사에 입금케 되어 있으나 그 결산은 기말에 이르러 비로소 행하게 되며, (4) 부업의 경영이 허용되어 대부분이 이를 경영하고 있는 실정이며, (5) 근무일수나 시간 제한이 전혀 없고, (6) 수금 방법과 그 과정에 관하여는 아무런 직접적·구체적 지휘·감독도 받음이 없다."란 사정을 들고 있다.

(Caddie)의 경우도 마찬가지이다."라고 설명했다(이홍철, 1987: 13-14). 학설 역시 "기본적으로는 종속노동론에 따라 사용종속성을 판단하되, 비전형적인 고용관계의 경우나 고용 실태의 변화에 따라 새롭게 등장하는 새로운 영역의 근로관계에서는 실태에 적합한 보완적인 기준이 고려되어야 한다."는 취지에서 지휘·명령 및 보수의 근로대상성에 대해 탄력적 기준을 제시한 위 판결을 지지했다(김유성, 1993: 15).

위 판결 이후 선고된 근로기준법상 근로자 개념에 관한 1994년 판결이 노동조합법상 근로자 개념에 관한 판례 법리에 어떤 영향을 미쳤는지는 확실하지 않다. 다만, 분명한 것은 1994년 판결이 그 후 노동조합법상 근로자성 여부가 문제된 사건에서 선례로 인용되지는 않았다는 점이다. 예컨대 1994년 판결 이후 특수형태근로종사자의 노동조합법상 근로자성 여부가 문제된 것으로는, 레미콘 차주 겸 운송기사에 관한 대법원 2006. 5. 11. 선고 2005다20910 판결과 2006. 10. 13. 선고 2005다64385 판결이 있는데, 여기에서 법원은 1994년 판결을 참조 판례로 들고 있지 않다. 위 판결에서 법원은 1994년 판결에서 열거한 요소에 대한 언급 없이, 골프장 캐디에 관한 대법원 1993. 5. 25. 선고 90누1731 판결을 참조 판례로 들고, 노동조합법상 근로자성 여부를 판단하는 기준으로서 "근로자란 타인과의 사용종속 관계 하에서 노무에 종사하고 그 대가로 임금을 받아 생활하는 자를 말한다고 할 것이고, 그 사용종속 관계는 당해 노무공급계약의 형태가 고용, 도급, 위임, 무명계약 등 어느 형태이든 상관없이 사용자와 노무제공자 사이에 지휘·감독 관계의 여부, 보수의 노무대가성 여부, 노무의 성질과 내용 등 그 노무의 실질 관계에 의하여 결정된다."고 판시했을 따름이다(이승욱, 2006: 189-190).

나아가 실업자가 노동조합법상 근로자에 해당하는지가 문제된 서울여성노조 사건에서는 원심 판결을 인용해 "근로기준법은 '현실적으로 근로를 제공하는 자에 대하여 국가의 관리·감독에 의한 직접적인 보호의 필요성이 있는가'라는 관점에서 개별적 노사관계를 규율할 목적으로 제정된 것인 반면에, 노동조합 및 노동관계조정법(이하 '노조법'이라 한다)은 '노무공급자들 사이의 단결권 등을 보장해 줄 필요성이 있는가'라는 관점에서 집단적 노사관계를 규율할 목적으로 제정된 것으로 그 입법 목적에 따라 근로자의 개념을 상이하게 정의하고 있는 점"을 지적한 후 "노조법 제2조 제4호 (라)목 단서는 [···] 원래부터 일정한 사용자에의 종속관계를 필요로 하지 않는 산업별·직종별·지역별 노동조합 등의 경우에까지 적용되는 것은 아닌 점 등을 근거로, [···] '구직 중인 여성 노동자' 역시 노조법상의 근로자에 해당[한다]"고 판단한 원심을 지지했다.[23]

위와 같은 판례에 비춰볼 때, 법원이 근로기준법상 근로자와 노동조합법상 근로자를 다른 개념으로 보고 그 판단 기준 역시 달리 파악하고 있다는 점은 분명하다.[24] 이를 나눠서 설명하면 다음과 같다. ① 법원은 기업별 노조의 경우 노동조합법상 근로자성 여부는 사용종속 관계의 존재 여부에 따르지만, 그 종속관계를 판단할 때 고려하는 요소는 근로기준법상 근로자성을 판단하는 것과 구별한다. 사용종속성은 근로자성을 판단하는 매개체임이 분명하나, 사용종속성 유무를 판단하는 방식까지 근로기준법 근로자성과 노동조합법상 근로자성에서 같아야 하는 것은 아니라는 것이다(박수근, 2002: 35).[25] ② 특정 사용자와의 종속관계를 필

23 대법원 2004. 2. 27. 선고 2001두8568 판결.

24 위 대법원 2001두8568 사건의 경우, 피고는 '근로기준법과 노동조합법은 헌법 제33조에 정한 노동3권 조항의 하위 규정으로서 서로 유기적인 관련이 있어 그 근로자의 개념을 동일하게 해석해야 한다.'는 점을 상고 이유로 들었다고 한다(김성식·고수현, 2011: 502).

25 강성태 교수는 이를 좀더 풀어서 다음과 같이 설명한다. "노동법은 노무 제공 관계의 종속성에서 파생되는 문제점을 해결하는 것을 주된 목적으로 한다. [···] 그러나 개별법(근로기준법이 대표)과 집단법(노동조합이 대표)이 완화 또는 극복하고자 하는 종속성은 다른 성질의 것이다. 개별법은 주로 노무 급부 과정 그 자체에서 발생하는 종속성에 주목하는 반면, 집단법은 노무 급부 과정 이전의 노무 제공 관계 형성 단계, 즉 노동시장에서의 종속성에 주목한다. 요컨대 개별법과 집단법은 그 적용의 원인이 되는 종속성에 차이가 있어, 그러한 종속성을 가진

요로 하지 않는 산업별·직종별·지역별 노동조합 등의 경우 노동조합법상 근로자 개념은 사용종속 관계를 반드시 필요로 하지 않는다. 즉, 노동조합법상 근로자 개념의 필수적 요소에 '근로자의 사업으로의 편입'이란 사정은 예정되어 있지 않다(박제성, 2003: 272). 노동조합법상 근로자는 인적 종속성과 함께 경제적 종속성의 극복을 목적으로 한 것이므로, 노무 제공 과정에서 종속성을 가진 사람뿐만 아니라 노동시장에서 사용종속성을 가져 근로기준법상 근로자와 비슷한 정도의 사회적 보호 필요성이 있는 특수형태근로종사자도 포함하는 개념으로 이해해야 한다(강성태, 2007: 116).

한편, 2014년 대법원은 특수형태근로종사자의 일종인 골프장 캐디의 노동조합법상 근로자성을 인정하고 근로기준법의 근로자성을 부정하는 판결을 선고했다.[26] 이는 위에서 설명한 판례 법리에 따른 것이다(도재형, 2015: 53-54).

Ⅳ. 특수형태근로종사자 보호 입법의 논의

1. 입법안의 제출 경위

앞에서 살펴본 바와 같이 특수형태근로종사자에 대한 보호 입법의 논의는 ① 기존의 이분법적 구분 방식을 유지하면서 근로자와 자영인의

근로자의 범위는 차이가 있을 수밖에 없다. 이 점은 현실적 취업자에서도 마찬가지이다. 또한 종속성의 완화 또는 극복을 위해 제공되는 수단 역시 개별법에서는 사적 자치에 대한 국가의 직접적 개입(내용과 결과의 규제)인 반면 집단법에서는 사적 자치가 실질화되도록 집단적 자치의 조성(기회와 절차의 규제)에 그친다. 이러한 수단의 차이는 개별법과 집단법에서 권리 이용자의 차이를 정당화할 수 있다"(강성태, 2010b: 134).

26 대법원 2014. 2. 13. 선고 2011다78804 판결.

경계선을 새롭게 설정하거나 혹은 경계선을 유지하면서 경제법적 보호를 생각하는 방안과 ② 경계에 있는 특수형태근로종사자를 근로자나 자영인이 아닌 제3의 영역으로 재구성하고 이에 적합한 보호를 생각하는 방안으로 요약할 수 있다. 그리고 이러한 방안들은 사회·경제적 현실에 대한 고려와 함께 법원의 근로자성 판단 방식에 대한 평가로부터 출발했다는 점도 이미 살펴보았다. 아래에서는 이러한 검토 결과를 염두에 두고 2000년 초반 이후 나타난 입법안의 구체적 내용을 살펴본다.

특수형태근로종사자에 대한 초기 입법안은 주로 노동계 쪽에서 제시되었다. 2000년 무렵부터 노동단체는 특수형태근로종사자를 노동법상 근로자로 포함시키는 내용의 입법(청원)안을 마련했다. 이러한 노동계의 움직임에 대응해 노동부도 내부적으로 입법안을 검토하게 되었다. 당시 노동부가 마련한 입법안의 주요 내용은 노동법에 '근로자에 준하는 자' 개념을 신설해 특수형태근로종사자의 상당수를 포괄하고, 시행령을 통해 노동법의 일부 규정 및 산재보험을 적용한다는 것이었다. 그러나 이 방안은 호응을 얻지 못했다. 이후 논의는 노사정위원회가 담당했다. 노사정위원회에서 최초 논의는 2001년 7월부터 2003년 7월까지 활동한 '비정규근로자대책특별위원회'가 담당했다. 위 특별위원회는 「유사근로자 단결권보장 등에 관한 법률안」을 제정해 근로기준법과 노동조합법상 근로자에 해당하지 않지만, ① 특정 사업자를 위해 노무를 제공하고 얻은 수입으로 생활하는 자, ② 타인을 고용하지 않고 본인이 직접 노무를 제공하는 자, ③ 노무 제공에서 직·간접적으로 사용자의 지휘·감독을 받는 자 등을 '유사근로자'로 하고, 이들에게 노동2권(쟁의권 제외)과 몇 가지 개별법적·사회보장법적 보호를 부여하자는 공익위원안을 제시했다(강성태, 2007: 96-97; 이호근, 2006: 8).

이후 논의는 2003년 9월부터 2005년 9월까지 활동한 노사정위원회의 '특수형태근로종사자특별위원회'가 담당했다. 위 특별위원회는 종전

공익위원안과는 달리 구 근로기준법상 근로자 정의 규정(제14조)을 개정해 "당해 사업의 상시적 업무를 위하여 노무를 제공하고 그 대가로 보수 기타 이에 준하는 수입에 의하여 생활하는 특수형태근로종사자로서 대통령령이 정하는 기준에 해당하는 자는[27] 제1항의 근로자로 본다."는 제2항을 신설하고, 이들에 대해서는 근로기준법의 일부 규정을 적용하지 않을 수 있도록 하자(제3항)는 의견을 제시했다. 집단적 노사관계에서는 노동3권 대신 노동2권을 부여하는 방안을 제시했다(강성태, 2007: 97).

위 특별위원회의 안도 사회적 공감을 얻는 데 실패하자, 특수형태근로종사자에 대한 입법 작업은 2006년 노동부로 이관되었고, 노동부는 1년 넘게 각계의 의견 조율을 거쳐 2007년 6월 의원입법의 형식으로 「특수형태근로종사자 보호 등에 관한 법률안」(김진표 의원 대표 발의)을 국회에 제출했다(강성태, 2007: 97).

한편, 이 과정에서 노동계는 노동법상 근로자 정의 조항을 개정해 인적 종속성뿐만 아니라 경제적 종속성도 근로자성을 판단하는 기준으로 삼아 근로자 범위를 확대하자고 제안했다. 이러한 노동계의 의견을 반영한 입법안은 17대 국회에서는 단병호 의원의 대표 발의에 의해, 18대 국회에서는 홍희덕 의원의 대표 발의에 의해, 그리고 19대 국회에서는 심상정 의원의 대표 발의에 의해 국회에 제출되었다(조경배, 2005: 183-184).

---

27 계약의 형식에 관계없이 그 실질에 있어서 ① 사업의 상시적 업무를 위하여 노무를 제공하고 그 대가로 받는 보수 그 밖의 수입에 의하여 생활할 것, ② 업무의 내용 또는 수행 과정에 대하여 사용자로부터 간접적·포괄적인 지휘·명령을 받을 것, ③ 노무 제공에 있어서 타인을 고용하지 않을 것(단순한 보조인력 제외), ④ 보수 등 계약조건(근무조건)이 실질적으로 사용자에 의하여 결정될 것 등의 각 요건을 충족하는 자로 했다.

2. 입법안의 내용

가. 근로자 개념으로 포섭하는 방식

특수형태근로종사자에 대한 입법안 중에서 그 보호 정도가 가장 강한 것은 이들을 근로기준법과 노동조합법상 근로자 개념에 모두 포함시키려는 제안이었다. 이러한 입법안이 제출된 근저에는 특수형태근로종사자의 확대가 단순한 사회·경제적 요인에 따른 것이 아니라, '사용자의 극단적 이윤 추구를 위해 의도되고 기획된 것'으로 보는 시각이 존재한다.[28] 관련 입법안은 다시 특정 사업주에 대한 조직적 종속성을 엄격하게 요구하는 것과 그 정도를 완화한 것으로 구분할 수 있다.

첫째, 2004년 7월 단병호 의원이 대표 발의한 「근로기준법 중 개정법률안」은 당시 근로기준법의 근로자 정의 규정인 제14조에 제2항을 신설해 "근로계약을 체결하지 않은 자라 하더라도 <u>특정</u> 사용자의 사업에 편입되거나 상시적 업무를 위하여 노무를 제공하고 그 사용자 또는 노무수령자로부터 대가를 얻어 생활하는 자는 근로자로 본다."고 규정함으로써 특수형태근로종사자를 근로기준법상 근로자의 범위에 포함시키는 것을 내용으로 했다.[29] 2009년 5월 홍희덕 의원이, 그리고 2012년 7월 심상정 의원이 대표 발의한 「근로기준법 일부개정법률안」 역시 근로자 정의 규정(제2조 제1항 제1호)에 후단을 신설해 특수형태근로종사자를 근로기준법상 근로자의 범위에 포함시키려 했다는 점에서 위 단병호 의원안과 같다.[30]

---

28 2004년 7월 12일 단병호 의원이 대표 발의한 「근로기준법 중 개정법률안」(의안번호 169호)의 제안 이유.

29 2006년 11월 단병호 의원이 대표 발의한 「근로기준법 일부개정법률안」 내용 역시 2004년 개정안 내용에서 "근로계약을 체결하지 않은 자라 하더라도"란 표현을 "근로계약을 체결하지 않은 자일지라도"를 바꾼 것 외에는 동일했다.

30 홍희덕 의원안의 관련 내용은 다음과 같다. "이 경우 독립사업자 형태로 노무를 제공하는 자

둘째, 2006년 11월 단병호 의원은 「노동조합 및 노동관계조정법 일부개정법률안」을 대표 발의했다. 이 법률안은 노동조합법 제2조 제1호의 근로자 정의 규정을 위 근로기준법 개정안과 비슷하게 변경해 특수형태근로종사자에게 노동3권을 부여하는 것을 목적으로 했다.[31] 2009년 5월 홍희덕 의원이 대표 발의한 「노동조합 및 노동관계조정법 일부개정법률안」의 제2조 제1호의 내용도 이와 대동소이했다.[32] 2012년 7월 심상정 의원이 대표 발의한 개정안은 이를 좀더 확대해 "자신이 아닌 다른 사업주의 업무를 위하여 노무를 제공하고 그 사업주 또는 노무 제공을 받은 자로부터 대가를 받아 생활하는 자"를 근로자에 포함시켰다.

한편, 2007년 2월 우원식 의원이 대표 발의한 「노동조합 및 노동관계조정법 일부개정법률안」은 노동조합법상 근로자 정의 규정에 "계약의 명칭이나 형식에 관계없이 노무 제공 상대방에 대하여 노무를 제공하고, 수입의 전부 또는 상당부분을 그 사업주에 의존하여 생활하는 자,

---

라고 하더라도 특정 사업주의 사업에 편입되거나 특정 사업주가 상시적으로 영위하는 업무를 위하여 노무를 제공하고 그 사업주로부터 대가를 얻어 생활하는 자는 근로자로 본다." 그리고 심상정 의원안의 관련 내용은 다음과 같다. "이 경우 독립사업자 형태로 노무를 제공하는 자라고 하더라도 특정 사용자의 사업에 편입되거나 그 사업의 상시적 업무를 위하여 노무를 제공하고 그 사용자 또는 노무를 제공받은 자로부터 대가를 받아 생활하는 자는 근로자로 본다."

31 그 내용은 ""근로자"라 함은 다음 각 목의 어느 하나에 해당하는 자 및 노무 제공 계약을 체결하려고 하는 자를 말한다. 가. 직업의 종류를 불문하고 사업 또는 사업장에 임금 등을 목적으로 근로를 제공하는 자, 나. 근로계약을 체결하지 않은 자라 하더라도 특정 사용자의 사업에 편입되거나 상시적 업무를 위하여 노무를 제공하고 그 사용자 또는 노무 제공을 받은 자로부터 대가를 얻어 생활하는 자, 다. 가목 및 나목의 요건을 충족하지 못한 경우라도 이 법에 따른 보호의 필요성이 있는 자"로 개정하는 것이었다.

32 이 법률안의 내용은 다음과 같다. "이 법에서 "근로자"란 다음 각 목 어느 하나에 해당하는 자 및 그와 같은 노무 제공 계약을 체결하려고 하는 자를 말한다. 가. 직업의 종류에 관계없이 사업 또는 사업장에 임금 등을 목적으로 근로를 제공하는 자, 나. 특정 사용자의 사업에 편입되거나 상시적 업무를 위하여 노무를 제공하고 그 사용자 또는 노무수령자로부터 대가를 얻어 생활하는 자, 다. 가호 또는 나호의 요건을 충족하지 못한 경우라도 이 법에 따른 보호의 필요성이 있는 자."

기타 대통령령이 정한 요건을 갖춘 자로서 이 법에 의한 사회적 보호의 필요성이 있는 자"란 내용을 신설하고, 부당노동행위의 한 유형으로서 "노동조합 가입·결성 또는 활동 등을 이유로 제2조 제1호 나목의 규정에 의한 계약을 해지하거나 부당한 대우를 하는 행위"를 추가했다.

위와 같이 근로자 범위의 확대를 내용으로 한 근로기준법과 노동조합법 개정 법률안은 법원이 근로자성 판단에서 인적 종속성을 지나치게 형식적으로 파악한다는 점을 고려한 것이다(조경배, 2005: 184). 그런데 이렇게 경제적 종속성을 근로자성 판단 기준으로 삼거나 특정 사용자의 사업에의 편입 여부 또는 상시적 업무를 위한 노무 제공을 그 핵심 요소로 삼는 것은 문제의 소지가 있다. 왜냐하면 이러한 요소들은 다양한 근로자성 판단 요소 중 하나에 불과한데, 그것만으로 근로자성을 인정하는 것은 반대로 다른 모든 요소를 무의미하게 만들기 때문이다. 또한 특정한 직업군을 예정하지 않고 '보호의 필요성'이란 요소를 들어 일반적으로 표현한 법문의 내용도 지나치게 포괄적이고 추상적이다. 입법론으로서도 이렇게 규정한 예는 극히 드물다고 한다(조경배, 2005: 184).

나. 특수형태근로종사자에 관한 특별법 제정 방식

위와 같은 점에 비춰볼 때, 특수형태근로종사자의 범위를 새롭게 정해 이들에 관한 새로운 보호 입법을 마련하는 것이 현실적 방안이라고 볼 수 있다. 이를 통해 근로자성의 인정 여부에 따라 노동법적 보호의 전부 또는 전무(全無)라는 결과를 초래하는 이분법이 가지는 문제점을 막을 수 있다(강성태, 2007: 99; 김형배, 2015: 1330). 이렇게 새로운 법률을 통해 제3의 영역을 만들어 특수형태근로종사자를 보호하는 방안에서는 보호 대상인 노무공급자의 범위를 어떻게 정할 것인지, 무엇을 보호의 내용으로 삼을 것인지 등이 문제된다.

첫째, 2006년 12월 조성래 의원이 대표 발의한 「특수형태근로종사자의 지위 및 보호에 관한 법률안」 제2조 제1호는 "'특수형태근로종사자'라 함은 특정 사업주와 근로계약 외의 노무공급계약을 체결하고 그 사업에 필요한 노무를 직접 제공함에 있어 다른 사람의 노동력을 이용하지 않으며 특정 사업주에 의하여 지급되는 수입으로 생활하는 자로서 「근로기준법」 제14조의 규정에 따른 근로자 및 「노동조합 및 노동관계조정법」 제2조 제1호의 규정에 따른 근로자가 아닌 자를 말한다."고 규정했다. 그리고 제4조 제1항에서 "특수형태근로종사자는 다음 각 호의 어느 하나에 해당하는 자를 말한다. 1. 골프장 경기보조업무종사자로서 노동부장관에게 신고한 자, 2. 보험설계사로서 「보험업법」 제84조 제1항의 규정에 따라 금융감독위원회에 등록된 자, 3. 「건설기계관리법」 제3조의 규정에 따라 등록된 콘크리트 믹서 트럭을 운행하는 자로서 노동부장관에게 신고된 자, 4. 학습지교육 상담교사로서 노동부장관에게 신고된 자, 5. 그 밖에 제5조의 규정에 따른 특수형태근로종사자심의위원회에서 특수형태근로종사자로 인정받은 자로서 노동부장관에게 신고된 자"로 규정했다.[33]

2007년 6월 김진표 의원이 대표 발의한 「특수형태근로종사자 보호 등에 관한 법률안」 제2조 제1항 제2호는 ""특수형태근로종사자"(이하 "종사자"라 한다)란 계약의 형식에 관계 없이 근로자와 유사하게 노무를 제공하는데도 「근로기준법」 등 노동관계법이 적용되지 아니하여 보호할 필요가 있는 자로서 다음 각 목에 모두 해당하는 자 중 대통령령으로 정하는 직종에 종사하는 자를 말한다. 가. 주로 하나의 사업 또는 사업장에 그 운영에 필요한 노무를 상시적으로 제공하고 보수를 받아 생활할 것, 나. 노무를 제공함에 있어 타인을 사용하지 아니할 것", 제2항은

33 2008년 11월 김상희 의원이 대표 발의한 「특수형태근로종사자의 지위 및 보호에 관한 법률안」의 특수형태근로종사자의 정의 규정 역시 조성래 의원안과 동일했다.

"종사자로서 다음 각 호에 모두 해당하는 자는 「노동조합 및 노동관계조정법」 제2조 제1호에 따른 근로자로 본다. 이 경우 제3장(단체의 조직 등)을 적용하지 아니한다. 1. 노무를 제공하는 시간과 장소 및 업무의 내용이 사업주에 의해 결정될 것, 2. 노무를 제공하는 과정에서 사업주의 직·간접적인 지휘·감독을 받을 것"이라고 규정했다.

둘째, 특수형태근로종사자의 근로조건과 관련해 위 두 개정안 모두 그 내용을 열거하는 방식을 선택했다. 조성래 의원안은 ① 노무공급계약의 서면 체결 및 그 교부, ② 정당한 사유 없는 계약 해지 등의 제한 및 노동위원회의 구제신청 절차, ③ 보수 지급의 원칙 및 시효, ④ 휴가, ⑤ 임산부의 보호 및 육아휴직, ⑥ 직장 내 성희롱의 금지 및 예방, ⑦ 고충처리, ⑧ 사업장규칙의 작성·신고·변경, ⑨ 산업안전보건법 및 산재법의 준용 등에 관해 규정했다.

김진표 의원안에서는 ① 노무공급계약의 필요적 기재 사항, 서면 체결 및 그 교부, ② 합리적 이유 없는 계약 해지 등의 제한, 계약 해지의 예고 및 노동위원회의 구제신청 절차, ③ 보수 지급의 원칙 및 시효, ④ 연차휴가, ⑤ 임산부의 보호 및 육아휴직, ⑥ 직장 내 성희롱의 금지 및 예방, ⑦ 고충처리, ⑧ 산업안전보건법 밀 산재법의 적용, ⑨ 직업능력 개발, ⑩ 법 위반 계약의 효력, ⑪ 감독기관 등에 관해 규정했다.

셋째, 특수형태근로종사자의 노동3권과 관련해서 위 두 개정안은 단결권과 단체교섭권만을 별도로 규정하는 방식을 선택했다. 즉, 조성래 의원안은 ① 특수형태근로종사자의 전국 단위 또는 지역 단위 직업별 조합 설립권, ② 사업주와의 교섭권, ③ 집단협약 체결권, ④ 집단행동의 금지 및 분쟁조정절차 등에 관해 규정하고, 김진표 의원안에서는 ① 특수형태근로종사자의 단체 조직 및 가입의 자유, ② 사업주와의 협의권 및 사업주의 협의 의무 발생 요건, ③ 협정의 효력, ④ 분쟁조정절차, ⑤ 조직·가입 방해 행위의 금지 및 노동위원회 구제신청 절차 등에 관해 규정했다.

다. 개별 사회보험법의 적용 범위에 포섭시키는 방식

위와 같이 특수형태근로종사자를 근로기준법과 노동조합법상 근로자 개념으로 포섭하거나 새 법률을 통해 노동법과 사회보장법의 일부 내용을 적용하려는 입법 움직임과는 별도로, 개별 사회보험법의 적용 범위에 특수형태근로종사자를 포함시키는 방안이 모색되었다.

예컨대 노동부는 2005년 3월 "산재보험 혁신 방향"을 발표하면서 특수형태근로종사자, 위험작업 자영업자 등에 대한 산재보험 확대 적용 요구와 사회적 보호 필요성이 증가하고 있음을 인정하고 산재보험 적용의 시급성·재정 여건을 고려해 특수형태근로종사자, 위험작업 자영업자 등으로 산재보험 가입 범위를 단계적으로 확대한다는 방침을 정했다(박지순, 2005: 196). 그리고 2007년 개정 산재법 제125조에 특수형태근로종사자에 관한 특례 조항을 마련했다(산재법 제125조).[34] 이렇게 사회보험법의 적용 범위를 특수형태근로종사자까지 확대하는 방안에 관해서는 법리적 저항감이 약한 편이다. 이미 현행 사회보험법이 원칙적으로 근로자를 의무적 적용 대상으로 삼고 있으면서도, 각각의 보호 내용과 입법 취지에 따라 근로자의 범위를 법인의 이사나 임원으로까지 확대하는 경우가 있기 때문이다(국민건강보험법 제3조 제1호, 국민연금법 제3조 제1항 제1호; 박지순, 2005: 164-165).

---

34 산재법상 특수형태근로종사자와 관련해서는 적용 제외 신청 제도와 산재보험료 등에 관한 특칙이 함께 규정되어 있다. 즉, 산재법상 특수형태근로종사자가 산재법의 적용을 원하지 아니하는 경우에는 적용 제외를 신청할 수 있다. 다만, 사업주가 보험료를 전액 부담하는 특수형태근로종사자의 경우에는 그러하지 아니하다(산재법 제125조 제4항). 그리고 산재법상 특수형태근로종사자에 대한 보험급여의 산정 기준이 되는 평균임금은 고용노동부 장관이 고시하는 금액으로 하고(산재법 제125조 제8항), 그 보험료는 원칙적으로 산재법상 특수형태근로종사자와 사업주가 각각 절반씩 부담한다(고용산재보험료징수법 제49조의3).

한편, 2012년 7월 심상정 의원이 대표 발의한 「산업재해보상보험법 일부개정법률안」은 산재법상 근로자의 범위를 "타인을 고용하지 아니하고 직접 자신이 아닌 다른 자의 업무를 위하여 노무를 제공하고 해당 사업주 또는 노무수령자로부터 대가를 얻어 생활하는 자 중 대통령령으로 정하는 자"까지 확대할 것을 제안했다.

V. 특수형태근로종사자에 대한 사법과 입법의 과제

특수형태근로종사자 문제가 부각하게 된 근저에는 이분법으로 노동법의 적용 여부를 판단하는 기존 방식이 한계에 부딪쳤다는 인식이 깔려 있었다. 그런데 앞에서 살펴본 바와 같이, 설령 특수형태근로종사자에 대해 제3의 영역을 만든다 하더라도 근로자성에 관한 판례의 종합적 판단 방식은 여전히 유효한 해결 방법으로 작용할 수밖에 없고, 근로자와 특수형태근로종사자, 자영인 사이의 경계선을 그을 임무는 법원이 맡아야 한다(강성태, 2007: 99).

법원이 이러한 역할을 성공적으로 수행하기 위해서는 근로자성 여부 판단에서 노무 제공의 형식적인 징표가 아니라 그 실질을 파악하려는 노력이 뒷받침되어야 한다. 이러한 노력은 단지 위장 자영인의 방지뿐만 아니라 노무 제공의 실태에 부합하는 사용자 책임을 부과한다는 점에서 중요하다. 후술하겠지만, 근로자성 여부를 판단할 때에는 노무 제공 관계의 형식뿐만 아니라 사실에 관한 분석이 중요하다는 점과 종속성 판단 기준의 탄력적 운용이 필요하다는 점 등을 유의해야 한다(조경배, 2005: 189-191).

그리고 이러한 해석 기준을 전제로 하여, 근로자 개념에 포섭되지 않는 특수형태근로종사자의 보호 방안을 마련해야 한다. 그것은 새로운 법률을 제정하는 방식이 바람직하다.

1. 근로자 개념에 관한 판단 기준

앞에서 살펴본 바와 같이 특수형태근로종사자 중 일부는 근로자 개념에 포섭해야 할 영역이고, 단병호 의원안 등 여러 입법안이 이를 위해 근로자 판단에 관한 새로운 기준을 제안한 바 있다. 그러나 현재 어느 국가도 누가 근로자이고 누가 자영인인지에 관해 명확한 구분 기준을 마련하고 있지는 못하다. 그로 인해 거의 모든 국가에서 이 문제는 노동법에서 가장 광범위하게 법관의 재량이 인정되는 영역으로 남겨져 있다. 이는 한국도 마찬가지여서 입법으로써 이를 궁극적으로 대체할 수는 없다(강성태, 2007: 112). 따라서 여기에서는 노무 제공의 실태에 맞춰 적절한 노동법상 사용자 책임을 부과하는 데 필요한 근로자 개념의 판단 기준에 관해 살펴보도록 하겠다.

첫째, 우선되어야 할 것은 위장 자영인을 방지할 수 있는 해석 기준을 정립하는 것이다. 특수형태근로종사자 중에서 위장 자영인은 노동법적 보호의 잠탈(潛脫)을 목적으로 하는 탈법행위에 기인한 것이므로 이를 엄격히 규제할 필요가 있다.[35] 이는 특수형태근로종사자의 보호를

---

35 위장 자영인에 관한 이러한 문제 의식은 ILO가 2003년 총회에서 채택한 '고용관계에 관한 결의'의 다음과 같은 표현에서도 잘 드러난다. "노동시장 구조와 노동조직의 변화로 인해 고용관계의 틀 내부·외부 모두에서 노동의 패턴이 바뀌고 있다. 어떤 상황에서는 근로자가 피용자인지 진정한 자영업자인지가 불명확해진다. 노동시장 구조, 노동조직의 변화, 미흡한 법 적용과 관련된 결과들 중 하나는 사실상 피용자이나 고용관계의 보호를 받지 못하는 근로자들이 증가하고 있다는 것이다. 이러한 거짓된 자영업자의 형태는 비공식 경제에서 보다 일반화되고 있다. 그러나 잘 조직된 노동시장을 가진 많은 나라들도 또한 이러한 현상의 증가를 경험하고 있다. 근로자의 노동 수행이나 서비스 제공의 매우 다양한 방식들을 적절한 법적 틀 안에 놓이도록 하는 것은 노동시장의 모든 주체들을 위한 것이다. 명확한 규칙은 노동시장의 공정한 규율을 위해 필요불가결하다"(권두섭, 2010: 117).

위해 법원이 담당해야 하는 직무다. 법관의 판단을 통해 위장 자영인의 근로자성을 인정함으로써 탈법행위를 방지할 필요가 있기 때문이다(박순영, 2010: 778). 또한 새로운 입법을 마련하는 것과는 별도로, 근로자에 해당하는 자를 특수형태근로종사자로 분류함으로써 노동법상 사용자 책임을 회피하고자 하는 시도 역시 저지해야 한다(이승욱, 2006: 192).

이를 위해서는 근로관계의 형식적 측면보다는 그 실질을 우선해서 파악하려는 노력이 필요하다(강성태, 2010b: 131; 조경배, 2005: 189). 이는 특수형태근로종사자가 확대된 원인 중 하나가 기업이 주도한 '근로자의 비근로자화' 정책이라는 점에서 더욱 그러하다(조원철, 2003: 747). 따라서 근로자성 판단은 계약서와 같은 처분문서에만 의존해서는 안 되며 사용종속 관계의 실질을 살펴 이뤄져야 한다(최은배, 2010a: 264-267).

둘째, 노무 제공의 실태에 부합하는 사용자 책임을 부과하는 것은 근로자에게 인간다운 근로조건을 보장하는 전제 조건일 뿐만 아니라, 상품 및 용역 공급자들이 시장에서 공정하게 경쟁하는 토대가 된다. 이를 위해서는 근로자성 여부를 판단할 때 종속성 판단 기준을 탄력적으로 운용해야 한다(조경배, 2005: 190-191).

앞에서 살펴본 바와 같이 법원은 2006년 판결을 통해 근로자성 여부를 판단하는 과정에서 관련 고려 요소들을 유연하게 적용할 수 있는 기초를 마련했다. 문제는 법원이 판결을 통해 근로자 개념의 판단 기준을 제시한다는 것은, 그 적용 범위로부터 탈출해 법률상 의무를 회피하려는 사용자에게 노무 이용 방식을 변화하라는 신호를 주는 효과가 있다는 점이다. 1990년대 특수형태근로종사자의 확대 과정에서 이미 경험한 바와 같이 사용자는 노동시장에서의 우월한 교섭력을 이용해 계약서의 문언이나 작업 방식 등을 변경함으로써 판례의 판단 기준을 회피할 수 있다.[36] 그

36 최근 사례로는 채권추심원이 근로기준법상 근로자에 해당한다는 판례가 나오자 소속 채권추

리고 근로자와 자영인 사이의 회색지대에 놓여 있는 노무공급자의 근로자성 여부가 문제될 때, 법원이 기계적·형식적 의사 해석 방식을 택하는 경우 어떤 결과가 초래되는지도 이미 경험했다. 그것은 근로관계에서 노동의 사용자이면서 규칙 제정자인 사용자의 뜻대로 노무공급계약의 모습이 정해지고 그에 의해 해당 노무공급자의 법적 성격이 결정되는 결과를 초래한다. 즉, 법관이 노무 제공의 실제에 주목하지 않을 때 노동시장에서의 힘의 우월은 아무런 제재 장치 없이 사법(司法)의 영역으로 확장되었다. 이는 법원이 사회적 약자를 사법적 보호 대상에서 배제하고, 그들에게 노동시장의 상품이 될 것을 강요한 것에 다름 아니었다(도재형, 2011a: 157-159).

이러한 문제 의식은 현 시점에서도 여전히 유효하다. 따라서 근로자 범위의 획정이 문제될 때마다 법관은 자신이 가진 판단 기준의 꾸러미를 탄력적으로 적용하기 위한 노력을 해야 한다. 이 점에서 "근로자 개념은 법관의 수고와 고민을 먹고 성장할 수밖에 없다."는 지적은 적절하다(강성태, 2007: 112).

2. 특수형태근로종사자에 관한 입법 기준

위에서 살펴본 바와 같이 근로자 개념에 관한 실질적 판단 방식이 유효하다는 전제 하에, 그러한 근로자 범위에 포섭되지 못하는 특수형태근로종사자의 보호 방안은 새로운 입법을 통해 마련해야 한다. 아래에서는 새로운 법률에 규정해야 할 내용을 항목별로 나눠서 살펴본다.

첫째, 특수형태근로종사자의 개념 규정은 개방적이어야 한다. 기존

심원과의 계약서 양식을 변경함으로써 해당 채권추심원들의 근로자성이 다시 다퉈진 대법원 2015. 7. 9. 선고 2012다20550 판결을 들 수 있다.

논의 내용 및 산재법 규정 등을 종합하면, 특수형태근로종사자 개념과 관련해 공통적으로 제시되는 판단 요소는 ① 계약의 형식에 관계없이 ② 근로기준법상 근로자에 해당하지 않을 것, ③ 주로 특정한 사용자에 대해 노무를 제공하고 보수를 받아 생활할 것, ④ 타인을 사용하지 아니할 것 등이다. 한편, 위 ③의 요소 즉, 산재법 제125조 제1항 제1호에서 규정한 노무 제공의 전속성과 계속성("주로 하나의 사업에 그 운영에 필요한 노무를 상시적으로 제공 […] 할 것")을 특수형태근로종사자의 개념 요소로 포함시켜야 하는지에 대해서는 비판적 견해가 있다(윤애림, 2012: 83-84). 근로자 개념에 대한 근로기준법과 노동조합법의 정의 규정에 비춰볼 때, 위 요소가 특수형태근로종사자의 개념 정의에 반드시 필요한 것은 아니기 때문이다. 그러나 그것이 경제적 의존성(종속성)을 판단하는 일반적 기준이라는 것을 부정하기는 어렵다. 이 점에서 위 요소는 의미를 갖는다.[37] 다만, 그것을 예외 없이 '오로지' 하나의 사업에 대한 경제적 의존성을 의미한다고 해석해서는 안 될 것이다.

한편, 현행 산재법 제125조 제1항은 소정 기준에 부합하는 자 중에서 "대통령령으로 정하는 직종에 종사하는 자"를 특수형태근로종사자로 규정하고, 산재법 시행령 제125조에서는 특수형태근로종사자의 범위를 보험설계사, 레미콘 기사, 학습지 방문교사, 콘크리트 믹서 트럭운전사, 골프장 캐디, 택배원 및 퀵서비스 기사 등 6개 직종으로 규정하고 있다. 김진표 의원안 역시 특수형태근로종사자의 범위를 시행령에서 제한적으로 열거하는 방식을 택하고 있었다. 이렇게 직종을 한정하는 방식을 선택할 경우 법률의 적용 여부 및 사회보험 재정 등에 대한 예측 가능성을 확보할 수 있다. 그러나 산재법상 특수형태근로종사자와 비슷한 조

37 종국적으로, 이것은 어느 정도의 노무공급자를 특수형태근로종사자의 범위에 포함시키고 그들에게 어느 정도까지의 보호를 제공할 것인지의 문제다.

건에서 노무를 제공함에도 불구하고 산재보험의 적용을 받지 못하는 경우가 발생하는 등 특수형태근로종사자의 직종이 다양화되는 현상에 적절하게 대응하지 못한다는 단점도 함께 존재한다(윤조덕, 2012: 37).[38] 즉, 이렇게 제한적으로 그 범위를 정할 경우 새로운 형태의 특수형태근로종사자가 출현할 때 그 보호 여부가 행정기관의 재량에 좌우되는 상황이 초래되고, 그는 다시 근로자·자영인이라는 이분법의 적용을 받는 처지에 놓이게 된다. 또한 노무 제공의 실태에 비춰 근로자로 취급되어야 할 사람이 오히려 특수형태근로종사자로 획일적으로 분류되어 불이익을 입을 우려도 있다.[39] 따라서 현행 산재법과 같이 특수형태근로종사자의 범위를 직종으로 정하는 방식은 폐기되어야 한다.

둘째, 특수형태근로종사자의 근로조건은 근로기준법 등의 보호 규정과 그 노무 제공의 특수성을 고려할 때 특별법에서 별도로 규정하는 것이 바람직하다. 그것은 계약 체결 단계, 노무 제공 단계(보수, 근로시간, 휴가 등), 계약 종료 단계로 나눠 생각할 수 있다. 조성래 의원안 및 김진

38 이와 관련해서는 법원이 사용종속 관계를 직종이 아닌 개별 사례별로 판단하는데 비해, 산재법이 직종별로 특수형태근로종사자를 규정하는 것은 사용종속 관계의 판단에서 경직화가 초래될 수 있고, 성급한 일반화로 인해 향후 개별 사례에 대한 법률적 평가 가능성을 축소시킨다는 비판이 있다(장우찬, 2014: 166). 같은 취지에서 노무 제공의 방식이 동일한 경우에도 오로지 직종이 다르다는 이유만으로 차별적 처우를 하는 것은 정당화되기 어렵다는 비판도 유의할 필요가 있다(이호근, 2014: 14).

39 예컨대 흔히 특수형태근로종사자로서의 성격을 띤다고 거론되는 요양보호사들 중에도 노무 제공의 실태에 따라 근로기준법상 근로자에 해당하는 범주가 있는데(대법원 2012. 11. 15. 선고 2011도9077 판결), 법령에서 요양보호사란 직종을 특수형태근로종사자로 규정할 경우 이런 사람들까지 특수형태근로종사자로 취급될 수 있는 것이다. 이런 점 때문에 윤애림 교수는 현행 산재법상 특수형태근로종사자 제도와 관련해, 산재법상 근로자와 차별적인 '특수형태근로종사자'라는 개념을 도입함으로써 산재법의 보호를 받을 필요가 있는 노무공급자 내부의 구분과 배제를 낳고, 특수형태근로종사자 개념 규정에 있어 종전 근로자성 인정의 핵심 지표들을 상당 부분 차용함으로써 근로자로 인정되어야 할 사람들마저 특수형태근로종사자라는 차별적 범주로 떨어지게 만드는 위험성이 있다고 비판했다(윤애림, 2012: 49-54).

표 의원안 역시 그러한 관점에서 특수형태근로종사자의 근로조건의 보호에 필요한 최소한의 내용을 담은 것으로 평가할 수 있다.[40]

셋째, 앞에서 살펴본 바와 같이 특수형태근로종사자는 노동조합법상 근로자에 포함될 수 있다. 따라서 특수형태근로종사자의 노동3권은 헌법상 기본권으로서 보장되어야 한다. 노동3권의 행사를 통해 특수형태근로종사자는 자신의 사회·경제적 지위 향상을 꾀할 수 있고, 노동시장에서의 교섭력의 불균형을 완화하며 단체협약을 통해 적절한 노무 공급 계약의 내용을 형성할 수 있다(김성식·고수현, 2011: 578; 박종희, 2003: 131). 그리고 사회권 영역에서 국회의 입법 재량권과[41] 외국의 입법례 등을 고려할 때, 노동조합법 및(또는) 특별법에서 특수형태근로종사자의 노동3권 관련 규정을 새로 마련하는 것도 가능하다.

넷째, 사회보험법 영역에서 특수형태근로종사자는 근로자와 동일하게 취급되어야 한다. 일반적으로 특수형태근로종사자의 재정적 능력이 전형적인 자영인에 미치지 못하고 생계 수단의 대부분을 특정 사업주로부터 받는 수입에 의존한다는 점을 고려할 때, 이들을 사회보험법의 적용 대상에 포함시켜 사회적 위험에 대비할 수 있도록 해야 한다(김형배, 2015: 1341).[42] 전통적으로 사회보험법의 적용 범위가 노동법상 근로자

---

40 한편, 위 입법안 모두 특수형태근로종사자와 사용자 사이의 노무 제공 계약이 기간을 정한 경우 그 계약의 갱신 단계에서 특수형태근로종사자의 일자리를 어떻게 보호할 것인지에 대한 검토는 이뤄지지 않았다. 특수형태근로종사자와 사용자 사이에 기간을 정한 노무 공급 계약이 맺어진 경우, 적어도 현재 판례(예컨대 대법원 2011. 4. 14. 선고 2007두1729 판결)에서 인정하는 요건들을 갖췄을 때에는 특수형태근로종사자에게 갱신 기대권을 인정하는 것이 바람직하다.

41 언뜻 생각하기에 이를 규율하는 가장 간명한 방법은 노동조합법상 근로자성이 문제되는 구체적 사안에 관한 판단을 법원에 맡기는 것이나, 노동3권의 내용을 구체적으로 형성하는 1차적 권한은 입법자인 국회에 있으므로 노동조합법 및(또는) 특별법에서 관련 규정을 마련하는 것이 헌법에 위반된다고 볼 수는 없다(박종희, 2003: 131).

42 특수형태근로종사자의 사회보험 적용과 관련해서 조성래 의원안은 산재법 적용 규정을 두고

의 범위와 연결되어 있는 것은 부정할 수 없으나, 노동보험으로서의 성격이 약화된 현 상황에서는[43] 사회보험 적용 범위의 획정 기준을 근로기준법상 근로자 개념에만 의존할 이유는 없다.

그리고 특수형태근로종사자로부터 노무를 제공받는 사용자는 사회보험법상 사업주와 동일한 책임을 부담해야 하므로(박지순, 2005: 175), 특수형태근로종사자 관련 사회보험료의 부담 방식은 원칙적으로 근로기준법상 근로자의 그것과 같아야 한다. 따라서 현행 산재보험처럼 보험료의 일부를 특수형태근로종사자가 분담하는 방식은 폐지되어야 한다.[44] 이렇게 특수형태근로종사자와 근로자의 사회보험료 부담 방식을 일치시키면, 향후 새로운 특수형태근로종사자(직종)에 대해 사회보험 적용이 확대될 때 보험료 부담 방식에 관한 소모적인 논쟁도 막을 수 있을 것이다(이경희, 2013: 53). 다만, 이 경우에 사용자가 사회보험료의 부담에 대해 거부감을 갖고 보험 가입을 방해함으로써 특수형태근로자들이 사회보험적 보호로부터 사실상 배제되게 하는 부작용이 발생할 수 있다.[45] 이러한 거부감을 해소하고 특수형태근로종사자를 사회보험

있고(제19조), 김진표 의원안은 산재법, 고용보험법, 국민연금법, 국민건강보험법 등을 적용한다고 규정하고 있다(제31조).

43 사회보험의 성격 변화와 관련해서 헌법재판소는 다음과 같이 판시한 바 있다. "사회보험은 [⋯] 원래 노동보험을 중심으로 하여 발전해 온 제도이고 이러한 노동보험은 원래 노동 능력을 상실한 근로자를 중심 대상으로 한 것이었으나 그후 노동 기회를 상실한 근로자까지 포함하는 것으로 발전하였으며 사회보험은 이와 같은 노동보험을 중심으로 하고 같은 원리와 목적에 입각한 제도이면서 다만 그 대상 영역을 근로자에게만 한정하지 않고 전 국민에게 확장·발전시킨 제도라고 할 수 있다"(헌법재판소 2001. 2. 22 선고 99헌마365 결정).

44 특히 고용산재보험료징수법 제49조의3 제2항이 사용종속 관계의 정도 등을 고려해서 보험료 부담 비율을 정하는 것에 대해서는 산재법상 특수형태근로종사자의 정의 규정과의 논리적 정합성을 찾기 어렵고 보험료 부담 비율에 관한 객관적 기준을 마련하는 데 실패했으며 사회보험을 노동보험적 시각에서만 바라보고 있다는 등의 비판이 제기된 바 있다(장우찬, 2014: 175-176).

45 산재법상 특수형태근로종사자의 산재보험 가입률은 약 9.8%로 저조한 바, 그 원인으로는 보

영역으로 들어오게 하기 위해서는 근로감독의 강화, 사회보험기관의 적발과 제재뿐만 아니라 사회보험료 지원 방안과 같은 유인 정책이 함께 마련되어야 한다(사회보험료 지원 방안에 대해서는 제2절에서 자세히 논의한다).

험료 부담에 따른 가입 기피, 제3자에 의한 의도적 가입 방해, 민간 상해보험 가입 요구 등을 들고 있다(국민권익위원회, 2012: 18-19).

제2절 사회보험 사각지대 해소를 위한 사회보험료 지원 방안[46]

I. 문제의 소재

비공식 고용은 우리나라에 넓게 퍼져 있다. 앞에서 설명한 것처럼 전체 근로자의 약 40%가 비공식 고용에 해당하고 그중 3/4은 법률상 적용 대상인데도 불구하고 실질적인 보호를 받지 못해 발생하는 규제 미준수형(non-compliance) 비공식 고용이다. 비공식 고용이 소규모 사업장에 집중되어 있다는 점도 중요한 특징이다. 즉, 5명 미만 사업장에 종사하는 근로자의 78.5%가 비공식 고용 영역에 있고, 비공식 근로자의 37.4%가 5명 미만 사업장에서 일한다(이병희, 2012b: 25-26). 임금 계층별로는 저임금 근로자들이 그 대부분을 차지한다(이병희, 2011: 12).

사회보험 사각지대는 비공식 고용의 대표적 문제 상황이다. '사회보험 사각지대'란 사회보험적 보호의 필요성이 있는데도 그 적용에서 배제되어 있는 경우를 뜻한다. 사회보험 사각지대는 관련 법령에서 적용 대상을 좁게 설정하거나 미가입·보험료 미납 등의 이유로 적용 대상에

46 이 부분은 도재형, "우리나라 사회보험료 지원정책 논의 검토", 「사회보험 사각지대 해소 방안」, 한국노동연구원, 2012: 177 이하의 내용을 수정·보완했다.

서 누락되어 발생하는 사각지대와 관련 법령에서 사회보험 급여의 지급 기준을 좁게 설정해 발생하는 사각지대 등으로 나눌 수 있다(장지연, 2014: 9).

사회보험 사각지대의 축소, 즉 사회보험에서 관련 법률의 규범력을 확보하는 것은 비공식 고용의 공식 고용화를 위한 필수 조건이다. 그리고 법률상의 보험 가입 의무에 기초해 보호 관계가 성립하는 사회보험 제도에서 의무 기피, 특히 사업주의 의무 불이행을 줄이는 전통적인 정책은 사회보험 징수 당국의 적발과 제재(detection and sanction)라는 행정적 수단이다. 이 점에 비춰볼 때 우리나라에서 사회보험의 실(實)가입률이 저조한 원인으로 쉽게 떠올릴 수 있는 것은 비공식 고용의 적발과 제재에 대해 국가가 소극적 태도를 취하고 있다는 점이다. 자본주의적 시장 질서가 예정하는 "이해 득실을 계산하고 영리하게 행동하는" 상인의 입장에서는 노동법과 사회보험법을 준수하지 않더라도 그 적발 가능성이 높지 않고 적발되더라도 그 불이익이 작다면, 당연히 당장의 이윤을 확보할 수 있는 비공식 영역에 남으려고 하기 때문이다(강성태, 2014: 160). 결국 이를 해결하기 위해서는 근로감독 기능을 활성화하고,[47] 사회보험 전달 체계를 더욱 효율화해서 신규 가입자를 적극적으로 발굴하는 방안 등이 필요하다. 다만, 사회보험 사각지대의 취업과 소득 정보에 대한 공적 자료가 미비한 현재 상황에서는 행정 인력을 늘리거나 정보 공유를 확대하더라도 가입 누락 사업장 및 근로자를 발굴하는 데는 한계가 있다(이병희, 2011: 16-17).

이 절(節)의 논의 대상인 사회보험료 지원 정책은 적발과 제재의 수

47 비공식 고용과 관련해 근로감독 제도에 대한 개선 방안을 논의한 대표적인 문헌으로는 김홍영, "영세사업장의 비공식 고용과 근로감독 제도", 「비공식 취업 연구」, 한국노동연구원, 2012; 노상헌, "영세사업장에 대한 노동법 적용과 근로감독", 「노동법연구」 제37호, 서울대학교 노동법연구회, 2014를 들 수 있다.

단이 아니라 금전적인 인센티브를 부여함으로써 사회보험의 가입률을 높이고자 한다. 우리나라의 사회보험료율은 공제가 없고 소득에 관계없이 모든 가입자에게 동일한 보험료율(flat-rate contribution rates)을 부과한다. 이렇게 동일한 보험료율을 적용하는 현행 사회보험 제도에서는 저임금 근로자와 영세사업자가 상대적으로 더 큰 부담을 갖는다. 이러한 사회보험료 부담으로 인해 저임금 근로자들은 때때로 비공식 고용영역에 남기를 희망하고, 이것이 앞에서 살펴본 것처럼 근로빈곤층 대부분이 사회보험의 사각지대에 놓이게 된 원인의 하나다. 즉, 사각지대의 발생 및 확대는 단지 근로자의 무지 혹은 사용자의 의무 불이행에만 기인한 것이 아니라, 저임금 근로자의 선택에 의해서도 일정 정도 영향을 받는다. 따라서 이러한 근로빈곤층을 사회보험 제도로 포섭(또는 유도)하기 위해서는 이들이 부담하는 사회보험료를 지원할 필요가 있다. 요컨대 사회보험료 지원 정책은 소규모 사업장의 저임금 근로자 및 사업자의 보험료 부담을 낮추는 방법으로 공식 고용을 확대하는 것을 목적으로 한다(이병희, 2011: 17).

사회보험료 지원 방안은 헌법상 기본권인 근로의 권리에 의해 정당화된다. 임금은 사회보장적 기능을 수행하며[48] 사회보험료의 출처이기도 하다. 따라서 사용자로부터 지급받는 임금은 그 근로자가 사회보험료를 충당할 수 있는 수준이어야 한다. 이것이 헌법 제32조 제1항이 규정한 '적정임금'이다. 국가는 적정임금 보장을 위해 노력할 의무를 부담한다(이에 대해서는 제3절에서 '고용보험의 법적 사각지대 해소 방안'과 관련해 좀더 자세하게 살펴본다). 이 점에서 국가가 저임금 근로자에게 사회보험료를 지원해 적정한 임금을 보장함으로써 이들을 사회보험 제도에 편입

48 근로자가 자신의 임금 소득을 저축 등을 통해 축적하고 이를 퇴직 후에 사용하는 경우를 생각해 보면, 임금의 사회보장적 기능을 쉽게 이해할 수 있을 것이다.

시키거나 편입을 유도하는 것은 사회보험 영역에서 국가가 수행해야 하는 중요한 과제가 된다(도재형, 2014c: 205).

잘 알다시피 한국의 기존 사회보험법령에서도 보험료 지원·감면 규정을 두고 있는 것이 있다. 그러나 이것만으로 사회보험의 적용 범위를 확대하는 데에는 한계가 있다. 아래에서는 기존의 사회보험료 지원·감면 제도를 검토한 후(II) 사회보험료 지원 정책과 관련된 과거 입법안의 내용을 분석한다(III). 그리고 이를 토대로 현재 정부가 수행하고 있는 사회보험료 지원 사업(두루누리 사업)의 내용과 그 입법적 과제를 살피고자 한다(IV).

Ⅱ. 기존 사회보험료 지원·감면 정책

1. 기존 지원·감면 정책의 내용

첫째, 고용보험 및 산재보험과 관련해서는 천재지변 또는 특별한 사정이 있는 경우 보험료를 경감하는 제도를 두고 있다. 고용산재보험료징수법 제22조의2 제1항은 "고용노동부 장관은 천재지변이나 그 밖에 대통령령으로 정하는 특수한 사유가 있어 보험료를 경감할 필요가 있다고 인정하는 보험가입자에 대하여 「고용보험법」 제7조에 따른 고용보험위원회 또는 「산업재해보상보험법」 제8조에 따른 산업재해보상보험 및 예방심의위원회의 심의를 거쳐 보험료와 이 법에 따른 그 밖의 징수금을 경감할 수 있다. 이 경우 경감 비율은 100분의 50의 범위에서 대통령령으로 정하며, 그 밖의 경감 신청절차 및 경감 여부의 통지 등에 필요한 사항은 고용노동부령으로 정한다."고 규정하고 있다. 그리고 같은 법 시행령 제30조의2 제1항은 "법 제22조의2 제1항 전단에서 "대통령령으로 정하는 특수한 사유"란 화재, 폭발 및 전화(戰禍), 그 밖에 이에 준하는 재난을 말한다.", 제2항은 "법 제22조의2 제1항 후단에 따른 경감 비율은 보험료와 그 밖의 징수금의 100분의 30으로 한다."고 규정하고 있다. 그 밖에도 시행령 제30조의3은 정보통신망을 이용한 신고 시 보험료의 경감을, 제30조의4는 자동 계좌이체 시의 보험료의 경감을 각각 규정하고 있다.

둘째, 건강보험에서는 지역과 인구학적 특성에 따라 보험료를 감면하거나 지원하는 제도를 두고 있다(김대현·이수진, 2011: 25-26). 국민건강보험법 제75조 제1항에 의하면, ① 섬·벽지·농어촌 등 대통령령이 정하는 지역에 거주하는 사람, ② 65세 이상인 사람, ③ 장애인복지법에 따라 등록한 장애인, ④「국가유공자 등 예우 및 지원에 관한 법률」제4조 제1항 제4호·제6호·제12호·제15호 또는 제17호의 규정에 따른 국가유공자, ⑤ 휴직자, ⑥ 그 밖에 생활이 어렵거나 천재지변 등의 사유로 보험료의 경감이 필요하다고 보건복지부 장관이 정하여 고시하는 사람 중의 어느 하나에 해당하는 가입자 중에서 보건복지부령이 정하는 가입자에 대하여는 그 가입자 또는 그 가입자가 속한 세대의 보험료의 일부를 경감할 수 있다. 또한 제2항에 의하면, 건강보험료 납부의무자가 보험료의 납입 고지를 전자문서로 받거나 보험료를 자동 계좌이체의 방법으로 내는 경우 보험료를 감액하는 등 재산상의 이익을 제공할 수 있다.

셋째, 국민연금의 경우 농어업인 지역가입자에 대해 보험료를 국고로 지원하고 있다.「농어촌주민의 보건복지 증진을 위한 특별법」제31조는 "국가는 농어민이「국민연금법」제88조 제3항에 따라 부담하여야 하는 국민연금 보험료 중 100분의 50 이내의 금액을 같은 법에서 정하는 바에 따라 예산의 범위에서 지원할 수 있다."고 규정하고, 국민연금법 부칙 제7조는 "지역가입자인 농어업인과 지역가입자에서 임의계속 가입자로 된 농어업인에게는 제88조 제3항의 개정 규정에도 불구하고 2019년 12월 31일까지 본인이 부담할 연금보험료 중 100분의 50의 범위 내에서 대통령령으로 정하는 바에 따라 농어촌구조개선특별회계에서 지원한다."고 규정하고 있다.

2. 기존 지원·감면 정책의 검토

첫째, 저소득 계층 일반에 대한 사회보험료 감면·지원 제도가 없다. 농어촌 지역에 대한 건강보험료의 감면 및 연금보험료 지원 제도가 저소득 계층에 대한 사회보험료 지원으로서의 성격을 띠긴 하나, 소득이 높더라도 보험료의 감면 또는 지원이 이뤄진다는 점에서 저소득 계층의 사회보험 사각지대 해소를 직접적인 목적으로 한다고 보기는 어렵다.

둘째, 기존 지원·감면 규정은 수급권의 구체적 내용을 법률이 아닌 시행령·시행규칙 등에 위임하거나 그 지원·감면 여부가 행정부의 재량에 맡겨져 있다. 이럴 경우 사회보험료 지원·감면 제도가 개인의 권리가 아니라 국가의 시혜적 조치로 파악될 수 있다. 그 절차 규정이 법률이 아닌 시행령 등에 위임되어 있는 것 역시 개인이 관련 절차를 이용하는 데 장애로 작용할 가능성이 높다.

셋째, 개별 사회보험법마다 별도의 감면·지원 절차를 마련하고 그 적용 기준이나 절차도 상이하다.

넷째, 사회보험료 감면 규정은 단지 사회보험료를 감면한다는 점만을 정하고 있을 뿐, 감면 부분에 대한 국고 지원을 명시하고 있지 않다.

Ⅲ. 사회보험료 지원 정책 관련 입법안

1. 의원입법안의 개관

2000년대 후반 들어 사회보험 사각지대 해소 방안에 대한 논의가 활발해지면서 다음과 같은 입법안들이 제18대 국회에서 심의되었다. ① 김성식 의원안은 2011년 8월 발의되었고, 이른바 4대 사회보험의 보험료 관련 법률 규정을 개정하는 것을 골자로 했다(고용산재보험료징수법 일부개정법률안, 국민연금법 일부개정법률안, 국민건강보험법 일부개정법률안, 노인장기요양보험법 일부개정법률안). ② 이미경 의원안은 2011년 9월 발의되었다. 4대 사회보험료를 지원 대상으로 한다는 점에서는 김성식 의원안과 동일하지만 관련 내용을 단일한 특별법 제정을 통해 입법화하고자 했다(「저임금 근로자 등의 사회보험료 지원에 관한 법률」안). ③ 이주영 의원안은 2011년 10월 발의되었고, 지원 대상을 고용보험 및 국민연금보험료로 한정했다(고용산재보험료징수법 일부개정법률안, 국민연금법 일부개정법률안). 각 의원입법안의 제안 이유 및 주요 내용은 아래와 같다(김대현·이수진, 2011: 2-3; 원창희·정석배, 2011: 2-5).

가. 김성식 의원안

(1) 고용산재보험료징수법 일부개정법률안

고용보험 및 산재보험은 적용 대상의 확대 과정을 통해 가입자가 지속적으로 증가했으나, 여전히 영세 사업장에 근무하는 저임금 근로자, 비정규직 근로자 등 고용불안층의 가입률은 부진하다. 또한 기존 제도는 근로자와 사업주에게 가구 소득 및 임금 수준을 고려하지 않고 동일한 보험료율을 적용하기 때문에 저임금 근로자 및 영세한 사업주에게 더 큰 부담을 주고 고용불안층 대부분이 고용보험 및 산재보험 사각지대에 놓이게 되는 주요한 요인이 되고 있다. 이에 상시 근로자 수가 30명 미만인 사업 또는 사업장에 근무하고 평균 주당 근로시간이 36시간 이상이면서 최저임금의 130% 이하인 임금을 받고 있는 근로자와 그 근로자를 고용한 사업주가 부담하는 고용보험료 및 산재보험료의 50% 범위에서 국가가 지원하도록 하려는 것이다.

(2) 국민연금법 일부개정법률안

영세 사업장에 근무하는 저임금 근로자, 비정규직 근로자 등 고용불안층의 국민연금 사각지대를 해소하지 아니할 경우, 무연금 또는 저연금 수급자가 증가해 향후 노인 빈곤이 심각한 사회 문제로 대두될 우려가 있다. 저임금 근로자에 대한 사회보험료 지원 정책은 OECD 고용 전략에서 공식적으로 권고하는 고용 정책이며, 상당수 OECD 국가에서 시행하고 있다. 이에 따라 상시 근로자 수가 30명 미만인 사업 또는 사업장에 근무하고 평균 주당 근로시간이 36시간 이상이면서 최저임금의 130% 이하인 임금을 받고 있는 근로자와 그 근로자를 고용한 사용자가 부담하는 연금보험료의 50% 범위에서 국가가 지원하도록 함으로써 국민연금의 사각지대를 해소하고 고용률을 제고하고자 한다.

(3) 국민건강보험법 일부개정법률안

[국민연금법 일부개정법률안의 관련 내용과 유사하므로 생략함]

(4) 노인장기요양보험법 일부개정법률안

[국민연금법 일부개정법률안의 관련 내용과 유사하므로 생략함]

나. 이미경 의원안(저임금 근로자 등의 사회보험료 지원에 관한 법률안)

(1) 제안 이유

고용보험·산재보험·국민연금 등 사회보험의 경우 적용 대상의 확대로 가입자가 지속적으로 증가하고 있으나 영세 사업장에 근무하는 저임금 근로자, 비정규직 근로자 등 사회보험 가입이 더욱 필요한 고용불안층의 가입률은 여전히 낮다. 현재 사회보험 제도상 근로자와 사업주에게 가구 소득 및 임금 수준을 고려하지 않고 동일한 보험료율을 적용하기 때문에 저임금 근로자 및 영세 사업주에게 상대적으로 큰 부담을 주고 있고, 이러한 이유로 저임금 근로자 및 영세 사업주가 사회보험 가입을 기피해 고용불안층 중 상당수가 사회보험 수혜의 사각지대에 놓여 있는 실정이다. 이에 저임금 근로자 등의 사회보험료 지원에 관한 법률을 제정해 저임금 근로자 및 저임금 근로자를 사용하고 있는 영세 사업주가 부담하는 사회보험료의 100분의 50을 상한으로 대통령령으로 정하는 금액을 정부가 지원하도록 함으로써 저임금 근로자의 생활 안정을 이루고 영세 사업주의 사회보험 가입을 장려한다.

(2) 주요 내용

저임금 근로자의 생활 안정과 사업주의 사회보험 가입을 장려하기 위해 저임금 근로자 및 저임금 근로자를 사용하고 있는 사업주가 부담하는 사회보험료의 100분의 50을 상한으로 대통령령으로 정하는 금액을 정부가 지원한다. 사회보험료 지원 대상 여부를 확인하기 위해 사업주가 저임금 근로자와 근로계약을 체결한 때에는 그 사실을 고용노동부 장관에게 신고해야 하고 고용노동부 장관은 지원 대상 여부를 확인한 후 증명서를 발급하도록 한다. 사회보험료 지원금의 부당 수령을 방지하고자 근로자 또는 사업주가 거짓이나 그 밖의 부정한 방법으로 사회보험료를 지원받은 경우에는 부정한 방법을 사용해 지원받은 금액만큼 환수하고 1년 이하의 징역 또는 500만 원 이하의 벌금을 부과한다.

다. 이주영 의원안

(1) 고용산재보험료징수법 일부개정법률안

고용보험은 1995년 제도 도입 이래 실업의 위험에 대한 사회안전망으로 자리매김하고 있음에도 불구하고 영세 사업장의 저임금 근로자를 중심으로 여전히 가입률이 낮은 실정이다. 따라서 영세 사업장 저임금 근로자의 고용보험 가입률을 높이기 위한 방안으로 사업주와 근로자의 고용보험료 지원의 근거를 마련해 시행하고자 한다. 아울러 기존에 고용보험에 가입되어 있지 않던 고용보험료 지원 대상 사업주의 과거 보험료 소급 부담을 완화하기 위한 특례를 마련해 고용보험료 지원 방안이 고용보험 적용 촉진 수단으로 제대로 작동할 수 있도록 한다.

(2) 국민연금법 일부개정법률안

국민연금 사업장가입자 적용 대상의 확대로 연금보험료의 절반을 사용자가 부담하는 사업장가입자 적용 근로자가 지속적으로 증가하는 반면, 사업장가입자 적용 대상임에도 불구하고 소득과 고용이 불안정한 영세 사업장 저임금 근로자의 상당수는 여전히 사업장가입자가 아닌 지역가입자로 가입하거나 국민연금에 가입조차 하지 않고 있는 실정이다. 따라서 영세 사업장의 저임금 근로자 및 해당 사용자의 국민연금 보험료 부담을 줄이고 사업장 가입을 확대하기 위한 방안으로 사용자와 근로자의 연금보험료 지원 근거를 마련해 시행하고자 한다.

2. 의원입법안의 구체적 내용

가. 입법 방식

지원 근거의 관점에서 사회보험료 지원 정책은 두 가지로 구분할 수 있다. 하나는 지원 대상자의 권리로 보장하는 방식이고(권리형), 다른 하나는 국가의 재량 사항으로 정하는 방식이다(재량형). 전자는 사회보장 수급권을 구체화해서 명확성과 예측 가능성을 제고할 수 있고, 후자는 재정 상황 등에 따라 국가의 지원 여부 및 지원액 등을 탄력적으로 조절할 수 있다. 이 논의는 입법 형식과 연결된다. 권리형을 주장하는 쪽에서는 사회보험료의 지원 대상 및 지원율 등을 법률로 정하는 것을 선호하지만, 재량형을 주장하는 쪽에서는 대통령령 등에 위임하는 것을 지지한다(강성태, 2012b: 246; 김대현·이수진, 2011: 29).

김성식 의원안은 사회보험 관련 법률에서 사회보험료 지원 조항을 신설하고 지원액 산정 방식 등을 법률에서 직접 규정하는 방식을 택했다. 이미경 의원안은 특별법 제정 방식을 제안하면서 상한선 범위에서 대통령령으로 지원액을 결정하는 방식을 택했다. 반면에 이주영 의원안은 구체적인 지원 대상 및 지원액 등을 대통령령에서 정하도록 했다.

사회정책의 실시와 관련해서는 국가의 재정 부담 능력 등이 중요하게 고려된다. 헌법재판소는 사회정책의 실시에서는 "국가의 재정 부담 능력, 전체적인 사회보장 수준과 국민 감정 등 사회정책적인 고려, 제도의 장기적인 지속을 전제로 하는 데서 오는 제도의 비탄력성과 같은 사회보장 제도의 특성 등 여러 가지 요소를 감안해야 하기 때문에 입법자에게 광범위한 입법재량이 부여되지 않을 수 없다."고 판시한 바 있다.[49] 그런데 국가의 재정 부담이나 그 탄력적 운용의 장점 등을 고려한다 하더라도, 사회보험료 지원 정책이 제대로 작동하기 위해서는 권리형 접근 방식(right-based approach)이 더 타당하다. ILO는 사회보장에 관한 권리는 수급권, 수급 요건 및 절차적 보장 등을 내용으로 하며 이것들은 법률 등에 의해 보장되어야 한다고 천명한 바 있다. 이 원칙은 사회보험료 지원 정책에서도 관철되어야 한다(강성태, 2012b: 246; ILO,

49 헌법재판소 1995. 7. 21. 선고 93헌가14 결정.

김성식 의원안(국민연금)	이미경 의원안	이주영 의원안(국민연금)
제88조의3(보험료의 지원) ① 국가는 근로자가 다음 각 호의 요건을 모두 갖춘 경우 해당 근로자와 이를 고용한 사용자가 부담하는 연금보험료(이하 이 조에서 "부담보험료"라 한다)의 일부를 그 근로자와 사용자에게 지원하여야 한다. 이 경우 지원 금액은 부담보험료의 100분의 50에 해당하는 금액을 초과할 수 없다. 1. 상시 근로자 수가 30명 미만인 사업 또는 사업장에 근무할 것 2. 평균 주당 근로시간이 36시간 이상일 것 3. 임금(「근로기준법」 제2조 제5호에 따른 임금을 말한다. 이하 이 조에서 같다)이 최저임금의 100분의 130 이하일 것 ② 제1항에 따른 지원 금액은 다음 계산식에 따라 산출하되, 사용자에 대한 지원 금액을 산출할 때 임금은 제1항에 해당하는 근로자 전체의 평균임금을 말한다. 지원 금액 = 부담보험료 × {[(최저임금 × 1.3 − 임금) ÷ (최저임금 × 1.3 − 최저임금)] × 0.4 + 0.1}	제3조(사회보험료 지원대상) ① 정부는 근로자가 다음 각 호의 요건을 모두 갖춘 경우 해당 근로자와 이를 고용한 사업주가 부담하는 사회보험 보험료(이하 "사회보험료"라 한다) 중 제4조에서 정한 금액을 그 근로자와 사업주에게 지원하여야 한다. 1. 상시 근로자 수가 30명 미만인 사업 또는 사업장에 근무할 것 2. 주당 평균 근로시간이 15시간 이상일 것 3. 「근로기준법」 제2조 제5호에 따른 임금이 최저임금의 100분의 130 미만일 것 ② 제1항에도 불구하고 동거하는 친족민을 사용하는 사업 또는 사업장에는 이 법을 적용하지 아니한다. ③ 제1항에 따른 상시 근로자 수, 주당 평균 근로시간을 산정하는 방법 등에 필요한 사항은 대통령령으로 정한다. 제4조(사회보험료 지원 금액) 제3조 제1항에 따른 지원 금액은 다음 각 호에 따른다. 이 경우 사업주가 부담하는 사회보험료는 제3조에 따른 근로자를 고용함으로써 부담하는 사회보험료에 한한다. 1. 「고용보험 및 산업재해보상보험의 보험료징수 등에 관한 법률」 제13조에 따라 근로자 및 사업주가 부담하는 고용보험료의 100분의 50을 상한으로 대통령령으로 정하는 금액 [2호 내지 5호는 생략]	제88조의3(연금보험료의 지원) ① 국가는 사업장의 규모 및 근로자의 소득이 대통령령으로 정하는 범위에 모두 해당하는 경우 제88조 제3항에 따른 근로자의 연금보험료 중 근로자 본인이 부담하는 기여금 및 그 사용자가 부담하는 부담금의 일부를 예산의 범위에서 지원할 수 있다. ② 제1항에 따른 연금보험료의 지원 수준은 대통령령으로 정한다.

2011a: 7).

이 논의가 중요한 또 다른 이유는 사회보험료 지원 정책의 효과와 관련된다. 앞에서 설명한 것처럼 사회보험료 지원 정책은 비공식 고용의 공식 고용으로의 전환, 사회보험 사각지대의 해소 등을 지향하며 특히 현재의 근로빈곤층이 장래의 노인빈곤층으로 이어지는 것을 방지하는 것을 목적으로 한다. 이러한 제도가 효과를 발휘하기 위해서는 지원 대상자가 그것을 개인의 권리로서 적극적으로 인식하도록 해야 한다. 이를 위해서는 특히 권리로 규정함으로써 사회적 낙인 등과 같은 부정적 효과를 사전에 차단하는 것이 중요하다. 다른 한편, 사회보험료 지원 정책이 효과를 발휘하기 위해서는 오랜 기간 동안 지속적으로 상당한 예산을 투입해야 한다. 이렇게 상당한 예산 투입이 상당 기간 지속되어야 한다면, 국가 예산을 정하고 그것의 적정한 집행 및 효과 등을 주기적으로 모니터링할 수 있는 국회가 법률로써 이를 도입하는 것이 바람직하다(강성태, 2012b: 246-247).

결국 권리형 접근 방식이 사회보험료 지원 정책을 실효성 있게 시행하는 토대가 될 수 있다. 나아가 사회보험 사각지대 해소를 위해서는 지원 대상자의 사회보험료의 전체 부담액을 고려해야 한다는 점에서도 그에 관한 통일적 접근이 좀더 쉬운 특별법으로 입법하는 방안을 검토할 만하다.

나. 지원 대상

첫째, 사회보험료 지원 정책은 근로자 개인 단위로 시행해야 한다. 사회보험료 지원 정책이 "사회보험 사각지대 해소"라는 사회안전망의 확충과 "비공식 고용의 공식 고용으로의 전환"이라는 두 가지 목적을 이루기 위해서는 그 정책 대상을 가구가 아닌 근로자 개인 단위(individual-based approach)로 파악해야 하기 때문이다. 이는 자영업자 등에 관한

고용산재보험료징수법 일부개정법률안(이주영 의원안)	
현행	개정안
제16조의3(월별보험료의 산정) ① 제16조의2 제1항에 따라 사업주에게 부과하는 보험료(이하 "월별보험료"라 한다)는 근로자 전체의 개인별 월평균보수의 전체 합계액에 고용보험료율 및 산재보험료율을 각각 곱하여 산정한다.	제16조의3(월별보험료의 산정) ① ________ ________________________________ ________________________________ ________________________________ 개인별 월평균보수 ______________ 각각 곱한 금액을 합산 __________.
② ~ ④ (생략)	② ~ ④ (현행과 같음)

소득 파악률이 매우 낮다는 점을 고려할 때도 그러하다. 지금처럼 자영업자에 대한 소득 파악률이 높지 않은 상태에서 가구 단위로 사회보험료 지원 정책을 실시할 경우, 그 시행 과정에서 많은 부작용을 야기할 가능성이 크기 때문이다(이병희, 2011: 22–23).

따라서 현재 사업장 단위로 보험료가 산정되는 고용보험과 산재보험에 대해서는 이를 근로자 개인 단위로 변경해 근로자가 부담하는 보험료에 대한 지원이 가능하도록 고용산재보험료징수법을 개정할 필요가 있다. 이주영 의원안은 보험료를 근로자 전체의 개인별 월평균보수의 전체 합계액에 고용보험료율 및 산재보험료율을 각각 곱해 산정하도록 한 현행 보험료징수법을 근로자 개인별 월평균보수에 고용보험료율 및 산재보험료율을 각각 곱한 금액을 합산하는 방식으로 변경하도록 규정하고 있다.

둘째, 노사 양쪽을 사회보험료에 대한 지원 대상으로 삼아야 한다. 사회보험의 가입 대상임에도 불구하고 사회보험에 가입하지 않는 이유는 다양하고 그 원인은 노사 모두에 존재한다.

먼저 사회보험에 대한 기여 기피(contribution evasion)의 주요한 원인은 현상적으로는 보험료 부담 때문이라고 말할 수 있다. 부담하는 보험료와 비교해 보장이 충분하지 않다고 생각하거나 당장의 생활 부담 때문에 가입 대상자가 가입을 기피할 수 있기 때문이다(이병희, 2011: 16).

사업주의 사회보험 가입 의무 불이행 역시 그 사각지대가 발생하는 중요한 요인이다. 사업주는 근로자의 급여에서 사회보험료를 원천징수하고 근로자를 대신해 피보험자격을 신고하고 보험료를 납부할 의무를 진다. 그런데 영세 사업장의 경우 나쁜 경영 여건으로 인해 사용자가 평균임금의 약 10%에[50] 이르는 사회보험료 부담을 기피하는 경우가 많다(김대현·이수진, 2011: 27). 나아가 소득원이 노출될 경우 사용자에게는 보험료 부담뿐만 아니라 조세 부담이 뒤따른다. 이런 점 때문에 사용자가 근로자의 취업 사실을 신고하지 않거나 근로계약 외의 계약 형태를 취해 사용자 책임을 회피하곤 한다. 그리고 취업 사실을 신고하더라도 근로자들의 소득을 과소 신고하는 경우, 재직 근로자의 일부만을 신고하고 나머지 근로자의 소득은 기타 소득으로 처리하는 경우 등이 발생한다(이병희, 2011: 16).

이런 점들을 고려할 때 사회보험료 지원 정책은 사용자와 근로자 모두를 대상으로 삼아야만 그 정책적 효과를 기대할 수 있다. 위 의원입법안들 모두 사용자와 근로자가 부담하는 보험료를 함께 지원하도록 규정했다.

셋째, 의원입법안 모두 국가의 재정 부담을 고려해 사회보험료 지원 대상을 제한하고 있다. 즉, 의원입법안들은 사업장 규모, 근로자 임금, 근로시간 등 세 가지 요건을 기준으로 삼아 지원 대상자를 규정했다.

사회보험료 지원 대상이 되는 사업장의 규모와 관련해 김성식 의원안은 30명 미만 사업장을, 이미경 의원안은 10명 미만 사업장을 지원 대상 사업장으로 삼고 있다. 이주영 의원안은 지원 대상 사업장의 규모를 대통령령으로 정하도록 규정했다.

---

50 4대 사회보험 관련 사용자 부담분은 국민연금 4.5%, 건강보험 2.82%, 산재보험 1.77% 및 고용보험 0.8%. 등 합계 9.89%다.

지원 대상 근로자의 범위와 관련해 김성식 의원안과 이미경 의원안은 근로자의 임금을 기준으로 삼았다. 김성식 의원안은 임금이 최저임금의 130% 이하인 근로자를, 이미경 의원안은 임금이 최저임금의 130% 미만인 근로자를 지원 대상으로 규정했다. 이주영 의원안은 대통령령에서 정하는 소득 범위 내의 근로자를 지원 대상으로 규정했다. 또한 김성식 의원안과 이미경 의원안은 근로시간을 추가적인 요건으로 정했다. 김성식 의원안은 평균 주당 근로시간이 36시간 이상인 근로자를, 이미경 의원안은 평균 주당 근로시간이 15시간 이상인 근로자를 지원 대상으로 삼았다. 이주영 의원안은 이에 관해 특별한 규정을 두고 있지 않았다.

사회보험료 지원 정책이 사회보험 사각지대 해소와 관련해 일종의 마중물로서 역할을 하기 위해서는 보호 필요성이 높고 가시적 효과가 나타날 가능성이 있는 사업장에 대해 더 많은 지원이 이뤄지도록 지원 대상을 설정할 필요가 있다. 한편 저임금 근로자 여부의 판단 기준으로서 국제적으로 통용되는 것은 중위임금의 2/3 수준이고, 한국에서는 최저임금의 130% 수준이 이에 근접하므로, 이것을 기준으로 삼을 수 있을 것이다. 또한 단시간 근로자에게 혜택이 집중되지 않도록 평소 주당 근로시간이 36시간 이상인 전일제 근로자를 우선적인 지원 대상으로 정하는 것이 바람직하다.

임금 수준을 정하는 것과 관련해서는 법정 최저임금을 준수하지 않는 경우를 지원 대상에서 배제할지가 문제된다. 의원입법안에서는 법정 최저임금의 준수 여부를 자격요건에 포함시킬지 여부를 명확하게 규정하고 있지 않다. 그러나 법정 최저임금 준수율 제고를 통해 저임금 노동시장을 개선하기 위해서는 최저임금 이상인 경우에 한정해 사회보험료 지원 혜택을 부여하는 것이 타당하다(이병희, 2011: 21).

구분		김성식 의원안	이미경 의원안	이주영 의원안
지원 대상	사업장 규모	30명 미만	10명 미만	시행령 위임
	근로자 임금	최저임금 130% 이하	최저임금 130% 미만	시행령 위임
	근로시간	주 36시간 이상	주 15시간 이상	-

다. 지원금 산정 방식

사회보험료 지원금 산정 방식과 관련해 김성식 의원안은 그 상한선(보험료의 100분의 50)과 지원율을 법률에서 규정했고, 이미경 의원안은 상한선(보험료의 100분의 50)만을 법률에서 정하고 지원율은 대통령령에 위임했다. 이주영 의원안은 상한선 및 지원율 모두를 대통령령에 위임한다고 규정했다. 권리형 접근 방식의 장점을 고려할 때, 지원금 산정 방식은 법률로 규정하는 것이 바람직하다.

한편, 국가가 어느 정도까지 사회보험료를 지원할 것인지(지원율)는 지원 대상자 가운데 실제 수혜율을 결정짓는 중요한 정책 변수다. 사회보험료 지원 정책이 실제 작동하기 위해서는 1차적으로 사업주의 신청이 전제되어야 하는데, 그 신청을 유도하기 위해서는 고용하고 있는 근로자의 수와 소득의 공개에 따라 유발되는 조세 부담을 상쇄하거나 적어도 경감을 체감할 만큼의 지원이 있어야 하기 때문이다(이병희, 2011: 25). 따라서 사회보험료 지원 제도가 초기에 성공적으로 정착하기 위해서는 지원금의 상한을 80% 수준까지 올려 신청 유인을 강화할 필요가 있다. 다만 국가의 재정 부담을 고려할 때 50~80% 범위에서 시행령으로 정하도록 위임하는 방식도 가능할 듯하다.

라. 지원 절차

첫째, 지원금의 지원 방식과 관련해 김성식 의원안은 그 지원 절차를 대통령령으로 정하도록 위임했다. 이미경 의원안은 근로자와 사업주가

김성식 의원안(국민연금)	이미경 의원안	이주영 의원안(국민연금)
제88조의3(연금보험료의 지원) ③ 제1항에 따른 상시 근로자 수를 산정하는 방법 및 지원 절차 등 필요한 사항은 대통령령으로 정한다.	제5조(사회보험료 지원 금액의 지원) ① 정부는 제3조에 해당하는 근로자 및 사업주가 사회보험료를 납부한 사실을 확인한 후 제4조에 따른 사회보험료를 지원한다. ② 제1항에 따른 사회보험료 지원에 대한 구체적인 지급 시기, 지급 방법 · 절차 등에 필요한 사항은 대통령령으로 정한다.	제88조의3(연금보험료의 지원) ③ 제1항에 따른 연금보험료의 지원 방법, 절차 등 필요한 사항은 보건복지부 장관과 고용노동부 장관이 공동으로 정하여 고시한다.

사회보험료를 납부한 사실을 확인한 후 사회보험료를 지원하되 그 구체적인 지급 시기, 지급 방법·절차 등 필요한 사항을 대통령령에서 정하도록 위임했다. 이주영 의원안은 보험료의 지원 방법 및 절차를 보건복지부 장관과 고용노동부 장관이 공동으로 정해 고시하도록 규정했다. 권리형 접근 방식의 관점에서 볼 때, 법률에 그 지원 절차를 명시하는 것이 타당하다.

둘째, 사회보험료 지원 신청 절차와 관련해 김성식 의원안과 이주영 의원안은 법률에 규정을 두지 않고 대통령령 등에 위임했다. 반면에 이미경 의원안은 사회보험료 지원대상자 신고 및 지원 신청 절차를 법률에 규정했다.[51] 권리형 접근 방식의 장점을 고려할 때, 법률로 지원 신청

51 저임금 근로자 등의 사회보험료 지원에 관한 법률안 제6조(사회보험료 지원대상자의 신고 및 증명) ① 제3조 제1항에 따른 근로자와 사업주가 근로계약을 체결한 때에는 사업주는 근로계약을 체결한 사실을 고용노동부 장관에게 신고하여야 한다. 이 경우 사업주는 「고용보험 및 산업재해보상보험의 보험료징수 등에 관한 법률」 제33조에 따른 보험사무대행기관(이하 "보험사무대행기관"이라 한다)에게 신고에 필요한 사무를 대행하게 할 수 있다.
② 제1항에 따른 신고를 받은 고용노동부 장관은 해당 근로자와 사업주가 제3조에 따른 사회보험료 지원 대상 여부를 확인 후 해당 근로자와 사업주에게 이를 확인하는 증명서를 발급하여야 한다.

절차를 명시하는 것이 타당하다.

셋째, 부정한 방법으로 지원받은 보험료의 환수와 관련해 이미경 의원안만 고용노동부 직원에게 조사 권한을 부여하고, 거짓이나 부정한 방법으로 사회보험료를 지원받은 자에게 형벌을 부과하도록 규정했다.[52]

---

③ 제1항 및 제2항에 따른 신고 및 증명서의 발급 등에 필요한 사항은 고용노동부령으로 정한다.
제7조(사회보험료 지원신청 등) ① 제6조 제2항에 따른 증명서를 발급받은 사업주가 사회보험료를 지원받으려면 「산업재해보상보험법」에 따른 근로복지공단, 「국민연금법」에 따른 국민연금공단, 「국민건강보험법」에 따른 국민건강보험공단(이하 "근로복지공단 등"이라 한다)에 제6조 제2항에 따른 증명서를 첨부한 사회보험료 지원신청서를 제출하여야 한다.
② 제1항에 따른 신청서를 받은 근로복지공단 등은 사회보험료 지원에 필요한 사항을 결정하여 해당 사업주에게 서면으로 통보하여야 한다. 이 경우 통보받은 사업주는 지체없이 그 사실을 해당 근로자에게 알려야 한다.
③ 제1항 및 제2항에 따른 지원신청 및 통보 등에 필요한 사항은 보건복지부와 고용노동부의 공동부령으로 정한다.

52 저임금 근로자 등의 사회보험료 지원에 관한 법률안 제8조(사회보험료 지원 금액의 환수) ① 정부는 근로자 또는 사업주가 거짓이나 그 밖의 부정한 방법으로 사회보험료를 지원받은 경우에는 부정한 방법을 사용하여 지원받은 금액만큼 환수하여야 한다.
② 정부는 제1항에 따른 사회보험료를 반납할 자가 해당 금액을 기간 내에 반납하지 않을 경우 국세체납처분의 예에 따라 징수하여야 한다.
③ 제1항에 따른 환수 절차 등에 필요한 사항은 대통령령으로 정한다.
제9조(조사 등) ① 고용노동부 장관은 거짓이나 그 밖의 부정한 방법으로 사회보험료를 지원받은 사실을 조사하기 위하여 필요하면 제6조에 따라 신고한 사업주나 그 신고를 대행한 보험사무대행기관에게 관계 서류의 제출 또는 관계인의 출석을 요구하거나, 소속 직원으로 하여금 그 사업주의 사업장 또는 보험사무대행기관의 사무소에 출입하여 관계인에게 장부 등 서류를 조사하게 할 수 있다.
② 고용노동부 장관은 제1항에 따라 조사를 하는 경우에는 그 사업주 또는 보험사무대행기관에게 조사의 일시 및 내용 등 조사에 필요한 사항을 미리 알려야 한다. 다만, 긴급한 경우나 미리 알리면 그 목적을 달성할 수 없다고 인정되는 경우에는 그러하지 아니하다.
③ 제1항에 따라 조사를 하는 직원은 그 권한을 나타내는 증표를 지니고 이를 관계인에게 내보여야 한다.
④ 고용노동부 장관은 제1항부터 제3항까지의 규정에 따라 조사를 마치면 해당 사업주 또는 보험사무대행기관에게 조사 결과를 서면으로 알려야 한다.
제12조(벌칙) 거짓이나 부정한 방법으로 사회보험료 지원을 받은 자는 1년 이하의 징역 또는 500만 원 이하의 벌금에 처한다.

사업주 및 근로자의 도덕적 해이를 방지한다는 측면에서 부정한 방법으로 지원받은 보험료의 환수 절차는 필요하고, 일정한 경우 고용노동부 직원이 관련 사실을 조사할 필요가 있음을 부정하기는 어렵다. 다만, 그 점을 들어 이미경 의원안처럼 "1년 이하의 징역 또는 500만 원 이하의 벌금에 처한다."는 것은 형벌권의 남용 또는 과잉 처벌의 위험이 있다. 특히 사회보험료 지원의 대상인 소규모 사업장 및 저임금 근로자들이 상대적으로 법적 지식이 부족할 가능성이 높다는 점 등을 고려할 때 더욱 그러하다. 따라서 거짓이나 부정한 방법으로 사회보험료를 지원받은 자에 대해서는 과태료 등 행정벌을 부과하는 것이 적절하다.

마. 면책 규정 등

이주영 의원안은 연체 보험료 면제 규정을 두었다. 즉, 고용보험의 지원 대상이 되는 경우 그 사업주가 보험관계의 신고 및 근로자가 취득한 피보험자격의 신고를 한 때에는 대통령령으로 정하는 바에 따라 사업주에게 부과하는 피보험자격 취득신고일 이전의 고용보험료 및 이에 대한 연체금(보험료 등) 각각의 전부 또는 일부를 면제하게 하고(안 제22조의3 제1항), 보험관계 성립신고는 했으나 해당 근로자의 피보험자격 취득신고를 하지 않고 있어 그 근로자에 대한 피보험자격 취득신고를 한 때에는 대통령령이 정하는 바에 따라 신고일 이전의 보험료 등의 전부 또는 일부를 면제할 수 있도록 했다(안 제22조의3 제2항).

그리고 보험료 등을 면제받은 기간에 대해서는 해당 사업주에게 고용보험법에 따른 사업주에 대한 지원 중 대통령령으로 정하는 사항에 대해 지원하지 아니할 수 있도록 규정했다(안 제22조의4).

고용산재보험료징수법 일부개정법률안(이주영 의원안)	
현행	개정안
제22조의3(보험료 등의 일부 면제) 제5조 제1항 또는 제3항에 따른 보험의 당연가입자가 제7조에 따른 보험관계 성립일부터 1년 이상 지나 보험관계의 성립신고를 한 경우에는 보험에 가입한 날이 속하는 보험연도와 그 직전 보험연도를 제외한. 이전 보험연도의 보험료 · 가산금 및 연체금을 면제한다.	제22조의3(고용보험료 등의 면제에 관한 특례) ① 제21조 제1항에 따른 고용보험료의 지원 대상이 되는 경우 그 사업주가 제7조에 따라 성립한 보험관계의 신고(이하 "보험관계 성립신고"라 한다) 및 「고용보험법」 제13조에 따라 해당 근로자가 취득한 피보험자격의 신고(이하 "피보험자격 취득신고"라 한다)를 한 때에는 대통령령으로 정하는 바에 따라 사업주에게 부과하는 피보험자격 취득신고일 이전의 고용보험료 및 이에 대한 연체금 각각(이하 "보험료 등"이라 한다)의 전부 또는 일부를 면제할 수 있다. ② 제21조 제1항에 따른 고용보험료의 지원 대상이 되는 경우 그 사업주가 보험관계 성립신고는 하였으나 해당 근로자의 피보험자격 취득신고는 하지 않고 있어 그 근로자에 대한 피보험자격 취득신고를 한 때에는 대통령령으로 정하는 바에 따라 신고일 이전의 보험료 등의 전부 또는 일부를 면제할 수 있다.
〈신설〉	제22조의4(보험료 등의 면제에 따른 지원의 제한 등에 관한 특례) 제22조의3에 따라 보험료 등을 면제받은 기간에 대하여는 해당 사업주에게 「고용보험법」에 따른 사업주에 대한 지원 중 대통령령으로 정하는 사항에 대하여는 지원하지 아니할 수 있다.

Ⅳ. 현행 사회보험료 지원 사업(두루누리 사업)에 대한 검토

앞에서 살펴본 사회보험료 지원 관련 입법의 움직임 등에 힘입어 2011년 9월 무렵부터 정부와 여당은 비정규직 종합대책의 일환으로서 영세 사업장의 저임금 근로자 및 사용자의 사회보험료 지원 사업을 추진했다. 그 결과, 2012년 2월부터 10명 미만 소규모 사업장의 월 평균

보수 125만 원 미만의 저임금 근로자를 대상으로 사회보험료의 일부를 지원하는 두루누리 사업이 시행되었다. 사업 시행 초기에는 월 평균 보수 105만 원 미만인 경우에는 보험료의 1/2을, 105만 원부터 125만 원 미만의 경우에는 보험료의 1/3을 지원했으나, 이후 지원 대상자와 보험료 지원율이 단계적으로 확대되어 2015년 1월부터는 월 평균 보수 140만 원 미만의 저임금 근로자를 고용하는 사업주와 근로자에게 보험료의 50%를 지원했고, 2016년 1월부터는 신규 가입자는 60%, 기존 가입자는 40%씩 차등 지원하고 있다. 이 기준에 해당할 경우 사업주의 신청에 의해 고용보험료와 연금보험료를 지원한다.

두루누리 사업이 시행된 이후 지원 근로자의 수가 계속 증가하면서 사회보험 사각지대도 점진적으로 축소되는 효과가 나타나고 있다. 예컨대 고용보험 사업장 및 피보험자의 연도별 증가율을 살펴보면, 10명 이상 사업장의 증가율은 2011년 9.5%에서 2012년 -0.2%, 2013년 1.3%로 낮은 반면, 10명 미만 사업장의 증가율은 2011년 7.5%에서 2012년 9.6%, 2013년 11.8%로 증가폭이 지속적으로 확대되었다. 피보험자 증가율 역시 10명 미만 사업장에서 큰 폭의 증가세를 보였으나(2011년 4.2% → 2013년 5.2%), 10명 이상 사업장의 피보험자 증가율은 낮아지고 있다(2011년 5.3% → 2013년 3.0%). 즉, 두루누리 사업이 본격화된 2012년부터 10명 미만 사업장 및 피보험자의 증가가 두드러진다(유경준·최바울, 2014: 4).

두루누리 사업은 헌법 제32조 제1항이 국가에 요구하는 적정임금 보장을 노력할 의무에 따른 것인 바, 이 사업이 사회보험료 지원 제도로서 정착되기 위해서는 아래와 같은 입법적 보완이 필요하다.

두루누리 사업의 구체적 내용은 법률이 아닌 시행령과 행정규칙에 의해 정해지고 있다. 예컨대 고용보험료의 지원과 관련해 고용산재보험료징수법 제21조는 "사업장의 규모 및 근로자의 보수가 대통령령으로 정하는 범위에 해당하는 경우 그 사업주와 근로자가 부담하는 고용보험료의 일부를 예산의 범위에서 지원할 수 있고, 이에 따른 고용보험료의 지원 수준, 지원 방법, 절차 등 필요한 사항은 대통령령으로 정한다."고 규정하고 있을 따름이고, 같은 법 시행령 제28조와 제29조에서 10명 미만 사업장을 그 지원 대상으로 삼고 고용보험료의 지원 수준은 고용노동부 장관의 고시에 따른다고 규정하고 있다(국민연금보험료의 지원을 규정한 국민연금법 제100조의3과 같은 법 시행령 제73조의2와 제73조의3도 이와 대동소이하다).

그런데 사회보장에 관한 권리는 인간으로서의 존엄성을 위한 안전하고 건강하며 적정한 생활 수준을 보장하는 기본권으로서 앞에서 설명한 것처럼 그 수급권, 수급 요건 및 절차적 보장 등에 관한 내용은 법률 등에 의해 보장되어야 한다(ILO, 2011a: 5-7). 따라서 저임금 근로자에 대한 사회보험료 지원 제도는 법률에 의해 형성되어야 하고, 그 법률에서는 수급권의 내용, 수급 요건 및 사회보험료 지원 절차 등이 구체적으로 규정되어야 한다(강성태, 2012b: 236-237). 이를 통해 사회보험료 지원 제도는 개인의 권리, 즉 사회보장수급권의 모습으로 형성될 수 있다. 예컨대 어느 정도의 임금 구간에서 어느 정도의 사회보험료를 감면할지, 국가가 그 감면된 보험료 상당액을 어떻게 지원할지는 법률에서 규정해야 한다. 이를 시행령에 포괄적으로 위임할 경우 그것은 정부의 일회적 혹은 단기적 시혜책으로서의 성격을 띠기 때문이다(도재형, 2014c: 207). 현재처럼 두루누리 사업의 지원 대상 사업장의 규모를 시행령에 의해, 그리고 사회보험료 지원율은 장관의 고시에 의해 정해지도록 한 입법 방식은 개선되어야 한다.

나아가 고용산재보험료징수법 시행령 제29조의2 및 국민연금법 시행령 제73조의3 제2항 등에 의하면, 현행 두루누리 사업에 따른 사회보험료 지원을 신청할 수 있는 자는 사용자(사업주)로 한정되어 있다. 이로 인해 두루누리 사업의 적용 여부가 사용자(사업주)의 의사에 좌우되게 된다. 이것은 사회보험료 지원 정책이 사회보장수급권으로서 정착되는 데 부정적 효과를 끼치므로, 그 지원 신청권을 근로자에게도 부여하는 방식으로 개선되어야 할 것이다.

V. 소결

한국의 기존 사회보험 감면·지원 제도는 저소득 계층에 관한 일반적인 고려가 결여되어 있다. 또한 법률보다는 시행령 또는 행정규칙 등에 의해 구체적 내용이 규정되고 한시적으로 운용되는 등 권리로서의 성격이 약하거나 시혜적인 것으로 인식될 가능성이 높다.

새로운 사회보험료 지원 제도는 권리형 접근 방식에 의해 설계되어야 한다. 그리고 사회보험 사각지대의 해소 및 비공식 고용의 공식 고용으로의 전환이라는 제도적 목적을 달성하기 위해서는 보호 필요성이 큰 근로자와 사용자에 대해 더 많은 지원이 시행되도록 제도를 설계하는 것이 바람직하다.

사회보험료 지원 정책의 '설계' 단계에서 고려되어야 할 점들은 다음과 같다. ① 사회보험료 지원 정책이 지향하는 '공식 고용의 촉진'에서 말하는 공식 고용은 헌법상 국가의 의무인 '적정임금의 보장'을 지향하는 것이어야 한다. ② 지원 제도를 통해 '사회계층 간의 소득재분배 효과'를 높이는 방안이 모색될 필요가 있다. ③ 국가의 지원 정책을 통해 사회보험 재정상의 노사정 3자 분담 원리 또는 국가 분담 원칙을 현실화시켜야 한다. ④ 이 정책이 '마중물 효과'를 가질 수 있도록 상당 기간 동안 상당한 재원이 투자되어야 한다. ⑤ 새로운 사회보험료 지원 정책은 권리형 접근 방식에 기초해야 한다.

위와 같은 점에 비춰볼 때, 현재 시행되고 있는 두루누리 사업의 경우 그 법적 기반이 취약하다고 평가할 수 있다. 두루누리 사업이 사회보험수급권을 형성하는 사회보장 제도로 제대로 정착되기 위해서는 입법적 개선 노력이 필요하다.

제3절 고용보험의 법적 사각지대 해소 방안

I. 문제의 소재

고용보험의 사각지대는 법적으로 피보험자 자격이 있는 사람이 고용보험에 가입하지 않아 발생하는 사각지대 등과 법적으로 피보험자 자격이 제한되는 제도적 사각지대로 나눌 수 있다(유경준, 2013: 2). 후자는 "고용보험의 법적 사각지대"를 의미한다.[53]

고용보험의 피보험자는 고용산재보험료징수법에 따라 고용보험에 가입되거나 가입된 것으로 보는 근로자와 자영업자다(고용보험법 제2조 제1호). 관련 규정에 의하면 마치 모든 근로자와 자영업자가 고용보험의 적용 대상인 것처럼 보이나, 특수형태근로종사자와 같이 근로자와 자영업자란 이분법적 분류 방식으로 인해 적절한 범주화가 이뤄지지 못해

---

53 '법적 사각지대'란 표현은 서정희, 백승호 교수가 법적 적용 범위의 역(逆)의 개념으로서 사용한 용어를 차용한 것이다. 이에 따르면 사각지대는 적용 범위(coverage)의 역의 개념에 해당한다. 일반적으로 적용 범위는 법적 적용 범위와 실질 적용 범위로 구분된다. 법적 적용 범위(legal coverage or statutory coverage)는 특정 인구 집단에 대해 사회보장 제도에서 법적인 자격을 부여하고 있는지를 기준으로 판단한다. 반면에, 실질적 적용 범위(effective coverage)는 법적인 규정들이 현실에서 실제로 실행되고 있는지를 기준으로 판단한다(서정희·백승호, 2014: 40).

고용보험의 적용 대상에서 배제되는 경우가 문제된다. 또한 고용보험법은 근로자 중 일부 범주를 배제하는 적용 제외 조항과 자영업자에 대해서는 임의 가입 조항을 두고 있는데, 이것 역시 법적 사각지대의 관점에서 문제될 수 있다.[54]

즉, 고용산재보험료징수법은 근로기준법상 근로자 개념을 그대로 사용하고 있으므로(제2조 제1호), 여기에 해당하지 않는 노무공급자는 고용보험법의 적용 대상인 근로자에서 제외된다. 따라서 근로기준법상 근로자 범위에 포섭되지 않는 특수형태근로종사자는 고용보험법에서도 배제된다. 이들은 근로자와 비슷한 방식으로 노동력을 제공함에도 불구하고 근로자로 인정받지 못해 고용보험의 사각지대에 놓여 있다. 특히 특수형태근로종사자는 근로자보다 더 직접적으로 기업 구조조정으로부터 영향을 받는데도 불구하고, 실업에 대한 보호가 전혀 이뤄지지 않고 있다. 이렇게 특수형태근로종사자가 경제적으로 기업에 종속되어 사회적 보호가 필요하다는 점, 그들이 노동시장의 한 축을 구성하고 실업의 위험에 노출되어 있다는 점 등을 고려할 때, 입법을 통해 특수형태근로종사자를 고용보험법의 적용 대상으로 포함시킬지를 논의할 필요성이 있다(윤조덕 외, 2008: 303).

또한 고용보험법 제10조 제2호에서 적용 제외 대상으로 정한 '1개월간 소정근로시간이 대통령령으로 정하는 시간 미만인 자'란 1개월간 소

54 첫째, 고용보험법 제10조에 따라 ① 65세 이후에 고용되거나 자영업을 개시한 자, ② 1개월간 소정근로시간이 대통령령으로 정하는 시간 미만인 자, ③ 국가공무원법과 지방공무원법에 따른 공무원(다만, 대통령령으로 정하는 바에 따라 별정직 공무원, 국가공무원법 제26조의5 및 지방공무원법 제25조의5에 따른 임기제 공무원의 경우는 본인의 의사에 따라 고용보험(제4장에 한한다)에 가입할 수 있다), ④ 사립학교교직원 연금법의 적용을 받는 자, ⑤ 그 밖에 대통령령으로 정하는 자 등에게 고용보험법을 적용하지 않는다. 둘째, 근로자를 사용하지 않거나 50명 미만의 근로자를 사용하는 사업주로서 대통령령으로 정하는 요건을 갖춘 자영업자는 근로복지공단의 승인을 받아 고용보험에 가입할 수 있다(고용산재보험료징수법 제49조의 2).

정근로시간이 60시간 미만인 자 또는 1주간의 소정근로시간이 15시간 미만인 자를 말한다.[55] 이렇게 적용 제외 대상이 되는 단시간 근로자를 흔히 '초단시간 근로자'라고 부르는데, 소정근로시간을 기준으로 삼아 이들을 고용보험법의 적용 범위에서 배제하는 것이 타당한가에 대한 문제 의식이 존재한다.

위 두 노무공급자 군(群)을 비롯해 법적 사각지대에 놓인 노무공급자들에게 고용보험 등 사회보험의 적용을 확대하는 방안에 대해서는 그동안 많은 논의가 있었다. 다만, 그 논의의 대부분은 사회보험 사각지대에 존재하는 이들의 규모에 대한 파악, 이들에 대한 사회보험 적용 확대의 필요성, 사회보험의 적용을 확대할 경우 그에 수반하는 시행상의 문제점에 관한 해결 방안 등에 국한되고, 그러한 사회보험 적용 확대 방안이 우리 헌법의 원리와 기본권 조항의 관점에서 어떻게 정당화될 수 있는지에 대한 검토는 상대적으로 부족했다.

따라서 이 절(節)에서는 먼저 법적 사각지대에 놓인 노무공급자 군을 고용보험의 보호 범위로 넣는 것이 헌법상 복지국가 원리 및 사회적 기본권 관점에서 정당화될 수 있는지를 검토하고자 한다(II). 이어서 특수형태근로종사자를 고용보험에 포섭하는 문제에 대해 살펴본다. 이와 관련해서는 이미 많은 논의가 진행된 상태이므로 여기에서는 종전 논의를 요약해 소개하는 정도로 그치고자 한다. 다만, 특수형태근로종사자와 관련해서는 이들이 자영업자에 해당할 수 있고, 따라서 고용보험법상 임의 가입 조항을 통해 고용보험의 보호를 받을 수 있다는 주장이 있을 수 있으므로 이에 대해 살펴볼 것이다. 그와 함께 초단시간 근로자를 '시간제 일자리의 좋은 일자리화(化)'라는 정책적 관점에서 고용보험의

55 다만, 생업을 목적으로 근로를 제공하는 자 중 3개월 이상 계속하여 근로를 제공하는 자와 고용보험법 제2조 제6호에 따른 일용근로자(즉, 1개월 미만 고용되는 일용근로자)는 제외한다 (고용보험법 시행령 제3조 제1항).

보호 범위로 포섭하는 방안도 검토하겠다(III).

II. 고용보험과 복지국가, 근로의 권리

1. 복지국가 원리

복지국가란 사회 정의의 이념을 헌법에 수용한 국가, 사회 현상에 대해 방관적인 국가가 아니라 경제·사회·문화의 모든 영역에서 정의로운 사회 질서의 형성을 위해 사회 현상에 관여하고 간섭하고 분배하며 조정하는 국가이며, 궁극적으로는 국민 각자가 실제로 자유를 행사할 수 있는 실질적 조건을 마련해 줄 의무가 있는 국가다.[56] 이러한 국가 기능이 실현되는 대표적 영역이 사회보장 분야다(전광석, 2006: 235).

헌법은 복지국가 원리와 관련해 그 전문에서 "안으로는 국민생활의 균등한 향상을 기[한다]"는 점을 선언하고, 헌법 제34조 제1항에서 모든 국민에게 인간다운 생활을 할 권리를 보장하고, 같은 조 제2항에서 국가에게 사회보장·사회복지의 증진에 노력할 의무를 부과하고 있다. 그리고 헌법 제119조 제2항은 "국가는 균형있는 국민경제의 성장 및 안정과 적정한 소득의 분배를 유지하고, 시장의 지배와 경제력의 남용을 방지하며, 경제 주체 간의 조화를 통한 경제의 민주화를 위하여 경제에 관한 규제와 조정을 할 수 있다."고 규정하고 있다.

헌법재판소는 복지국가 원리를 입법적 형성의 대상으로 파악하고, 그 규범력도 제한적인 것으로 이해하고 있다. 이에 따르면, 복지국가 원리는 헌법의 이념적 기초인 동시에 헌법을 지배하는 지도 원리로서 입

56 헌법재판소 2002. 12. 18. 선고 2002헌마52 결정, 2004. 10. 28. 선고 2002헌마328 결정.

법이나 정책 결정의 방향을 제시하며 공무원을 비롯한 모든 국민·국가기관이 헌법을 존중하고 수호하도록 하는 지침이 되나, 구체적 기본권을 도출하는 근거가 될 수는 없다. 다만, 그것은 기본권의 해석 또는 기본권 제한 입법의 합헌성 심사의 해석 기준의 하나로서 작용한다.[57] 요컨대 복지국가 원리는 국가기관의 입법·행정권을 구속하고 그 결정을 정당화하는 헌법적 근거로 작용한다(전광석, 2006: 245).[58]

사회적 기본권 또는 사회보장 정책은 종국적으로 국가의 적극적 입법 또는 행정조치를 통해 실질적으로 형성된다는 점에 비춰볼 때, 이렇게 제한적 효력만을 지닌 복지국가 원리가 구체적인 사회정책 형성을 위한 적극적 근거로 작용되기는 어렵다(강성태, 2012b: 209). 따라서 고용보험의 법적 사각지대 해소를 위한 직접적 근거는 헌법상 사회적 기본권 조항에서 찾아야 한다. 잘 알다시피, 고용보험 제도는 실업급여의 지급뿐만 아니라 고용안정사업, 직업능력 개발사업 등을 내용으로 삼아 실업 중인 근로자의 생활 안정이라는 소극적인 차원을 벗어나 고용 증진을 위한 헌법상의 '근로의 권리'를 구체적으로 실현하는 입법이다.[59] 따라서 고용보험의 법적 사각지대 축소를 위한 1차적인 헌법적 근거는 사회적 기본권 중에서도 근로의 권리 조항에서 찾을 수 있을 것이다.

2. 근로의 권리

헌법 제32조 제1항은 "모든 국민은 근로의 권리를 가진다. 국가는 사회적·경제적 방법으로 근로자의 고용의 증진과 적정임금의 보장에 노력하여야 하며, 법률이 정하는 바에 의하여 최저임금제를 시행하여야

57 헌법재판소 1996. 4. 25. 선고 92헌바47 결정.

58 헌법재판소 2000. 6. 29. 선고 99헌마289 결정.

59 헌법재판소 2002. 11. 28. 선고 2001헌바50 결정.

한다."라고 규정해 근로의 권리를 보장하고 있다.

'근로의 권리'란 국민이 자신의 의사와 능력에 따라 근로관계를 형성하고, 타인의 방해 없이 근로관계를 계속 유지하며, 근로의 기회를 얻지 못한 경우에 국가에 근로의 기회를 제공해 줄 것을 요구할 수 있는 권리를 말한다. 이러한 근로의 권리는 생활의 기본적인 수요를 충족시킬 수 있는 생활 수단을 확보해 주고 나아가 인격의 자유로운 발현과 인간의 존엄성을 보장해 주는 것으로서 사회적 기본권의 성격이 강하다. 그리고 근로의 권리는 '일할 자리에 관한 권리'만이 아니라 '일할 환경에 대한 권리'도 함께 내포하고 있는데, 후자는 인간의 존엄성에 대한 침해를 방어하기 위한 자유권적 기본권의 성격도 갖고 있고 건강한 작업 환경, 일에 대한 정당한 보수, 합리적인 근로조건의 보장 등을 요구할 수 있는 권리 등을 포함한다.[60]

근로의 권리의 사회권적 측면은 1차적으로 근로 기회의 제공에서부터 시작한다. 즉, 근로 기회가 확대되도록 국가가 고용 증진을 위해 적극적으로 노력해야 한다는 요청이 근로의 권리로부터 도출된다(장영수, 2014: 830). 다만, 근로의 권리는 국가에게 직접 일자리(직장)를 청구하거나 일자리에 갈음하는 생계비 지급을 청구할 수 있는 권리를 의미하는 것이 아니라, 고용 증진을 위한 사회·경제적 정책을 요구할 수 있는 권리다.[61] 근로의 권리 조항이 국가에게 요구하는 정책적 노력의 대표적인 예가 고용보험이다. 고용보험은 근로 능력이 있는 사람이 노동의 기회를 부여받지 못해 인격 발현의 기회와 경제적 기반을 상실할 경우에 대비해 새로운 일자리를 찾거나 혹은 새로운 일자리에서 요구되는 전문지식을 얻기 위해 필요한 직업교육을 받을 수 있도록 한시적으로 보조

60 헌법재판소 2007. 8. 30. 선고 2004헌마670 결정.

61 헌법재판소 2002. 11. 28. 선고 2001헌바50 결정.

하고, 동시에 경제적 기반을 보장해야 할 과제를 부담한다(전광석, 2010: 372). 따라서 근로의 권리 조항에 따라 국가는 고용보험의 법적 사각지대를 해소하기 위한 사회정책적 노력을 기울일 의무를 부담한다.

근로의 권리 조항은 국가에게 적정임금의 보장에 노력할 의무와 법률이 정하는 바에 의해 최저임금제를 시행할 의무도 부과하고 있다. 이 가운데에서 최저임금이 무엇을 의미하는지는 분명하지만, 적정임금은 그렇지 않다. 적정임금이 최저임금법상 최저임금 이상을 의미하는 것은 당연한 듯이 보인다. 문제는 그 이상의 어떤 수준을 적정임금으로 볼 수 있느냐라는 것이다. 적정임금은 단순히 노동에 관한 수요 공급의 원칙에 의해 정해지는 것은 아니다(전광석, 2010: 373). 근로의 권리 조항은, 적정임금의 보장에 관해서는 국가가 사회·경제적 방법으로 노력해야 한다는 요청에 그침으로써 적정임금의 보장은 현실적 조건에 따라 달라질 수 있음을 시사하고 있다(장영수, 2012: 831). 근로의 권리 조항이 기업이 아니라 '국가'에 적정임금의 보장을 위해 노력할 의무를 부과하고 있다는 점도 주목할 필요가 있다. 앞에서 설명한 것처럼 이는 고용보험료 지원 방안과 관련해 현실적인 의미를 갖는다.

한편, 사회보장 입법에서는 입법자에게 광범위한 입법 재량이 부여된다. 따라서 고용보험의 법적 사각지대를 해소하기 위한 입법이 채택되기 위해서는 그 정책적 필요성 혹은 중요성이 함께 있어야 한다. 아래에서 이를 좀더 살펴보도록 하겠다.

3. 입법 정책적 필요성

빈곤은 노동을 통해 해결되는 것이 바람직하다. 즉, 원활한 노동시장의 소득 분배 기능을 통해 적정한 생활이 유지되도록 해야 한다. 그리고 빈곤이 노동시장에 의해 충분히 해결되지 않으면 조세나 사회보장 제도가 이를 보충해야 한다. 빈곤 문제를 해결하기 위한 국가 개입은 그것이 현실화되기 이전에 행해지는 것이 효과적이다. 이를 위해서는, 근로 능력과 의사가 있는 대다수 국민에 관한 한, 근로의 권리와 사회보장권을 연결하는 사회정책, 즉 고용친화적 사회보장 정책을 확립해야 한다(강성태, 2012b: 217).

고용친화적 사회보장 정책을 확립하기 위해서는 우선적으로 사회보험 사각지대를 해소하는 것이 필요하다. 특히 고용보험의 광범위한 사각지대는 노동시장 정책으로부터 배제된 비공식 고용으로 이어져 개인이 실업의 위험을 온전히 감수해야 할 뿐만 아니라 고용률의 정체, 노동시장 불안정성의 증대를 낳는 주요한 원인이 된다. 이러한 점을 고려할 때, 고용보험의 법적 사각지대를 지속적으로 줄여가는 입법 정책이 필요하다(방하남, 2012: 31). 실업과 빈곤 위험의 구조화에 대응해 고용보험의 법적 사각지대를 해소하는 것은 위기 대응뿐만 아니라 미래를 준비하는 전기가 될 수 있다. 고용보험을 비롯한 고용안전망을 통해 실직의 빈곤화를 예방할 수 있다면, 빈곤에 수반되는 사회적 비용뿐만 아니라 공공부조의 부담을 줄일 수 있다(이병희, 2010: 268).

Ⅲ. 구체적인 입법 내용

1. 특수형태근로종사자의 개념 정의

제1절에서 설명한 바와 같이 특수형태근로종사자 개념 구성에 필요한 요소는 ① 계약의 형식에 관계없이 ② 근로기준법상 근로자에 해당하지 않을 것, ③ 주로 특정한 사용자에 대해 노무를 제공하고 보수를 받아 생활할 것, ④ 타인을 사용하지 아니할 것 등이다.

2. 특수형태근로종사자와 임의 가입 규정

고용보험법상 자영업자의 임의 가입 규정에 따라 특수형태근로종사자가 고용보험에 가입할 수 있다는 점을 들어, 특수형태근로종사자를 고용보험의 법적 사각지대로 파악하기는 어렵다는 견해가 있을 수 있다. 그러나 이와 같은 임의 가입 규정은 사회보험의 강제 가입 규정에 위배되므로, 그 역시 사각지대로 평가할 수 있다. 사회보험이 강제 가입 원칙을 가지고 있는 이유는 일반인들이 근시안과 역선택의 문제를 안고 있기 때문이다. 임의 가입을 허용할 경우 사회보험 미가입을 통해 얻을 수 있는 당장의 가처분 소득의 증가에 안주하게 되고, 미래에 언제 어떤 규모로 발행할지 예측하기 어려운 위험을 대비하지 않으며(근시안), 위험 발생 가능성이 높아졌을 때 가입하려고(역선택) 하기 때문이다. 이러한 이유로 강제 가입이 아닌 본인의 희망에 의한 임의 가입은 사회보험의 존립을 위태롭게 한다(서정희·백승호, 2014: 51). 따라서 임의 가입 규정을 들어 해당 피보험자들이 사각지대에서 벗어났다고 봐서는 안 된다.

이를 증명하는 대표적 예가 특수형태근로종사자의 산재보험 가입률 현황이다. 산재법 제125조 제2항은 특수형태근로종사자가 산재법의 적용 제외를 신청한 경우에는 근로자로 보지 아니한다고 규정하고 있다. 이에 따라 특수형태근로종사자의 적용 제외 신청이 가능한데, 2013년 2월 기준으로 특수형태근로종사자 중 89.63%가 적용 제외 신청을 함으로써 실제 가입률은 10.37%의 낮은 수준에 머물고 있다. 이렇게 적용 제외 신청이 폭넓게 이뤄진 이유는 기업이 특수형태근로종사자에 대한 산재보험의 적용이 노동법 적용 대상이 되는 전 단계가 될 것을 우려하고, 이것을 원천적으로 제한하고자 하는 의도에서 적용 제외 신청을 강하게 유도하기 때문이다.[62] 특수형태근로종사자 스스로도 산재보험이 적용될 경우 자신의 소득이 노출될 것을 우려한다는 점도 일부 그 원인이 되고 있다. 따라서 고용보험 사각지대의 해소라는 정책적 목표를 달성하기 위해서는 특수형태근로종사자에 대해 강제 가입 원칙을 관철해야 한다(이호근, 2014: 6-13).

3. 특수형태근로종사자 관련 고용보험료의 부담 방식

제1절의 설명처럼 특수형태근로종사자를 사용하는 기업은 원칙적으로 근로자를 사용하는 기업과 동일한 사회보험적 책임을 부담해야 한다. 이 원칙은 고용보험의 경우에도 적용되어야 한다.

4. 초단시간 근로자에 대한 고용보험 적용 확대 방안

국가는 사회적 기본권의 실현을 위한 입법 과정에서 넓은 재량권을 갖는다. 따라서 사회보험법에서 특정 범주의 노무공급자를 배제한다고 해서 그 사정만으로 무조건 위헌이라는 결론에 이르지는 않는다. 이 점에서 초단시간 근로자를 고용보험의 보호에서 배제하는 현행 고용보험법을 위헌이라고 보기는 어려울 수 있다. 그러나 그것이 적극적으로 복지국가 원리에 부합한다거나 현재 정부가 추진하는 시간제 일자리 정책에 합치한다는 뜻은 아니다.

최근 정부는 '중산층 70%와 고용률 70%의 달성'을 공약의 최우선 순위에 두고 관련 정책을 추진하고 있다. 고용률 70%가 고용의 양을 증가시킨다는 정책이라면, 중산층 70% 복원은 고용의 질을 향상시키는 정책이라고 말할 수 있다. 즉, 성장을 통해 고용을 증가시키고 양질의 고용 증가를 통해 분배 개선을 유도함으로써 성장·고용·분배가 선순환하

62 한겨레신문 보도(2014. 10. 22)에 의하면, 대기업 계열사 골프장이 캐디들의 산재보험 적용 제외 신청서를 무더기로 대리 작성해 제출한 사실이 뒤늦게 밝혀졌다고 한다.

는 구조를 만드는 것이 정부의 목표인 것이다(유경준, 2013: 1-2). 이러한 정부 목표를 달성하기 위해서는 저임금의 나쁜 일자리로 낙인찍힌 단시간 근로를 좋은 일자리로 변환시키는 것이 필요하다. 이와 관련해 정부의 고용률 70% 로드맵에서는 양질의 시간제 일자리의 요소로서 ① 개인의 자발적 수요(육아, 학업, 점진적 퇴직 등)와 부합, ② 전일제와 차별이 없는 일자리, ③ 기본적인 근로조건 보장(최저임금, 4대보험 등)을 들고 있다(관계부처합동, 2013: 1).

사회보험적 관점에서 봤을 때, 시간제 일자리 중에서도 전일제 일자리와 가장 차이가 나는 것이 초단시간 근로다. 대부분의 초단시간 근로자는 산재보험 외의 모든 사회보험에서 배제되어 있다. 비정규적인 고용 형태를 띠는 것이 기술적으로 사회보험을 적용하기 어렵게 만드는 요인이 되는 것은 사실이나, 이것이 초단시간 근로자를 근로 이력에도 불구하고 사회보험 체계에서 배제하는 현실을 적극적으로 정당화하기는 어렵다. 취약계층 근로자를 사회보험으로부터 배제하는 것은 복지국가의 역할을 방기한다는 의심을 피하기 어렵다. 특히 고용보험이 실직 시 소득 보장 기능을 한다는 점을 감안할 때, 그 법적 사각지대는 새로운 불평등 기제가 될 수 있다는 점을 주의해야 한다(장지연, 2012b: 11, 21). 따라서 사업장의 규모, 소득액 등 다른 요소를 고려하지 않고 근로시간 수만을 기준으로 사회보험법의 적용 대상에서 배제하는 것이 바람직한지에 대해서는 재검토가 필요하다(이승욱, 2012: 153).

고용보험법의 초단시간 근로자 규정 하에서 기업은 비용 절감을 위해 정규직 근로자 대신 초단시간 근로자와 같은 비정규직의 고용을 확대하는 데 유혹되기 쉽다는 점도 고려해야 한다(서정희·백승호, 2014: 52). 실제로 일부 사업장에서는 고의로 초단시간 근로를 계약하는 관행이 있다고 한다. 단시간 근로자의 25.1%인 44만 명이 1주 15시간 미만의 초단시간 근로자라는 점을 고려할 때, 이 규정은 단시간 근로의 양극화를 부추기며 보호가 더 필요한 초단시간 근로자를 고용보험의 사각지대에 방치하는 결과를 초래한다고 말할 수 있다. 따라서 초단시간 근로자에 대한 고용보험 적용 제외 조항을 삭제하는 것이 바람직하다(남우근·이수정, 2013: 56).

한편, 고용보험법 시행령 제3조 제1항은 초단시간 근로자 중에서 '생업을 목적으로 근로를 제공하는 자 중 3개월 이상 계속하여 근로를 제공하는 자'에 대해서는 고용보험의 피보험자 자격을 인정하고 있으므로, 초단시간 근로자에게는 이 규정을 근거 삼아 고용보험에 가입할 수 있는 기회가 있다. 하지만 여기서 정한 '생업을 목적으로 한 근로'란 요건의 모호함이 문제가 된다. 어떤 측면에서 이것은 동어 반복에 불과하다. 노동법에서 말하는 '근로'란 것 자체가 자신의 생계에 필요한 소득을 얻기 위해 이뤄지는 노동 또는 노동력의 제공을 의미하는데, 생업(生業)의 사전적 의미 역시 "살아가기 위해 하는 일"이어서 이것이 근로와 무엇이 다른지 불분명하기 때문이다.[63] 이로 인해 초단시간 근로자의 피보험자 자격 여부가 사용자의 뜻에 좌우될 가능성이 높아지고, 사회보험료의 부담을 회피하고자 하는 사용자의 일반적 성향을 고려할 때, 이 제도의 실효성이 크지 않다는 점은 쉽게 예상할 수 있다.

Ⅳ. 소결

사회보험 제도는 노동시장의 이중화를 촉진하거나 완화함으로써 노동시장에 중요한 영향을 미친다. 사회보험 제도가 정규직 노동만을 보호하고 비공식 고용을 배제한다면, 사회보험은 노동시장에 부정적 영향

63 표준국어대사전, http://stdweb2.korean.go.kr/search/List_dic.jsp(2014. 10. 22. 검색)

을 끼치게 된다. 또한 고용보험의 기능 중 하나가 실업 기간 동안 소득을 보장함으로써 국민이 생계 유지에 쫓겨 나쁜 일자리에 취업하는 것을 예방하는 것이라는 점을 고려할 때, 그 사각지대의 축소는 노동시장으로부터 비공식 고용과 같은 나쁜 일자리를 축출하는 효과를 발휘할 수 있다. 결국 고용보험의 법적 사각지대 축소를 위한 입법 정책적 노력은 노동시장의 이중화를 완화함으로써 결과적으로 좋은 일자리를 확대하는 정책적 목표를 달성할 수 있을 뿐만 아니라 헌법상 복지국가 원리 및 근로의 권리 규정에 따라 정당성을 갖는다.

특수형태근로종사자는 이미 노동시장에서 그 존재가 확인되고 그에 상응하는 권리의 부재 역시 확인되었음에도 불구하고, 여전히 고용보험의 법적 사각지대에 놓여 있다. 이제는 지난한 입법적 논의에 종지부를 찍고 이들을 고용보험을 비롯한 사회보험의 보호 영역에 포섭하기 위한 실제적 노력을 기울여야 한다. 그리고 최근 정부가 추진하는 '시간제 일자리의 좋은 일자리화'라는 정책 목표를 달성하기 위해서는, 고용보험으로부터 명시적으로 배제되는 초단시간 근로자에 대한 보호 조치도 필요하다. 단시간 근로자 중에서도 가장 열악한 지위에 있는 사람들에게 고용보험을 적용하기 위한 노력은 시간제 일자리 전체를 좋은 일자리로 만드는 계기가 될 것이다.

제4절 | 결론

앞에서 살펴본 바와 같이 비공식 고용 분야에서 노동법의 규범력은 판례 법리의 변화를 통해 부분적으로만 회복되었을 따름이다. 여전히 많은 수의 특수형태근로종사자들은 노동법의 보호 범위 밖에 놓여 있고 노동법적 보호를 받으려는 이들의 시도는 항상 기업의 강한 저항에 부딪치곤 한다. 사회보험법 분야에서 규범력을 확대해 비공식 고용을 공식 고용화하려는 노력, 즉 사회보험 사각지대의 해소 노력 역시 뚜렷한 성과를 얻지는 못하고 있다. 여전히 많은 수의 노무공급자는 법률에 의해 사회보험에서 배제되거나 사실상 배제되어 있다. 사회보험료 지원 정책인 두루누리 사업 역시 법률적 기반이 취약한 상태다. 이렇게 비공식 고용 분야에서 노동법과 사회보험법의 규범력이 회복(확대)되지 않는 이유로는 비공식 고용을 공식 고용화하기 위한 입법이 적절한 시점에서 이뤄지지 않고 있다는 점, 기업의 노동법과 사회보험법 영역에서의 탈법행위에 대한 정부와 사회보험 당국의 적발 의지가 약하다는 점 등을 들 수 있다.

비공식 고용을 공식 고용화하려는 노력은 좁게는 노동시장과 사회보험을 정상화한다는 점에서, 넓게는 한국 사회를 정상화한다는 점에서 매우 중요하다. 노동법 등이 정작 그 보호를 필요로 하는 노무공급자들에게 규범력을 발휘하지 못하고 그들이 사법과 입법의 보호로부터 배제될 때 노동시장의 이중화와 소득 양극화는 심화될 수밖에 없다. 만약 노동법과 사회보장법이 이중적 노동시장과 사회적 양극화를 방관하거나 심화시킨다면, 그 법제의 존립 근거와 헌법적 정당성은 소멸했다고 말해도 과언이 아닐 것이다. 이 점에서 그 사각지대의 축소는 노동법과 사회보장법의 1차적 과제라고 볼 수 있다.

비공식 고용의 공식 고용화는 기업 또는 노무수령자에게 노무 제공의 실태에 부합하는 사용자 책임을 부담하게 하는 것에 다름 아니다. 이것은 상품과 용역시장 등에서 공정한 경쟁이 이뤄지게 하는 토대가 된다. 만약 사법과 입법, 그리고 행정이 노동법과 사회보험법상 책임을 회피하려는 기업의 의도(설령 그들의 노력을 비용 절감이나 구조조정이란 문구로 표현한다 하더라도)를 묵인하거나 방관할 경우, 그들은 시장에서 승리하고 사용자 책임을 순순히 부담하는 기업은 도태되고 말 것이다. 자신의 사회적 책임을 수행하고자 하는 기업을 그렇지 않은 기업으로부터 보호하는 것 역시 노동법과 사회보험법이 수행해야 할 역할인 것이다.

역사가 증명하듯, 권리의 달콤함을 맛본 시민만이 그 권리의 유지와 확장을 요구할 수 있다. 이 점에서 기업이 노동법과 사회보험 사각지대에 놓인 노무공급자가 노동권과 사회보험수급권을 향유하지 못하도록 노력하는 것은 자연스럽다. 그 사각지대의 축소는 기업에게 노무비용의 증가로 다가오기 때문이다. 따라서 향후 진행되는 노동법과 사회보험의 사각지대 축소를 위한 입법 과정에서는 이러한 저항을 방지하기 위한 노력을 병행하는 것이 필요하다. 그 첫 번째 노력은 적발과 제재이지만, 그와 함께 사회보험료 지원 등과 같은 방안도 병행할 필요가 있다. 사회보험의 사각지대를 축소하기 위한 입법과 정책적 노력은 복지국가 원리와 사회적 기본권 조항에 기반해 헌법적 정당성을 갖는다.

이 장(章)에서는 이러한 문제 의식에 기초해 비공식 고용의 공식 고

용화와 관련된 논의를 소개했다. 다만, 이 논의가 완성되거나 완벽한 방안이 아니라는 점을 밝혀둔다.[64]

64 예컨대 제1절에서 특수형태근로종사자에 대한 보호 입법의 기준에 대해 검토했지만, 여기에서의 논의가 특수형태근로종사자에 관한 모든 법리적 문제를 해결하지는 못했다. 특히 제1절에서 제시한 특수형태근로종사자의 범위가 한국 사회에서 일반적으로 노동법적 보호의 필요성이 있다고 얘기하는 노무공급자(특수형태근로종사자)의 범주보다 좁다는 점을 감안할 필요가 있다. 대리기사와 택배원의 노무 제공 방식의 변화 과정에서 목격하다시피 전속성을 특수형태근로종사자의 범위를 정하는 기준으로 삼는 것은 필연적으로 그 범위를 좁히는 결과를 초래한다. 따라서 이를 탄력적으로 운용하고 해석하는 것과 함께 거기에서 배제되는 노무공급자 군(群)에 대한 보호 입법에 대해서도 고민해야 한다(도재형 외, 2014 참조).

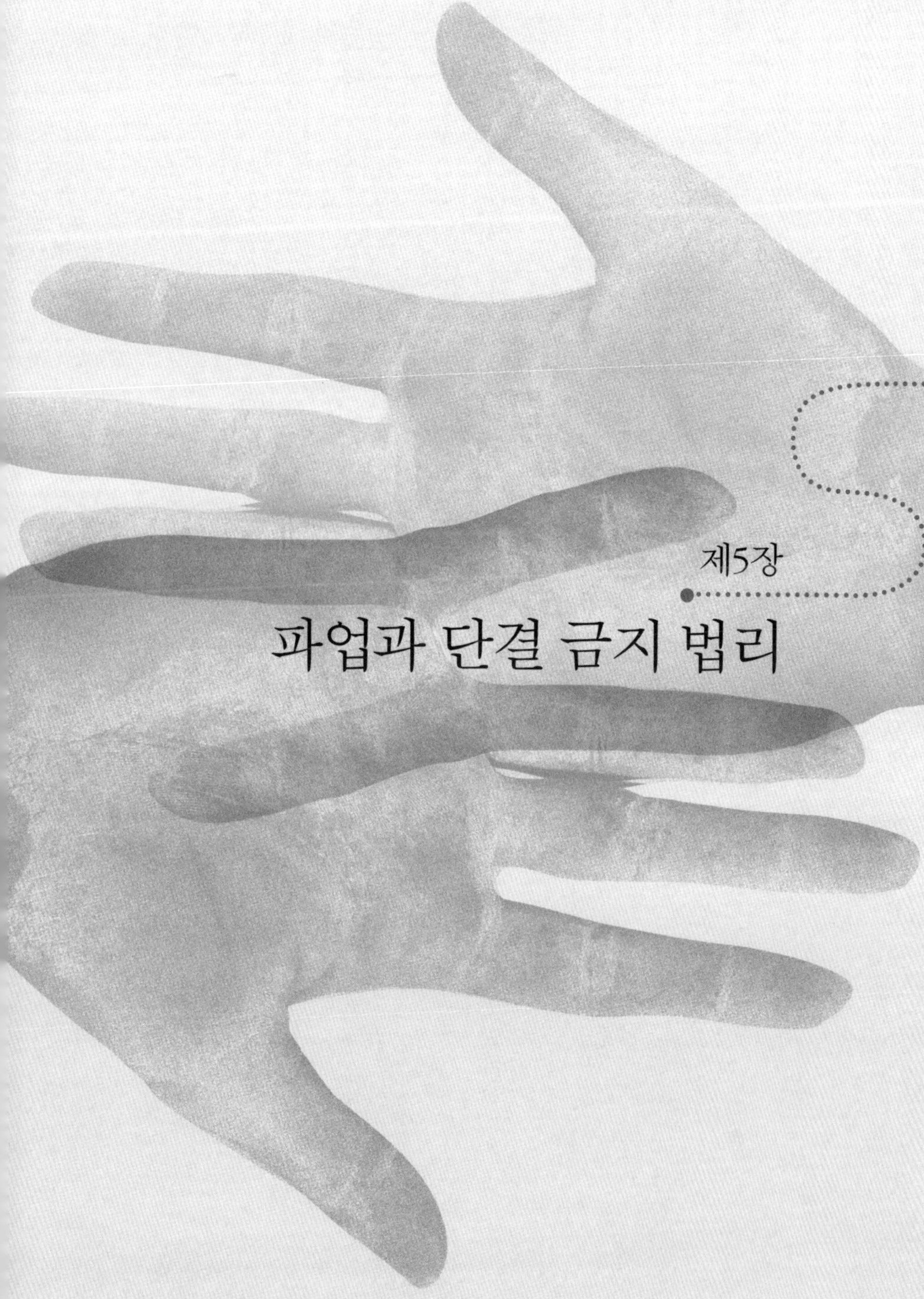

제5장

파업과 단결 금지 법리

헌법 제33조 제1항은 단체행동권을 노동3권의 하나로 규정하고 있다. 파업은 단체행동권을 행사하는 전형적 모습이다. 따라서 그것은 원칙적으로 적법한 것으로 취급되어야 한다. 그런데 헌법 제33조에도 불구하고, 한국의 판례 법리는 파업권의 행사를 억제하고 있다. 이렇게 헌법과 판례 법리 사이에 모순이 발생한 이유는 21세기 한국의 법원이, 파업을 범죄행위로 파악하던 19세기의 시민법적 관점에 머물러 있기 때문이다. 이러한 판례 법리를 통해 결과적으로, 집단적 노사관계에서 법원은 기업 경영의 후견자로서 기업과 정부의 반(反) 노동조합 활동을 암묵적으로 장려하고 있다(도재형, 2010b: 63-64). 파업을 둘러싼 위와 같은 모순적 상황의 중심에는 형법의 '업무방해죄'가 있다. 노동법적 현상인 파업에 어떻게 시민법인 '형법'이 적용되게 되었는지가 이 글이 갖는 문제 의식의 출발점이다.

한국에서 파업에 적대적인 판례 법리가 형성되는 과정은 2개의 사회·경제적 사건을 계기로 삼아 그 기간을 구분할 수 있다. 그 하나는 1987년 노동자 대투쟁 이후 노동조합의 급격한 발달 현상이고, 다른 하나는 1997년의 외환위기다. 1987년 이후 노동운동이 확산되는 과정에서 법원은 파업에 업무방해죄를 적용하는 판례 법리를 형성했고, 1997년 외환위기 이후 구조조정 작업의 확산 과정에서 법원은 쟁의행위의 정당성과 관련해 새로운 판례 법리를 만들었다(도재형, 2010b: 64).

형법 제314조의 업무방해죄는 법원이 개발한 단결 금지 법리의 중심에 있다. 1990년대 초 법원은 '파업이 업무방해죄의 구성요건에 해당한다'라는 법리를 정립했다. 법원은 파업을 업무방해죄의 구성요건에 해당하는 행위로 파악하고, 정당 파업일 때에만 위법성이 조각되는 것으로 취급했다. 위 판례 법리의 등장은 기업과 정부가 1987년 노동자 대투쟁 이후 노사관계에 대한 통제력의 공백 상황을 타개하는 데 중요한 역할을 했다. 즉, 사용자와 정부는 업무방해죄라는 법을 통해 노사관계에 개입하고, 정부의 공권력 행사를 정당화하는 수단을 얻게 되었다(도재형, 2010b: 64).

업무방해죄와 함께 공모공동정범 법리는 1987년 이후 본격화된 노동조합의 연대 활동을 억제하는 데 중요한 역할을 하게 된다. 1990년대 이후 제3자 개입금지 조항이[1] 무기력해진 상황에서 노조 활동가들의 연대 활동을 막기 위해 본격적으로 활용된 것이 공모공동정범 법리다. 이를 통해 법원은 총연합단체 또는 연합단체의 간부들을, 단위 노조가 행한 파업과 관련해서 업무방해죄의 공동정범으로 의율(擬律)할 수 있었다(도재형, 2010b: 64).

1990년대 후반부터 법원은 파업의 정당성과 관련해서 새로운 판례 법리를 개발했다. 이른바 경영 사항에 대항하는 파업이 위법하고 업무방해죄를 적용하는 것이 가능하다는 것이 그것이다. 이를 통해 법원은 1997년 외환위기 이후 본격화된 한국의 구조조정 작업이 순조롭게 이뤄질 수 있는 법리적 기반을 마련했다. 그리고 이 법리에 의해, 한국에서는 결국 일자리를 없애는 구조조정 방식이 장려된다. 이 과정에서 형법상 업무방해죄 규정은 파업 근로자들의 형벌 부과 근거로서 중요한 역할을 했다. 왜냐하면, 쟁의행위의 목적과 관련해서는 노동법에 아무런 제한 규정이 없었기 때문이다. 즉, 파업의 목적과 관련한 규율에서 업무방해죄는 일반조항으로서의 역할을 본격적으로 드러내게 되는 것

1 제3자 개입금지 조항과 관련해서는 도재형, "제3자 지원신고제", 「노동판례비평」 2004, 민주사회를 위한 변호사모임, 2005: 328 이하 참조.

이다(도재형, 2010b: 64-65).

대법원 2011. 3. 17. 선고 2007도482 전원합의체 판결은 이러한 판례 법리가 변화할 수 있다는 가능성을 보여줬다. 뒤에서 살펴보는 바와 같이, 비록 그것이 2010년 헌법재판소 결정에 영향을 받은 것이기는 하지만, 전원합의체 판결은 모든 파업이 업무방해죄의 구성요건에 해당한다는 종전 판례 법리를 폐지하고 "쟁의행위로서의 파업이 언제나 업무방해죄에 해당하는 것으로 볼 것은 아니[다]"라고 하면서 "전후 사정과 경위 등에 비춰 사용자가 예측할 수 없는 시기에 전격적으로 이루어져 사용자의 사업 운영에 심대한 혼란 내지 막대한 손해를 초래하는 등으로 사용자의 사업 계속에 관한 자유 의사가 제압·혼란될 수 있다고 평가할 수 있는 경우에" 집단적 노무 제공의 거부(단순 파업)가 위력에 해당해 업무방해죄를 구성한다고 판시함으로써 파업에 대한 업무방해죄 적용을 제한할 수 있는 법리를 제시했다.

이 장(章)에서는 위에서 설명한 단결 금지 법리의 정립 과정과 그리고 그것이 부분적으로 해체된 모습을 시간 순서에 맞춰 설명하도록 하겠다.

제1절 | 단결 금지 법리의 정립[2]

I. 문제의 소재

이 절(節)에서 필자가 고민하는 바를 짧게 말한다면, '과연 한국에서 단결 금지 법리가 폐기되었는가'란 질문이다. 조경배 교수의 설명에 의하면, 단결 금지 법리의 논리적 구성 요소들은 다음과 같이 정리할 수 있다고 한다. ① 쟁의행위에 대한 범죄의 구성요건이 포괄적이고 광범위하다. 즉, 구성요건이 특정한 행위 유형에 한정되어 있지 않고 포괄적인 형식을 취하고 있다. ② 형사 면책에 관한 일반조항의 규정 형식이 포지티브 방식을 취한다. 따라서 쟁의행위가 위법하다는 것을 암묵적으로 전제한 뒤 일정한 조건을 갖춘 경우에만 제한적으로 허용된다. ③ 형사 책임과 민사 책임의 구분이 불명확하고 단순 계약 위반 행위에 대해서도 형벌을 가한다. ④ 다수가 결합했다는 사실만으로 처벌된다. ⑤ 형식적으로는 일반성의 외관을 취하고 있지만 사실상 역사적으로 쟁의행위의 탄압 수단으로 주로 이용되었다(조경배, 1999b: 333-334).

---

2 이 부분은 도재형, "파업과 업무방해죄": 한국에서 단결 금지 법리의 정립 과정, 「노동법학」 제34호, 한국노동법학회, 2010: 65 이하의 내용을 수정·보완했다.

오늘날 한국에서 파업에 대해 적용되는 판례 법리는, 이미 폐기된 것으로 알려진, 19세기의 단결 금지 법리와 동일한 모습을 띠고 있다. 이 절에서 필자는 오늘날 한국 사회에서 단결 금지 법리는 폐기되지 않았고, 오늘날의 판례 법리가 초기 자본주의 시절의 그것과 다르지 않다는 점을 얘기하려고 한다. 이를 위해 아래에서는 파업에 관한 판례 법리에 대한 학술적 논의보다는 그 법리의 변화 과정 및 그것이 노사관계에 미친 영향을 주로 살펴보겠다.

이에 따라 이 절에서는 먼저 파업에 대한 업무방해죄 적용 실태에 관한 국가인권위원회의 조사 결과를 본 후 이러한 한국의 노사관계 상황이 외국의 경우와 어떤 차이가 있는지, 그 상황에 대해 ILO는 어떻게 평가하고 있는지를 살펴보겠다(II). 그리고 그로부터 도출되는 문제 의식에 기초해 1990년대 파업에 대한 업무방해죄 적용 법리의 형성 배경 및 그 내용을(III), 나아가 2000년대에 새롭게 나타난 파업 목적의 정당성에 관한 판례 법리를 검토한다(IV).

한편, 여기에서 논의 대상으로 삼는 것은 '파업' 혹은 '단순 파업'이다. 이는 폭력이나 협박 등과 같은 행위가 수반되지 않는, 근로자들의 집단적 노무 제공 거부행위를 뜻한다. 굳이 이렇게 논의 대상을 한정하는 이유는 이 글의 주제가 쟁의행위에 적용되는 형벌 조항 전체로 확장되는 것을 방지하기 위해서다. 알다시피 쟁의행위와 관련해서는 업무방해죄 외에도 주거침입죄, 퇴거불응죄, 재물손괴죄, 상해죄, 폭행죄, 공갈죄 등 형법의 각종 조항들이 적용되고 있다.[3] 따라서 전형적인 파업으로 그 대상을 축소하지 않는 경우 이 글의 검토 대상이 되는 형법 조항들 역시

---

3 쟁의행위에 대한 주거침입죄, 퇴거불응죄, 공갈죄의 적용 실태와 그 문제점에 대해서는 도재형, "전임비 약정에 대한 공갈죄 적용의 당부", 「2005 노동판례비평」, 민주사회를 위한 변호사 모임, 2006: 324 이하; 도재형, "직장폐쇄의 형사적 쟁점", 「노동법학」 제33호, 한국노동법학회, 2010: 163 이하 각 참조.

지나치게 넓어질 수 있다.

또한 이 절에서는 파업을 금지 또는 제한하는 판례 법리를 '단결 금지 법리'라는 용어로 표시하고자 한다. 한국에서 근로자들의 단결권이 제한되는 것은 예외적이라는 점을 고려할 때, '단결 금지'라는 용어를 사용하는, 이러한 작명(作名) 방식이 타당하지 않다는 의견이 있을 수 있다. 그러나 아래에서 살펴보는 바와 같이 역사적으로 파업에 대한 형사 면책 법리는 단결권의 보장 문제와 연계되어 전개되었다는 점에 비춰볼 때, 위 용어의 사용이 반드시 무리한 것은 아니라고 생각한다.

Ⅱ. 한국에서 파업권 행사의 실태 및 그 평가

1. 파업에 대한 업무방해죄 적용 실태

국가인권위원회의 조사에 의하면, 2002년부터 2006년까지 사이에 선고된 노동 형사사건의 제1심 판결 중에서 업무방해죄가 적용된 것은 2,304개(30.2%)였다. 이는 적용 죄목 중 가장 높은 비율이었다. 그리고 업무방해죄가 적용된 사건 중에서 쟁의행위의 정당성 여부가 문제된 것은 1,274개였다. 이를 요건별로 보면 아래와 같다.[4]

① 쟁의행위의 주체와 관련해서 복수노조에 관한 것이 24개, 비공인 파업에 관한 것이 1개, 공무원·교사 등 쟁의행위 주체가 될 수 없는 자에 관한 것이 81개, 기타 9개로 조사되었다. ② 쟁의행위의 목적과 관련해서는 노동법 개정 등 사용자의 처분 권한에 속하지 않은 사항에 관한 쟁의행위가 187개, 권리분쟁에 관한 것이 5개, 공장 이전·합병·

4 관련 내용은 김기덕, 2010: 3-23의 내용을 요약했다.

인사권 등 경영 사항에 관한 것이 122개, 평화 의무 위반에 관한 것이 4개였다. ③ 절차와 관련해서는 쟁의행위 찬반 투표가 76개, 조정전치주의가 70개, 직권중재 등 중재 절차에 관한 것이 110개 등 합계 256개였다. ④ 쟁의행위의 수단과 방법에서는 폭력 수반 행위가 344개, 직장점거가 58개, 기타 183개로 폭력 수반 행위가 높은 비율을 보였다.

위 조사 결과에 의하면, 쟁의행위의 수단과 방법이 문제된 것이 45.9%를 차지해 가장 높은 비율을 보였다. 그중 폭력 수반 행위가 전체 쟁의행위 사건에서 27%, 직장점거가 4.6%, 기타가 14.4%를 차지하고 있다. 다음으로는 쟁의행위의 목적에 관한 것이 25%를 차지하고 있다. 구체적으로는, 사용자의 처분 권한에 속하지 않는 사항에 관한 것이 14.7%, 경영권에 관한 것이 9.6%를 차지했다. 쟁의행위 절차에 관한 것은 20.1%이고 구체적으로는, 직권중재 등 중재절차 등에 관한 것이 8.6%, 쟁의행위 찬반 투표가 6%, 조정전치주의가 5.5%를 점하고 있다. 쟁의행위의 주체에 관한 것은 9%를 차지하는데, 공무원·교사 등 주체가 될 수 없는 자의 쟁의행위가 6.4%, 복수노조가 1.9%를 점했다.

한편, 조사 대상 노동 형사사건의 피고인의 수는 2,020명이고 그중 무죄가 선고된 피고인의 수는 23명(1.1%)으로 조사되었다.

이러한 쟁의행위의 요건별 비율과 무죄 선고 비율을 비교해 보면, 한국에서는 단순한 노무 제공의 거부 내지 해태에 지나지 않는 행위에 참가한 근로자들도 업무방해죄로 처벌되고 있다는 점을 쉽게 알 수 있다.

2. 외국에서 파업에 대한 형사면책 법리의 전개

쟁의행위에 대한 형사면책은 단결권의 보장과 연계되어 전개되었다. 파업을 비롯한 쟁의행위에 대한 형사면책은 산업혁명의 전개와 함께 노동조합 운동이 성장하자 유럽 각국에서 거의 동시에 쟁점으로 부

각되었다.[5]

자본주의가 처음으로 자리잡은 영국은 초기 ① 쟁의행위를 그 태양에 따라 개별적인 구성요건으로 열거해서 직접 금지하는 단결금지법(Combination Act) 등 법률의 제정, ② 주종법(Master and Servant Act)과 같이 근로자의 계약 위반 행위를 범죄행위로 처벌하는 간접적인 쟁의행위 금지, ③ 구체적인 구성요건 없이 포괄적으로 쟁의행위를 규제하는 보통법상 공모 법리 등을 통해 근로자의 단결과 파업을 금지했다. 그중 단결금지법은 1871년 노동조합법과 1875년 제정된 공모죄 및 재산보호법(Conspiracy and Property Protection Act 1875)에 의해 쟁의행위에 대한 형사소추가 금지되면서 철폐되었다. 근로자의 계약 위반 행위를 범죄행위로 보아 처벌하는 주종법 또한 1875년 폐지되었다. 마지막으로, 보통법상 공모 법리가 1875년 제정된 공모죄 및 재산보호법에 의해 폐지되면서 근로자의 단결과 쟁의행위는 영국에서 형사상으로 완전히 면책되었다(조경배, 1999b: 326 이하).

프랑스에서는 1789년 프랑스 혁명으로 시민계급의 지배가 확립된 후 제정된 르 샤플리에 법(lois Le Chapelier)에 의해 '계약의 자유', '경제활동의 자유'를 침해하는 모든 결사가 금지되었다. 나아가 1810년 나폴레옹 형법전 제420조는 21명 이상의 결사를 금지하고, 제414조는 사용자의 단결에 대해 임금 인하를 강제하기 위해 불법적으로 남용된 경우에만 이를 금지했으며, 제415조는 쟁의행위 또는 임금·근로조건의 개선을 위한 근로자의 단결을 사용자의 경우보다 더 무겁게 처벌했다. 그 후 1864년 5월 25일과 27일 법률에 의해 단결 금지가 폐지되었지만 이

5 아래의 내용은 Hepple ed., *The Making of Labor Law in Europe*, Mansell Publishing Ltd., 1986: 211 이하(이승욱·정인섭·도재형, 2008: 54-57에서 재인용); 최은배, 2009b: 26-28의 내용을 각 인용했다. 특히 프랑스와 독일의 면책 법리 형성에 관해서는 조경배, 2004: 388 이하와 김기덕, 2002: 206 이하를 주로 인용했다.

법은 단결 자체를 처벌하지는 않되 폭력 등으로 집단적 쟁의행위를 행한 경우에는 처벌 규정을 유지함으로써 폭력·폭행·협박·위계가 없는 단순한 단결과 일시적인 자유로운 쟁의행위만을 허용했다.[6] 즉 쟁의행위를 형사처벌하는 법리에서 완전히 벗어나지는 못하다가 1884년 개정 형법에 의해 제416조가 삭제되면서 노동조합의 일상적인 단결권이 법적으로 인정되었다.

독일 또한 초기에는 1845년 프로이센 일반 영업령(Allgemeine Preußische Gewerbeordnung)으로 쟁의행위를 원칙적으로 금지했다. 이 법령은 1869년 북독일연방 영업령(Gewerbeordnung für den Norddeutschen Bund)에 의해 폐지되었으나, 법원은 다른 금지·처벌 규정을 확대 적용해 근로자의 쟁의행위를 계속 제약했다.[7] 마침내 1919년

6 1864년 프랑스 개정 형법 제414조, 제415조, 제416조에 의해 ① 종래 법률과 달리 단결 그 자체의 처벌을 폐지해 단결권을 승인했고, ② 단결체의 가해 행위에 대해서는 단결체 구성원들 자신의 노무 제공의 정지와 개인의 근로의 자유에 대한 침해로 구분해, 전자에 대해서는 그 목적과 수단(폭력·폭행·협박·위계)을 한정하며, 후자에 대해서는 공모에 의한 벌금·금지 수단에 한해 이를 처벌했다.

7 법원이 형벌 법규를 파업 참가자에 대해 폭넓게 적용함으로써 평화적인 쟁의권의 행사를 제한하는 것은 19세기 유럽에서 일반적인 현상이었다. 영국의 경우 1871년 형법개정법(Criminal Law Amendment Act of 1871)은 훼방·방해 및 위협이라는 명확하지 않은 범죄 구성요건을 규정하고 있었는데, 법원은 파업 이탈자에 대해 비난하는 소리를 외친 농장 근로자 부인 16명의 행위가 '위협'에 해당한다고 판단해 강제노역에 처했다. 또한 다수의 파업 참가자가 존재하는 것 자체 또는 검은색 옷을 입은 행위, 파업 사실에 관한 유인물을 부착한 행위도 사용자에 대한 '위협'으로 판단했다. Bunn 사건{(1872) 12 Cox Criminal Report 316.}에서는 조합활동을 이유로 해고된 자를 원직복직시키지 않으면 파업을 하겠다고 단순히 고지한 런던 가스 화부(火夫)들에 대해 1년의 징역형을 선고했다. 파업 참가자의 행위는 독립적으로는 훼방 등과 같은 불법이 아니라고 하더라도 이 사건의 행위는 "영업행위와 관련하여 기업주에 대한 부당한 괴롭힘과 개입"으로서 형사상 공모에 상당하다는 것이 판결 이유였다. 프랑스에서는 다른 근로자에게 파업에 참가하도록 설득하기 위해 불을 끈 행위에 대해 유죄로 판단하고, 파업 이탈자를 조롱한 것도 범죄행위로서 유죄 판결을 받았다. 독일에서는 파업 이탈자에게 "피~"라고 말한 파업 참가자에 대해 일반 영업령 제153조에 의해 1월의 징역형을 선고했다.

바이마르 헌법에서 단결권이 규정되면서 쟁의권이 보장되었다. 현재 독일에서 쟁의행위와 관련해 형사 책임이 문제되는 경우는 쟁의행위 기간 중 개별 참가자가 저지른 모욕, 상해, 기물 손괴 등의 경우이고 쟁의행위 자체는 형벌의 대상이 되지 않는다.

위와 같은 과정을 거쳐 유럽 각국에서는 20세기 초를 전후해 쟁의행위에 대한 형사면책 법리가 확립되었다. 이는 쟁의행위 그 자체가 형벌의 대상이 되지 않는다는 것을 의미한다. 오늘날 각국의 노동관계법은 쟁의행위에 대한 실체적 제한이나 절차적 제한을 불문하고 처벌 조항을 두고 있지 않은 것이 일반적이다. 다시 말하면 노동관계법상 쟁의행위에 관한 규정을 위반하더라도 민사상 책임은 별론으로 하고, 쟁의행위 그 자체가 형벌의 대상은 되지 않는다는 것을 의미한다. 쟁의행위가 정당성을 상실한 경우에도 마찬가지다. 정당성을 상실한 쟁의행위가 손해배상이나 징계와 같은 제재의 대상은 될 수 있지만, 형벌의 대상이 되는 것은 아니다. 쟁의행위가 정당성을 상실하고 형법상의 강요죄나 폭행죄 등 다른 형벌 법규의 구성요건을 충족하면 그에 따라 처벌이 이뤄지기는 하나, 쟁의행위 자체에 대한 처벌은 존재하지 않는다. 이는 미국과 일본의 경우도 동일하다.

요컨대 오늘날 주요 국가에서는 형법을 수단으로 해서 정당성 여부와 관계없이 쟁의행위 자체를 일반적으로 처벌의 대상으로 삼는 입법례는 존재하지 않는다.

3. 국제노동기구의 평가[8]

한국의 노동 상황에 대한 ILO의 평가는 결사의 자유에 관한 글로벌

8 관련 내용은 이승욱·정인섭·도재형, 2008: 3-43의 내용을 요약·정리한 것이다.

리포트에 잘 나타나 있다.[9] 먼저 2000년 글로벌 리포트에서 한국은 OECD 회원국 중 유일하게 노동조합 활동가의 체포와 구속이 이뤄지는 대표적인 시민적 자유 및 노동권 침해 국가로 열거되었다.[10] 2004년 글로벌 리포트는 한국을 선진국 중에서 노동분쟁을 범죄시하는 대표적인 국가로 소개했다. 특히 이 보고서는 한국을 노동권에 대한 "심각하고 급박한(serious and urgent)" 침해가 이뤄지는 국가로 규정했다.[11] 역시 이 유형에 속하는 국가는 OECD 회원국 중에서 한국이 유일했다. 2008년 보고서에서도 우리나라는 2004~2007년 기간 동안 결사의 자유 위원회에서 시민적 자유권 침해가 문제된 국가로서 거명되었다. 글로벌 리포트에 나타난 이러한 결과는 아래에서 보는 바와 같이 ILO 결사의 자유 위원회가 한국에서 파업 참가자를 업무방해죄로 처벌한 사례를 검토한 결과가 반영되었기 때문이다.

파업에 대한 업무방해죄 적용 문제가 최초로 다뤄진 2004년 보고서에서, 결사의 자유 위원회는 폭력을 수반하지 않는 쟁의행위에 대해 업

9 1998년 ILO의 "노동에서의 기본 원칙 및 권리에 관한 국제노동기구 선언과 그 후속 조치(ILO Declaration on Fundamental Principles and Rights at Work and its Follow-up)"에서는 핵심적 노동 기준의 전세계적 이행을 위한 조치로서 핵심 협약 비준 여부와 관계없이 모든 회원국에 대해 해당 협약의 실제 적용 상황에 대한 보고서를 제출하도록 하고, ILO 사무국은 이를 취합해 각 주제별로 글로벌 리포트(Global Report)를 발간하고 있다. 결사의 자유와 관련해서는 2000년에 "Your Voice at Work", 2004년에 "Organizing for Social Justice", 2008년에 "Freedom of association in practice: Lessons learned" 등이 3차례 발간되었다.

10 한국과 같이 노동조합 활동가에 대한 체포와 구속이 이뤄지고 있는 국가로서 열거된 나라는 중앙아프리카공화국, 중국, 코모로스, 콩고공화국, 코트디부아르, 지부티, 엘살바도로, 에티오피아, 가봉, 기니, 기니비사우, 인도네시아, 레바논, 모로코, 나이지리아, 파키스탄, 파라과이, 세네갈, 스와질랜드, 수단이다.

11 1차 글로벌 리포트가 발간된 2000년 11월부터 2차 글로벌 리포트를 발간하기 위한 보고서 접수 마감일 2003년 11월 사이에 결사의 자유 위원회가 '심각하고 급박한 사안'으로 분류한 것은 대한민국, 벨라루스, 중국, 콜롬비아, 베네수엘라에 대해 각각 5회, 쿠바, 지부티, 에콰도르, 에티오피아, 과테말라, 타이티, 짐바브웨에 대해 각각 2회다.

무방해죄가 적용되어서는 안 된다는 점을 명확히 했다. 또한 이 보고서에서 결사의 자유 위원회는 업무방해죄가 단순 파업을 포섭하는 것은 결사의 자유 원칙에 비춰 문제가 있다고 지적하고, 단순 파업을 업무방해죄로 처벌한 실제 사례를 분석함으로써 업무방해죄가 적용 측면에서도 문제점이 있음을 구체적으로 밝혔다. 2007년 보고서에서는 업무방해죄에 대한 비판의 정도가 강해졌다. 위원회는 한국 정부에 대해 "계속적인 요청이 있었음에도 불구하고, 결사의 자유 원칙에 부합하도록 형법 제314조를 검토하기 위한 일체의 조치를 행하지 않은 점에 대해 유감을 가지고 유의"한다고 밝혔다(para. 758). 그리고 폭력을 수반하지 않은 파업에 대해 업무방해죄를 적용한 사례로서, 직권중재에 회부된 철도노조 파업과 긴급조정에 회부된 대한항공조종사노조 파업 사례를 추가했다. 즉, 직권중재와 긴급조정에 대한 결사의 자유 위원회의 문제 의식이 업무방해죄와의 관련성으로까지 확대되었다.

그리고 2008년의 제350차 보고서에서 결사의 자유 위원회는 "위원회는 [···] 제1865호 사건 [···] 에 대한 최근의 검토에서 "[···] 위원회는 다시 한 번, 오래전에 제정되고 적용되어 온 '업무방해'에 관한 형법 제314조가 폭력이 전혀 없는 경우에도 단체행동과 관련된 다양한 행위에 대해 상당한 형기와 벌금을 전제로 한 처벌을 야기하여 왔다는 우려를 표시하지 않을 수 없다."고 한 것을 상기한다[346th Report, para. 768; 또한 para. 758]. 위원회가 2000년 이후 이 점에 대해 행하고 있는 요청에도 불구하고[Case No. 1865, 346th Report, para. 758 참조] 대한민국 정부가 업무방해에 관한 형법 제314조를 결사의 자유 원칙과 부합하도록 검토하기 위한 일체의 조치를 취하고 있지 않은 점에 대해 유감을 표시한다. 위원회는 다시 한 번 대한민국 정부에게 지체없이 형법 제314조(업무방해)를 결사의 자유 원칙에 합치하도록 하기 위한 모든 필요한 조치를 취할 것을 요청하며, 이 점에 관한 정보를 계속 제공할 것을 요구한다."라고 결론내리고, "대한민국 정부에 대해 지체없이 형법 제314조(업무방해)를 결사의 자유 원칙과 부합하도록 하기 위해 필요한 모든 조치를 취할 것"과 "향후 비폭력행위와 관련해 '업무방해' 조항의 적용보다는 상호 신뢰하고 평화적인 노사관계 환경을 회복하기 위한 예방적 조치로서 사회적 대화와 단체교섭을 촉진하도록 촉구"하는 권고를 채택할 것을 이사회에 요구했다.

위와 같이 평화적 파업을 범죄로 취급하는, 한국의 단결 금지 법리에 대해 ILO 결사의 자유 위원회는 매우 부정적으로 평가하고 있고, 이것은 한국 노사관계에 관한 ILO의 부정적 평가로 이어졌다. 아래에서는 이러한 단결 금지 법리가 한국에서 어떻게 형성되고 심화되었는지를 살펴보겠다.

Ⅲ. 1990년대 단결 금지 법리의 형성: 파업의 범죄화

1. 업무방해죄 적용 법리

가. 법리 형성의 배경

근로자들의 노동쟁의에 대해 업무방해죄를 적용한 최초의 대법원 판결은 대법원 1971. 5. 24. 선고 71도399 판결이었다. 이 사건에서는 근로자들이 집단해고 등에 항의하는 과정에서 회사 경비원들이 가지고 있던 공장 폐쇄에 관한 유인물을 탈취한 행위가 업무방해죄에 해당하는지 여부가 다퉈졌다. 그리고 그 후 이와 같은 판결은 나타나지 않다가 약 20년이 흐른 1990년에야 다시 노동쟁의에 업무방해죄를 적용한 대법원 판결이 출현했다.[12]

12 1990년 이전까지 단순 파업에 대해 업무방해죄를 적용한 사례가 나타나지 않은 이유를 정확

1990년에 이러한 판결이 나타나게 된 이유는 무엇일까? 그 대답을 찾기 위해서는 그 기간 동안 한국에서 일어난 변화에 주목해야 한다. 위 기간 동안 한국의 노사관계는 중요한 변화를 겪는다. 즉, 1970년대에 일어났던 수도권 지역 공단의 여성 근로자들 중심의 노동운동이 쇠퇴하고, 1987년 노동자 대투쟁 이후 울산, 창원 등 지방 공단의 대규모 사업장 소속 남성 근로자들이 중심이 된 노동조합이 만들어지게 된 것이다. 1970년대 기업들은 남성 근로자들의 물리력을 이용해 여성 근로자들을 억압할 수 있었다. 그런데 1987년 이후 노동조합은 구사대로 대변되는 기업의 물리력에 맞설 수 있는 최소한의 힘을 갖출 수 있게 되었다. 그리고 민주화 운동의 성과로 인해 정부가 더 이상 노동운동을 이념적으로 공격하거나 경찰력을 이용해 노동운동을 탄압하는 것도 불가능해졌다(김선수, 1998: 33).[13]

하게는 알 수 없으나, 형법 제정 초기에 실무가들이 출판한 교재에서 파업이 범죄를 구성하지 않는다고 해설하는 등 파업에 대한 업무방해죄 적용에 부정적인 견해가 일반적이었던 것이 영향을 끼친 것으로 추측된다. 송진경 박사의 연구에 의하면, 1953년 형법 제정 당시 초기의 교재에서는 동맹파업이 범죄가 아니라고 서술하고 있었다고 한다. 예컨대 1953년 형법 시행일 당일에 발간된 김용진(서울고등법원 판사)의 「신형법행의」에서 동맹파업은 다수 근로자가 단결해 사용자의 의사를 압박하는 것이지만 스스로의 권리를 옹호하기 위한 것이기에 위법성이 없으며 범죄가 되지 않는다고 설명했다. 강서용(서울지방검찰청 검사)의 「신형법요의」에서도 동맹파업은 일종의 위력이기는 하나 현대의 법질서가 인정할 수 있는 적당한 한도에서는 범죄를 구성하지 않는다는 것이 통설이고, 다만 동맹파업이라 하더라도 폭행·협박·위계 등을 사용해 업무를 방해하면 위법하다고 설명했다(송진경, 2013: 204).

13 이러한 역학관계의 변화에 관한 구해근 교수의 설명은 다음과 같다. "한국 노동운동에서 주된 행위자가 여성에서 남성으로 바뀌었다는 것은 남성들이 적극적으로 나선 반면 여성들이 갑자기 수동적이고 비활동적으로 되었다는 것은 아니다. 그보다는 노동운동의 주도적인 역할담당자에서 변화가 있었다는 것이고, 이 변화에 따라서 노동투쟁의 역학관계에서 중요한 변화가 나타났음을 의미한다. 남성 노동자들의 등장은 활동가나 학자들에게 다같이 환영을 받았다. 그것은 남성 노동자들이 여성 노동자들보다 더 전투적이고, 계급 의식이 투철하며 교육 수준이 높고, 폭력적인 탄압에 대해 더 강하게 저항할 능력이 있는 것으로 보였기 때문이다. 노동을 억압하는 주된 수단이 폭력이었기 때문에, 남성 노동자들의 우월한 투쟁 능력은 1987년 노동투쟁 기술에서 자주 언급된다. 한 기독교 노동단체의 보고서는 남성 노동자들이 주도하는

이후 기업이 노동운동에 대항하기 위해 새롭게 찾은 수단이 법률적 대응 방안이었다. 이때부터 한국의 노사관계는 물리적 힘이 아닌 법률에 의해 규율되기 시작했다. 그리고 검찰과 사법부는 파업에 대한 제어 수단으로서 업무방해죄를 생각해낸다. 이는 업무방해죄의 태생적 기원을 고려할 때 자연스러운 것이기도 하다.[14] 이렇게 파업에 업무방해죄가 적용되기 시작한 1990년, 그 최초의 1년 동안 대법원은 파업 근로자들이 기업에 대항해 물리력을 행사한 행위들에 대해 업무방해죄를 적용했다.[15] 이 점에서 그 1년 동안의 대법원 판례는 위 1971년 판결과 크게 다르지 않다.

그런데 1991년 대법원은 파업에 대해 새로운 판례 법리를 정립하게 된다. 즉, 근로자가 물리력을 행사하지 않더라도, 근로자들이 단순히 노무를 집단적으로 거부한 행위 그 자체가 업무방해죄에 해당한다는 법리다. 이 입장이 처음 드러난 것은 대법원 1991. 1. 29. 선고 90도2852 판결이었다. 이 사건에서 원심은 근로자들이 노동조합의 결의에 따라 집단적으로 조기 퇴근하거나 월차휴가를 신청해 형사재판을 방청한 행위는 업무방해죄에 해당하지 않는다고 판단했다. 그러나 상고심에서 대법원은 "다수 근로자들이 상호 의사 연락 하에 집단적으로 […] 노무 제공

파업이 일어난 대기업에서는 파업을 분쇄하기 위해 자주 사용되던 구사대의 조직을 회사가 오히려 두려워했다고 관찰하고 있다 […]. 이 보고서는 현대 노동자들이 스스로의 힘으로 경찰의 탄압을 저지한 것을 강조하면서 '이러한 점은 부산의 국제상사 등 여성 중심의 사업장이 구사단과 경찰의 폭력적 진압에 의해 초반에 깨져버린 것과는 크게 대비되며, 앞으로의 한국 노동운동이 중화학공업 남성 노동자에 의해 주도될 수밖에 없음을 보여주는 한 단면이라 할 수 있다.'고 적고 있다"(구해근, 2002: 258-259).

14 한국 형법의 업무방해죄 규정은 노동운동을 처벌할 목적으로 제정된 일본 구형법 제270조, 1864년 프랑스 형법 제414조 내지 제416조를 원형으로 삼고 있다고 한다. 입법 연혁에 관한 구체적 내용은 장영민·박강우, 1996: 20 이하 및 김순태, 1997: 90 이하 각 참조.

15 대법원 1990. 5. 15. 선고 90도357 판결, 1990. 6. 12. 선고 90도672 판결, 1990. 7. 10. 선고 90도755 판결, 1990. 9. 28. 선고 90도602 판결, 1990. 10. 12. 선고 90도1431 판결.

을 거부함으로써 회사 업무의 정상적인 운영을 저해하였다면 이는 다중의 위력에 의한 업무방해 행위에 해당한다."는 법리를 새롭게 제시하며 유죄 취지로 원심을 파기 환송했다. 법원은 이후 위 1991년 판결에 대해 선례적 가치를 부여하고, 근로자들의 파업은 업무방해죄의 구성요건에 해당하고 쟁의행위가 정당한 경우에만 예외적으로 그 위법성이 조각된다는 법리를 형성했다.

요컨대 파업에 대해 업무방해죄를 적용하는 판례 법리는 정부와 기업이 과거의 수단으로는 더 이상 노동운동을 제어하지 못하는 상황을 타개하기 위해 개발된 것이다. 아래에서는 이러한 검토 결과에 기초해 업무방해죄를 파업권의 행사와 관련해 살펴보고, 그 당부를 검토하겠다.

나. 판례 법리

형법 제314조는 업무방해죄를 규정하고 있다. 업무방해죄는 허위의 사실을 유포하거나 위계 또는 위력으로써 사람의 업무를 방해한 경우(제1항), 컴퓨터 등 정보처리장치 또는 전자기록 등 특수매체 기록을 손괴하거나 허위의 정보 또는 부정한 명령을 입력하거나 기타 방법으로 정보처리에 장애를 발생하게 하여 사람의 업무를 방해한 때(제2항)에 성립한다. 이 중에서 쟁의행위와 관련해 주로 문제되는 것은 제314조 제1항이다. 아래에서는 제314조 제1항의 구성요건과 위법성조각사유 중 파업과 관련된 내용을 설명하겠다.

첫째, 업무방해죄의 행위는 허위의 사실을 유포하거나 위계 또는 위력으로써 업무를 방해하는 것이다. 이 가운데에서 파업과 관련해 중요하게 다뤄지는 것은 '위력'이라는 구성요건 요소다. 여기서 '위력'이란 사람의 의사의 자유를 제압·혼란케 할 만한 일체의 세력을 뜻한다. 유형력이든 무형력이든 묻지 않고 행위자의 위세, 사람의 수, 주위의 상황 등에 비춰 피해자의 자유 의사를 제압케 할 만한 것이면 된다. 현실적으로 피해자의 자유 의사가 제압될 것을 요하는 것도 아니다.[16]

법원은 파업과 같이 단순한 집단적 노무 제공의 거부행위도 위력에 해당하고, 정당행위로서 위법성이 조각되지 않는 한 업무방해죄가 성립한다고 봤다.[17] 즉, 파업 등의 쟁의행위는 본질적·필연적으로 위력에 의한 업무방해의 요소를 포함하고 있으므로 정당성이 인정되어 위법성이 조각되는 등의 특별한 사정이 없는 한 업무방해죄로 처벌할 수 있다는 것이다.[18]

둘째, '업무를 방해한다'는 의미와 관련해 침해범설, 추상적 위험범설, 구체적 위험범설이 대립한다. 형법 이론에 의하면, 구성요건이 법익의 현실적 침해를 요하는 범죄를 침해범이라고 하며, 구성요건이 전제로 하는 보호법익에 대한 위험의 야기로 족한 범죄를 위험범이라고 한다. 그리고 구체적 위험범이란 법익 침해의 구체적 위험, 즉 현실적 위험의 발생을 요건으로 하는 범죄를 말하고, 추상적 위험범이란 법익 침해의 일반적 위험이 있으면 구성요건이 충족되는 범죄를 말한다(김일수·서보학, 2006: 143; 박상기, 2007: 81; 이재상, 2008: 72). 다시 말하면, 구체적 위험범의 경우 위험의 발생이 구성요건 요소가 되는데 반해, 추상적 위험범은 현실적 위험 결과를 발생시킬 필요 없이 일반적인 위험성만 노출시키면 가벌성이 인정되는 범죄를 뜻한다(김일수·서보학, 2006: 144; 박상기, 2007: 81-82; 배종대, 2007: 191). 판례는 업무방해죄가 추상적 위험범에 해당한다고 본다.[19]

---

16 대법원 1995. 10. 12. 선고 95도1589 판결.

17 대법원 1996. 5. 10. 선고 96도419 판결.

18 대법원 1991. 4. 23. 선고 90도2771 판결.

19 대법원 2002. 10. 25. 선고 2000도5669 판결, 2006. 12. 21. 선고 2006도4487 판결, 2008. 1. 17. 선고 2006도1721 판결.

셋째, 업무방해죄에 대해서는 형법상의 위법성조각사유가 적용된다. 따라서 피해자의 승낙은 업무방해죄의 위법성을 조각한다. 자구행위 또는 정당행위의 요건을 충족하는 행위도 위법하다고 할 수 없다. 파업과 관련해 노동조합법은 제4조에 형사면책 조항을 두고 있다. 그리고 법원은 단체행동권에 속하는 쟁의행위는 업무방해죄의 구성요건에 해당하고, 그것이 근로조건의 유지·개선 기타 근로자의 정당한 이익을 주장하기 위한 상당한 수단인 경우에는 정당행위로서 위법성이 조각된다고 본다.[20] 법원은 근로자의 쟁의행위가 형법상 정당행위가 되기 위한 조건으로서 주체, 목적, 절차, 방법 및 수단 등이 정당할 것을 요구한다.[21]

다. 판례 법리의 검토

판례 법리의 당부를 검토하기 위해서는 먼저 특정 범주의 행위가 구성요건에 해당한다는 형법적 평가를 받는 것이 어떤 의미인지를 짚어볼 필요가 있다.

범죄는 구성요건에 해당하고 위법하며 유책한 행위다. 즉, 어떤 행위가 구성요건에 해당하고 위법하며 책임이 인정될 때 비로소 범죄가 성립한다. 여기서 위법(違法)이란 구성요건에 해당하는 행위가 법질서 전체에 반한다는 뜻이다. 한편, 구성요건은 위법행위의 정형이다. 구성요건에 해당하는 행위는 위법행위의 정형을 실현한 것이므로 대체로 위법하다는 성질을 갖고 있다. 구성요건에 해당하는 성질이 인정되면 위법하다는 성질도 대체로 인정된다(신동운, 2006: 249-252). 어떤 범죄를 어떻게 처벌할 것인가 하는 문제, 즉 구성요건(범죄)의 유형과 법정형의 종류·범위의 선택은 그 범죄의 죄질과 보호법익에 대한 고려뿐만 아니라

---

20 대법원 1991. 11. 8. 선고 91도326 판결, 1991. 5. 24. 선고 91도324 판결, 1992. 9. 22. 선고 92도1855 판결.

21 대법원 2006. 5. 25. 선고 2002도5577 판결.

그 사회의 역사와 문화, 입법 당시의 시대적 상황, 국민 일반의 가치관 또는 법감정 그리고 범죄 예방을 위한 형사 정책적 측면 등 여러 가지 요소를 종합적으로 고려해 결정하게 된다.[22] 따라서 쟁의행위가 위력 업무방해죄의 구성요건에 해당한다는 의미는 '쟁의행위가 일반적으로 사회적으로 유해하다'는 것을 뜻하는 것이다.

위 판례 법리의 문제점으로는 여러 가지가 지적된다. 그중에서 가장 주요한 것은 채무불이행에 불과한 근로자의 행위가 그 집단성에 근거해 범죄로 취급된다는 점이다. 즉, 근로자가 근로계약에 따라 근로를 제공할지 여부는 근로자와 사용자 사이의 사법상 권리 의무 관계의 문제로서 근로자가 이를 제공하지 않는 것은 채무불이행에 해당할 뿐이고, 이러한 논리는 노무 제공 거부를 집단적으로 한다고 하여 바뀌는 것은 아니므로, 파업을 업무방해죄로 의율해서는 안 된다는 것이다(손동권, 1998: 220).

형법상의 범죄라는 것은 국가 형벌권의 발동 요건을 확정하는 기준이 되며 목적론적으로는 형벌의 위하(威嚇)를 통해 금지 규범이나 명령 규범의 이행을 간접적으로 담보하는 데 있다. 따라서 사인 간의 채무불이행에 대해서 국가 형벌권을 발동한다는 것은, 그 채무불이행을 형법의 구성요건이 상정하는 금지 규범 또는 명령 규범 위반으로 파악해 간접적으로 채무 이행을 담보하고자 하는 것이다. 하지만 사인 간의 권리 의무 관계에 대한 국가 형벌권의 과도한 개입은 형사 정책의 일반적인 목적에 비춰볼 때 타당하지 않다. 이런 점 때문에 채무불이행 자체를 구성요건으로 하는 형법상의 범죄는 원칙적으로 존재하지 않는다(손동권, 1998: 220~221).[23]

---

22 헌법재판소 2001. 11. 29. 선고 2001헌가16 결정.

23 채무불이행은 경우에 따라 형법상의 의무범(예컨대 배임죄)으로 확대될 여지가 있을 수 있다. 그러나 그렇다 하더라도, 타인에 대한 법적 의무를 요소로 하지 않는 일반범(예컨대 여기서

만약 근로자의 집단행동을 근거로 채무불이행의 일종인 파업을 범죄 구성요건에 해당한다고 해석한다면, 이는 근로자의 단결 자체를 금지하고 범죄로 처벌하는 결과가 되어 헌법이 보장한 단결권이라는 근로자의 기본권을 침해하는 것일 뿐만 아니라, 오로지 근로자라는 신분에 대해 불이익을 주는 것으로서 헌법이 규정한 평등권도 침해하는 위헌적 해석이 된다(손동권, 1998: 221). 나아가 신체와 불가분한 노무 제공을 목적으로 하는 근로관계에서 노무 제공 의무를 형벌의 위하에 의해 담보한다는 것은 실질적으로는 의사에 반하는 근로의 강제로 결국 신체의 자유에 반하는 것이기도 하다(정인섭, 1997: 352).

2. 공모공동정범 법리의 적용

가. 법리 형성의 배경

위에서 살펴본 바와 같이 법원이 단순 파업, 즉 단순히 근로자들이 집단적으로 노무 제공을 거부하는 행위에 대해 형법상 업무방해죄 조항을 적용함으로써 한국에서 파업은 범죄화되었다. 그러나 이 점만으로 파업에 대한 사법적 통제 장치가 충실하게 마련되었다고는 보기 어렵다. 왜냐하면, 단순 파업에서 근로자들의 행위란 것은 노동조합의 결의에 따라 일을 하지 않는 것에 불과하고 그 진행 과정에서 형법상 문제될 만한 행위가 뚜렷하게 드러나지 않으므로, 이들을 업무방해죄나 그 밖의 범죄(예컨대 폭행죄, 주거침입죄, 재물손괴죄 등)의 공동정범(共同正犯)으로 처벌하는 데 어려움이 있기 때문이다.[24]

문제되는 업무방해죄)으로까지 확대될 수는 없다. 만약 후자의 경우에도 형사범으로 확대한다면 이는 공공의 평화로운 사회 질서의 유지를 위해 불가피한 최후의 수단으로서만 형사 제재로써 개입한다는 형법의 보충성 원칙에 반한다고 한다.

24 이러한 어려움은 종범(從犯)으로 처벌하는 경우에도 마찬가지다. 그리고 실무상 공동으로 범

잘 알다시피 형법 제30조는 공동정범이라는 제목 아래 "2인 이상이 공동하여 죄를 범한 때에는 각자를 정범으로 처벌한다."고 규정하고 있다. 공동정범의 성립에는 공동가공의 의사라는 주관적 요건과 공동가공의 사실이라는 객관적 요건이 구비되어야 한다. 그런데 공동정범 규정을 엄격히 해석해 공동정범의 성립을 위해서는 공동가공의 사실이 필요하다고 볼 경우에는, 근로자들이 노동조합의 파업 결의에 의해 단순히 노무 제공을 집단적으로 거부하고 별도의 범죄행위를 하지 않거나, 폭력이나 주거 침입 등의 범죄행위가 있긴 하나 노동조합 집행부들이 여기에 가담하지 않으면, 파업 근로자 및 지도부를 업무방해죄나 그 밖의 범죄의 공동정범으로 처벌하는 것은 곤란하게 된다. 나아가 제3자 개입 금지 조항의 적용이 어렵게 된 상황에서 단위노조에서 이뤄진 파업과 관련해 연합단체나 총연합단체의 지도부를 처벌하는 것은 더더욱 힘들어진다(도재형, 2008b: 516).

법원은 파업의 범죄화 작업에서 이러한 장애를 공모공동정범 법리를 이용해 타개한다. 법원은 범죄행위를 공동으로 하지 않는 자라 하더라도 공모 사실이 있는 경우 공동정범으로 처벌할 수 있다고 하면서, 그 공모 사실의 입증과 관련해서는 "공모공동정범에 있어 그 공모에 대해서는 모의의 구체적인 일시, 장소, 내용 등을 상세하게 판시하여야 할 필요는 없고, 범행에 관하여 의사의 합치가 성립되었다는 것만을 판시하면 된다."[25]고 한다. 결국 파업 관련 사건에서 수사기관과 검찰, 법원은 공소(범죄)사실에 '공모하여'란 문구를 집어넣는 간단한 방법으로 파업에 참여한 전체 근로자와 이를 지원한 노동조합 활동가들을 업무방해죄의 공동정범으로 의율할 수 있었던 것이다.

행에 가담한 자들을 종범으로 처벌하는 예는 흔치 않다.

25 대법원 2008. 11. 13. 선고 2006도755 판결.

아래에서는 공모공동정범에 관한 판례 법리의 내용을 살펴본 후 그 타당성 여부를 검토하도록 하겠다.

나. 판례 법리

공모공동정범(共謀共同正犯)이란 2인 이상의 공모자가 공동으로 모의해서 그 공모자 중 일부만이 공모한 바에 따라 범죄를 실행한 경우에 실행행위를 하지 아니한 나머지 공모자도 공동정범의 죄책을 진다는 이론이다. 즉, 공모를 통해 실현하기로 결정된 범죄의 실행을 분담하지 않은 공모자는 단순히 그 범죄의 공모에 대해 형사 책임을 지는 것이 아니라 그 범죄의 정범으로서 처벌된다(백원기, 1996: 85).

법원은 전통적으로 공동의사주체설에 입각해 공모공동정범을 인정했다. 대법원은 "공모공동정범은 공동의사주체로서의 집단 전체의 하나의 범죄행위의 실행이 있음으로써 성립하고, 공모자가 실행행위를 분담하지 않아도 공모에 의하여 공동의사주체가 형성되어 공동의사주체로서 정범의 책임을 면할 수 없다"거나[26] "공범자 일부가 범죄의 실행에 당한 경우에는 전원이 공동일체로서 범죄를 실행한 것이 된다."고 판시함으로써[27] 공동의사주체설에 입각해 공모공동정범을 인정하고 있음을 명백히 했다. 이에 따르면 일정한 범죄를 실현하려는 목적을 공유하는 2명 이상의 행위자가 공동의사주체가 되어 그중에 한 행위자가 범죄의 실행행위에 나아가면 나머지 사람 모두를 공동정범으로 처벌할 수 있다.

공동의사주체설에 대해서는 실행행위를 전혀 분담하지 않더라도 공모자에게 공동정범의 성립을 인정한다는 점에서 형법상 공동정범 규정에 배치되고, 그 처벌이 남용될 수 있다는 비판이 제기되었다. 이에 대

---

26 대법원 1983. 3. 8. 선고 82도3248 판결.

27 대법원 1983. 10. 11. 선고 83도1942 판결, 1988. 3. 22. 선고 87도2539 판결.

해 법원은 공모의 요건을 엄격히 제한하는 방식으로 그 폐단을 줄이고자 시도했다.

그 대표적인 예는 간접정범유사설이다. 간접정범유사설은 공모공동정범의 이론적 근거를 간접정범과 비슷한 이론 구성에 의해 설명한다. 이에 따르면 실행을 하지 않은 공모자도 타인과 공동으로 타인의 행위를 이용해 실행한 점에서 공동정범을 인정할 가능성이 있다. 법원은 "공모공동정범이 성립되려면 두 사람 이상이 공동의 의사로 특정한 범죄행위를 하기 위해 일체가 되어 서로가 다른 사람의 행위를 이용해 각자 자기의 의사를 실행에 옮기는 것을 내용으로 하는 모의를 하여 그에 따라 범죄를 실행한 사실이 인정되어야 하는 것이고, 이와 같이 공모에 참여한 사실이 인정되는 이상 직접 실행행위에 관여하지 않았더라도 다른 사람의 행위를 자기 의사의 수단으로 하여 범죄를 했다는 점에서 자기가 직접 실행행위를 분담한 경우와 형사 책임의 성립에 차이를 둘 이유가 없는 것이다."라고 판시한 바 있다.[28]

그 밖에도 최근 들어 기능적 행위지배설의 입장을 취한 판결이 나타나고 있다. 기능적 행위지배설은 공모 이외에 기능적 행위 지배를 나타내는 객관적 행위 기여가 있을 때 공동정범을 인정하는 견해다(이재상, 2008: 475). 기능적 행위지배설에 의하면, 공동의 범죄 실현을 좌우하는 부분행위는 반드시 구성요건의 실행행위를 일부 실현하는 행위일 필요는 없다. 구성요건의 실현행위에 이르기 전의 단계에서 일어나는 행위라 할지라도 공동범행의 실현을 위한 행위 기여로 인정되면 충분하다. 따라서 단순히 공모에 참여했다는 이유만으로 공동정범이 될 수는 없지만, 실행행위를 분담하지 않은 경우에도 범죄를 조직하고 지휘하거나

---

28 대법원 1988. 4. 12. 선고 87도2368 판결. 이 판결은 "종래 실무에서 너무 루스하게 공모공동정범의 성립을 인정해 왔던 태도에 대한 반성"에 따른 것이라고 설명되기도 한다(유정주, 1989: 440).

범죄의 실행자를 지정해 실행하는 때와 같이 전체 계획의 중요한 기능을 담당했다고 인정되는 공모자는 공동정범으로 처벌할 수 있다(이재상, 2008: 475). 법원은 노조원들이 포스코 포항제철소를 점거한 사건에서 "공모자 중 일부가 구성요건 행위 중 일부를 직접 분담하여 실행하지 않은 경우라 할지라도 전체 범죄에 있어서 그가 차지하는 지위, 역할이나 범죄 경과에 대한 지배 내지 장악력 등을 종합해 볼 때, 단순한 공모자에 그치는 것이 아니라 범죄에 대한 본질적 기여를 통한 기능적 행위 지배가 존재하는 것으로 인정된다면, 이른바 공모공동정범으로서의 죄책을 면할 수 없는 것이다."[29]라고 판시했다.

다. 판례 법리의 검토

공동의사주체설에 의하면, 단순히 공모가 있었다는 이유만으로 공동정범이 성립하게 되어 공동정범의 처벌 범위가 지나치게 확장될 우려가 있다(신동운, 2006: 570).

간접정범유사설이 공동정범성을 인정하기 위해 성립 요건이 다른 간접정범을 근거로 삼는 것 역시 무리한 해석이다. 공동정범에서 실행행위를 분담하지 않고 모의에만 가담한 공모공동정범은 간접정범과 본질적으로 다르다. 간접정범과 피이용자는 지배와 피지배의 관계인데 반해 공동정범자 사이에는 상호 협력 가공 또는 역할 분담의 관계에 있기 때문이다. 또한 간접정범은 외견상 이용자와 피이용자라는 수인(數人)의 가담을 전제로 하지만, 본질적으로 간접정범 단독의 범행에 불과하다. 반면에 공동정범은 여러 명의 협력을 전제로 하는 범행 형태로서 양자를 동일선상에서 평가할 수는 없다(박상기, 2007: 391).

최근 법원이 채택한 기능적 행위지배설 역시 '전체 범죄의 달성을 위

---

29 대법원 2007. 4. 26. 선고 2007도428 판결, 2007. 4. 27. 선고 2007도236 판결.

한 행위 기여를 어느 정도까지 인정할 것인지가 명확하지 않다'는 점에서 약점을 지니고 있다. 이에 따르면 예비 단계에 불과한 대부분의 행위가 공동정범의 인정 근거로 작용할 수 있고, 이 경우 공동의사주체설이나 간접정범유사설과 별다른 차이가 없게 된다(신동운, 2006: 570).

공모공동정범 법리는 형법에서 예상하고 있지 않은 새로운 형태의 공동정범을 해석론을 통해 만드는 것이다(박상기, 2007: 393). 공모공동정범 법리는 예비·음모와 미수범을 엄격하게 구별하고 공동정범, 교사범 및 종범을 분리하고 있는 입법자의 의도를 무시한 것이다. 공모공동정범은 예비·음모와 교사범으로 처벌하면 되는 행위자를 모두 공동정범으로 처벌함으로써 사실상 예비·음모나 교사범, 종범에 관한 규정들의 존재 의의를 상실케 한다. 이러한 해석론은 권력분립의 원칙 및 개인책임의 원칙에 비춰 받아들일 수 없다(배종대, 2007: 603; 오영근, 2006: 577-578).

결국 공모공동정범의 성립 여부는 실행행위분담설에 입각해 결정하는 것이 타당하다. 실행행위분담설은 공모공동정범이란 개념을 부인한다. 실행행위분담설에 의하면, 형법 제30조의 해석상 실행행위를 분담한 경우에만 공동정범이 성립하며 어떠한 의미에서도 실행행위를 분담하지 아니한 공모자는 범죄에 대한 가공 정도에 따라 교사범이나 방조범의 책임을 지게 될 뿐이다(박상기, 2007: 392-393; 배종대, 2007: 602; 오영근, 2006: 577; 신동운, 2006: 575). 따라서 공동정범 관계가 성립하려면 주관적으로 공동의 의사 연락이 있어야 하고, 객관적으로 실행행위의 분담이 있어야 한다. 만약 공모만 있고 실행행위의 분담이 없다면 공동정범은 성립할 수 없다.

그런데 공모공동정범 법리와 관련해서는 위와 같은 법리적 문제뿐만 아니라 그 적용 단계에서의 형평성도 문제된다. 집단적 노사관계에 국한해서 공모공동정범의 적용례를 살펴보면, 그것이 파업과 같은 근로자의 쟁의행위에 적용된 사례는 찾을 수 있지만, 사용자 쪽의 노동3권 침해 행위에 적용된 예는 찾기 어렵다. 예컨대 파견근로자나 하청업체 소속 근로자들이 노동조합을 설립하려고 하거나 설립한 경우, 사용사업주와 파견 혹은 고용사업주가 그 사실을 알고서 조합 활동을 방해하기 위해 함께 대책을 논의한 후 해당 근로자들을 해고하거나 파견계약이나 도급계약을 해지한 사안에서 양자를 공모공동정범 법리를 적용해 처벌한 예는 없다. 이렇게 근로자들의 단결을 처벌하고, 사용자의 단결을 묵인하는 것은 자본주의 초기 단결 금지 법리의 중요한 특징 중 하나였다. 이런 현상이 21세기 한국에서 벌어지고 있다.

IV. 2000년대 단결 금지 법리의 심화: 구조조정에 대항하는 파업의 불법화

1. 법리의 심화 배경

1987년 노동자 대투쟁 이후 파업에 대한 업무방해죄 적용 법리가 형성된 것이 한국에서의 파업권 행사에 중요한 변화라고 한다면, 1997년 외환위기 이후에 파업에 관한 판례 법리는 그에 버금가는 변화를 겪었다고 말할 수 있다.

외환위기 이후 진행된 구조조정은 1990년대의 그것과 구별된다. 그것은 주변부 노동력 또는 중소 규모 사업장뿐만 아니라 대규모 사업장에서도 진행되고, 공무원 등 공공 부문과 사무직 근로자들도 이러한 구조조정을 피하지 못했다. 그 과정에서 공공 부문과 대규모 사업장에서는 구조조정에 항의하는 파업이 진행되었다. 그리고 그것은 1980년대와 1990년대 초의 파업과 방법을 달리했다. 특히 은행, 증권회사, 공기업 등의 노동조합은 사업장 밖에 조합원들을 모으는 방식, 즉 단순 파업의 형태로 쟁의행위를 진행했다. 따라서 정부와 법원은 이러한 파업을 불법적인 것으로 평가할 수 있는 새로운 법리를 모색하게 된다. 이와 관련해 2000년대 초반에 대법원은 '구조조정의 실시 권한은 경영권에 속한다'는 추상적인 언명만을 이용하다가 2003년 한국가스공사 사건에서 이른바 경영권을 헌법상 기본권으로 인정하고, 그에 대항하는 파업권의 행사를 전면 부정하는 법리를 선택했다.

위 사건에서 대법원은 파업의 주요한 목적이 구조조정에 대항하는 것인 경우에는 그 파업권의 행사는 사용자의 헌법상 기본권인 경영권을 침해하는 것으로서 정당성을 인정할 수 없는 범죄행위라고 천명했다. 뒤에서 살펴보겠지만, 법원은 경영권을 침해하는 파업 목적은 부당하고 설령 단체협약에서 경영권에 관한 사항을 사전 합의 대상으로 삼고 있더라도 그 파업의 목적은 정당하지 않다고 봤다. 그런데 과연 무엇이 파업의 주요한 목적인지, 무엇이 경영권에 속하는 사항인지는 매우 모호하다. 나아가 노동조합이 사용자의 경영권에 대항할 수 없다는 것, 즉 구조조정에 대항할 수 없다는 것은 노동조합의 존립 기반을 흔드는 것이기도 하다. 결국 파업 목적의 정당성에 관한 위 판례 법리로 인해 수사기관과 법원의 재량권은 확대되고, 그 기준의 모호함 속에서 노동조합의 교섭력은 약화되었다.

법원이 이렇게 결단한 이유 중 하나는, 당시 한국에서 시급했던 구조조정 작업을 원활히 수행하기 위해서는 노동조합의 교섭력을 억제해야 한다고 봤기 때문이다. 아마도 법원은 "1997년 말의 경제위기와 뒤이은 IMF 관리 체제를 겪으면서, 나라의 살고 죽음이 기업 구조조정에 달려[있다]"(이창희, 2007: 591)고 생각했을지도 모른다. 이러한 판례 법리는 노동조합의 힘을 약화시키는 데 중요한 역할을 담당했다. 이 과정에서 법원은 단체교섭 및 쟁의행위가 진행되는 실제 과정을 도외시한 채 자신이 채택한 법리를 고집함으로써 한국에서 인원 삭감 중심의 구조조정 작업이 보편화되는 데 일조했다.

2. 판례 법리

대법원은, 외환위기 이후 개별 사업장에서 일어난 파업 관련 사건에 대해 2000년경부터 판단을 하기 시작했다. 따라서 파업의 목적에 관한 판례 법리의 변화 모습 역시 이 시기를 기준으로, 전후로 나눠 분석해야 한다.[30]

2000년 이전의 대법원 판결은 이른바 경영 사항에 대항한 파업의 정당성을 일률적으로 부정하지는 않았다. 즉, 운수업체의 승무·배차에 관한 사항에 대해 한편으로는 사용자의 경영권에 속하는 사항이지만 다른 한편으로는 근로자들의 근로조건과도 밀접한 관련이 있는 부분으로서 사용자의 경영권을 근본적으로 제약하는 것은 아니므로 단체협약의 대상이 될 수 있다고 한 것,[31] 쟁의행위를 하면서 특정인의 퇴진을 요구했다 하더라도 이는 부차적인 것에 불과하고 그 주된 목적은 조합원의 근로조건의 개선 요구에 있다고 볼 수 있으면 이는 단체교섭 사항이 될 수 있다고 한 것이 있다.[32]

다만 사업부 폐지 결정과 관련한 사안에서는, 이는 경영 주체의 의사결정에 따른 경영 조직의 변경에 해당해 그 폐지 결정 자체는 단체교섭 사항이 될 수 없고, 노동조합이 사업부 폐지 결정 자체의 백지화만을 고집하면서 쟁의행위로 나아간 것은 그 목적이 부당하다고 판단했다.[33]

---

30 아래 관련 내용은 정진경, 2006: 3-5의 내용을 주로 인용했다. 기간 구분의 기준도 마찬가지다.

31 대법원 1994. 8. 26. 선고 93누8993 판결.

32 대법원 1992. 5. 12. 선고 91다34523 판결.

33 대법원 1994. 3. 25. 선고 93다30242 판결.

그리고 지점 폐쇄 조치에 반발해 그 조치 자체를 철회시키고자 점거 농성을 한 사안에서 해당 쟁의행위는 경영 주체의 경영권에 속하는 사항을 목적으로 한 것으로서 정당하지 않다고 판시했다.[34]

이 시기의 법원은 쟁의행위의 목적과 관련해, 인사 사항에 관한 것은 근로조건과의 관련성이 인정되는 경우 일반적으로 단체교섭 사항으로 인정하되, 사업부의 폐지와 같은 고도의 경영상의 결정에 대해서는 그 결정 자체는 단체교섭의 대상이 되지 않는다는 입장을 보였다.[35] 나아가 단체교섭 과정에서 노동조합이 회사로서는 수용할 수 없는 요구를 했다고 하더라도 이는 단체교섭의 단계에서 조정할 문제이지 과다한 요구가 있다고 해서 곧바로 그 쟁의행위의 목적이 부당하다고 해석할 수는 없다고 한 판례[36] 등에 비춰보면, 이 시기의 판결들이 경영 사항에 대항하는 파업의 목적이 부당하다고 판단한 것으로 해석하기는 어렵다.

그런데 2001년 대법원은 정리해고의 실시는 사용자의 경영상의 조치이므로 노동조합의 요구 내용이 정리해고를 해서는 안 된다는 취지라면, 이는 사용자의 경영권을 근본적으로 제약하는 것이 되어 원칙적으로 단체교섭의 대상이 될 수 없다는 판결을 선고했다.[37] 그 판결 취지는 공기업의 구조조정에 관한 사안에서도 유지되었다. 즉, 대법원은 한국조폐공사 사건에서 정리해고나 사업 조직의 통폐합 등 기업의 구조조정 실시 여부는 경영 주체에 의한 고도의 경영상 결단에 속하는 사항으로

34 대법원 1999. 6. 25. 선고 99다8377 판결.

35 사업부의 폐지에 관한 위 사건은 노동조합이 사업부 폐지에 따르는 근로조건의 변경에 관해 교섭하자는 회사의 요구를 거부하고 곧바로 쟁의행위로 나아간 특별한 사정이 있었다. 지점 폐쇄에 관한 것도 그에 따른 인원의 재배치의 문제만 남는 것인데 노동조합이 지점 폐쇄 조치 자체의 철회를 요구한 사안이었다.

36 대법원 1992. 1. 21. 선고 91누5204 판결.

37 대법원 2001. 4. 24. 선고 99도4893 판결.

서 이는 원칙적으로 단체교섭의 대상이 될 수 없고, 그것이 긴박한 경영상의 필요나 합리적인 이유 없이 불순한 의도로 추진되는 등의 특별한 사정이 없는 한, 노동조합이 실질적으로 그 실시 자체를 반대하기 위해 쟁의행위에 나아간다면, 비록 그 실시로 인해 근로자들의 지위나 근로조건의 변경이 필연적으로 수반된다 하더라도 쟁의행위의 목적의 정당성은 인정할 수 없다고 판단함으로써 구조조정에 관한 결정이 단체교섭의 대상이 될 수 없음을 명백히 했다.[38]

나아가 2003년 대법원은 한국가스공사 사건에서 "헌법 제23조 제1항 전문 [⋯] 제119조 제1항 [⋯] 헌법 제23조 [⋯] 헌법 제15조 [⋯] 규정들의 취지를 기업 활동의 측면에서 보면, 모든 기업은 그가 선택한 사업 또는 영업을 자유롭게 경영하고 이를 위한 의사 결정의 자유를 가지며, 사업 또는 영업을 변경(확장·축소·전환)하거나 처분(폐지·양도)할 수 있는 자유를 가지고 있고 이는 헌법에 의하여 보장되고 있는 것이다. 이를 통틀어 경영권이라고 부르기도 한다."고 판시하며 경영권을 헌법상 기본권으로 인정함으로써 구조조정의 실시는 경영 주체에 의한 고도의 경영상 결단에 속하는 사항으로서 원칙적으로 단체교섭 사항이 될 수 없다는 법리를 더욱 확고히 했다.[39] 이 판결은 그 후 "정리해고나 사업조직의 통폐합 등 기업의 구조조정의 실시 여부", "정리해고나 부서·조직의 통폐합 등 구조조정의 실시 여부", "정리해고나 사업 조직의 통폐합, 공기업의 민영화 등 기업의 구조조정의 실시 여부" 등에 관해 같은 판시가 이어짐으로써 선례로 정립되었다.[40]

---

38 대법원 2002. 2. 26. 선고 2002도7225 판결.

39 대법원 2003. 7. 22. 선고 2002도7225 판결.

40 본문에서 인용된 순서에 따라 대법원 2003. 12. 11. 선고 2001도3429 판결; 대법원 2003. 12. 26. 선고 2001도3380 판결; 대법원 2006. 5. 12. 선고 2002도3450 판결.

3. 판례 법리의 검토

첫째, 구조조정에 관한 법원의 우호적 시각은 한국가스공사 판결에서 잘 드러난다. 위 판결에서 법원은 구조조정으로 인한 근로자들의 감원은 과도기적 현상에 불과하고 기업이 경쟁력을 회복하고 투자가 일어나면 더 많은 고용이 창출되고 근로자의 지위가 향상될 수 있다고 봤다. 그런데 외환위기 이후 한국에서 진행된 구조조정의 실체는 새로운 투자로 기업의 이익을 증대시키는 것이 아니라 감원과 인건비 절약을 통해 기업의 이윤을 추구한 것에 불과했다(조경배, 2009: 44).

둘째, 위 판례 법리는 단체교섭의 실태에 부합하지 않는다. 단체교섭은 교섭 초기부터 파업 시까지 일관된 모습으로 이뤄지는 것이 아니다. 교섭 초기에 '구조조정을 반대한다'는 요구 사항을 제시하더라도, 이것이 파업 때까지 유지되는 경우는 드물다. 노동조합은 그것을 교섭 과정에서 조정되고 타협되는 쟁점으로 파악하기 때문이다.[41] 이는 사용자도 마찬가지다. 외환위기 당시 사용자들은 대내외적 경영 여건을 들어 교섭 초기에 '정리해고를 실시한다'는 교섭 사항을 내걸고, 교섭 과정에서 노동조합으로부터 임금 삭감, 전임자 축소, 복지 규모의 축소 등에 대한 동의를 이끌어냈다. 당시 이것은 '양보교섭'이라는 새로운 개념을 만들어내기도 했다. 과연 당시 기업들 모두가 '정리해고가 불가피하다'고 생각하고 그러한 요구를 한 것일까?

셋째, 설령 법원의 얘기처럼 헌법 해석상 경영권을 기본권으로 인정할 수 있다 하더라도, 구조조정 과정에서 "경영권과 노동3권이 서로 충

41 한편 사용자가 '구조조정을 실시하겠다'고 하는데, 그것에 대해 노동조합이 교섭 초기부터 '구조조정을 수용하겠다'고 얘기하는 경우는 거의 없다. 만약 노동조합이 그런 입장을 취했다면, 그중 상당수는 어용노조로 오해받아 조합원들의 탄핵을 피할 수 없을 것이다(도재형, 2003a: 23-24).

돌하는 경우 이를 조화시키는 한계"는 양자를 비교 교량해 그 적정선을 찾아야 한다. 왜냐하면, 헌법은 노동3권을 헌법상 기본권으로 규정하고 있기 때문이다. 이는 노사 당사자 어느 한쪽에게 일방적으로 유리한 기준을 마련해서는 안 된다는 의미이기도 하다. 그런데 법원은 경영권과 노동3권이 충돌하는 그 상황에서 "기업의 경제상의 창의와 투자 의욕을 훼손시키지 않고 오히려 이를 증진시키며 기업의 경쟁력을 강화하는 방향으로 해결책을 찾아야" 한다고 하면서 구조조정 국면에서 파업권을 전면 부정했다. 이것은 사회적 복지국가를 헌법 원리로 삼고 있는 우리 법체계에 어긋난다.

마지막으로, 위 판례 법리의 가장 큰 문제점은 인원 삭감을 위주로 구조조정 작업을 실시하는 기업, 그리고 그 과정에서 노동조합의 힘을 약화시키려는 기업을 보호하는 부작용을 초래했다는 점이다. 예컨대 구조조정에 대항하는 파업이 목적에서 정당할 수 있다는 판례 법리 하에서는 인원 삭감 위주로 구조조정을 하려는 기업이나 인원을 유지한 채 다른 구조조정 수단을 찾는 기업 모두 노동조합의 교섭 요구에 응해야 한다. 이 경우 노동조합의 교섭 요구에 응하지 않을 때 입을 수 있는 불이익은 사용자 쪽이 부담하기 때문이다. 따라서 2000년 이전 판례 법리 하에서 기업들은 가능한 한 인원 삭감이 수반되지 않는 구조조정 작업을 선택하게 된다. 그런데 현재의 판례 법리 하에서 경제적으로 합리적인 기업은 인원 삭감 위주의 구조조정 계획을 수립하는 것을 선호할 수 밖에 없다. 왜냐하면, 그렇게 할 경우 기업은 노동조합과의 관계에서 우위에 서게 되고, 설령 노동조합이 파업을 하더라도 불법 파업을 이유 삼아 노동조합의 간부들을 해고할 수 있으며, 나아가 노동조합으로부터 형사고소의 취하나 징계·손해배상 등을 빌미 삼아 일정한 양보를 이끌어낼 수 있기 때문이다. 결국 판례 법리는 인원 삭감 위주로 구조조정을 하는 기업이 치를 비용을, 그렇지 않은 기업이 치를 비용에 비해 현저히 감소시키고, 결과적으로 기업에 대해 인원 삭감 위주의 구조조정을 진행하라는 신호를 주었던 것이다.

V. 소결

위에서 살펴본 바에 의하면, 파업에 관한 업무방해죄 규정 및 그 판례 법리는 ① 업무방해죄의 구성요건이 매우 포괄적이고 모든 쟁의행위 유형이 포섭된다는 점, ② 쟁의행위의 형사면책 법리가 포지티브 방식을 취하고 상세한 요건에 부합할 때에만 처벌을 면할 수 있도록 구성된 점, ③ 그로 인해 단순한 채무불이행에 불과한 파업에 참가한 근로자들이 처벌되고 민사 책임과 징계 책임이 자동적으로 인정된다는 점, ④ 다수 근로자가 조직적으로 결합한 사실만으로 업무방해죄의 '위력' 구성요건 요소에 해당한다는 점, ⑤ 그 법리 형성의 과정에서 알 수 있는 바와 같이 역사적으로 쟁의행위를 억제하고 금지하기 위한 수단으로 개발되었다는 점 등에 비춰볼 때 19세기 유럽의 단결 금지 법리와 같다.[42]

이렇듯 1990년대 이후 법원이 주도적으로 형성한 단결 금지 법리는 노동조합의 쟁의행위를 제한하고 교섭력을 약화시킴으로써 노사관계에서 사용자가 우위를 확보하는 데 크게 기여했다. 이 판례 법리를 이용해 일부 사용자는 노조와의 단체교섭에 성실히 임하기보다는, 불법 파업을 유도한 후 조합 활동가와 적극적인 조합원들을 업무방해죄로 처벌하는 작업에 몰두했다. 이 과정에서 수사기관과 법원은 쟁의행위를 주도하는 노조 간부 등을 소환하고 체포·구속·수배 조치를 취하는 데 적

42 이 점에서 한국의 노동법이 "노동기본권 행사의 보장에서 출발하고 있는 것이 아니고, 노동기본권 행사의 금지에 기반하고 [있고] 단결 금지 법리의 극복이 아닌, 단결 금지 법리를 위한 법령"이라는 지적을 이해할 수 있다(김기덕, 2007: 331).

극적이었다. 이와 같은 일은 폭력 등 위법한 수단을 사용한 쟁의행위에 그치지 않고 단순히 집단적으로 노무 제공을 거부하는 파업의 경우에도 발생하고 있다는 데에 문제의 심각성이 있다(김기덕, 2010: 25).

정당성 없는 파업이 형법상 범죄에 해당한다는 판례 법리는 민법의 불법행위 영역에까지 영향을 미쳐, 정당성이 없는 파업에 대해서는 불법행위 책임의 위법성 여부를 별도로 논할 필요가 없게 된다. 이렇게 파업 전체가 불법행위로 취급됨으로써 사용자는 손쉽게 파업 참가자에게 손해배상 책임을 물을 수 있게 되고, 근로자는 막대한 손해배상액을 청구당하거나 재산이 가압류되는 처지에 빠지곤 한다(조경배, 2008: 174-175).

이로써 한국에서는 노동조합이 사용자로부터 강성이라는 낙인이 찍히는 순간, 그 노동조합의 간부들은 자신의 인신뿐만 아니라 재산권까지 박탈당할 위험을 무릅쓰지 않고서는 노조 활동을 할 수 없는 처지에 빠지고 만다. 상시적 구조조정 시스템이 작동하는 경제 체제에서 이러한 사용자의 공격이 구조조정 작업과 맞물려 진행될 경우 노동조합은 무기력한 대응을 하거나 불법적인 쟁의행위를 감행할 수밖에 없다. 앞에서 설명한 것처럼, 이러한 사용자측의 대응은 검찰과 법원이라는 기업에 우호적인 사법기구가 존재하기 때문에 가능했다. 일부 기업과 노사관계 영역에서 활동하는 브로커들은 이러한 사법 제도를 활용해 노동조합에 대응했다(도재형, 2003b: 21).

제2절 단결 금지 법리의 부분적 해체[43]

I. 2011년 전원합의체 판결의 뜻밖의 출현

단결 금지 법리의 역사에서 대법원 2011. 3. 17. 선고 2007도482 전원합의체 판결(이하 '전원합의체 판결'이라 인용한다)은 중요한 의미를 갖는다. 이 사건에서는 전국철도노동조합이 중재기간이었던 2006년 3월 1일부터 3월 4일까지 행한 파업과 관련해 그 위원장인 피고인에게 형법상 업무방해죄를 적용할 수 있는지가 다퉈졌다. 공소사실의 요지는, 당시 한국철도공사 소속 기관사로서 전국철도노동조합 위원장인 피고인이, 중앙노동위원회 위원장의 노동쟁의 중재회부 결정으로 인해 필수공익사업장인 철도공사의 경우 중재기간인 2006년 3월 15일까지 쟁의행위가 금지됨에도 불구하고,[44] 전국철도노동조합 조합원들에게 파업 강

43 이 부분은 도재형, "업무방해죄 전원합의체 판결의 의의와 과제", 「노동법연구」 제33호, 서울대학교 노동법연구회, 2012: 434 이하의 내용을 수정·보완했다.

44 당시 전국철도노동조합이 '파업 없이 성실히 교섭할 것을 서면으로 확인한다'는 확약서를 제출하자, 특별조정위원회는 '향후 노동조합이 약속을 지키지 아니하고 쟁의행위에 돌입할 가능성이 현저할 경우에는 당해 사업장을 중재에 회부할 것을 권고한다.'는 내용의 2005년 11월 25일자 조건부 중재회부 권고를 했고, 중앙노동위원회 위원장은 그 취지를 존중해 2005년 11월 25일과 2005년 12월 16일 두 차례에 걸쳐 중재회부 보류 결정을 했다가 전국철도노동조합

행 등을 지시함에 따라 2006년 3월 1일 01:00부터 3월 4일 14:00까지 노조원 13,808명이 서울철도차량정비창 등 전국 641개 사업장에 출근하지 아니한 채 KTX 열차 329회, 새마을호 열차 283회 운행이 중단되도록 하는 등의 방법으로, 영업수익 손실과 대체인력 보상금 등 4일간 합계 약 135억 원 상당의 재산적 피해를 발생시켜 위력으로써 한국철도공사의 여객·화물 수송 업무 등을 방해했다는 것이다.

제1심과 항소심은 피고인에 대한 공소사실을 모두 인정해 유죄를 선고했다.[45] 이에 피고인은 무죄를 주장하면서 대법원에 상고했고, 집단적 노무 제공의 거부행위인 단순 파업이 형법상 업무방해죄의 구성요건 중 '위력'에 해당하는지가 이 사건의 주요 쟁점이었다. 이와 관련해 대법원은 종전의 쟁의행위 관련 업무방해죄 판례를 변경하는, 즉 단결 금지 법리를 부분적으로 폐지하는 전원합의체 판결을 선고했다. 아래 인용한 판결 내용은 이용훈, 양승태, 김능환, 안대희, 차한성, 양창수, 신영철, 민일영 대법관의 다수 의견이다.

> "근로자가 그 주장을 관철할 목적으로 근로의 제공을 거부하여 업무의 정상적인 운영을 저해하는 쟁의행위로서의 파업(노동조합 및 노동관계조정법 제2조 제6호)도, 단순히 근로계약에 따른 노무의 제공을 거부하는 부작위에 그치지 아니하고 이를 넘어서 사용자에게 압력을 가하여 근로자의 주장을 관철하고자 집단적으로 노무 제공을 중단하는 실력 행사이므로, 업무방해죄에서 말하는 위력에 해당하는 요소를 포함하고 있다.
>
> 그런데 근로자는, 헌법 제37조 제2항에 의하여 국가안전보장·질서유지

과 한국철도공사 간의 단체교섭이 2006년 2월 28일 최종적으로 결렬되자 같은 날 21:00부로 직권중재회부 결정을 했다.

45 1심: 서울중앙지법 2006. 5. 24. 선고 2006고단1724 판결(징역 10월에 집행유예 2년), 항소심: 서울중앙지법 2006. 12. 20. 선고 2006노1532 판결(벌금 1천만 원).

또는 공공복리 등의 공익상의 이유로 제한될 수 있고 그 권리의 행사가 정당한 것이어야 한다는 내재적 한계가 있어 절대적인 권리는 아니지만, 원칙적으로는 헌법상 보장된 기본권으로서 근로조건 향상을 위한 자주적인 단결권·단체교섭권 및 단체행동권을 가진다(헌법 제33조 제1항).

그러므로 쟁의행위로서의 파업이 언제나 업무방해죄에 해당하는 것으로 볼 것은 아니고, 전후 사정과 경위 등에 비추어 사용자가 예측할 수 없는 시기에 전격적으로 이루어져 사용자의 사업 운영에 심대한 혼란 내지 막대한 손해를 초래하는 등으로 사용자의 사업 계속에 관한 자유 의사가 제압·혼란될 수 있다고 평가할 수 있는 경우에 비로소 그 집단적 노무 제공의 거부가 위력에 해당하여 업무방해죄가 성립한다고 봄이 상당하다.

이와 달리, 근로자들이 집단적으로 근로의 제공을 거부하여 사용자의 정상적인 업무 운영을 저해하고 손해를 발생하게 한 행위가 당연히 위력에 해당함을 전제로 하여 노동관계 법령에 따른 정당한 쟁의행위로서 위법성이 조각되는 경우가 아닌 한 업무방해죄를 구성한다는 취지로 판시한 대법원 1991. 4. 23. 선고 90도2771 판결, 대법원 1991. 11. 8. 선고 91도326 판결, 대법원 2004. 5. 27. 선고 2004도689 판결, 대법원 2006. 5. 12. 선고 2002도3450 판결, 대법원 2006. 5. 25. 선고 2002도5577 판결 등은 이 판결의 견해에 배치되는 범위 내에서 이를 변경한다."

그런데 전원합의체 판결의 대법관들은, 드워킨(Ronald M. Dworkin, 1931-2013)의 비유에 의하면 평론가이면서 후속 작가들인,[46] 법관과 법

---

46 법철학자 드워킨은 판례를 여러 명의 작가가 쓰는 연작소설(chain novel)로, 법관은 평론가와 작가의 역할을 동시에 수행하는 것으로 비유했다. 드워킨의 설명에 의하면, 판례의 형성 과정에서 법관은 개개 사건에서 자신이 해석한 전통에다 자신의 해석을 추가한다. 또한 법관은 연작소설의 작가로서 자신에게 주어진 제재를 가지고, 후속 작가가 원하거나 덧붙일 만한 것을 만듦으로써 하나의 소설을 만들 것을 목표로 한다. 드워킨이 설명하는 연작소설의 작성 과정은 다음과 같다. "이 연작소설을 쓰는 작업에서 일련의 소설가들은 소설을 순차적으로 집

원 밖의 평론가들을 곤혹스럽게 만들었다. 즉, 전원합의체 판결에 대한 여러 의문점, 예컨대 제정 헌법 때부터 존재했고 1987년 헌법 이래 그 구체적 내용이 바뀌지 않은 헌법 제33조 제1항을 갑자기 거론하며 자신의 견해 변경의 근거로 삼은 것이나,[47] 그럼에도 불구하고 여전히 파업에 업무방해죄의 '위력'에 해당하는 요소가 있다고 판시한 점, 그리고 파업이 '위력'에 해당하기 위해서 필요하다며 추가로 제시한 '파업의 전격성(suddeneness)'과 그로 인해 발생한 '심대한 혼란 내지 막대한 손해'가 무엇인지, 왜 대법원은 판결에서 견해 변경의 중요한 계기였던 2010년 헌재 결정을 인용하지 않았는지, 그렇다면 헌법 제33조 제1항 이외에 대

필해 나간다; 순서가 된 각 소설가는 새 장을 쓰기 위하여 앞에 씌어진 장들을 해석하고, 이것은 앞의 것에 덧붙여져서 다음 소설가에게 주어진다. 이런 식으로 계속 이어져 나간다. 각 소설가는 자기가 맡은 대목을 그 소설이 가능한 한 최선의 것이 되도록 집필하며, 이 일이 갖는 복잡성은 통합성으로서의 법관념 아래에서 판결하기 어려운 사건을 판결하는 복잡성의 본이 된다. […] 각 소설가들은 자기들에게 주어진 제재를 가지고, 거기에 덧붙일 것을 그리고 (자기가 좌우할 수 있는 한) 자기의 후속 작가가 원할 것을, 또는 후속 작가가 덧붙일 만한 것을 만듦으로써, 하나의 소설을 만들 것을 목표로 한다. 실제로는 여러 사람에 의해서 씌어진 작품이지만, 작가는 한 작가의 작품으로 해석될 수 있을 정도로 최선의 소설로 만들려고 노력해야 한다. 이 작업은 자기의 역할에 대한 전반적인 판단을 필요로 하며, 자기가 쓰거나 고쳐나가는 가운데 일련의 전반적인 판단을 필요로 한다. 작가는 새롭게 시작하는 것이 아니라 그 작품을 계속 이어나가는 데 있어서 무엇이 중요한가를 판단하기 위하여 진행 중인 소설에 대하여 어떤 견해를 취해야 하며, 그 인물, 줄거리, 장르, 주제, 목적에 대한 작업이론을 세워야 한다"(로널드 드워킨, 2004: 326-327).

47 이근우 교수는 전원합의체 판결에 대한 자신의 의문점을 다음과 같이 설명한 바 있다. "적어도 오늘날의 우리 법질서는 1988년 2월 25일부터 시행된 현행 헌법에 기초하고 있는 점을 부정할 수는 없을 것이다. 이 당연한 사실을 대법원은 이제야 '발견'한 것일까? 종전 견해를 변경하는 전원합의체 판결문에 이를 왜 새삼스럽게 논거처럼 '끼워놓은' 것일까? 이번 판결로 변경되어야 한다고 하는 […] 판결 등은 모두 현행 헌법 시행 이후의 것인데, 이들 판결은 현행 헌법의 노동쟁의권 보장을 반영하지 않았던 판결이라는 말인가? 그렇다면 '헌법에 위반된 대법원 판결의 효력'이라는 우스꽝스러운 문제가 나타나게 된다. 아니라면 헌법 규정의 의미가 대법원이 인정하면 나타나고, 부정하면 숨겨지는 정도밖에 되지 못한다는 것인가?"(이근우, 2011: 213).

법원 견해 변경의 이유는 무엇인지[48] 등은 위 전원합의체 판결에 대한 본격적인 분석과 평가를 주저하게 만들었다.

요컨대 전원합의체 판결은 기존의 판례에 의해 형성된 단결 금지 법리를 깨뜨렸다는 점에서(어디까지 깨뜨렸는지를 별론으로 한다면) 좋은 평가를 받을 수 있지만, 그와 함께 '이건 뭘까'라는 궁금함도 함께 유발했다. 그리고 전원합의체 판결에서 제시한 모호한 문구가 후속 판결례에서 어떻게 구체화될 것인지에 대한 궁금증도 함께 존재했다. 즉, 전원합의체 판결에 대한 검토 작업을 수행하기 위해서는 드워킨이 후속 작가로 비유한 법관들의 작업 결과, 즉 대법원, 항소심 및 1심 판결서 등 후속 판결례를 분석하는 것이 필요하다. 이러한 자료의 분석을 통해 전원합의체 판결에서 비워져 있던 내용을 어느 정도 채울 수 있기 때문이다.

따라서 아래에서는 전원합의체 판결이 선고된 이후부터 2012년 4월까지 선고된 판결 가운데 본문에서 전원합의체 판결을 인용한 것을 중심으로 전원합의체가 제시한 판례 법리를 분석했다(이 판결들 대부분은 종전 판례 법리에 따라 파업 참가자들을 기소한 사건에 관한 것이어서 그만큼 전원합의체 판결의 영향을 잘 관찰할 수 있었다). 그리고 이러한 분석 결과에 기초해 한국의 단결 금지 법리에서 전원합의체 판결이 가지는 의의를 평가하고, 그 한계 및 과제들을 살펴볼 것이다.

---

48 이근우 교수는 대법원의 판례 변경의 사유로서 '사정변경'의 경우도 있는데, 전원합의체 판결이 '사정변경'의 사유로서 2010년 업무방해죄에 관한 헌법재판소 결정이 내려졌다는 것을 판결 본문에 인용하지 않고 있는 이상, 노동자 대투쟁으로 상징되는 노동운동이 어느 정도 진정되었으므로 형법 적용의 필요성이 사라졌다는 '사정 변경'에 의해 전원합의체 판결이 내려진 것일 수도 있다고 추측했다(이근우, 2011: 214).

Ⅱ. 전원합의체 판결이 폐기한 것과 새로 제시한 것

1. 개관

전원합의체 판결에 의해 폐기된 종전 판결례에 의하면, 근로자의 단순 파업도 위력 업무방해죄의 구성요건에 해당했다. 예컨대 대법원 2006. 5. 12. 선고 2002도3450 판결은 "다수의 근로자들이 상호 의사연락 하에 집단적으로 작업장을 이탈하거나 결근하는 등 근로의 제공을 거부함으로써 사용자의 생산·판매 등 업무의 정상적인 운영을 저해하여 손해를 발생하게 했다면, 그와 같은 행위가 노동관계 법령에 따른 정당한 쟁의행위로서 위법성이 조각되는 경우가 아닌 한, 다중의 위력으로써 타인의 업무를 방해하는 행위에 해당하여 업무방해죄를 구성한다."고 판시했다.

종전 판결례에서 대법원은 파업이기 때문에, 즉 노동조합이 개입한 행위이기 때문에 업무방해죄로 처벌한다는 점도 분명히 했다. 전원합의체 판결에 의해 폐기된 대법원 1991. 4. 23. 선고 90도2771 판결은 "사용자와 근로계약을 체결한 근로자가 자의로 계약을 위반하여 근로를 제공하지 아니하였다고 하더라도, 근로계약의 불이행에 따르는 채무불이행의 책임을 지게 되는 것은 별론으로 하고, 바로 업무방해죄를 구성하는 것이라고 볼 수는 없[다]"고 하면서도, "다수의 근로자들이 상호 의사연락 하에 집단적으로 작업장을 이탈하거나 결근하는 등 근로의 제공을 거부함으로써 사용자의 생산·판매 등 업무의 정상적인 운영을 저해하여 손해를 발생하게 하였다면, 그와 같은 행위가 노동관계 법령에 따른 정당한 쟁의행위로서 위법성이 조각되는 경우가 아닌 한, 다중의 위력으로써 타인의 업무를 방해하는 행위에 해당하여 업무방해죄를 구성한다."고 판시했다. 즉, 근로자가 혼자 회사를 괴롭힐 목적으로 결근한 행위에 대해서는 채무불이행의 책임을 물을 뿐 형벌을 부과하지 않지만, 근로자들이 집단적 의사에 기초해 결근한 행위는, 혼자 하든지 여럿이 하는지를 따지지 않고, 업무방해죄로 처벌하겠다는 의도였다. 앞에서 설명한 것처럼 이렇게 법원이 노동조합의 단순 파업을 업무방해죄의 구성요건에 해당하고 예외적으로만 면책될 수 있다고 판시한 것은, 그 파업이 사회적으로 유해하다고 생각했다고 풀이할 수 있다. 이 점에서 종전 법리는 18세기 혹은 19세기 유럽의 단결 금지 법리와 다름없다는 비판을 받았다(도재형, 2010b: 65, 81).

결국 전원합의체 판결이 폐기시킨 법리는 '파업이 위법행위의 정형인 업무방해죄의 구성요건에 자동적으로 해당한다'라는 위 단결 금지 법리의 기초 중 일부다. 이는 대법원이 '파업이 사회적으로 유해한 현상이 아니다'라는 생각을 시작했다는 것을 뜻한다. 앞에서 설명한 것처럼 전원합의체 판결은 "근로자는 […] 원칙적으로는 헌법상 보장된 기본권으로서 근로조건 향상을 위한 자주적인 단결권·단체교섭권 및 단체행동권을 가진다(헌법 제33조 제1항)."고 하며 이 점을 분명히 했다.

이러한 사고는 헌법재판소 2010. 4. 29. 선고 2009헌바168 결정과 기본적으로 연결되어 있다. 헌법재판소는 그 결정에서 "헌법이 보장한 근로자의 단체행동권 행사로서 파업·태업 등 근로자가 그 주장을 관철할 목적으로 행하는 업무의 정상적인 운영을 저해하는 쟁의행위(노동법 제2조 제6호)는 원칙적으로 [업무방해죄] 법률 조항의 위력에 의한 업무방해를 구성하지 않는다고 봄이 상당하다."고 하며 그 이유로 "헌법 제33조 제1항은 근로자의 단체행동권을 헌법상 기본권으로 보장하고 있고, 단체행동권에 대한 어떠한 개별적 법률유보 조항도 두고 있지 않으며, 단체행동권에 있어서 쟁의행위는 핵심적인 것인데, 쟁의행위는 고용주의 업무에 지장을 초래하는 것을 당연한 전제로 한다. 헌법상 기본권 행사에 본질적으로 수반되는 것으로서 정당화될 수 있는 업무의 지장 초래가 당연히 업무방해에 해당하여 원칙적으로 불법한 것이라 볼 수는 없다."고 판시했다. 전원합의체 판결은 2010년 헌재 결정과 같은 전제 아래 파업이 업무방해죄 구성요건 요소인 '위력'을 충족시킬 수 있는 기준을 새롭게 추가했다. 그 판시 내용이 구체적으로 무엇을 의미하는지는 종전 판례 법리와 전원합의체 판결의 내용을 대비시켜 보면 좀 더 쉽게 알 수 있다.

종전 판례 법리에 의하면, 단순 파업이라 하더라도 일단 업무방해죄의 구성요건에 해당하며 그 위법성과 책임이 추정되고, 다만 주체, 목적, 절차, 방법 등 네 가지 요건을 모두 구비할 경우에만 형법상 정당행위로서 위법성이 조각되었다.[49] 이로 인해 파업 관련 업무방해죄 사건에서 검사는 파업 사실의 존재만 증명하면 되고, 피고인 쪽이 그 파업이 위 네 가지 요건을 모두 충족해 예외적으로 위법성이 조각된다는 점을 증명해야 하는 부담을 졌다. 그런데 앞에서 설명한 바와 같이 전원합의체 판결은 구성요건 해당성 판단 단계에서 파업이 업무방해죄의 구성요건 요소 중 '위력'에 해당하기 위해서는 "사용자가 예측할 수 없는 시기에 전격적으로 이루어져 사용자의 사업 운영에 심대한 혼란 내지 막대한 손해를 초래하는 등으로 사용자의 사업 계속에 관한 자유 의사가 제압·혼란될 수 있다고 평가할 수 있[어야]" 한다는 점을 추가했다. 즉, 전원합의체 판결에 의해 검사는 파업이 있었다는 사실 외에도 ① 파업의 전격성과 ② 심대한 혼란 내지 막대한 손해 발생, ③ 그 인과관계의 존

49 즉, "근로자의 쟁의행위가 형법상 정당행위가 되기 위하여는, 첫째 그 주체가 단체교섭의 주체로 될 수 있는 자이어야 하고, 둘째 그 목적이 근로조건의 향상을 위한 노사 간의 자치적 교섭을 조성하는 데에 있어야 하며, 셋째 사용자가 근로자의 근로조건 개선에 관한 구체적인 요구에 대하여 단체교섭을 거부하였을 때 개시하되 특별한 사정이 없는 한 조합원의 찬성 결정 등 법령이 규정한 절차를 거쳐야 하고, 넷째 그 수단과 방법이 사용자의 재산권과 조화를 이루어야 함은 물론 폭력의 행사에 해당되지 아니하여야 한다는 여러 조건들을 모두 구비하여야 [한다]"(대법원 2006. 5. 25. 선고 2002도5577 판결).

재 등을 증명해야 한다. 따라서 파업 관련 업무방해죄 사건에서 공방의 주요 무대는 위법성 판단 단계로부터 구성요건 해당성 판단 단계로 옮겨졌다(송진경, 2013: 92).

이에 따라 파업 참가자의 업무방해죄 인정 여부는 "각 파업행위의 전후 사정과 경위 등에 비추어, 집단적 노무 제공의 거부로서의 이 사건 각 파업행위가 사용자가 예측할 수 없는 시기에 전격적으로 이루어져 사용자의 사업 운영에 심대한 혼란 내지 막대한 손해를 초래하는 등으로 사용자의 사업 계속에 관한 자유 의사가 제압·혼란될 수 있다고 평가할 수 있는 경우로서 형법 제314조 제1항 소정의 '위력'에 해당하는지 여부에 관해 개별적으로 평가한 다음, […] 각 파업행위가 '위력'에 해당한다고 판단되는 경우, 그 각 파업행위가 사회상규에 위배되지 아니하는 행위로서 정당행위에 해당하는지 여부에 관해 살피[는]" 순서로 판단하게 된다.[50]

그렇다면, 위와 같이 새롭게 추가된 것의 구체적 내용은 무엇일까? 아래에서는 이와 관련해 종전의 쟁의행위 정당 요건의 분류 방식을 차용해 그 내용을 좀더 구체적으로 설명하도록 하겠다. 이런 설명 방식은 전원합의체 판결에 의해 추가된 요소들이 구성요건 해당성 여부와 관련된 것이라는 점에서 적절하지 않을 수도 있으나, 그 판결에 의해 무엇이 변화했는지를 이해하는 데는 도움이 될 것이다.

2. 파업의 전격성

가. 파업 주체

파업의 주체는 파업의 전격성 여부를 좌우하는 요소가 아니다. 파업

50 대구지방법원 2011. 5. 17. 선고 2010노3030 판결.

의 주체는 해당 파업이 업무방해죄의 구성요건 요소인 '위력'에 해당하는지를 판단하는 고려 요소 중 하나로 취급될 따름이다. 그 요건을 갖추지 못했다는 점만으로 해당 파업이 업무방해죄에 해당한다는 결론에 이르지는 않는다. 즉, 설령 '법내노조'가 아니라 하더라도 파업의 주체가 될 수 있고, 다만 그 단체가 행하는 파업이 사용자가 예측할 수 없는 시기에 전격적으로 이뤄지는 경우에 업무방해죄의 해당 여부가 문제될 수 있다. 예컨대 외국인 근로자들이 노동조합을 결성하지 아니한 채 사용자의 근로조건 저하 조치에 항의해 실시한 파업과 관련해 하급심은 사용자의 예측 가능성이 인정된다는 점을 들어 그 파업이 업무방해죄의 위력에 해당하지 않는다고 판시했다.[51]

나. 파업 목적

파업 목적의 정당성도 파업의 전격성 여부를 좌우하는 요소가 아니다. 종전 판례 법리의 문제점 중 하나는 파업 목적과 관련한 것이었다. 이른바 경영권에 대항하는 파업은 정당하지 않고 업무방해죄의 구성요건에 해당한다는 법리는 수사기관과 법원이 파업의 적법성 여부의 판단 권한을 전적으로 행사할 수 있도록 하는 발판이 되었다. 노동조합으로서는 파업의 적법성 여부에 대한 예측 가능성을 상실한 상태에서 파업을 시작하곤 했다. 이는 종종 극단적인 쟁의 수단이 채택되는 불쏘시개가 되었다. 전원합의체 판결은 파업의 목적만으로 근로자들의 파업을 형법상 범죄로 볼 수 없다는 점을 분명히 했다.

후속 판결례에서 파업 목적의 정당성이 부인된 파업 사례로는 미국 쇠고기 수입 반대를 목적으로 한 파업, 타임 오프와 관련된 파업 및 집단교섭 참가를 요구하며 진행된 파업 등을 들 수 있다. 아래에서 보는

---

51 인천지방법원 2012. 4. 20. 선고 2011노2254 판결.

바와 같이 관련 사건에서 법원은 그 목적의 부당성만으로 업무방해죄의 '위력'이 존재한다고 보지는 않았다.

① 대법원은 미국산 쇠고기 수입 반대 등을 주된 목적으로 한 시기집중 동시파업과 관련해 총연합단체 사무총장에 대해 업무방해죄를 인정한 원심에 대해 "각 사업장에서의 파업이 그 사용자가 예측할 수 없는 시기에 전격적으로 이루어져 사용자의 사업 운영에 심대한 혼란 내지 막대한 손해를 초래하는 등으로 사용자의 사업 계속에 관한 자유 의사가 제압·혼란될 수 있다고 평가할 수 있는 경우에 해당하는지를 전혀 심리·판단하지 [않았다]"는 점을 들어 법리오해 및 심리미진을 이유로 환송 판결을 선고했다.[52] ② 하급심 판결 중에는 타임 오프와 관련한 단체교섭이 결렬된 후 쟁의행위 찬반 투표 및 노동쟁의 조정 절차를 거쳐 진행된 파업의 전격성을 부정한 사례가 있다.[53] ③ 또한 사용자에게 집단교섭 참가를 요구하는 것을 주된 목적으로 한 파업과 관련해 그 목적의 정당성을 부정하면서도, 노동조합이 쟁의행위 발생 신고 및 노동쟁의 조정 신청, 쟁의행위 찬반 투표를 거치고 그 사실을 회사가 알고 있던 점과 단체교섭 과정에서 회사에 향후 파업 일정을 고지한 점 등을 고려할 때 파업의 전격성을 인정하기 어렵다고 판단한 것이 있다.[54]

다만, 그것이 사용자의 사실상·법률상 처분 권한 범위를 넘어서고

---

52 대법원 2011. 11. 10. 선고 2009도3566 판결.

53 대구지방법원 2012. 2. 8. 선고 2011노2375 판결, 수원지방법원 안산지원 2012. 2. 8. 선고 2010고단3352 판결, 대구지방법원 서부지원 2012. 2. 15. 선고 2011고정325 판결.

54 수원지방법원 2011. 8. 25. 선고 2010노4448 판결. 한편, 같은 목적의 파업과 관련해 단체협약상 평화의무를 위반해 이뤄진 경우에는 업무방해죄에 해당한다고 봤다. 즉, "피해 회사로서는 2007년 단체협약이 여전히 유효하고 그에 따라 2009년도 단체협약 토의 착수기간으로부터 6개월 이상 남은 시점에 피해 회사와 근로자들 사이의 합의만으로는 해결할 수 없는 '산별교섭 쟁취' 등의 목적 하에 전격적으로 노무 제공을 거부하리라고는 예측할 수 없었을 것으로 보[인다]"(대전지방법원 2011. 8. 25. 선고 2011노664 판결).

그 밖에 파업 관련 절차를 거치지 않은 경우 그 전격성이 인정될 수 있다.[55] 예컨대 한미 FTA 체결 저지를 위한 파업이 조합원 찬반 투표에서 부결되었음에도 산별노조 중앙위원회의 결정에 의해 실시된 사안에서 대법원은 "이 사건 쟁의행위가 국가기관으로 하여금 일정한 행위를 하거나 하지 못하게 함을 목적으로 하여 노동관계 당사자인 사용자가 법률적, 사실적으로 처리할 수 있는 사항의 범위를 벗어나고 이 사건 쟁의행위에 대한 노조원 찬반 투표의 절차를 거치지 아니하였다는 점 등에서 현대자동차주식회사로서는 피고인 […] 등이 이 사건 쟁의행위를 강행하리라고는 예측할 수 없었다."고 판시했다.[56] 하급심 판결 중에서도 언론관계법 개정안 관련 언론노조의 총파업관 관련해 "각 파업은 언론노조가 […] 언론 관련법 개정안 국회 통과를 저지할 목적으로 총파업을 결의한 후 언론 관련법안 처리를 위한 국회의 정치 일정에 따라 파업 개시일로부터 불과 1~3일 전에 전격적으로 결의되어 시작된 것으로, 언론노조의 위원장 내지 MBC 노조의 간부인 피고인 […] 이 MBC 본사 사용자와 근로자들 사이에서의 합의만으로는 해결할 수 없는 위와 같은 목적 하에 위 각 파업을 주도한 이상 위 각 파업행위는 MBC 본사 사용자가 예측할 수 없는 시기에 전격적으로 이루어졌다고 할 것이다."라고 판시한 것이 있다.[57]

---

55 대법원 2012. 4. 26. 선고 2009도3972 판결, 서울고등법원 2011. 11. 25. 선고 2011노166 판결, 대전지방법원 2011. 8. 25. 선고 2011노664 판결, 대구지방법원 경주지원 2011. 8. 10. 선고 2010고단574 판결. 이렇게 법원이 업무방해죄의 성부와 관련해 사용자의 처분 권한의 범위를 잣대로 삼는 것에 대해서는, 헌법 제33조 제1항을 여전히 단체교섭권 중심설에 따라 해석함으로써 근로조건의 개선을 위한 입법 등을 위한 쟁의행위가 범죄라는 결론에 이를 수 있다는 점에서 우리 판례가 단결 금지 법리를 유지하고 있다고 비판하는 견해가 있다(우희숙, 2013: 217).

56 대법원 2012. 4. 26. 선고 2009도3972 판결.

57 서울고등법원 2011. 11. 25. 선고 2011노166 판결.

다. 파업 방법

파업 과정에서 근로자들이 물리력을 행사해 사용자의 업무를 방해한 경우에는 전원합의체 판결 법리가 적용되지 않는다. 전원합의체 판결은 원칙적으로 단순 파업이 업무방해죄의 구성요건 요소 중 '위력'에 해당하는지에 관한 판례 법리를 변경한 것이다. 전원합의체 판결의 반대 의견은 "여기서 논의의 대상이 되는 것은 이와 같이 폭력적인 수단이 동원되지 않은 채 단순히 근로자가 사업장에 출근하지 않음으로써 근로 제공을 하지 않는 경우(이른바 소극적 근로 제공의 중단의 경우로서, 이하 '단순 파업'이라고만 줄여 쓴다)이고, 이 점에서 폭력적인 수단이 수반되는 파업의 경우와 혼동되어서는 아니 된다."고 판시한 바 있다.

예컨대 노동조합의 피케팅이 평화적·언어적 설득의 범위를 넘어서서 근무 중인 근로자들에게 확성기를 이용해 구호를 외치는 등의 방법으로 근로자들의 생산 활동을 직접적으로 방해하거나, 외부인의 출입이 허용되지 않는 대표이사 사무실에 들어가서 면담이 거절된 후에도 퇴거하지 않은 채 구호를 외치거나 성명서를 낭독하는 행위 등은 위력에 의한 업무방해죄에 해당한다고 한다.[58] 또한 노동조합 조합원 500명이 공장 앞마당에서 결의대회를 개최함으로써 제품 납품 및 원자재 차량의 출입이 불가능하게 된 경우에도 업무방해죄의 구성요건에 해당한다고 한 하급심 판결이 있다.[59]

한편, 업무방해죄에서 말하는 위력은 대외적으로 피해자인 사용자에 대해 행사하는 위력을 뜻하며 파업 과정에서 근로자들 상호 간에 행사하는 위력은 여기에서 제외된다. 따라서 근로자들이 집단적으로 근로 제공을 거부하는 과정에서 근로자 집단 내부적으로 파업에 소극적인

---

58 수원지방법원 2011. 8. 18. 선고 2011노883 판결.

59 수원지방법원 2011. 8. 25. 선고 2010노4448 판결.

다른 근로자들에게 위력을 행사했다고 해도 그것이 대외적으로 사용자에 대한 위력으로 나타나는 것은 아니므로, 업무방해죄가 성립하지 않는다(협박이나 폭행을 당한 근로자에 대한 협박·폭행죄의 처벌 대상이 될 수는 있다).[60]

라. 파업 절차

노동조합법과 단체협약 등에서 정한 파업 절차를 거쳤는지는 파업의 전격성 여부를 판단할 때 중요한 고려 요소다. 그러한 절차를 생략한 채 파업을 진행할 경우 회사가 노동조합의 요구 사항이나 파업 시기를 알기 어렵기 때문이다.[61] 전원합의체 판결이 그 공소사실의 유죄 여부와 관련해 "한국철도공사로서는, 전국철도노동조합이 […] 쟁의행위 금지 규정 등을 위반하면서까지 이 사건 파업을 강행하리라고는 예측할 수 없었다."고 판시한 것도 이 때문이다.

후속 판결례에서 법원은 파업과 관련된 조합원 찬반 투표나 노동조합법이 정한 쟁의행위 신고 등의 절차를 거치지 않은 채 파업을 진행한 경우, 사용자가 파업을 예측하기 어렵다고 보았다.[62] 다만, 이것이 파업의 전격성을 좌우하는 절대적 기준은 아니다. 예컨대 현대자동차 사내하청업체의 파업과 관련해서 하급심이 "2공장 파업에 대한 쟁의대책위원회의 결정이 사용자에게 통보되지도 않았고, 사용자가 용이하게 이를 알 수 있었다고 보이지도 않는 파상적 파업으로서 […] 이 부분 파업은 사용자가 예측할 수 없는 시기에 전격적으로 이뤄[졌다]"고 판시한 것은

---

60 인천지방법원 2012. 4. 20. 선고 2011노2254 판결.

61 울산지방법원 2011. 6. 2. 선고 2010고단3495 판결.

62 대법원 2011. 7. 14. 선고 2009도4083 판결, 대전지방법원 2011. 8. 25. 선고 2011노664 판결, 대구지방법원 2011. 9. 22. 선고 2010노4705 판결, 수원지방법원 평택지원 2012. 2. 15. 선고 2011고합6 판결 등.

사용자의 예측 가능성 여부를 따질 때 노동조합법 및 단체협약 등의 쟁의행위 절차 규정의 준수 외에 다른 사정도 함께 고려한다는 점을 잘 드러내고 있다. 그 다른 사정의 내용이 무엇인지에 관해서는 아래에서 살펴보겠다.[63]

마. 사용자의 예측 가능성

종국적으로 파업의 전격성 판단은 사용자의 예측 가능성 유무와 연결된다. 그리고 파업의 개시를 예측하지 못했다는 사정은 사용자나 노동조합의 내심(內心) 혹은 주관적 기준에 의하는 것이 아니라 "전후 사정과 경위 등에 비춰" 객관적으로 판단해야 한다. 단지 사용자가 해당 파업을 예측하지 못했다는 것만으로 위 요건을 충족할 수는 없고, 파업의 전후 사정과 경위 등에 비춰 객관적으로 파업의 예측 가능성이 존재하지 않아야 한다.

따라서 설령 쟁의행위 찬반 투표 등 노동조합법과 단체협약 등이 정한 절차를 거치지 않았다 하더라도, 노동조합이 파업 실시 이전에 사용자와 협의 과정을 거쳤는지 여부, 파업이 개시된 경위 및 사용자의 대응조치 등에 비춰볼 때 사용자가 집단적 노무 제공 거부 사실을 예측할 수 있었는지도 파업의 전격성을 판단할 때 고려 요소다. 또한 사용자가 노동조합의 유인물 등을 통해 파업 관련 정보를 미리 알고 있었

63 울산지방법원 2012. 2. 3. 선고 2011노855 판결. 같은 취지에서 산별노조의 총파업과 관련해 "위 각 파업행위가 위 각 사업장의 단체협약에 따른 것이었다거나 위 각 사업장의 사용자측과의 사전 협의 과정을 거친 것으로서 사용자가 위 각 파업행위를 예측할 수 있었다고 볼 만한 사정이 보이지 아니[한다]"고 판시하거나(대구지방법원 2011. 9. 22. 선고 2010노4705 판결), 사내하청업체의 특근 거부와 관련해 "이 사건 각 특근 거부가 피고인들에 의하여 일방적으로 결정되어 불과 1~2일 전에 앞서 본 게시물 등을 통하여 알려질 당시에는 사용자인 피해자들로서는 소속 근로자들이 앞서 본 취업규칙이나 통상적인 특근업무 진행 방식에 반하여 집단적으로 이 사건 각 특근 거부를 할 것이라고 예측할 수 없었다."고 판시한 하급심 판결(전주지방법원 2011. 12. 30. 선고 2011노1021 판결)이 있다.

는지,[64] 사용자의 파업 전후의 대응 방식도 파업의 전격성 여부를 판단하는 요소다. 이렇듯 파업 절차의 준수 여부는 파업의 전격성 판단에서 적극적 의미만을 갖는다. 다시 말하면 노동조합이 그 절차를 거친 경우 사용자는 헌법상 기본권인 단체행동권의 행사를 충분히 예상할 수 있고 그 파업으로 인한 결과를 수인할 의무가 있으므로, 이 과정을 거친 파업을 전격적으로 이뤄진 것으로 평가해서는 안 된다는 의미일 뿐, 이를 지키지 않았다 해서 그 파업이 범죄로 전환되는 것은 아니다.[65]

따라서 설령 그 절차상 하자가 있다 하더라도, 해당 파업이 통상적인 쟁의 상황, 즉 노동조합이 사용자와 단체교섭을 했으나 결렬되어 쟁의행위로 나아가는 일련의 과정을 거치는 일반적인 경우에 해당한다면,

---

64 수원지방법원 2011. 8. 18. 선고 2011노883 판결. 같은 취지에서 현대자동차 사내하청업체 소속 근로자의 파업과 관련해 하급심은 "사내하청지회는 2010. 10. 14.경부터 3차례에 걸쳐 유인물을 통하여 2010. 10. 30. 전국 비정규직노동자대회 개최와 더불어 전 조합원들의 특근 거부 및 대회 집결의 구체적인 파업지침을 전 조합원에게 통보했고 이는 방송 등에 보도되기도 한 점, 또한 사내하청지회는 2010. 11. 15.경부터 2010. 12. 3.경까지 12회에 걸쳐 공장 전역에 게재한 쟁대위 속보를 통하여 범죄일람표 2 기재의 각 파업에 관한 지침을 전 조합원에게 통보한 점, 비록 사내하청지회가 현대자동차나 사용자측에 매번 파업에 관한 사전통보를 하지는 아니하였지만 하청업체측에서 작업 거부를 소자보를 통해 알고는 사전에 모집한 대체 인력을 투입하여 작업을 계속하여온 점, 이 사건 쟁의 이전에도 사내하청지회에 의한 파업이 있었을 때 사측에서 대체 인력을 모집하여 투입함으로써 생산 업무를 중단 없이 계속시킨 경험이 몇 차례 있어 이번 쟁의행위에 대해서도 어느 정도 대비를 했으리라 보이는 점 등에 비춰보면 사용자가 예측할 수 없는 시기에 전격적으로 이뤄졌다고 보기 어렵[다]"고 판시했다(수원지방법원 안산지원 2012. 2. 8. 선고 2010고단3352 판결). 대전지방법원 천안지원 2012. 2. 10. 선고 2011고단1628, 2011고단1949(병합) 판결 역시 같은 취지다.

65 대전지방법원 2012. 11. 8. 선고 2011노369 판결. 이는 쟁의행위 시기와 절차와 관련한 전통적인 판례 법리이기도 하다(장승혁, 2015: 209). 예컨대 쟁의행위 냉각기간과 사전신고 제도 등과 관련해 법원은 "냉각기간이나 사전신고에 관한 규정의 취지는 […] 쟁의행위 자체를 적극적으로 금지하려는 데에 있는 것이 아니므로, 위 각 규정에 위반함으로써 벌칙 적용의 대상이 된다고 하여 이것만으로 바로 쟁의행위로서의 정당성이 상실된다고 볼 것이 아니라 그 위반행위로 말미암아 국민생활의 안정이나 사용자의 사업 운영에 예기치 않는 혼란이나 손해를 끼치는 것과 같은 부당한 결과를 초래하는지의 여부 등 구체적 사정을 살펴서 그 정당성 유무를 가려야" 한다고 판시한 바 있다(대법원 1991. 5. 14. 선고 90누4006 판결).

그 전격성을 부정해야 한다.[66] 예컨대 노동조합이 조합원 찬반 투표 후 단체협약 갱신을 위한 피케팅 등을 진행하는 과정에서 회사가 일방적으로 성과급제를 실시하고 그에 반발해 파업이 개시된 사안에서 대법원은 "회사로서는 위와 같은 노조의 단체협약 갱신을 위한 쟁의행위 중에 일방적으로 성과급제를 실시할 경우 노조가 파업에 돌입할 것을 충분히 예상할 수 있었다."고 판시한 바 있다.[67] 또한 단체협약에 의해 노사 협의 대상인 체육대회의 실시 여부와 관련해 노동조합이 체육대회의 평일 개최를 목적으로 회사와 수차례 협의를 했으나, 회사가 이를 허용하지 않자 결국 회사의 동의 없이 체육대회를 개최함으로써 집단적으로 노무 제공을 거부한 사안에서 "위 체육대회를 사용자가 예측할 수 없는 시기에 전격적으로 개최했다고는 볼 수 없[다]"고 판단한 바 있다.[68]

하급심 판결 중에서도, 외국인 근로자들에게 무료로 제공하던 식사 중 일부를 취소하고, 이에 항의하며 근로를 거부한 근로자들을 해고함으로써 회사가 근로자들의 불만을 어느 정도 인지할 수 있었던 상황에서 다시 회사가 임금 산정 기준이 되는 근로시간을 12시간에서 11시간

---

66 대전지방법원 2012. 11. 8. 선고 2011노369 판결.

67 대법원 2012. 1. 27. 선고 2009도8917 판결.

68 대법원 2011. 7. 14. 선고 2009도11102 판결. 하급심 판결 중에서도 현대자동차 사내하청 노조의 파업과 관해서 "사내하청 노조가 현대자동차 등에게 시간적 여유를 두고 미리 이 부분 파업의 시기, 장소 등을 통보하는 등의 절차를 다소 소홀히 했다고 하더라도, 현대자동차와 하청업체들이 몇 개월 전의 1차 파업, 5자 특별협의체의 합의 실패, 2011. 2. 7.경의 임시대의원대회의 2차 총파업 결의, 노조 유인물 등을 통해 2차 파업을 예상하여 이를 대비하였고, 실제로도 대체 인력을 투입하여 현대자동차의 생산라인이 정지되거나 별다른 생산 차질이 없었으며, 그들이 입은 손해는 대체 근로자 투입비용에서 노무 제공을 거부한 노조원들이 근무하였더라면 그들에게 지급되어야 할 임금을 공제한 금액 정도의 손실이 발생하였을 뿐이므로, 이 부분 파업이 사용자가 예측할 수 없는 시기에 전격적으로 이루어져 사용자의 사업 운영에 심대한 혼란 내지 막대한 손해를 초래하여 사용자의 사업 계속에 관한 자유 의사가 제압·혼란되었다고 평가할 수 없[다]"고 판시한 것이 있다(울산지방법원 2012. 2. 3. 선고 2011노855 판결).

으로 축소하자 이에 항의해 실시된 파업과 관련해서 "피고인들이 이 사건 각 파업을 시행하면서 노동관계 법령에 의한 절차에 따르지 않은 것은 사실이나, 피고인들은 베트남인들로서 현재 국내에서의 외국인 근로자의 현실적인 지위를 고려할 때 한국의 노동관계 법령을 인지하고 그에 따라 사용자와 협의하는 등 적법한 절차에 따라 근로조건 개선을 요구하기는 어려웠을 것으로 보이는 점" 등에 비춰 업무방해죄 구성요건 해당성을 부정한 것이 있다.[69]

3. '심대한 혼란 내지 막대한 손해' 및 인과관계

파업의 전격성 외에도 전원합의체 판결은 '위력' 유무의 판단에서 파업의 결과 및 파업과 그 결과 사이의 인과관계 등 두 가지를 중요한 요소로 삼았다. 전원합의체 판결은 "사용자의 사업 운영에 심대한 혼란 내지 막대한 손해를 초래하는 등으로 사용자의 사업 계속에 관한 자유 의사가 제압·혼란될 수 있다고 평가할 수 있는 경우"에만 해당 파업이 업무방해죄의 구성요건 요소인 '위력'에 해당한다고 봤다. 즉, 이러한 결과와 "파업이 […] 사용자가 예측할 수 없는 시기에 전격적으로 이루어[진 것]"과 사이에는 인과관계가 존재해야 한다. 쟁의행위 자체가 업무의 정상적인 운영을 저해하는 행위이므로, 파업으로 인해 사용자에게 큰 손해가 발생했다는 사정만으로 해당 파업이 위법한 것으로 전환되지는 않는다. 심대한 혼란 또는 막대한 손해는 전격성과 결합할 때에만 의미를 갖는다(장승혁, 2015: 214-215). 따라서 파업으로 인해 막대한 손해 또는 심대한 혼란이라는 중대한 결과가 발생했더라도 그 중대한 결과가 전격성에 의한 것이 아니라면, 그 파업은 위력에 해당하지 않으므로 업무방

69 인천지방법원 2012. 4. 20. 선고 2011노2254 판결.

해죄가 성립할 수 없다.[70] 그 인과관계 유무는 객관적으로 판단한다.

파업기간 중 회사의 매출액 또는 생산량의 감소 여부 및 액수 등은 '심대한 혼란 내지 막대한 손해'의 존부를 판단할 때 1차적 판단 요소다. 파업기간 중 오히려 매출액이나 생산량이 증가했다면, 특별한 사정이 없는 한 '심대한 혼란 내지 막대한 손해'가 없다고 봐야 한다.[71] 그 감소 사실이 파업이 아니라 경기 악화와 같은 기업 외부적 요인에 의한 것이라면, 이를 고려해서는 안 된다.[72] 나아가 단지 생산량이 감소했다는 점만을 가지고서 그 손해액을 산정할 수는 없고 재고량과 수요량의 추이를 함께 고려해야 한다.[73]

손해의 발생 사실 및 그 손해액, 파업과 손해 사이의 인과관계 등은 검사가 증명해야 한다.[74] 손해액은 해당 파업으로 인한 것에 한정되어

---

70 대전지방법원 2012. 11. 8. 선고 2011노369 판결.

71 대법원 2011. 7. 14. 선고 2009도11102 판결.

72 하급심 판결 중에는 파업기간 중 회사 매출액이 예년 같은 기간 대비 30%가 감소한 사건에서 "이 사건 회사가 2009. 2.경부터 경영상 이유에 의한 해고를 계획하면서, 국내 굴삭기 제조업체의 경영 악화로 인해 전체 굴삭기 생산 물량이 2008. 12. 기준으로 예년 대비 20% 수준으로 감소했고, 그에 따라 2009. 1.~3. 사이의 전년도 같은 기간 대비 매출액이 약 20% 수준에 그쳤으며 이후 당분간 발주량 회복도 어려울 것을 그 사유로 제시했던 사정으로 미루어 이 사건 회사의 매출 감소에는 회사 외적인 요인도 상당한 영향을 미친 것으로 보[인다]"고 지적한 것이 있다(수원지방법원 2011. 8. 18. 선고 2011노883 판결).

73 타임 오프에 대한 단체교섭 결렬 후 실시된 파업 관련 사건에서 하급심은 "연장근로의 거부로 인한 자동차의 생산에 일부 차질이 있었다 하더라도 회사측이 주장하는 바와 같은 막대한 영업 손해가 발생하였다고 단정하기 어려운 점(자동차의 생산이 줄었다 하여 생산하지 못한 자동차 수만큼의 매출을 모두 손해로 볼 수는 없다. 즉, 자동차의 경우 이미 확보된 완성차의 재고량, 수요량의 추이를 고려해서 그 손해를 산정하여야 할 것이다)"을 지적한 바 있다(수원지방법원 2011. 10. 26. 선고 2010고단1668, 3432(병합), 2011고단44(병합) 판결).

74 이와 관련해 하급심 판결 중에는 "집단적 노무 제공의 거부가 업무방해죄에 있어서의 위력에 해당하는지, 즉 사용자의 사업 계속에 관한 자유 의사가 제압·혼란될 수 있는 정도의 것인지 여부를 살필 때 파업으로 인하여 사용자가 입게 될 손해의 액수 여부도 중요한 판단 기준의 하나가 될 것이고, 그 구체적인 손해액 전부가 객관적인 증거에 의하여 엄격한 증명이 이루어져야 한다고 볼 수는 없으나, 다만 이 사건에 있어서 검사가 제출한 증거만으로는 이 사건 각

야 한다. 파업으로 인해 회사가 지급 의무를 면한 파업 참가 근로자에 대한 임금액, 장비의 동력비 등은 손해액에서 공제된다.

근로자들이 수행하는 업무의 성격 역시 '심대한 혼란 내지 막대한 손해' 발생 여부를 판단할 때 고려한다. 예컨대 대법원 2011. 7. 14. 선고 2009도4083 판결에서 법원은 "속초시내 청소 업무는 속초시 시설관리공단이 전담하고 있어 피고인들의 집단적인 노무 제공 거부행위로 인해 쓰레기 수거와 가로 청소 등 최소한의 업무 수행마저 중단될 경우에는 시민들의 일상생활에 심대한 지장이 초래될 것이 분명하[다]"는 점을 지적한 바 있다.[75] 사업장의 작업 공정 방식도 마찬가지다. 예컨대 자동흐름 방식에 의한 작업 방식을 채택한 자동차 제조 공장에서 그 일부 공정을 담당하는 사내하청업체 소속 근로자들이 파업할 경우 전체 공정의 작업이 중단될 수 있다.[76]

파업으로 인한 회사의 대략적인 손해액을 파악하기도 어려우며(제출된 자료는 대부분 회사측에서 내부적으로 작성한 손해액 산출 내역표 등이고, 파업으로 인하여 회사가 지급을 면하게 될 임금공제액, 장비의 동력비 등 비용 절감액이 공제되지 않은 것으로 보인다), 달리 사용자에게 어느 정도의 손해가 발생하였는지 여부를 알 수 있는 증거가 없"고 파업의 전격성을 인정할 증거도 충분하지 않다는 점을 들어 업무방해죄 구성요건 해당성을 부정한 사례가 있다(인천지방법원 2012. 4. 20. 선고 2011노2254 판결). 같은 취지에서 "그러나 위 법정진술과 각 진술조서의 […] 진술 기재는, 파업으로 인하여 당시 태홍건설산업이 막대한 손해를 입었다는 취지의 주장을 담고 있는 것에 불과하고, 그 구체적인 손해액 산정의 근거가 되는 객관적인 자료가 뒷받침되어 있지 않으므로, 위에서 인정한 사실에서 더 나아가 각 파업으로 인한 손해액이 공소사실 기재와 같은 사실을 인정하는 증거가 되지 아니한다. 또한 […] 작성 진술서(피해액 산출) 역시 손해액 산출의 내역과 결과만을 기재한 것으로 이와 관련한 객관적인 자료를 확인할 수 없으므로, 위 진술서 기재로도 위 손해액을 인정하기 어렵다. 그 외 손해액을 인정할 객관적인 증거가 없다(변론 종결 후 검사가 참고자료로 제출한 수사보고서에도 태홍건설산업 직원이 주장하는 손해액 산출의 내역과 결과만이 기재되어 있을 뿐 객관적인 자료가 첨부되어 있지 않다.)"고 판시한 하급심 판결도 있다(인천지방법원 2011. 6. 23. 선고 2011고단1476, 2106(병합) 판결).

75 다만, 필수유지업무 제도 하에서 노동조합이 파업 과정에서 필수유지업무를 유지하는 경우에는 그 '심대한 혼란 내지 막대한 손해' 발생을 인정하기 어려울 것이다.

76 "자동 흐름 방식에 의한 현대자동차 전주공장의 자동차 조립·생산 작업의 특성상 어느 한 곳

파업의 규모, 즉 전체 근로자 중 파업 참가자의 비율과 파업기간 등도 고려한다. 예컨대 미국산 쇠고기 수입 반대 등을 주된 목적으로 한 시기집중 동시파업과 관련된 사건에서 대법원은 "근로자 100명 중 2명이 지역집회 참가를 이유로 2시간 파업에 참여하는 등 그 파업 규모만으로는 사용자의 사업 운영에 심대한 혼란이나 막대한 손해가 초래되었다고 보기 어[렵다]",[77] "근로자 182명 중 9명이 부분파업에 참여하는 등 그 파업 규모에 비춰 사용자의 사업 운영에 심대한 혼란이나 막대한 손해가 초래되었다고 볼 수 없[다]"고[78] 판시했다.

사용자가 파업 참가자의 업무를 대체할 인력을 사용할 수 있는지 여부도 고려 요소다. 예컨대 회사가 파업 인력을 대체하기 위해 관리직원을 투입하거나 파업 미참가자를 전환배치하는 방식으로 조업을 진행함으로써 파업으로 인한 생산력 저하가 크지 않은 경우에는 파업으로 인한 심대한 혼란 내지 막대한 손해가 발생했다고 보기 어렵다.[79]

4. 고의

한편, 단순 파업이 위력 업무방해죄의 구성요건에 해당하기 위해서는

의 생산이 중단될 경우 완성차 생산공정 전체가 중단되는 구조로서 예진기업의 작업장이 중단되면 이후 공정에서 작업하는 근로자 200여 명의 작업이 중단되고, 효승기업의 작업장이 중단되면 이후 공정에서 작업하는 근로자 600여 명의 작업이 중단되는데, 피해자들은 이 사건 각 특근 거부날 긴급하게 현대자동차 소속 관리자, 다른 사내협력업체 소속 근로자 등을 대체 투입하였으나 기술 부족으로 작업이 중단 또는 지연되어 위와 같은 손해가 발생한 사실을 인정할 수 있다. 위 인정사실을 앞서 본 법리에 비추어보면, […] 그로 인하여 피해자들의 사업 운영에 심대한 혼란 내지 막대한 손해를 초래하였음을 인정할 수 있다"(전주지방법원 2011. 12. 30. 선고 2011노1021 판결).

77 대법원 2011. 10. 29. 선고 2009도6260 판결.

78 대법원 2011. 10. 27. 선고 2010도7733 판결. 대법원 2012. 4. 26. 선고 2010도5392 판결 역시 같은 파업에 관한 것으로서 그 파기 사유 역시 같다.

79 수원지방법원 2011. 8. 11. 선고 2011노883 판결.

파업 참가 근로자에게 '고의'가 존재해야 한다. 종전 판례의 경우 파업이 있다는 사실만으로 위력으로 취급되었으므로, 고의의 내용 역시 파업이 있다는 점을 인식하는 것으로 충분했다. 그러나 전원합의체 판결에 의해 업무방해죄의 구성요건 요소로서의 '위력'의 내용이 변경된 이상, 고의의 내용 역시 수정된다. 형법상 범죄 구성요건은 객관적 구성요건 요소뿐만 아니라 고의가 있어야 성립하고, 고의란 객관적 구성요건 요소에 대한 인식을 의미하기 때문이다. 그리고 이것은, 파업이 사용자가 예측할 수 없는 시기에 전격적으로 이뤄져 사용자의 사업 운영에 심대한 혼란 내지 막대한 손해를 초래한 점에 대한 인식이 있는 경우에 그 파업 참가자를 업무방해죄로 처벌할 수 있다는 것을 뜻한다. 다만, 후속 판결례에서 고의의 부존재를 이유로 무죄 판결을 선고한 예는 없었다.[80]

5. 민사 면책 법리 등에 대한 영향

전원합의체 판결에서 제시된 판례 법리는 업무방해죄의 적용 여부에 관한 것이다. 따라서 이 판결의 존재만으로 파업으로 인한 불법행위 책임이나 파업 참가를 이유로 한 해고나 징계 등에 관한 판례 법리도 변경되었다고 말하기는 어렵다. 그리고 전원합의체 판결에 관여한 대법관들이 파업으로 인한 사법(私法)상 권리 의무 관계까지를 염두에 둔 것 같

80 이는 전원합의체 판결 이후 발표된 연구물에서 어느 정도 예상된 것이었다. 전원합의체 판결과 관련해 윤종행 교수는 "본 판례는 행위자의 행위에 대한 평가에서 주관적 요소를 소홀히 한 면이 있다. 행위자의 부작위가 작위와 마찬가지로 평가될 수 있는지를 평가하기 위해서는 제반 정황과 행위자의 의도라든가 법익 침해에 대한 위험성에 대한 예견가능성 등을 모두 고려하여 종합하여 평가할 수 있는 것이기 때문이다. 따라서 본 사안에서 과연 노조의 파업행위에 있어서 업무방해에 대한 고의가 있었는지에 관하여 중요하게 다루었어야 마땅하다. 이를 위하여는 파업이 이루어지는 상황과 파업에 대한 대책을 마련할 수 있었는지, 막대한 피해에 대한 예견가능성과 그러한 결과 내지는 위험성에 대하여 파업을 주도하거나 참여한 조합원들에게 내심의 인용이 있었는지를 신중히 검토하였어야 했다."고 지적한 바 있다(윤종행, 2011: 360).

지는 않다. 전원합의체 판결에서 박시환, 김지형, 이홍훈, 전수안, 이인복 대법관의 반대 의견 역시 "근로자가 근로계약을 위반하지 아니할 의무를 부담하는 것은 근로계약 당사자 사이의 사적 자치의 영역에 속하므로 그에 대한 제재는 원칙적으로 손해배상 등 민사적 책임을 부과하는 것에 의하여 해결되어야 한다."거나 "근로자들이 단결하여 소극적으로 근로 제공을 거부하는 파업 등 쟁의행위를 하였으나 폭행·협박·강요 등의 수단이 수반되지 않는 한, 위와 같은 노동조합법상 규정을 위반하여 쟁의행위로서의 정당성을 갖추지 못하였다고 하더라도, 당해 쟁의행위를 이유로 근로자를 형법상 업무방해죄로 처벌할 수는 없고, 근로자에게 민사상 채무불이행 책임을 부담시킴과 함께 근로자를 노조법 위반죄로 처벌할 수 있을 뿐이며, 그것으로 충분하다."고 판시하고 있다.

Ⅲ. 소결

전원합의체 판결에 의하면, 파업이 업무방해죄의 위력에 해당하는지를 판단할 때에는 종전과 같은 파업의 정당요건은 필요하지 않다. 이 요건들은 파업이 위력 업무방해죄의 구성요건에 해당할 경우, 그 파업이 위법성조각사유인 형법상 정당행위에 해당할지 여부와 관련해서만 의미가 있다.

전원합의체 판결이 단순 파업의 업무방해죄 성립 여부와 관련해 채택한 견해는 흔히 제한적 구성요건 해당설, 즉 '파업은 일정한 요건 하에 업무방해죄의 구성요건에 해당할 수 있다'는 것으로 이해된다. 전원합의체 판결에 의하면 파업의 위력 업무방해죄 해당 여부는 파업의 전격성과 심대한 혼란 내지 막대한 손해 발생, 그 인과관계의 존재 등에 좌우되는데, 이렇게 법원이 '전격성'을 요구하는 것은 사용자의 조업(操

業)의 자유와의 조화를 꾀한 것으로 해석된다. 당연한 얘기이지만, 근로자들이 파업을 한다고 해서 사용자에게 조업을 중단할 의무가 발생하는 것은 아니다. 사용자는 파업기간에도 여전히 조업의 자유를 갖는다. 이와 관련해 노동조합법은 대체근로에 관한 규정(제43조) 등을 두고 있다. '전격성'이란 사용자에게 이러한 대체근로 등을 준비할 여유가 있어야 파업권의 행사가 적법하다는 뜻이다(박순영, 2011: 1013).

요약하면, 판결례에서 파업의 위력 업무방해죄 구성요건 해당성을 판단할 때 고려한 사정은 다음과 같다. ① 파업의 전격성은 파업 전후 근로자단체와 사용자 사이의 협상 경위, 노동조합의 파업 이전의 태도 및 사용자 등의 상호 대응 조치, 근로자단체가 파업을 실시하기 전에 노동조합법 및 단체협약이 정한 사전 절차를 진행했는지 여부, 사용자의 사실상 또는 법률상 처분 권한의 범위 내에 있는지 여부,[81] 기타 사용자의 사전 예측 가능성 등을 종합적으로 고려해서 판단한다.[82] ② '심대한 혼란 내지 막대한 손해'는 파업기간 중 회사의 매출액 또는 생산량의 감소 여부 및 그 액수, 파업으로 중단된 업무의 성격, 사업장의 작업 방식,

---

81 파업의 목적 사항이 사용자의 처분 권한 밖에 있는지 여부는 그 목적의 성격뿐만 아니라 사업장의 운영 주체 등을 구별해서 살펴볼 필요가 있다. 예컨대 공기업 민영화를 목적으로 하는 법률 제정은 그 제정 주체는 사업장 밖에 있지만, 이는 공기업의 운영 구조의 특성에 기인한 것일 뿐이다. 사실상 정부가 공기업의 운영에 개입할 수 있고 실제 관여한다는 점을 고려할 때, 그러한 법률 제정 관련 협상 결렬에 기초한 파업을 사용자의 처분 권한 밖에 있다고 보기는 어렵다. 또한 법률 제정 과정의 특성상 사용자의 파업의 사전 예측 가능성도 인정될 여지가 커질 수밖에 없다. 예컨대 사기업인 광주 MBC 소속 근로자들이 언론관계법 국회 통과를 저지하기 위해 한 총파업과 관련해 하급심이 "광주 MBC로서도 이 사건 무렵 위와 같은 한나라당의 언론 관련 법안 강행 처리 움직임에 따라 소속 조합원들이 파업에 돌입할 것을 충분히 예상할 수 있었다."고 판시한 것도 이러한 점에 착안한 것이다(서울남부지방법원 2012. 2. 17. 선고 2009고정4213 판결).

82 전원합의체 판결의 대상이 된 전국철도노조의 파업은 단지 직권중재기간에 파업을 했다는 사정뿐만 아니라 노동조합이 파업 없이 성실히 교섭하겠다는 확약서를 노동위원회에 제출한 경우였다.

파업의 규모 및 기간, 대체 인력의 활용 여부 등을 종합적으로 고려해서 판단한다. 그리고 파업으로 인해 사용자의 사업 운영에 '심대한 혼란 내지 막대한 손해'가 초래되었는지, 즉 그 인과관계는 검사가 증명해야 한다. ③ 고의의 존재 여부는 중요하게 고려되지 않는다. ④ 한편, 전원합의체 판결 법리는 민사면책 법리로 확대되지는 않았다.

제3절 전원합의체 판결의 한계와 입법적 과제

법률이 좋은 것과 나쁜 것을 구분하지 않는다면, 그 국가는 불행해진다. 법률이 좋은 것을 좋게 평가하고, 그것이 시장에서 온당하게 평가받을 수 있는 기반을 만들어야만 그 국가 역시 좋은 사회가 될 수 있다. 이제까지 한국 법원은 노사관계에서 이러한 원칙을 적용하지 않았다. 단지 기업을 한다는 이유만으로 나쁜 기업도 노사관계에서 특권적 지위를 누렸고, 단지 노동조합의 활동에 참여했다는 이유만으로 근로자의 노동기본권은 박탈당했다. 전원합의체 판결은 파업 관련 법률관계에서도 위와 같은 '좋은 것과 나쁜 것을 구분해야 한다'는 원칙이 적용되어야 한다는 점을 최초로 천명한 것이다(도재형, 2011b: 12).

종전 판례 법리는 노동조합의 교섭력을 약화시키고 노사관계에서 사용자가 힘의 우위를 확보하는 데 중요한 역할을 했다. 실제의 노사관계에서 이를 악용하는 사용자도 있었다. 일부 사용자는 불성실한 단체교섭을 통해 노동조합의 파업을 유도한 후 조합 활동가 혹은 적극적인 조합원들을 업무방해죄로 고발한 뒤 형사 절차의 진행과 함께 손해배상 청구, 가압류 및 해고 등의 징계 절차를 진행했다. 이러한 사용자의 행동은 '파업은 범죄다'라는 판례 법리와 파업의 허용 범위를 극도로 좁게 해석하는 판례 법리에 의해 너무나도 경제적인 수단으로 받아들여졌다.

이것을 이용하지 않는 기업은 노사관계에서 합리적으로 행동하지 않는 것으로 평가받았다. 전원합의체 판결은 이러한 노사 현실에 대한 반작용으로서 "형법상 업무방해죄의 성립 → 불법행위 책임, 징계 책임의 성립 → 가압류, 손해배상 소송, 징계 및 해고, 형벌 부과"라는 단결 금지의 악순환을 조금이나마 제한했다는 점에서 긍정적으로 평가할 수 있다(도재형, 2011b: 8).

그러나 전원합의체 판결은 단결 금지 법리의 속성을 여전히 가지고 있다. 이 점에서 대법원이 전원합의체 판결을 통해 놓고자 했던 '근로자들의 단체행동권을 좀더 충실하게 보장할 수 있도록 하는 발판'[83]은 단결 금지 법리의 수렁을 벗어났다고 평가하기에는 너무 낮고 협소하다. 즉, 전원합의체 판결에도 불구하고 오늘날 한국에서 단결 금지 법리는 여전히 잔존한다. 아래에서 그 한계를 좀더 구체적으로 설명한다(도재형, 2012a: 467~469).

첫째, 전원합의체 판결의 판시 사항 중 가장 눈에 띄는 것은 2010년 헌재 결정이 인용되지 않았다는 점이다. 그 이유를 정확히 알 수 없으나, 개인적으로 추측하기에는 헌재 결정 내용 중에서 민사면책 법리에 관한 부분까지 대법원이 받아들이기는 어려웠기 때문인 듯하다.

헌법재판소 2010. 4. 29. 선고 2009헌바168 결정은 노동조합법 제4조를 위법성조각사유를 규정한 것으로만 파악해서는 안 되고, 이러한 해석은 파업으로 인한 손해배상 책임에 대해서도 동일하게 적용되어야 한다고 봤다. 즉, "노동법 제4조는 노동조합의 쟁의행위로서 노동법의

83 전원합의체 판결의 의의와 관련해 대법원은 "헌법을 정점으로 하는 현행 법령 체계 하에서 헌법상 보장된 기본권인 근로자들의 단체행동권을 보다 충실하게 보장할 수 있도록 하는 발판을 마련한 것이라는 점에서 이 판결의 의의를 찾아볼 수 있다."고 설명한 바 있다(대법원 2011. 3. 17.자 "'쟁의행위로서의 파업과 업무방해'에 관한 대법원 전원합의체 판결 관련 보도자료").

목적 달성을 위하여 한 정당한 행위에 대하여 위법성조각사유에 관한 형법 제20조를 적용하도록 하고 있으나, 이것이 단체행동권의 행사로서 노동법상의 요건을 갖추어 헌법적으로 정당화되는 행위를 범죄행위의 구성요건에 해당하는 행위임을 인정하되 다만 위법성을 조각하도록 한 취지라고 할 수 없다. […] 나아가 노동법 제3조가 사용자로 하여금 적법한 쟁의행위로 인하여 입은 손해를 노동조합 또는 근로자에 대하여 배상청구할 수 없도록 한 것도 동일한 맥락에서 바라보아야" 한다는 것이다.[84] 그런데 대법원은 파업과 관련한 민사 사건에까지 헌재 결정의 취지를 따르는 것은 거부하고 있다.

둘째, 전원합의체 판결 및 그 후속 판결례들이 법 이론상 합당한 것인지, 그리고 종래 파업 관련 판례 법리에 대한 비판적 견해들이 제시한 문제들을 올바르게 해결했는지도 여전히 의문이다. 전원합의체 판결에 대한 가장 강력한 비판은 전원합의체 판결의 반대 의견에 의해 행해졌다(도재형, 2011b: 9). 위 반대 의견이 지적한 것처럼 "다수 의견은 사실적인 측면에서 구별이 가능한 작위와 부작위 개념을 외면한 채 근로자가 아무런 일도 하지 않는 것에 불과한 단순 파업을 작위로 파악한 것부터가 잘못이다. 근로자가 사업장에 결근하면서 근로 제공을 하지 않는 것은 근로계약상의 의무를 이행하지 않는 부작위임이 명백하다. 다수 의견은 근로 제공의 거부가 개별적인 것이 아니라 쟁의행위의 목적으로 집단적으로 이루어지는 점을 들어 작위로 보고 있는 듯하다. 그러나 한 사람이 아무것도 하지 않는 것이나 여러 사람이 아무것도 하지 않는 것이나, 그리고 여러 사람이 아무것도 하지 않는 것의 목적이나 동기가 무엇이거나 가릴 것 없이, 어느 경우이건 신체적 활동 등 적극적인 행위가 없다는 점에서는 다를 바 없다. 따라서 근로자들이 쟁의

84 헌법재판소 2010. 4. 29. 선고 2009헌바168 결정.

행위의 목적에서 집단적으로 근로 제공을 거부한 것이라는 사정이 존재한다고 하여 개별적으로 부작위인 근로 제공의 거부가 작위로 전환된다고 할 수는 없다."[85]

위와 같은 대법원의 입장이 우리 헌법과 일치한다고 보기도 어렵다. 헌법 제33조 제1항이 단체행동권을 헌법상 기본권으로서 보장한다는 취지는 쟁의행위의 결과가 민·형사 책임을 야기하더라도 일단 이를 정당한 것으로 보려는 데 있다. 즉, 쟁의행위는 선험적으로 정당하고 적법하다고 추정되는 것이다(김영문, 1998: 466). 이는 민·형사 영역을 불문하고 존중되어야 한다. 결국, 위와 같은 전원합의체 판결의 한계는 판례라는 연작소설의 작가인 법관들에게 새로운 과제를 부여하고 있다. 2010년 헌법재판소 결정이 천명한 원칙, 즉 파업은 헌법상 기본권의 행사이고 "헌법상 기본권 행사에 본질적으로 수반되는 것으로서 정당화

---

85 그렇다면 전원합의체 판결에서 왜 다수 의견은 부작위에 불과한 파업을 작위라는 논리를 구성하게 되었을까? 그것은 근로자의 파업행위를 부작위로 파악할 경우, 그 이후 이를 업무방해죄의 구성요건 요소인 '위력'에 해당한다는 법리를 유지하는 것이 사실상 불가능해지기 때문이다. 파업을 부작위로 파악할 경우 근로자에게 보증인적 지위가 인정되어야 업무방해죄의 구성요건에 해당할 수 있는데, 이를 인정하기 어려운 것이다(도재형, 2011b: 10-11). 즉, 반대 의견이 지적한 바와 같이 "근로자가 근로 제공 의무를 이행하여야 할 근로계약상의 의무를 […] 형사상 부진정부작위범의 작위의무라고 하는 것은 근로계약상의 근로 제공 의무를 불이행함으로써 사용자에게 손해를 가하는 행위를 형사처벌의 대상으로 삼겠다는 것이다. 그러나 이것은 형벌로 노무의 제공을 강제하는 것이 된다." 그리고 이것은 국가 형벌권의 억제라는 관점에서 수립된 죄형법정주의에 위배되는 결과가 초래된다. 즉, "만약 다수 의견과 같이 해석하여 근로자단체에 대하여 위법쟁의행위로서의 파업을 해서는 안 된다는 작위 의무를 인정하여야 한다면, 이는 단체자치의 원칙에 의하여 상호 대등한 위치에 있는 집단적 근로관계의 '노동관계 당사자' 사이에서 단체행동권 행사와 관련하여 근로자단체는 상대방 당사자인 사용자 또는 사용자단체에게 단체자치에 속하는 내용의 채무를 불이행하여서는 아니 된다는 의무를 형벌로 강제하는 것을 인정하자는 것이어서 기본적으로 허용될 수 없다. 즉, 이 역시 노동관계에 있어서 사적 자치의 영역에 속하는 단체자치의 영역에서 그 자치적 규율 사항의 위반에 대한 형사법적 제재를 허용하는 것이므로 부당하다. 이는 마치 계약의 일방 당사자가 다수이고 그 다수의 일방 당사자가 뜻을 같이하여 상대방에게 계약상 부담하는 채무를 불이행하는 경우와 다를 바 없기 때문이다."

될 수 있는 업무의 지장 초래가 당연히 업무방해에 해당하여 원칙적으로 불법한 것이라 볼 수는 없다."는 점은 이후 파업과 관련된 민사상 불법행위 책임이나 징계, 해고 등 책임에 관한 판례 법리에서도 필연적으로 새로운 법리가 출현될 것이라고 예고하고 있다. 그리고 그 과업은 1차적으로 하급심 법원의 몫으로 돌아갈 것이다(도재형, 2011b: 11).

한편 앞에서 살펴본 바와 같이, 한국의 판례 법리는 쟁의행위를 제한하고 금지하는 데 주안점을 두고 있다. 이것은 단체행동권을 기본권으로 보장하고 있는 헌법에 위반된다. 이를 개선하는 가장 직접적인 방안으로는 판례 변경을 통해 업무방해죄의 적용 범위를 최소화하는 것을 생각할 수 있지만, 이러한 판례 법리의 변화에 대한 고민과는 별도로, 형법상 업무방해죄 조항에 대한 입법적 개선 방안을 모색하는 것이 필요하다(도재형, 2008c: 137-139). 아래에서는 이에 대해 간략하게 살펴본다.

노동조합법상 쟁의행위 개념은 국가에 의한 금지나 제한, 조정·중재 절차 등 독자적인 목적을 위해 형성된 것이다. 따라서 설령 노동조합법에 위반된다고 해서 노동법적 평가를 넘어서서 해당 쟁의행위를 형법상 범죄행위로 취급해서는 안 되며, 형사 책임의 추궁은 단체행동권의 행사로 볼 수 없는 경우에 한정해 이뤄져야 한다(조경배, 2014: 204). 즉, 노동조합법이 이미 쟁의행위와 관련해 여러 처벌 규정을 두고 있는 상황에서 그와 별도로 형법상의 범죄로 다룰 만큼 불법성(즉, 행위반가치와 결과반가치)을 지니고 있는지와 관련해 근본적인 의문이 제기된다(김봉수, 2014: 94). 이 점에서 형법 또는 노동조합법의 개정에 대한 심도 있는 논의가 필요하다. 그 입법론으로는 아래와 같이 위력 업무방해죄를 폐지하거나 이를 쟁의행위에는 적용하지 않는다는 규정을 노동조합법에 두는 것을 생각할 수 있다.

첫째, 업무방해죄는 태생적으로 노동운동을 제약하기 위해 고안된 것이고, 법률의 계수 과정에서 '위력', '업무', '방해'라는 개념을 사용해 쟁의행위에 대한 형사처벌을 용이하게 했다. 그리고 '위력'이라는 형법 제314조 제1항의 구성요건 요소의 모호성에 기대어 단결 금지 법리는 여전히 존속하고 있다. 따라서 형법 제314조 제1항의 구성요건 요소 중 '위력'은 죄형법정주의에 반하고 자의적 법 집행을 허용하는 위헌적 법률이므로 이를 삭제하거나(제1안)[86] 차선책으로서 '폭행', '협박'과 같은 상대적으로 명확한 구성요건 요소로 대체하는 방법을[87] 생각할 수 있다(제2안).[88] 한편, 2009년 12월 조승수 의원 등은 노동조합법에 따른 쟁의행위에 대해서 업무방해죄를 적용하지 않는 것을 내용으로 한 형법 개정안을 국회에 제출한 바 있다.[89]

둘째, 형법 제314조 제1항 소정의 위력 업무방해죄의 위헌성을 없애는 또 다른 방법은 노동조합법 제4조를 개정하는 것이다.[90] 현행 노동조합법 제4조는 '정당행위'라는 제목 아래 위법성조각사유만을 규정하고 있는데, 그 제목을 '형사 책임의 제한'으로 변경하고 제1항을 신설해 폭행·협박이나 파괴행위를 수반한 쟁의행위만이 업무방해죄의 구성요건에 해당한다는 점을 명백하게 하는 방식이다(제1안).[91] 한편, 근로자들의

---

86 2012. 7. 박영선 의원이 대표 발의한 형법 개정안이 채택한 방식이다.

87 "형법 제314조(업무방해) ① 제313조의 방법 또는 폭행·협박으로써 사람의 업무를 방해한 자는 5년 이하의 징역 또는 1천 5백만 원 이하의 벌금에 처한다."

88 이 방안과 관련해서는 폭행·협박 등이 수반된 쟁의행위와 관련해서는 폭력행위 등에 대해 형법 규정을 적용하면 충분하고, 쟁의행위 전체가 업무방해죄의 구성요건에 해당하도록 하는 것은 부당하다는 비판을 예상할 수 있다(김순태, 1997: 92).

89 "형법 제314조(업무방해) ③「노동조합 및 노동관계조정법」에 따른 단체교섭 또는 쟁의행위에 대하여는 제1항 및 제2항을 적용하지 아니한다."

90 쟁의행위가 업무방해죄의 구성요건에 해당한다는 위헌성을 소멸시키는 직접적인 방법은 앞에서 살펴본 바와 같이 형법 제314조 제1항 자체를 개정하는 것이다. 그러나 단지 노동법적 문제를 해결한다는 목적만으로 형법 제314조 제1항을 개정하는 것에는 현실적인 어려움이 있을 수 있다. 노동조합법 제4조를 개정하는 것은 이러한 어려움을 고려한 것이다(김홍영, 2009a: 687).

91 "노동조합법 제4조(형사책임의 제한) ① 형법 제314조 제1항의 규정은 폭행·협박이나 파괴

집단적 노무 거부행위(파업)에 대해 업무방해죄가 적용되지 않는다는 점, 그리고 파업이 폭행·협박이나 파괴행위를 수반하는 경우에도 그 파업에 대해서는 업무방해죄가 적용되지는 않고 폭행행위 등에 대해서만 폭행죄 등이 적용된다는 점을 분명히 하기 위해서는 위 1안의 내용을 좀더 구체적으로 표현할 필요가 있다는 견해가 있다(제2안).[92] 이 입법안에 따르면, 쟁의행위가 폭력·파괴를 수반하는 경우에는 쟁의행위의 유형과 취해진 방법들이 형법상의 범죄를 구성하는 바에 따라 처벌하면 된다(김홍영, 2009a: 687).

위에서 살펴본 여러 입법적 해결 방안이 실제 효과를 발휘하기 위해서는 국회의 역할이 중요하다. 결국 쟁의행위에 대한 형법 적용의 문제와 관련해서는 입법부의 책임을 간과해서는 안 된다. 오늘날 한국의 단결 금지 법리는 법리적 문제점을 지닐 뿐만 아니라 입법례에 비춰보더라도 매우 이례적이다. 따라서 이를 사법부의 책임으로만 남겨둘 것이 아니라 국회에서 실효성 있는 논의가 진행되어야 한다.

행위를 수반하지 아니한 쟁의행위에 대해 적용되지 아니한다. ② 형법 제20조의 규정은 노동조합이 단체교섭·쟁의행위 기타의 행위로서 제1조의 목적을 달성하기 위하여 한 정당한 행위에 대하여 적용된다. 다만, 어떠한 경우에도 폭력이나 파괴행위는 정당한 행위로 해석되어서는 아니 된다."

92 "노동조합법 제4조(형사 책임의 제한) ① 형법 제314조 제1항의 규정은 파업에 대해 적용되지 아니한다. ② 형법 제20조의 규정은 노동조합이 단체교섭·쟁의행위 기타의 행위로서 제1조의 목적을 달성하기 위하여 한 정당한 행위에 대하여 적용된다. 다만, 어떠한 경우에도 폭력이나 파괴행위는 정당한 행위로 해석되어서는 아니 된다."

제6장

통상임금과 노동법

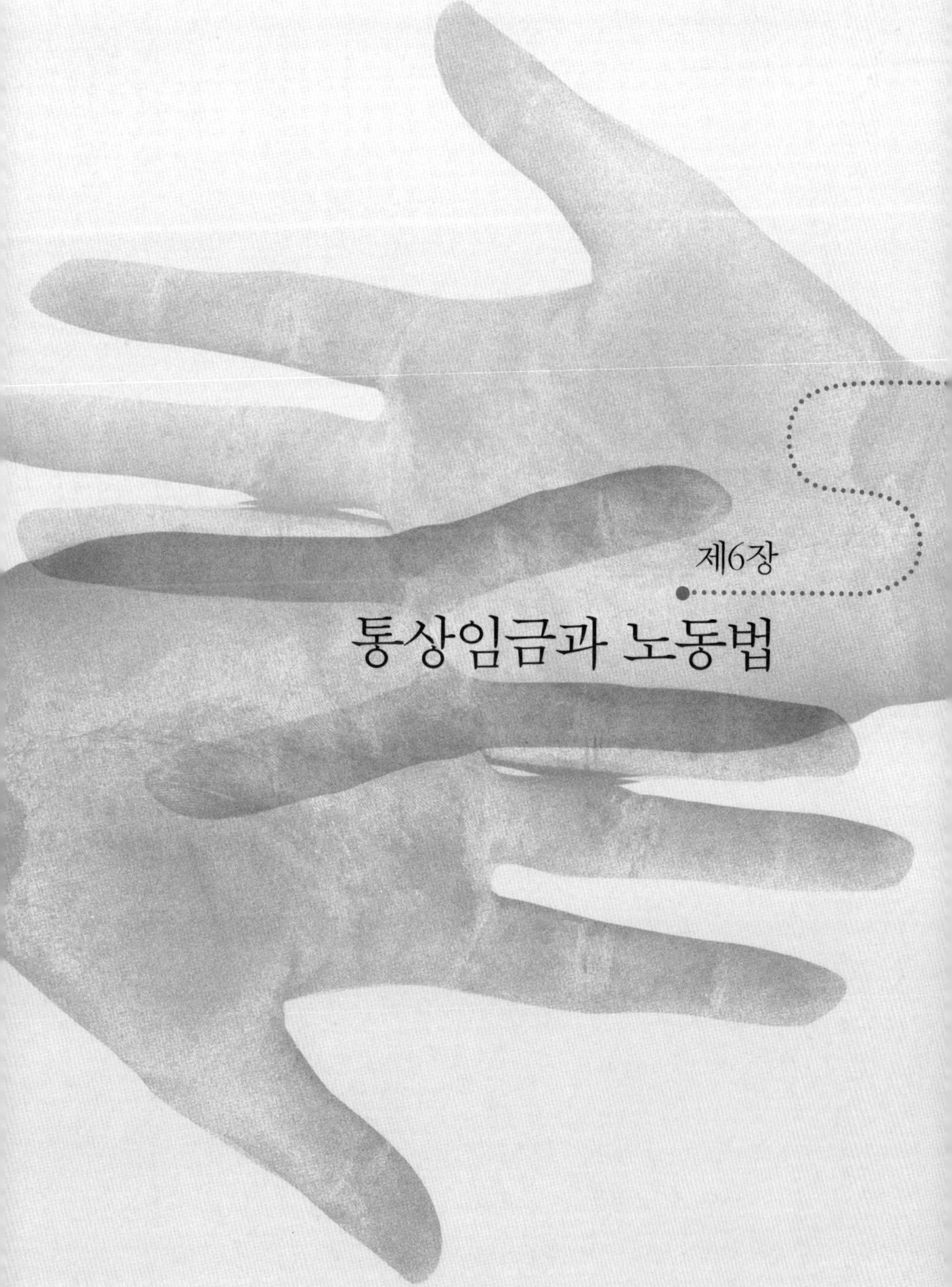

'임금의 시대'가 왔다(이장원, 2014a: 1). 1990년대 중반 이후 한국을 뒤덮었던 고용 유연화라는 거대한 물결이 주춤해지고, '임금'이 반격의 실마리를 잡았다. 이는 통상임금과 관련된 2012년 금아리무진 판결과 2013년 전원합의체 판결, 휴일근로가 연장근로에 포함된다는 하급심 판결, 그리고 임금피크제와 연결되지 않은(적어도 법률적으론) 정년 연장 입법 등에 의해 가능했다(도재형, 2014c: 199). 이 장(章)에서는 그 쟁점 중에서도 2012년 이래 가장 극렬하게 다퉈진 통상임금을 중심으로 한국에서 임금 제도의 규범력이 확대된 과정 및 그에 대한 정부와 기업의 대응 모습을 살펴보고자 한다.

통상임금은 근로기준법상 연장근로수당과 같은 가산임금과 해고예고수당 등을 산정하는 데 사용되는 임금 개념이다. 특히 가산임금 소송에서는 어떤 금품(임금, 수당) 항목이 통상임금에 포함되는지가 항상 다퉈진다. 다른 노동 소송과 마찬가지로, 통상임금 관련 소송 역시 1987년 노동자 대투쟁 이후 본격적으로 제기되었다. 당시 급증하는 노동 소송을 처리하기 위해 만들어진 서울민사지방법원의 노동전담부는 관련 판결에서 임금이분설에 기초한 통상임금 법리를 제시했고, 대법원은 이를 받아들였다. 이로써 임금 중 생활보장적 부분은 원천적으로 통상임금에서 배제되었다.

통상임금 법리는 대법원의 1995년 전원합의체 판결에 의해 변화를 겪는다. 이 판결에서 대법원은 종래의 임금이분설을 폐지하고 임금일체설을 채택하며 '모든 임금은 근로의 대상으로서 구분되지 않는다'고 선언했다. 이로 인해 종전까지 통상임금에서 제외되던 생활보장적 임금과 상여금 등이 통상임금에 포함될 수 있게 되었다. 그런데 이런 판례 법리의 변화는 노동부의 통상임금 관련 지침에 제대로 반영되지 않았다. 이로 인해 통상임금의 인정 범위를 확대하는 새로운 판례 법리와 구 판례 법리를 고수한 행정예규(그리고 행정예규에 따르던 기업 실무) 사이의 간격은 점점 더 벌어졌다. 1990년대 후반부터 몇몇 노동법 학자들이 이러한 변화 추세를 포착하고 행정예규를 고쳐야 한다는 의견을 제시했으나, 통상임금의 범위가 확대될 경우 기업의 노무비가 증가할 것을 우려한 정부는 주저했다.

2012년 금아리무진 판결에서 정기상여금이 통상임금에 포함된다고 판단한 것은 1995년 이후 판례 법리의 변화 과정에 비춰볼 때 이례적인 것이 아니었다. 즉, 2012년 금아리무진 판결은 '상여금도 다른 금품 항목과 마찬가지로 정기성, 일률성 및 고정성을 갖추면 통상임금이다'는 법리를 확인한 것에 불과했다. 그러나 이렇게 법원이 명시적으로 정기상여금이 통상임금에 해당한다고 판단한 것은 기업 실무에 큰 충격을 주었다. 정부 역시 그때서야 통상임금 제도 개선을 위한 논의를 진행했으나, 노동계와 경영계의 주장이 팽팽하게 대립하면서 입법 논의는 지지부진한 채 대법원의 전원합의체 판결이 선고되기를 기다리는 상황이 진행되었다.

2013년 선고된 전원합의체 판결은 이러한 논쟁을 어느 정도 해결할 수 있었다. 전원합의체 판결이 통상임금의 개념 징표에 관한 판례 법리를 명확히 하고, 정기상여금이 통상임금에 포함될 수 있다는 점을 분명히 했다는 점은 긍정적으로 평가할 수 있다. 그러나 법리적 근거 없이 신의칙을 한시적으로 적용한 점, 고정성 징표에서 재직자 요건을 추가함으로써 새로운 논쟁거리를 만든 점 등에 대해서는 부정적으로 평가받고 있다. 다행히 2014년 9월 노사정 대타협을 통해 통상임금의 입법화에 합의함으로써 이 논쟁이 마무리될 수 있는 기회가 마련되었다.

이 장(章)의 제1절에서는 먼저 2012년 금아리무진 판결 이래 논의되고 있는 임금 체계 개편과 관련한 법률적 쟁점과 과제를 살펴본다. 임금은 근로자가 자신의 노동을 통해 얻는 소득이며 그 생활의 기반이라는 점에서 중요할 뿐만 아니라, 초과근로수당 제도 등을 통해 장시간 근로를 예방하는 역할을 한다. 나아가 최근 임금피크제 논쟁에서 드러난 바와 같이 임금은 고용과도 연결되어 있다.[1] 이 논의를 통해 임금의 제도적 의의를 전체적으로 조망하는 것은 통상임금에 관한 논쟁의 배경을 이해하기 위해 필요한 작업이다.

제2절에서는 1987년 노동자 대투쟁 이후 통상임금 법리가 형성되는 과정을 살펴본다. 1980년대 후반 임금이분설에 근거해 마련된 판례 법리는 1995년 임금이분설의 폐지로 인해 큰 변화를 겪는다. 그리고 2012년 금아리무진 판결에서 드러난 바와 같이, 1995년 이후부터 법원은 통상임금 법리를 체계화하며 그 범위를 확대했다. 그 연장선상에서 제3절에서는 2013년 전원합의체 판결이 제시한 통상임금 법리의 의의와 한계를 살펴본다.

전원합의체 판결이 제시한 신의칙 적용 법리와 재직자 요건 법리 그리고 이러한 법리를 무리하게 확대 해석한 정부의 성급한 조치로 인해, 전원합의체 판결이 선고되었음에도 불구하고 오히려 노사 갈등이 증폭되고 통상임금에 관한 입법 논의가 더욱 활발해지는 결과가 초래되었다. 이와 관련해 제4절에서는 통상임금에 관한 입법 논의에서 제기된 여러 쟁점에 대해 살펴본다. 여기에서는 통상임금 제도에 관한 일반 법리에 기초해 임금 제도뿐만 아니라 장시간 근로의 현실을 개선할 수 있는 입법 원칙을 제시하고자 노력했다.

1 한편 제4장 제2절에서 설명한 것처럼, 임금은 사회보험 제도의 물적 토대이기도 하다. 이런 관점은 헌법이 요구하는 '적정임금'의 의의와 연결되고 정부의 책임이 문제된다. 다만, 이미 제4장 제2절에서 이에 대해 상세히 다뤘으므로, 여기에서 따로 논의하지는 않겠다.

제1절 | 임금 체계 개편의 쟁점과 과제[2]

I. 소득과 임금

법의 영역에서 임금은 중요하게 다뤄진다. 임금은 근로자가 기본적 생활을 유지하는 재원으로서 가장 중요한 근로조건 중의 하나이기 때문이다.[3] 이렇게 임금이 근로자 및 그 가계의 주요한 소득원이라는 점을 감안해서 헌법 제32조 제1항은 국가에 대해 '적정임금'을 보장하도록 노력할 의무와 법률이 정하는 바에 따라 '최저임금제'를 시행할 의무를 부과하고, 제32조 제3항은 근로조건의 기준을 인간의 존엄성을 보장하도록 법률로 정한다고 규정하고 있다.

제4장 제2절에서 설명한 것처럼 여기서의 적정임금이란 임금의 사회보장적 기능을 수행할 수 있는 정도의 것을 의미하고, 이와 관련해서는 사회보험료 지원 정책 등 국가의 정책적 노력 의무가 강조된다. 그리고 최저임금법에는 최저임금의 기준에 관한 규정이 마련되어 있다. 나아가 근로기준법은 임금에 관한 각종 근로조건을 정하고 이를 기준으로 근로

---

2 이 부분은 도재형, "임금 체계 개편의 법적 쟁점과 과제", 「노동법학」 제51호, 한국노동법학회, 2014: 200 이하의 내용을 수정·보완했다.

3 대법원 2013. 12. 18. 선고 2012다89399 전원합의체 판결.

자에 대한 임금 지급 등이 적정하게 이뤄지도록 규율하고 있다.[4]

헌법이 이렇게 국가에 적정임금 보장을 위한 '노력' 의무를, 최저임금제에 관해서는 '시행' 의무를 부과한 이유는 헌법 제119조에서 규정한 시장 질서와 경제 민주화 사이의 조화를 꾀하기 위한 것으로 짐작된다. 이로 인해 한국 법 체계에서 법률이 임금의 수준과 세부적 구성 방식을 규율하는 것은 예외적인 상황에서만 가능한다. 임금은 사용자와 근로자 사이의 근로계약에 의해 정해지는데, 원칙적으로 계약은 사적 자치의 영역에 맡겨져 있으므로, 임금의 수준이 최저임금보다 높은 이상 법률이 이를 규제하는 것은 쉽지 않기 때문이다. 따라서 근로기준법 등 노동법의 임금에 관한 규율은 계약에서 이미 정해진 임금의 지급을 어떻게 확보할 것인지에 초점이 맞춰진다(박수근, 2014: 146; 박종희, 2014: 62).

임금 수준의 논의와 연결되어, 한 사회가 생산한 부(富)의 분배에 관한 문제 역시 노사 간 대립과 갈등에서 중요한 쟁점이다. 이러한 노사 대립 또는 갈등은 두 가지 차원에서 논의할 수 있다. 첫째는 어떤 비율로 노사 간에 그 부를 배분할 것인지의 문제이고, 둘째는 이렇게 배분된 부를 근로자들 사이에 어떻게 배분할 것인지의 문제다(정승국, 2014: 66).

첫 번째 문제인 한국 사회의 부(富)의 분배, 즉 상품과 용역의 생산으로부터 창출되는 전체 부에서 임금 소득의 비율을 결정하는 과정은 한국의 노동3권 현실과 연결해 고민할 필요가 있다. 노동법적 관점에서 볼 때, 계약은 더 많이 모일수록 더 공정한 결과를 이끌어낸다. 따라서 단결의 자유, 즉 근로자들이 '근로조건과 경제적·사회적 지위의 향상'을 위해 단결체를 만들어 활동하고(단결), 대표를 통해 사용자와 교섭하며

---

4 대법원 2013. 12. 18. 선고 2012다89399 전원합의체 판결.

(단체교섭) 이 과정에서 자신의 주장을 관철하기 위해 경제적 압력을 가할 수 있는(단체행동) 권리는 노동기본권 중에서 가장 기초적이고 중요한 것들이다(강성태, 2012a: 203-204). 그러나 한국의 현실에서 노동3권은 제한적으로 실현되고 있고, 이것은 노동조합 조직률과 단체협약 적용률의 저하라는 결과로 나타난다. 이 현상은 우리 사회에서 소득 양극화가 심화되는 원인 중 하나다.

두 번째 문제인 근로자들 사이에서 부의 분배 방식, 특히 그중에서도 기업 단위에서 근로자들 사이의 부의 분배 문제는 해당 기업의 임금 체계와 연결된다. 개별 기업의 임금 체계는 다시 연공급, 직무급, 성과급 체계 및 그 혼합 방식 등으로 구분할 수 있다. 한국 기업 중 특히 대규모 기업의 대부분은 연공급 체계를 갖고 있다. 그런데 연공급 체계가 한국 경제의 고성장을 이끄는 데 긍정적 역할을 했다는 점을 부정하기는 어렵지만, 현재와 같은 저성장 시대에 그 역할이 제한적이라는 지적을 무시할 수는 없다(이장원, 2014b: 33). 그리고 연공급 체계에서 형성된 복잡한 수당 체계가 통상임금 분쟁의 핵심적 원인으로 지목되는 상황에서, 통상임금 관련 논쟁이 직무급 등 임금 체계의 개편 논의로 연결되는 것 역시 당연하다. 이것은 기업 내 정규직과 비정규직 사이의 임금 격차와도 연결되어 있다.

흔히 이 문제의 해결 방안으로 제안되는 것이 직무급 체계다. 직무급이란 업무를 수행하는 사람의 특징과 관계없이 직무의 가치에 따라서 기본급이 결정되는 보상 체계다. 이 점에서 직무급은 직무의 내용과 관계없이 그 사람이 보유한 속인적 특징(나이, 고용 형태, 학력, 국적, 근속연수 등)에 의해 기본급이 결정되는 연공급 체계와 구별된다(유규창, 2014: 42). 그런데 노동법은 임금액이 최저임금을 넘는 이상 그 수준 및 구성 체계에 대해 관심을 두지 않는다. 노동법이 기업 내 임금 체계를 규율하는 것은 예외적이고, 설령 현실적 불합리성이 있다 하더라도 연공급은 원칙적으로 적법하다. 따라서 노동법적 방법을 통해 연공급 방식의 임금 체계를 직무급으로 강제하는 것은 쉽지 않다(박종희, 2014: 62).[5]

한편, 직무급 체계는 동일노동 동일임금을 가장 근접하게 실현하는 보상 제도로 이해된다(유규창, 2014: 42). 직무급 체계에서는 정규직과 비정규직이라는 근로자의 속인적 특성이 임금액을 좌우하지 못하기 때문이다. 문제는 '동일노동 동일가치'란 이념을 가지고서 직무급 체계를 강제할 수는 없다는 점이다. 판례에 의하면, 동일가치의 노동인지 여부는 「남녀고용평등과 일·가정 양립 지원에 관한 법률」 제8조에서 규정된, 직무 수행에서 요구되는 기술, 노력, 책임 및 작업조건을 비롯해 근로자의 학력·경력·근속연수 등의 기준을 종합적으로 고려해 판단해야 하기 때문이다.[6] 이에 대해서는 학력, 경력, 근속연수와 같은 속인적 특징들이 노동의 가치를 결정적으로 규정할 만한 진정한 기준이 될 수 없다는 비판이 있다(김홍영, 2009b: 66). 그러나 앞에서 설명한 바와 같이 원칙적으로 노동법이 임금의 구성 방식 자체를 규제하지는 않는다는 점에 비춰볼 때, 속인적 특징이 있다는 점만으로 이를 위법하다고 하거나 합리적 이유 없는 임금 차별이라고 보기는 어렵다.

---

5 임금 체계의 변화는 다시 단체협약 체결을 통한 방식, 취업규칙의 변경을 통한 방식 및 소규모 사업장에서 근로계약 내용의 변경을 통한 방식 등으로 나눌 수 있다. 이 가운데에서 단체협약의 체결은 노사 자치의 영역이므로 설령 직무급 체계 전환으로 인해 종전의 연공급 체계보다 근로자에게 불리한 결과가 초래된다 하더라도, 일반적으로 그 전환은 법적으로 유효하다. 그리고 취업규칙이 없는 미조직 사업장에서 개별 근로계약의 내용을 변경하는 방식 역시 원칙적으로 노동법의 규율 대상이 아니다. 따라서 노동법적 규율 대상이 되는 것은 취업규칙 변경 방식으로 직무급 체계를 도입하는 것이다. 거칠게 얘기한다면, 만약 직무급 체계로의 변화를 통해 개별 근로자가 받는 임금액이 저하된다면 그것은 취업규칙의 불리한 변경에 해당하고 근로자의 집단적 동의를 거쳐야 한다(근로기준법 제94조 제1항).

6 대법원 2003. 3. 14. 선고 2002도3883 판결.

Ⅱ. 근로시간과 임금

임금은 근로시간 제도와 연결되어 있다. 근로기준법은 시간외근로에 대해 통상임금의 50%를 가산해 지급하도록 규정하고 있다. 근로기준법은 시간외근로의 총량에 대한 제한과 함께 가산임금 제도를 둠으로써 장시간 근로를 방지하고자 노력한다. 근로기준법은 사용자로 하여금 연장·야간·휴일 근로에 대해 통상임금의 50% 이상을 가산해 지급하도록 규정하고 있는데, 이는 사용자에게 금전적 부담을 가함으로써 연장·야간·휴일 근로를 억제하기 위한 것이다. 그리고 이러한 근로는 법정근로시간 내에서 행해지는 근로보다 근로자에게 더 큰 피로와 긴장을 주고 근로자가 누릴 수 있는 생활상의 자유시간을 제한하므로 이에 상응하는 금전적 보상을 해주려는 데에 그 취지가 있다.[7] 이 점에서 통상임금의 문제는 근로시간 제도와 함께 논의되어야 한다.

한편, 통상임금 외에 근로시간 제도와 관련된 쟁점으로는 휴일근로를 들 수 있다. 이에 대해 2015년 9월 15일 타결된 「노동시장 구조개선을 위한 노사정 합의문」(아래에서는 '9·15 대타협'이라 한다)에서 노·사·정은 실근로시간 단축을 위한 법제도 정비의 일환으로서 휴일근로시간을 연장근로시간에 포함하되 기업 규모에 따라 단계적으로 시행하는 데 합의했다. 즉, "1주일은 7일로 하여 휴일근로시간을 연장근로시간에 포함하고, 주당 근로시간은 52시간(기준근로시간 40시간+연장근로시간 12시간)으로 한다", "휴일근로의 연장근로 포함은 법 개정 후 1년이 경과한 시점부터 시작하여 기업 규모를 기준으로 하여 1년씩 4단계에 걸쳐 시행한다."는 것이다(경제사회발전노사정위원회, 2015: 11-12).

7 대법원 2013. 12. 18. 선고 2012다89399 전원합의체 판결.

Ⅲ. 고용과 임금

표면적으로 볼 때, 임금은 고용(일자리)과 무관하다. 그러나 합리적 임금 체계 없이 고용의 보장이나 확대를 도모하는 것은 쉽지 않다. 이 점에서 고용과 임금은 연결되어 있고, 고용의 문제를 떠나 임금 체계 개편을 얘기하기는 어렵다. 임금과 고용은 동전의 양면과 같다. 기업 쪽에서 볼 때 고용(일자리)은 임금의 문제로 치환된다. 근로자 쪽에서 볼 때도 고용(일자리)은 소득원의 취득 또는 유지의 문제다. 따라서 임금은 고용(일자리)과 연결해서 생각되어야 한다. 반대의 경우도 마찬가지다. 그 전형적인 예가 정년 연장과 임금피크제에 관한 것이다.

2013년 5월 22일 개정된 「고용상 연령차별금지 및 고령자고용촉진에 관한 법률」 제19조 제1항은 "사업주는 근로자의 정년을 60세 이상으로 정하여야 한다.", 제2항은 "사업주가 제1항에도 불구하고 근로자의 정년을 60세 미만으로 정한 경우에는 정년을 60세로 정한 것으로 본다."고 규정하고 있다. 이 정년 연장 규정은 기업 규모에 따라 단계적으로 2016년부터 2017년 사이에 시행될 예정이다.

연공급 체계 하에서 정년 연장은 인건비의 상승으로 이어진다. 경영계는 정년 연장으로 인한 인건비 상승 압력을 완화하는 임금 체계 개편이 이뤄지지 않을 경우 정년 연장 조치는 종국적으로는 신규 채용의 축소로 이어질 것이라고 주장한다. 이런 점 등을 고려해 위 법률 제19조의2는 정년 연장 조항의 시행과 연계해 "제19조 제1항에 따라 정년을 연장하는 사업 또는 사업장의 사업주와 근로자의 과반수로 조직된 노동조합(근로자의 과반수로 조직된 노동조합이 없는 경우에는 근로자의 과반수를 대표하는 자를 말한다)은 그 사업 또는 사업장의 여건에 따라 임금 체계 개편 등 필요한 조치를 하여야 한다."고 규정하고 있다. 다만 임금 체계 개편 등의 조치는 정년 연장 실시를 위한 필요 요건이 아니므로, 과반수

노조 등이 정년 연장 실시 전에 임금 체계 개편 조치를 하거나 사용자의 관련 조치에 동의할 법적 의무는 없다(이승길, 2013: 44).

정년 연장에 따른 임금 체계 개편 작업은 단체협약이나 취업규칙, 혹은 근로자대표 제도의 일반 법리에 따라 이뤄지게 된다. 과반수 노조가 있는 경우 임금 체계 개편 작업은 단체협약의 개정 및 취업규칙 변경 절차를 거치면 되므로, 상대적으로 그 과정은 간단하다. 해석상 쟁점은 근로자대표에 의한 개편 작업에서 발생한다. 과반수 노조가 없는 경우 임금 체계 개편 작업은 사업주와 근로자대표에게 맡겨져 있다. 이와 관련해서는 위 법률 제19조의2가 취업규칙 변경 절차를 규정한 근로기준법 제94조를 배제할 수 있는지가 문제된다. 왜냐하면, 근로기준법 제94조는 사용자가 취업규칙을 불리하게 변경하는 경우 근로자 과반수의 집단적 동의를 받아야 한다고 규정함에 비해, 위 법률 제19조의2는 '근로자의 과반수를 대표하는 자'를 임금 체계 개편의 주체로 규정하고 있기 때문이다. 그런데 위 법률 제19조의2에 그와 관련된 명문의 규정이 없는 상태에서 이것이 근로기준법 제94조를 배제한다고 해석하기는 어렵다(이승길, 2013: 71). 따라서 '근로자의 과반수를 대표하는 자'는 취업규칙을 불리하지 않게 변경하는 범위에서 임금 체계 개편을 할 수 있다. 만약 취업규칙의 불리한 변경을 통해 임금 체계 개편을 할 경우에는 근로기준법 제94조가 적용된다.

Ⅳ. 불안정 노동과 임금

불안정 노동은 전반적인 근로조건의 불안정성을 의미하는 개념으로서 일자리의 질이 낮은 상태를 뜻한다. 이는 다시 고용 불안정, 소득 불안정, 사회보장 불안정으로 세분화된다. 이 가운데에서 소득 불안정은 저임금이나 임금의 지속성이 보장되지 않는 것을 의미한다(서정희, 2015: 2). 소득 불안정이 발생하는 원인으로는 다음과 같은 점들이 지적된다(Kountouris, 2013: 32-34). ① 소득 불안정이 발생하는 가장 일반적인 원인은 최저임금 제도가 없거나 적절한 최저임금 수준이 보장되지 않는 경우다. 최저임금 제도가 있더라도, 부적정한 기준에 의해 일부 근로자들이 적용 범위에서 제외되거나 집행력이 확보되지 않는 경우에도 동일한 결과가 발생한다. ② 부당한 임금 삭감으로부터의 보호, 기업 도산 시 임금 채권의 확보 등 효과적인 임금 보호 제도가 존재하지 않을 때 소득 불안정이 발생한다. ③ 근로자의 임금이 그 근로자의 작업 성과와 연동되는 폭이 크면 클수록 소득 불안정의 정도 역시 커지게 된다. 예컨대 특정 근로자의 임금 전체가 성과 연동급일 경우 일반적으로 그 근로자의 소득 불안정성은 매우 심각한 수준에 이르게 된다. ④ 당연한 얘기이지만, 기간제나 파견근로자와 같이 고용상 지위가 불안정할 경우 그 근로자의 소득 불안정성 역시 커지게 된다.

소득 불안정은 근로자의 근로 생애의 안정성에 가장 큰 영향을 미친다. 예컨대 설령 고용이나 사회보장 영역에서 불안정한 요소가 발생하더라도, 적정한 소득이 안정적으로 확보된다면 그 근로자는 인간다운 생활을 영위할 수 있다((Kountouris, 2013: 32). 따라서 소득 불안정을 막는 조치는 불안정 노동을 예방하는 가장 효과적인 수단이다.

제2절 | 통상임금 법리의 형성[8]

I. 문제의 소재

2012년 3월 상여금이 통상임금에 포함될 수 있다는 취지의 대법원 2012. 3. 29. 선고 2010다91046 판결(아래에서는 '금아리무진 판결'이라 한다)이 나왔을 때, 노동법 학자들 사이에서는 이 판결이 기존 판례 법리의 연장선상에 있다는 견해와 이 판결이 통상임금에 관한 기존 판례를 변경했다고 보는 견해가 대립했다. 이렇게 하나의 판결에 관해 대립되는 해석이 나타난 상황과 관련해서는 "만약 어느 한쪽이 판례를 잘못 해석한 것이라면, 그 이유는 무엇인가"란 질문을 던질 수 있다. 그리고 그 이유에 대해서는 이런 추측을 할 수 있다. 판례를 그르게 해석하는 것, 즉 판례를 오독(誤讀)하는 이유는 판결서의 문언 자체가 모호해 뜻을 불명확하게 전달했거나 독자(讀者)의 선입견으로 인해 그 문언을 잘못 해석했기 때문일 것이다. 금아리무진 판결과 관련된 혼란에는 위 두 가지 원인이 겹쳐져 있는 것 같다.

이와 같은 문제 의식 하에 이 절(節)에서는 통상임금에 관한 판례 법리가 형성된 과정을 살펴보고자 한다. 이러한 작업은 제3절에서 살펴볼

8 이 부분은 도재형, "통상임금 소고", 「노동법연구」 제35호, 서울대학교 노동법연구회, 2013: 56 이하의 내용을 수정·보완했다.

통상임금에 관한 2013년 전원합의체 판결을 이해하는 데 도움을 줄 것이다. 아래에서 다루고자 하는 쟁점들을 글의 진행 순서에 따라 설명하면 다음과 같다. 첫째, 통상임금의 의의와 개념 징표는 무엇인가? 여기에서는 근로기준법 시행령 제6조 제1항과 판례의 관계가 함께 문제된다(II). 둘째, 대법원이 임금이분설을 폐기하고 임금일체설을 채택한 것이 통상임금 판례 법리에 어떤 영향을 미쳤는가?(III) 셋째, 상여금은 통상임금에 포함되는가? 여기에서는 당연히 금아리무진 판결에 대한 평가가 이뤄져야 한다(IV). 넷째, 통상임금에 관한 행정예규는 유효한가?(V) 마지막으로, 노사 합의를 통해 근로기준법상 통상임금 제도의 강행성을 배제할 수 있는지 여부다(VI).

Ⅱ. 통상임금의 의의와 개념 징표

1. 통상임금의 의의

통상임금의 정의와 범위는 판례에 의해 형성되었다. 법률은 통상임금에 관한 정의 규정을 두고 있지 않다.[9] 법원은 통상임금을 '고정적이고 평균적인 일반임금'으로 이해하고 그 기초 위에서 정기성, 일률성 및

---

9 근로기준법 시행령 제6조 제1항은 통상임금을 "근로자에게 정기적이고 일률적으로 소정(所定) 근로 또는 총근로에 대하여 지급하기로 정한 시간급 금액, 일급 금액, 주급 금액, 월급 금액 또는 도급 금액을 말한다."고 정의하고 있다. 이렇게 근로기준법 시행령이 통상임금 정의 규정을 두고 있고 판례에서 통상임금의 개념 정의 시 그 내용을 인용한 적도 있지만, 근로기준법에 위임 근거 규정이 없다는 점을 고려할 때 위 규정의 법규성을 인정하기는 어렵다. 이는 마치 법원이 판결에서 어떤 법학 문헌의 내용을 인용했다 해서 그 문헌의 법규성을 인정할 수 없는 것과 같다(김기덕, 2006a: 90; 송강직, 2012: 416; 이정, 2012: 197; 최은배, 2010b: 215).

고정성을 통상임금의 개념 징표로 파악한다.[10]

법원은 대법원 1978. 10. 10. 선고 78다1372 판결에서 통상임금의 의의를 최초로 판시했다. 이 판결에 의하면, "통상임금이란 실제 근무일수나 실제 수령한 임금에 구애됨이 없이 고정적이고 평균적인 일반임금, 즉 기본적 임금과 이에 준하는 고정적으로 지급되는 수당의 1일 평균치를 의미한다." 같은 취지에서 대법원 1990. 11. 9. 선고 90다카6948 판결은 "통상임금이란 […] 실제 근무일수나 실제 수령한 임금에 구애됨이 없이 고정적이고 평균적으로 지급되는 일반임금"이라고 판시했다.

통상임금의 개념 요소를 더욱 명확하게 설명한 것은 대법원 2003. 4. 22. 선고 2003다10650 판결이었다. 이 판결에서 법원은 "소정 근로 또는 총근로의 대상(對償)으로 근로자에게 지급되는 금품으로서 그것이 정기적·일률적으로 지급되는 것이면 원칙적으로 모두 통상임금에 속하는 임금이라 할 것이나, 근로기준법의 입법 취지와 통상임금의 기능 및 필요성에 비춰볼 때 어떤 임금이 통상임금에 해당하려면 그것이 정기적·일률적으로 지급되는 고정적인 임금에 속해야 하므로, 정기적·일률적으로 지급되는 것이 아니거나 실제의 근무성적에 따라 지급 여부 및 지급액이 달라지는 것과 같이 고정적인 임금이 아닌 것은 통상임금에 해당하지 아니한다."라고 판시했다.

2. 통상임금의 개념 징표

관련 판결을 살펴보면, 통상임금의 개념 징표는 정기성, 일률성, 고정성 등 세 가지라는 것을 알 수 있다. 법원이 '정기적·일률적·고정적 급

10 아래의 통상임금 관련 판례 법리에 대한 일반적 설명은 도재형, 2006: 100-102, 108-109, 116을 별도의 인용 표시를 하지 않고 발췌해 재구성한 것이다.

부라는 통상임금의 개념적 징표'라는 표현을 쓰는 것은 이러한 점 때문이다.[11] 그리고 ① 법원이 정기성이라는 징표에 대해 특별한 설명을 하지 않는다는 점, ② 정기성과 일률성을 통상임금에 포함되기 위해 반드시 갖춰야 할 조건으로 규정하고 있다는 점 및 ③ 통상임금에 포함되기 위해서는 그 밖에도 고정성을 갖출 것을 요구하고 있다는 점을 알 수 있다. 아래에서 이를 좀더 구체적으로 설명하도록 하겠다.

첫째, 관련 판례에서 통상임금의 개념 징표인 정기성의 의미에 대한 설명을 찾기는 쉽지 않다. 법원이 정기성에 관해 특별한 설명을 하지 않는 것은 이 징표가 '임금'에 포함되는지를 판단할 때 문제되기 때문이다. 즉, 정기성 징표는 통상임금 판단의 전(前) 단계에서 특정 급부가 임금에 해당하는지를 판단할 때 작용한다(도재형, 2006: 111; 이정, 2012: 192; 최은배, 2010b: 191, 259). 특정 금품이 정기적 급여가 아니라면 임금으로 볼 수 없고, 이 경우 통상임금의 해당 여부를 판단할 실익도 없다.

통상임금의 정기성을 임금의 정기성과 구별해야 한다는 주장이 있었다. 이 견해는 법정수당의 산정 기준이 되기 위해서는 시간급으로 환산할 수 있어야 하는데 비정기적으로 지급되는 임금은 이를 시간급으로 계산하기 곤란하다는 점, 설령 어떤 임금을 시간급으로 환산할 수 있다 하더라도 그 지급 주기가 통상적이라고 할 수 없다면 정기성 요건을 갖췄다고 할 수 없는데, 근로기준법 시행령 제6조 제1항에서 시간급·일급·주급·월급만을 통상임금에 해당한다고 규정하고 있는 점에 비춰볼 때, 통상임금의 정기성 요건은, 정해진 시기마다 지급하면 되는 임금의 정기성과 달리 1개월 이내의 정해진 기간마다 지급한다는 것을 뜻한다고 주장했다. 또한 위 견해는, 임금의 정기일 지급 원칙을 규정한 근로기준법 제43조 제2항 본문("임금은 매월 1회 이상 일정한 날짜를 정하여 지

---

11 대법원 2005. 9. 9. 선고 2004다41217 판결.

급하여야 한다.")을 근거 삼아 근로기준법 시행령 제6조 제2항 제5호의 규정("일·주·월 외의 일정한 기간으로 정한 임금은 제2호부터 제4호까지의 규정에 준하여 산정된 금액")[12]에서의 '일·주·월 외의 일정한 기간으로 정한 임금'이 1개월 범위 내의 것으로 한정된다고 주장하기도 했다(홍준호, 2013: 57). 즉, 통상임금에서의 정기성 징표는 1개월 내의 기간 단위로 정기적으로 지급된다는 것을 의미한다는 것이다.

위 주장에 대해 우선 지적할 수 있는 것은 어떤 임금 항목의 지급기간이 1임금산정기간(1개월)을 초과하는지 여부는 통상임금의 정기성 징표와 관련된 것이 아니라는 점이다. 뒤에서 살펴보는 바와 같이 그것은 임금이분설적 관점에서 임금 중 어떤 부분이 통상임금에 해당할 수 있는지와 관련해 논의된 쟁점이었다(권영국, 2013: 49). 또한 과학기술이 발달한 오늘날에 계산의 곤란성의 정도를 어떻게 평가해야 할지를 별론으로 하더라도, 판례상 임금의 중요한 징표 중 하나가 사용자가 '정기적'으로 지급하는 금품이라는 점에 비춰볼 때, 위 주장이 전제하는 비정기적으로 지급되는 '임금'이 존재할 가능성은 거의 없다.

임금의 정기급 원칙에 관한 근로기준법 제43조 제2항을 들어 '1개월을 초과하는 기간 단위로 지급되는 금품을 통상임금 범위에서 배제한다'는 결론을 이끌어내는 것은 임금 법리에 어긋난다. 임금의 지급 실태나 우리말의 일반 용례에[13] 비춰보더라도 위 '외의 일정한 기간'이 당연히 1개월 이내를 말한다고 볼 근거가 없다(하갑래, 2012: 16). 법원 역시 1개월을 초과하는 기간마다 지급되는 금품 중 근로의 대가로서 지급되는 것을 임금으로 파악하고 있다. 예컨대 상여금 등의 임금성이 문제된

12 근로기준법 시행령 제6조 제2항은 제2호부터 4호까지에서 일급, 주급, 월급을 시간급 통상임금으로 산정하는 방법을 규정하고 있다.

13 국립국어원 표준국어대사전에 의하면, '외(外)'는 의존명사로서 "일정한 범위나 한계를 벗어남을 나타내는 말"이다(stdweb2.korean.go.kr/search/List_dic.jsp, 2013. 8. 13. 검색).

사안에서 그것 역시 정기일 지급 임금에 해당한다고 판시했고, 근로기준법 제43조 제2항 본문을 들어 임금성을 부정하지는 않았다.[14] 즉, 근로기준법 제43조 제2항은 임금의 정기성을 1개월 단위로 축소하는 근거가 될 수 없다. 따라서 1개월을 초과하는 기간마다 지급되는 임금 중 정기성, 일률성, 고정성 징표를 갖춘 것은 통상임금에 해당할 수 있는 것이다(최은배, 2010b: 259).

둘째, 통상임금의 개념 징표인 일률성이란 '모든 근로자에게' 지급되는 것뿐 아니라 '일정한 조건 또는 기준에 달한 모든 근로자에게' 지급되는 것도 포함된다.[15]

셋째, 통상임금에 포함되기 위해서는 정기적·일률적 임금이라는 것만으로는 부족하고, 고정적인 임금이라는 징표를 갖춰야 한다. 이는 통상임금 제도의 취지가 평균임금의 최저한을 보장하고 초과근로수당 등과 같은 법정수당, 해고예고수당 등을 산정하는 기준으로 삼을 수 있는 '고정적이고 평균적인 임금'을 산출하기 위한 것이라는 점에 비춰볼 때 당연하다.[16]

앞에서 설명한 것처럼 통상임금은 "기본적 임금과 이에 준하는 고정

---

14 "원심이 확정한 사실에 의하면, 피고 회사는 그 보수규정에 상여수당은 개인별 근무성적에 의하여 사장이 정하는 지급 기준에 따라 지급하는 것으로 되어 있음에도 불구하고 사실상 매년 6월 말과 12월 말에 소속 직원들에게 월 통상임금의 150퍼센트 상당 상여금과 100퍼센트 상당 인센티브상여금(이하 모두 상여금이라고 약칭한다)을 정기적으로 지급하여 왔다는 것인바, 이에 의하면 이 사건 상여금은 그 명칭에도 불구하고 그 지급액이 확정되어 있어 매년 정기적으로 지급되어 왔음이 분명하므로 이를 위 근로기준법 제36조 제2항 단서 및 같은 법 시행령 제18조에 규정한 임시지급의 임금과 같이 볼 수는 없고 6개월을 지급기간으로 하는 정기일 지급 임금의 성질을 띤 것이라고 보아야 할 것이다"(대법원 1981. 11. 24. 선고 81다카174 판결).

15 대법원 1993. 5. 27. 선고 92다20316 판결, 1994. 5. 24. 선고 93다31979 판결, 2005. 9. 9. 선고 2004다41217 판결.

16 대법원 1993. 5. 27. 선고 92다20316 판결, 1996. 6. 28. 선고 95다24074 판결.

적으로 지급되는 수당"이다.[17] 기본적 급여에 해당하는지는 그 명칭에 구애받지 않고 실질적으로 판단한다. 그리고 어떤 수당(임금) 항목이 통상임금에 해당할 정도의 고정성을 띠고 있는지는 기본적 급여와의 비교를 통해 평가한다. 형식적인 면에서 특정 임금 항목의 지급 조건이 기본적 급여의 그것과 동일하거나 더 고정적이라면, 특별한 사정이 없는 한, 그것은 통상임금에 해당한다. 제3절에서 살펴보듯이, 2013년 전원합의체 판결은 고정성 징표와 관련해 사전확정성을 강조하고 재직자 요건 법리를 새로 도입했다. 실질적인 면에서는, 사용자와 근로자가 근로계약 체결 당시에 상정한 노동력의 가격 또는 근로자가 가지고 있는 '통상의 노동력의 가치'가 어느 정도인지도 고려할 수 있다(김소영, 2012: 275; 이철수, 2004: 38).

고정성을 통상임금의 개념 요소라고 보는 점에 대해서는 반론이 있다(김기덕, 2006: 198). 그러나 통상임금이 초과근로수당 등과 같은 법정수당, 즉 매 산정 시마다 변동하는 임금액을 정하는 도구라는 점에 비춰 본다면, 그것이 '고정적' 급여여야 한다는 점은 자연스럽게 도출된다. 왜냐하면, 사업장의 사정에 따라 매번 변동하는 초과근로시간에 비례해 법정수당액을 산정하기 위해서는 그 산정 기초가 되는 도구(통상임금)가 고정되어 있어야 하기 때문이다.

따라서 어떤 임금이 통상임금에 해당하는지를 판단할 때 가장 중요하게 고려되는 것은 그것이 법정수당의 산정 기초로 삼을 수 있는 고정적인 성격을 가진 임금인지 여부다(도재형, 1998: 348-349). 앞에서 살펴

---

17 대법원 1978. 10. 10. 선고 78다1372 판결. 근로계약상 근로의 대가로 정한 기본임금이 법정수당의 산정 기초가 되어야 한다는 것은 근로기준법의 일반 원칙이다. 앞의 1978년 판결과 같은 취지에서 법원은 "사용자는 근로계약을 체결함에 있어서 기본임금을 결정하고 이를 기초로 하여 근로자가 실제로 근무한 근로시간에 따라 시간외근로·야간근로·휴일근로 등이 있으면 그에 상응하는 시간외근로수당·야간근로수당·휴일근로수당 등의 법정수당을 산정하여 지급함이 원칙이라 할 것이다."라고 판시한 바 있다(대법원 2010. 5. 13. 선고 2008다6052 판결).

본 바와 같이 정기적·일률적 급여란 성격은 특정 금품이 임금에 해당하는지를 판단할 때도 문제된다는 점을 감안한다면,[18] 통상임금의 고유한 개념 요소는 '고정적 급여'라는 성격이라고 볼 수 있다.[19]

Ⅲ. 임금일체설이 통상임금 법리에 미친 영향

1. 1995년 전원합의체 판결의 의의

금아리무진 판결 이후 2013년 전원합의체 판결이 선고되기 전까지 진행된 통상임금 관련 논쟁의 쟁점은 임금 중 복리후생비와 1임금산정기간을 초과해서 지급되는 항목이 통상임금에 해당하는지 여부였다. 이 수제는 임금 중에서 특정 부분(교환적 부분, 1임금산정기간 내에 지급되는 임금)만이 통상임금에 해당할 수 있는지, 아니면 그런 제한 없이 임금의 모든 부분에 관해 정기성, 일률성, 고정성 징표를 심사해 통상임금 여부를 판단하면 되는지를 다투는 것이었다. 이 질문에 관한 답을 찾기 위해서는 임금이분설을 폐기하고 임금일체설을 채택한 대법원 1995. 12. 21. 선고 94다26721 전원합의체 판결을 살펴봐야 한다.[20] 그리고 이 작

18 법원은 금품 지급의 정기성과 일률성을 임시적, 은혜적인 금품과 구별되는 임금의 판단 기준으로 사용하고 있다(대법원 2002. 10. 17. 선고 2002다8025 판결).

19 통상임금에 대한 최초의 대법원 1978. 10. 10. 선고 78다1372 판결에서 위 표현을 사용한 것이나, 통상임금의 의의와 관련해 대법원 2003. 4. 22. 선고 2003다10650 판결에서 "소정 근로 또는 총근로의 대상(對償)으로 근로자에게 지급되는 금품으로서 그것이 정기적·일률적으로 지급되는 것이면 원칙적으로 통상임금에 속하는 임금"이라고 하면서도 "근로기준법의 입법 취지와 통상임금의 기능 및 필요성에 비춰볼 때 어떤 임금이 통상임금에 해당하려면 그것이 정기적·일률적으로 지급되는 고정적인 임금에 속하여야 [한다]"고 설명하는 것 역시 같은 이유에서다.

20 아래에서 1995년 전원합의체 판결과 관련된 통상임금 법리에 대한 일반적 설명은 도재형,

업의 출발점은 1989년 서울민사지방법원의 판결이다.

앞에서 설명한 대법원 판결에 앞서 통상임금의 개념 징표를 상세하게 설시한 선례로는, 서울민사지방법원 1989. 6. 20. 선고 88가합172711 판결을 들 수 있다(권기일, 2003: 276). 이 판결은 ① 통상임금은 근로기준법상 임금으로 평가될 수 있는 재산적 가치 있는 급여만을 그 내용으로 하고, ② 평균임금과 소정 근로에 대한 대상으로서의 통상임금은 구별되며, ③ 통상임금의 본질상 근로기준법의 초과근로수당 등 법정수당은 포함되지 않을 뿐만 아니라 ④ 소정근로시간에 대응하는 근로에 대한 대가로서 실제 근무일수나 근무성적 여하에 구애됨이 없이 소정 근로의 양이나 질에 대해 고정적·평균적 내지 정기적·일률적으로 지급하기로 한 임금만을 포함한다고 설시했다.

이 판결을 선고한 서울민사지방법원 노동전담 합의17부는 위 네 번째 개념 요소와 관련해 "통상임금의 네 번째 개념 요소인 '소정근로시간에 대응하는 근로에 대한 대가로서 소정 근로의 양이나 질에 대해' 지급하기로 된 임금이란 위 임금이분설(賃金二分說)에서 말하는 노동력의 급부에 대한 교환적 성격을 가진 임금과 일맥상통하는 면이 있다고 하겠다. […] 이러한 통상의 임금에 대한 대가로서의 임금을 기준으로 할 수밖에 없고 이러한 통상의 임금에 대한 대가라고 하는 임금은 위 임금이분설에서 말하는 '교환적 부분의 임금'을 이름에 다름없다 할 것인데 바로 우리의 근로기준법은 이러한 할증임금의 기초로 되는 임금을 통상임금으로 하자는 것이다."라고 설명했다(박용상·신귀섭·김상준, 1990: 17). 즉, 임금이분설[21]에 기초해 일반적 임금의 범위에 속하는 금품이 다시

2006: 102-106, 109을 별도의 인용 표시를 하지 않고 발췌해 재구성한 것이다.

21 임금이분설에 의하면, 근로계약은 근로자가 종업원으로서의 지위를 설정하는 부분과 근로자가 현실의 구체적인 노동을 행할 채무를 부담한다는 부분의 두 가지로 이뤄져 있으며, 전자에 대한 대가로 지급되는 것이 생활보장적 임금이며 후자에 대해 지급되는 것이 교환적 임금이

통상임금에 포함되기 위해서는 근로의 대상성 이외에도 '근로의 교환적 대가성'이라는 요건이 필요하다고 봤던 것이다(최은배, 2010b: 251). 위 견해에 따르면 결국 임금 중 생활보장적 부분에 해당하는 것은 통상임금에서 제외된다.

이 무렵 임금이분설은 판례 법리였기 때문에 대법원은 임금 중 교환적 부분만이 통상임금에 해당할 수 있다는 위 하급심의 법리를 받아들였다. 예컨대 대법원 1992. 5. 22. 선고 92다7306 판결은 임금이분설에 기초해 "근속수당이 숙련공을 확보하기 위하여 운전자에게 지급되는 것이라거나 근로의 질에 대한 대가로서 고정적으로 지급되는 <u>근로교환적 임금</u>이라고는 볼 수 없[다]"고 판시한 바 있다(밑줄은 필자가 강조하기 위해 표시했다).

그런데 법원은 1995. 12. 21. 선고 94다26721 전원합의체 판결에서 임금이분설적 입장을 폐지하고 "모든 임금은 근로의 대가로서 근로자가 사용자의 지휘를 받으며 근로를 제공하는 것에 대한 보수를 의미하므로 현실의 근로 제공을 전제로 하지 않고 단순히 근로자로서의 지위에 기해 발생한다는 이른바 생활보장적 임금이란 있을 수 없[다]"고 판시하며 임금일체설을 채택했다.[22]

라고 한다(이중계약설). 과거 대법원은 임금이분설의 입장을 취했는데(대법원 1992. 6. 23. 선고 92다11466 판결), 이는 파업기간 중 임금 지급 여부와 관련해 뜨거운 쟁점이 되었다. 왜냐하면 임금이분설에 의하면, 파업기간 중 근로자는 노무를 제공하지 않기 때문에 노무 제공의 대가인 교환적 임금을 지급하지 않으나, 그 기간 중에도 종업원의 지위는 계속 유지하므로 생활보장적 임금은 지급해야 한다는 결론에 이르기 때문이다. 반면에 임금일체설에 의하면, 임금은 모두 근로의 대상이므로 파업기간 중에는 임금 일체를 지급하지 않을 수 있다.

22 위 전원합의체 판결의 내용을 좀더 인용하면, 다음과 같다. "임금의 지급 실태를 보더라도 임금은 기본적으로 근로자가 생활하는 데 필요한 생계비와 기업의 지불 능력과의 상관관계에 따라 형성되는데 임금을 지불 항목이나 성질에 따라 사실상 근로를 제공한 데 대하여 지급받는 교환적 부분과 현실의 근로 제공과는 무관하게 단순히 근로자로서의 지위에 기하여 받는 생활보장적 부분으로 나누고(이른바 임금2분설) 이에 따라 법적 취급을 달리하는 것이 반드

위 전원합의체 판결로 인해 임금이분설에 기초해서 임금 중 교환적 부분만이 통상임금에 해당한다는 판례 법리는 근거를 상실했다. 임금일체설에 의하면, 종래 임금이분설에 따른 생활보장적 부분과 교환적 부분은 모두 근로의 대가라는 점에서 동일하므로, 결과적으로 임금의 모든 부분이 통상임금에 해당할 수 있게 된 것이다. 이는 위 전원합의체 판결에 관여한 대법관들도 예상한 결과였다. 당시 임금이분설을 유지해야 한다는 입장에 섰던 정귀호, 이돈희, 이용훈 대법관의 반대 의견은 통상임금 제도 등을 임금이분설의 법적 근거로 제시했다. 즉, 반대 의견은 "근로준법 제19조가 일반적으로 평균임금이 통상임금보다는 다액이라는 전제 하에 일정한 기간 동안의 모든 임금을 포함시켜 계산하는 평균임금과는 별도로 현실로 제공하는 근로와 좀더 밀접한 대응관계가 있는 통상임금의 개념을 인정하고 있는 것[은] 근로계약의 이중구조 이론에 기초해 현실로 제공되는 근로와 대응관계에 있지 아니한 임금의 존재를 긍정한 것으로 해석할 수 있[다]"라고 설시한 바, 이는 임금일체설의 채택이 '통상임금 범위의 평균임금으로의 접근' 현상을 불러온다는 것을 예측한 것에 다름 아니었다.

요컨대, 위 전원합의체 판결에 의한 임금이분설의 폐기는 통상임금 범위의 확대로 귀결될 수밖에 없었다. 따라서 위 전원합의체 판결 이후

시 타당하다고 할 수도 없고, 실제로 현실의 임금 항목 모두를 원심과 같이 교환적 부분과 생활보장적 부분으로 준별(峻別)하는 것은 경우에 따라 불가능하다 할 수 있으며 위 임금2분설에서 전형적으로 생활보장적 임금이라고 설명하는 가족수당, 주택수당 등도 그 지급 내용을 보면 그것이 근로시간에 직접 또는 비례적으로 대응하지 않는다는 의미에서 근로 제공과의 밀접도(密接度)가 약하기는 하지만 실질적으로는 근로자가 사용자가 의도하는 근로를 제공한 것에 대하여 그 대가로서 지급되는 것이지 단순히 근로자로서의 지위를 보유하고 있다는 점에 근거하여 지급한다고 할 수 없으며, 이러한 수당 등을 지급하게 된 것이 현실의 근로 제공과는 무관하게 단순히 근로자의 생활이나 지위를 보장하기 위한 것이라고 할 수도 없으므로 이러한 수당 등을 현실적인 근로 제공의 대가가 아닌 것으로 보는 것은 임금의 지급 현실을 외면한 단순한 의제(擬制)에 불과하다 할 것이다."

선고된 대법원 1996. 2. 9. 선고 95다19501호 판결은 "소정근로시간의 근로에 직접적으로 또는 비례적으로 대응하여 지급되는 임금이 아니라 하더라도 그것이 소정 근로 또는 총근로에 대하여 지급되는 임금이 아니라고 할 수 없으므로 그런 사유만으로 그 임금을 통상임금에서 제외할 수는 없다."라고 판시하며 기존 입장을 변경해 임금 전체로 통상임금 적용 가능성을 확대했던 것이다.

2. 1995년 전원합의체 판결의 영향

결과적으로, 위 전원합의체 판결은 통상임금 법리에 두 가지 영향을 미쳤다. 그 하나는 가족수당, 주택수당 등과 같이 흔히 복리후생비라고 불리는 생활보장적 임금도 통상임금에 포함될 수 있게 된 것이고, 다른 하나는 상여금과 같이 1임금산정기간을 초과하여 지급되는 임금도 통상임금에 포함될 수 있게 된 것이다(노상헌, 2009b: 135-136). 아래에서는 이를 나눠서 설명한다.

먼저, 임금일체설로의 판례 변경은 통상임금 법리 중에서 복리후생비와 관련된 부분에 큰 영향을 끼쳤다. 앞에서 설명한 바와 같이 임금이분설에 의하면 생활보장적 임금은 원천적으로 통상임금에 포함되지 않는데, 생활보장적 임금으로서 흔히 거론되는 것이 가족수당이나 주택수당과 같은 급여(복리후생비)였기 때문이다. 그런데 판례가 임금일체설을 취하는 이상 복리후생적 급여라 해서 그것을 통상임금에서 제외할 이유는 없어진 것이다. 다만, 사용자가 근로자에게 지급하는 복리후생적 금품이 근로의 대가가 아닌 경우에는 그로 인해 임금에 포함되지 않고 통상임금에서도 배제될 따름이다.[23]

---

23 즉, 사용자가 근로자에게 지급하는 금품이 임금에 해당하려면 그 금품이 근로의 대가로 지급

따라서 임금일체설 하에서 복리후생비가 통상임금에 포함되는지를 판단할 때 고려하는 것은 그것이 근로의 대가로서 임금에 해당하는지 여부 및 정기성, 일률성 및 고정성 등 징표를 갖췄는지 여부일 따름이다. 같은 관점에서 대법원 2007. 6. 15. 선고 2006다13070 판결은 "현실의 근로 제공을 전제로 하지 않고 단순히 근로자로서의 지위에 기하여 발생한다는 이른바 생활보장적 임금이란 있을 수 없다."고 전제한 후 "소정 근로 또는 총근로의 대상(代償)으로 근로자에게 지급되는 금품으로서 그것이 정기적·일률적으로 지급되는 것이면 원칙적으로 모두 통상임금에 속하는 임금"이라고 판시한 바 있다.

다음으로, 전원합의체 판결은 '1임금산정기간을 초과한 임금'의 통상임금성에 대해서도 영향을 미쳤다. 그 이전에는 "소정근로시간에 대한 대상으로 볼 수 없는 임금(상여금 등 1개월 이상을 단위로 지급되는 임금) 등은 통상임금의 산정 범위에서 제외된다."는 대법원 1990. 11. 9. 선고 90다카6948 판결과 같이 지급기간이 1개월을 초과하는 임금은 교환적 부분에 해당하지 않기 때문에 통상임금에서 제외된다는 사례가 있었으나, 1995년의 전원합의체 판결 이후 대법원 1996. 2. 9. 선고 94다19501 판결에서 "근로자에 대한 임금이 1개월을 초과하는 기간마다 지급되는 것이라도 그것이 정기적, 일률적으로 지급되는 것이면 통상임금에 포함될 수 있는 것"이라고 판시하면서 임금이 1임금산정기간을 초과해서 지급되는지 여부는 통상임금과 관련해 고려 대상이 될 수 없다는 점을 분명히 했다.

되는 것이어야 하는데, 여기서 근로의 대가란 사용자가 근로자에게 지급하는 금품 가운데 사용종속 관계에서 행하는 노동에 대한 보수를 뜻하므로(대법원 1988. 6. 14. 선고 87다카2268 판결), 만약 사용자가 근로자에게 지급하는 금품이 임의적·은혜적인 것이거나 실비변상적인 것으로 지급되는 것인 경우에는 임금에 해당하지 않게 된다(대법원 1995. 5. 12. 선고 94다55934 판결, 1996. 5. 14. 선고 95다19256 판결, 대법원 2003. 4. 22. 선고 2003다10650 판결).

이 변화 역시 위 전원합의체 판결로부터 영향을 받은 것이다. 위 전원합의체 판결로 인해 더 이상 1임금산정기간을 초과하는 기간에 지급되는 임금을 교환적 부분에 해당한다 하여 통상임금에서 제외할 수 없었기 때문이다.

Ⅳ. 통상임금과 상여금

근로자는 회사로부터 정기상여금, 하계상여금, 명절특별상여금 등 여러 가지 명목으로 상여금을 지급받는다. 이러한 상여금들은 지급기간과 관련해 형식적으로 정기상여금과 비정기적(특별) 상여금으로 나눌 수 있다. 만약 상여금이 계속적·정기적으로 지급되고 그 지급액이 확정되어 있다면 이는 근로의 대가로 지급되는 임금이다.[24] 따라서 상여금도 정기성, 일률성 및 고정성을 갖춘 경우에는 다른 임금 항목과 마찬가지로 통상임금에 포함될 수 있다.[25]

금아리무진 판결에서 법원이 상여금 관련 규정의 의미를 설명하면서 "상여금 지급 대상에 관한 위 규정의 의미가 기본급과 마찬가지로 비록 근로자가 상여금 지급 대상 기간 중에 퇴직하더라도 퇴직 이후 기간에 대하여는 상여금을 지급할 수 없지만 재직기간에 비례하여 상여금을 지급하겠다는 것이라면, 이 사건 상여금은 그 지급 여부 및 지급액이 근로자의 실제 근무성적 등에 따라 좌우되는 것이라 할 수 없고, 오히려 그 금액이 확정된 것이어서 정기적·일률적으로 지급되는 고정적인 임금인 통상임금에 해당한다고 볼 여지가 있다."고 판시한 것 역시 위와 같은

---

24 대법원 2002. 6. 11. 선고 2001다16722 판결, 2005. 9. 9. 선고 2004다41217 판결, 2006. 5. 26. 선고 2003다54322,54339 판결, 2011. 10. 13. 선고 2009다86246 판결.

25 대법원 1996. 2. 9. 선고 95다19501 판결.

취지다. 즉, 금아리무진 판결은 상여금도 통상임금으로서의 정기성과 일률성, 고정성을 갖출 경우 통상임금에 해당할 수 있다는 점을 재차 확인한 것에 불과하다.

금아리무진 판결이 '상여금은 통상임금에 해당하지 않는다'는 판례의 일관된 입장을 번복했다는 평가가 있다(김희성·한광수, 2012: 372; 이정, 2012: 184, 198). 그러나 그 이전까지 판례에서 드러난 점은 해당 사건에서 문제된 '상여금은 고정적 임금이 아니므로 통상임금에 해당하지 않는다'는 것에 불과했다. 그 반대 해석에 의하면 '상여금이라도 고정적 임금일 경우 통상임금에 해당한다'는 논리가 쉽게 도출된다. 그렇기 때문에 금아리무진 판결 이전에도, 명목상 상여금에 해당하는 금품이라도 통상임금의 개념 징표인 정기성, 일률성, 고정성을 갖춘 경우에는 통상임금에 해당한다고 해석했던 것이다(노상헌, 2009b: 134-135; 도재형, 1998: 351; 이철수, 2004: 48-49; 최은배, 2010b: 253). 즉, 금아리무진 판결은 통상임금에 관해 새로운 법리를 세운 것이 아니라 오히려 기존 판례 법리를 적용할 때 도출될 수 있는 결과였다(김홍영, 2012: 351).

여기서 주의할 점은 통상임금에 해당하는지는 그 표목이나 명칭에 좌우되는 것이 아니라는 것이다. 예컨대 체력단련비를 통상임금에 해당하는 것으로 판단한 판결이 있다고 하여 모든 사업장의 체력단련비가 통상임금에 해당한다고 말할 수는 없고, 구체적인 사안별로 그 지급 조건이 고정적인지 여부를 따져야 한다. 따라서 금아리무진 판결을 통해 '모든 정기상여금은 통상임금에 해당한다'란 결론을 도출할 수는 없다(이정, 2012: 201).

V. 통상임금과 행정예규

고용노동부는 통상임금과 관련한 행정예규로서 「통상임금 산정 지침」(이하 '위 지침'이라 한다)을 운용하고 있다. 위 지침에서 고용노동부는 통상임금 산정 기초 임금의 의의 및 판단 기준 등을 규정하고, 통상임금에 포함되는 임금을 별표 「통상임금 및 평균임금 등의 판단기준 예시」(이하 '위 별표'라 한다)에서 열거했다. 그런데 임금일체설을 채택한 1995년 전원합의체 판결 이후 통상임금에 관한 판례 법리와 임금이분설적 입장에서 통상임금을 해석한 행정예규 사이에 불일치가 발생하기 시작했다.

판례 법리와 위 지침의 가장 큰 차이점은 위 지침이 1임금산정기간 외에 지급되는 임금 항목을 통상임금에서 배제한 점이었다. 즉, 위 지침 제3조 제1항은 "통상임금의 산정 기초가 되는 임금은 […] 1임금산정기간에 지급하기로 정하여진 […] 임금으로 한다."고 규정했는데, 이는 법원이 "근로자에 대한 임금이 1개월을 초과하는 기간마다 지급되는 것이라도 […] 통상임금에 포함될 수 있는 것"이라는 입장과 배치되었다.[26] 결국 행정예규에서는 1임금산정기간을 초과하는 기간마다 지급되는 상여금이나 휴가비, 체력단련비 등과 같은 임금 항목은 모두 통상임금에서 배제되었다. 나아가 위 별표 역시 변화된 판례 법리를 반영하지 못함으로써 실무에서 통상임금의 개념과 범위에 관한 혼선이 초래되었다.[27] 예컨대 위 별표는 개근수당, 근속수당, 정근수당 등을 통상임금에서 제외했으나, 근속수당에 대해 법원은 일정한 근속연수에 이른 근로자에게

---

26 대법원 1996. 2. 9. 선고 94다19501 판결.

27 위 지침 제5조의2 단서는 통상임금 해당 여부를 판단할 때 "그 명칭만으로 판단하여서는 아니되며, 통상임금의 의의, 근로계약·취업규칙·단체협약 등의 내용, 직종·근무 형태, 지급 관행 등을 종합적으로 고려하여야 한다."라고 지적하고 있었으나, 실제 실무에서는 위 별표를 기계적으로 적용했으며 판례 법리에 맞춰 위 지침의 내용을 개선해야 한다는 의견은 받아들여지지 않았다.

실제의 근무성적과는 상관없이 매월 일정하게 지급되는 것이라면 통상임금에 포함된다고 보고 있었다.[28]

통상임금 법리에 관한 혼란이 생긴 1차적 이유는 판례와 행정예규의 불일치 때문이었다. 법률에 대한 유권 해석 권한이 법원에 있다는 점을 고려할 때, 그 혼란의 원인 제공자는 행정부라고 할 수 있다(김소영, 2012: 287). 법관이 개별 사안에 대한 판단을 통해 법률 해석 권한을 행사하고 그것을 통해 법률의 내용을 규명하는 것은 사법권의 본질적 요소다. 행정부는 법률의 집행 기구로서 자신의 권한을 법에 맞춰 행사해야 하는데 그 법의 내용은 판례를 통해 구체화된다. 따라서 행정부는 자신의 예규를 판례에 맞출 의무까지는 없다 하더라도, 적어도 판례에 어긋나는 예규를 작성하지 않거나 혹은 그런 불일치를 알림으로써 국민이 불측(不測)의 손해를 입는 것을 예방하기 위해 노력할 의무는 있다. 이 점에서 통상임금에 관한 혼란에 대해 정부가 책임을 면하기는 어려울 것이다.

위와 같은 예규로 인해 언제부터인가 통상임금과 관련해 근로기준법의 규범 감시자로서의 역할을 근로감독관이 아닌 법원이 담당하게 되었다. 위 지침을 수정해야 한다는 의견은 기업의 비용 부담이 커질 것을 우려한 정부에 의해 받아들여지지 않았고 근로감독관은 기계적으로 위 지침을 적용했다. 이렇게 근로감독관으로부터 적절한 보호를 받지 못한 근로자들은 임금 소송을 통해 통상임금 범위를 확정하는 것 외에 자신의 권리를 주장할 만한 다른 수단이 없었다. 이것은 결국 근로기준법이 예정한 근로감독 기능의 약화로 연결되었다.[29]

---

28 대법원 1996. 5. 10. 선고 95다2227 판결, 2002. 7. 23. 선고 2000다29387 판결.

29 이와 같은 근로감독 기능의 약화 현상을 거칠게 표현하면, 노동법의 사법화(私法化)라고 말할 수 있다.

VI. 통상임금과 노사 합의

판례에 의하면, 성질상 근로기준법 소정의 통상임금에 산입될 수당을 통상임금에서 제외하기로 하는 노사 합의는 근로기준법이 정한 기준에 달하지 못하는 근로조건을 정한 계약으로서 무효다.[30] 관련 판결 내용은 다음과 같다. "통상임금은 평균임금의 최저한을 보장함과 아울러 근로기준법 소정의 시간외, 야간 및 휴일근로에 대한 가산수당이나 해고예고수당 등의 산정 근거가 되는 것인바, 위 각 수당에는 가산율 또는 지급일수 외의 별도의 최저 기준이 규정된 바 없으므로 노사 간의 합의에 따라 성질상 통상임금에 산입되어야 할 각종 수당을 통상임금에서 제외하기로 하는 합의의 효력을 인정한다면, 위 각 조항이 시간외, 야간 및 휴일근로에 대하여 가산수당을 지급하고, 해고근로자에게 일정기간 통상적으로 지급받을 급료를 지급하도록 규정한 취지는 몰각될 것이므로, 성질상 근로기준법 소정의 통상임금에 산입될 수당을 통상임금에서 제외하기로 하는 노사 간의 합의는 같은 법 제22조 제1항 소정의 같은 법이 정한 기준에 달하지 못하는 근로조건을 정한 계약으로서 무효이다."[31]

이러한 판례 법리는 통상임금이 단지 법정수당 등의 계산 수단으로서의 의미만이 아니라 초과근로수당 등의 산정 기초로서 장시간 근로를 방지하는 역할과 생활보장적 기능(예컨대 해고예고수당)을 함께 수행하고, 그 점에서 강행성 및 효력규정으로서의 성격을 갖는다는 점에 근거한다. 잘 알다시피 근로기준법은 헌법에 따라 근로조건의 기준을 정함으로써 근로자의 기본적 생활을 보장·향상시키며 균형 있는 국민경제

30 대법원 1994. 5. 24. 선고 93다5697 판결, 2007. 6. 15. 선고 2006다13070 판결.

31 대법원 2007. 6. 15. 선고 2006다13070 판결.

의 발전을 꾀하는 것을 목적으로 하는바, 그 강행성은 노사 합의라는 형식을 빌려 근로자로 하여금 근로기준법이 정한 기준에 미달하는 근로조건을 감수하도록 하는 것을 저지함으로써 근로자에게 실질적으로 최소한의 근로조건을 유지시켜 주기 위한 것이다(근로기준법 제1조, 제15조; 강용현, 1993: 290). 따라서 한국의 노동 법제에서 노사 합의는 근로기준법상 통상임금 수준을 상회하는 수준에서 가능하다.[32]

32 법원 역시 같은 취지에서 "근로기준법은 근로조건의 최저 기준을 정하고 있는 것에 불과하므로 계약 자유의 원칙상 근로계약 당사자는 근로기준법이 정한 기준을 초과하는 시간외근로수당(이른바 법내 초과근로수당)의 지급에 관하여 약정할 수 있[다]"고 판시한 바 있다(대법원 2005. 9. 9. 선고 2003두896 판결).

제3절 통상임금 전원합의체 판결의 의의와 한계[33]

I. 문제의 소재

금아리무진 판결 이후 촉발된 통상임금 법리에 관한 논쟁은 우여곡절 끝에 2013년 12월 18일 선고된 대법원 전원합의체 판결(대법원 2013. 12. 18. 선고 2012다89399 전원합의체 판결, 2013. 12. 18. 선고 2012다94643 전원합의체 판결)에 의해 일단락되었다. 위 전원합의체 판결 중에서 통상임금에 관한 판례 법리를 종합적으로 밝힌 것은 대법원 2013. 12. 18. 선고 2012다89399 전원합의체 판결이다. 따라서 이 절(節)에서도 이 판결을 중심에 두고 검토한다(아래에서 '전원합의체 판결'이라고 부를 때는 위 2012다89399 전원합의체 판결을 의미한다).

전원합의체 판결에서 법원은 통상임금 관련 쟁점들에 대한 자신의 입장을 분명하게 밝힘으로써 더 이상 통상임금 판례 법리가 불명확하다는 비판이 제기되기는 어렵게 되었다. 통상임금이 가산임금 산정의 도구라는 점을 고려할 때, 일정 정도의 예측 가능성을 확보했다는 것은 위

33 이 부분은 도재형, "통상임금 전원합의체 판결의 검토", 「노동법연구」 제36호, 서울대학교 노동법연구회, 2014: 180 이하의 내용을 수정·보완했다.

전원합의체 판결의 긍정적 효과라 볼 수 있다. 문제는 모호함이 사라짐으로써 사업장에서 통상임금의 범위를 축소할 수 있는 수단이 한결 뚜렷하게 보인다는 점일 것이다. 이른바 재직자 요건을 통해 통상임금 범위를 축소하려는 시도가 그 대표적 예다. 또한 전원합의체 판결은 가산임금 소송에서 신의칙 적용 가능성을 열어둠으로써, 즉 신의칙이라는 예외적 법리를 일반적 원리로 바꾸는 마술을[34] 통해 변호사와 하급심 법관에게 가산임금 소송의 해결 책임을 떠넘겼다는 비판도 함께 받고 있다.

정책적 관점에서 볼 때, 신의칙 적용 법리는 장시간 근로의 노사 담합 구조를 수용했다고 평가할 수 있다. 비록 정기상여금에 국한해 잠정적인 효과만 있는 것이긴 하지만, 이는 통상임금 제도의 취지를 도외시하고 장시간 근로 실태를 임금 문제화하는 오류를 범했다고 평가할 만하다. 법리적 관점에서도 전원합의체 판결은 신의칙과 특별법의 관계, 노동 법제의 입법 취지를 도외시하고 예외에 불과한 신의칙을 일반적인 법리로 변화시켰다는 점에서 비판을 피하기 어려울 것이다.

이 절(節)에서는 위와 같은 평가 및 문제 의식에 기초해, 전원합의체 판결의 개요를 설명한 후(II) 정책적 관점 및 해석론적 관점에서 그 판결을 검토한다(III). 검토 단계에서는 개별 임금 또는 금품 항목의 통상임금성에 대해 구체적으로 논의하지는 않고자 한다.[35]

34 신데렐라 이야기를 떠올리면 쉽게 알 수 있듯이, 마술은 불가능한 것을 실현하지만 한시적이다.

35 개별 임금 또는 금품 항목의 통상임금 해당 여부와 관련된 판례 법리에 관해서는 박은정, 2013: 266 이하 참조.

Ⅱ. 전원합의체 판결의 개요

1. 통상임금의 의의

전원합의체 판결은 통상임금을 ① 소정 근로의 대가로 지급되는 금품으로서(실체적 요소) ② 정기적·일률적·고정적으로 지급되는 것(지급형태적 요소)이라고 판시했다(박수근, 2014: 150; 이철수, 2014a: 8). 즉, 통상임금은 근로자가 소정근로시간에 통상적으로 제공하는 근로인 소정근로(도급근로자의 경우에는 총근로)의 대가로 지급하기로 약정한 금품으로서 정기적·일률적·고정적으로 지급되는 임금을 말하고, 그 임금이 '1임금산정기간' 내에 지급되는 것인지 여부는 판단 기준이 아니다.

아래에서는 전원합의체 판결이 통상임금 개념을 설명하기 위해 사용한 '소정 근로의 대가' 및 통상임금 개념 징표에 관한 판결 내용을 간략하게 살펴본다.

첫째, 통상임금에 해당하기 위해서는 원칙적으로 '소정 근로의 대가'라는 성격을 갖고 있어야 한다. '소정 근로의 대가'란 소정근로시간의 근로에 관해 사용자가 근로자에게 지급하기로 약정한 임금을 뜻한다. 소정근로시간의 근로와 관계없이 지급받는 임금 항목은 통상임금에 해당하지 않는다. '소정 근로의 대가'가 무엇인지는 전체적인 관점에서 판단하고, 문제된 금품의 지급이 소정근로시간의 근무 여부와 시간적으로 근접한지 여부에 좌우되지 않는다. 이렇게 소정 근로의 대가에 해당하는지 여부만을 따짐으로써 전원합의체 판결은 종전과 같이 임금일체설을 유지하고, 이른바 생활보장적 급여도 통상임금에 해당할 수 있다고 봤다.

둘째, 어떤 임금이 통상임금에 속하기 위해서는 정기성을 갖춰야 한다. 이는 그 임금이 일정한 간격을 두고 계속적으로 지급되어야 함을 의미한다. 1개월을 넘는 기간마다 정기적으로 지급되는 임금(정기상여금)도 정기성을 갖는다. 근로기준법 시행령 제6조 제1항은 통상임금의 범위를 1개월을 단위로 산정 또는 지급되는 임금으로 한정한 것이 아니라, 다양한 기간을 단위로 산정·지급되는 임금의 형태를 예시한 것에 불과하다. 따라서 임금 항목의 지급 주기는 통상임금 판단에 영향을 미치지 않는다.

셋째, 어떤 임금이 통상임금에 속하기 위해서는 그것이 일률적으로 지급되는 성질을 갖춰야 한다. '일률적'으로 지급되는 것에는 '모든 근로자'에게 지급되는 것뿐만 아니라 '일정한 조건 또는 기준에 달한 모든 근로자'에게 지급되는 것도 포함된다. 여기서 '일정한 조건'이란 고정적이고 평균적인 임금을 산출하려는 통상임금의 개념에 비춰볼 때 고정적인 조건이어야 한다. 일정 범위의 모든 근로자에게 지급된 임금이 일률성을 갖추고 있는지를 판단하는 잣대인 '일정한 조건 또는 기준'은 통상임금이 소정 근로의 가치를 평가한 개념이라는 점을 고려할 때, 작업 내용이나 기술, 경력 등과 같이 소정 근로의 가치 평가와 관련된 조건이어야 한다. 한편 휴직자, 복직자 또는 징계 대상자에 대한 지급 제한 사유가 있다 하더라도 해당 임금 항목의 일률성이 부정되지는 않는다.

넷째, 어떤 임금이 통상임금에 속하기 위해서는 그것이 고정적으로 지급되어야 한다. 이는 통상임금을 다른 일반적인 임금이나 평균임금과 확연히 구분짓는 요소로서 통상임금이 연장·야간·휴일 근로에 대한 가산임금을 산정하는 기준임금으로 기능하기 위해서는 그것이 미리 확정되어 있어야 한다는 요청에서 도출되는 본질적인 성질이다. '고정성'이라 함은 '근로자가 제공한 근로에 대해 그 업적, 성과 기타의 추가적인 조건과 관계없이 당연히 지급될 것이 확정되어 있는 성질'을 말하고, '고정적인 임금'은 '임금의 명칭 여하를 불문하고 임의의 날에 소정근로시간을 근무한 근로자가 그 다음 날 퇴직한다 하더라도 그 하루의 근로에 대한 대가로 당연하고도 확정적으로 지급받게 되는 최소한의 임금'을 뜻한다.

고정성을 갖춘 임금은 근로자가 임의의 날에 소정 근로를 제공하면 추가적인 조건의 충족 여부와 관계없이 당연히 지급될 것이 예정된 임금이므로, 그 지급 여부나 지급액이 사전에 확정된 것이라 할 수 있다. 이와 달리 근로자가 소정 근로를 제공하더라도 추가적인 조건을 충족해야 지급되는 임금이나 그 조건 충족 여부에 따라 지급액이 변동되는 임금 부분은 고정성을 갖춘 것이라고 할 수 없다. 여기서 '추가적인 조건' 이란 '초과근무를 하는 시점에서 성취 여부가 불분명한 조건'을 의미한다. 다만, 그 조건에 따라 달라지지 않는 부분은 고정성이 인정된다(대법원, 2013: 9).

결국 야간·휴일·연장 근무 등 초과근로수당 산정 등의 기준이 되는 통상임금이 되기 위해서는, 초과근무를 하는 시점에서 판단해 봤을 때, 근로계약에서 정한 근로의 대가로 지급될 어떤 항목의 임금이, 일정한 주기에 따라 정기적으로 지급이 되고(정기성), '모든 근로자'나 '근로와 관련된 일정한 조건 또는 기준에 해당하는 모든 근로자'에게 일률적으로 지급이 되며(일률성), 그 지급 여부가 업적이나 성과 기타 추가적인 조건과 관계없이 '사전에 이미 확정되어 있는 것'(고정성)이어야 하는데, 이러한 요건을 갖추면 그 명칭과 관계없이 통상임금에 해당한다(대법원, 2013: 8).

2. 통상임금의 구체적 판단 기준

첫째, 특수한 기술의 보유나 특정한 경력의 구비 등이 임금 지급의 조건으로 부가되어 있는 경우, 통상임금에 해당한다. 근로자가 임의의 날에 연장·야간·휴일근로를 제공하는 시점에서 특수한 기술의 보유나 특정한 경력의 구비 여부는 그 성취 여부가 불확실한 조건이 아니라 기왕에 확정된 사실이므로, 그와 같은 지급 조건은 고정성 인정에 장애가 되지 않기 때문이다.

둘째, 일정 근속기간 이상을 재직할 것을 지급 조건으로 하거나, 일정 근속기간을 기준으로 하여 임금의 계산 방법을 달리하거나 근속기간별로 지급액을 달리하는 경우와 같이 지급 여부나 지급액이 근속기간에 연동하는 임금 유형은 통상임금에 해당한다.

셋째, 근무일수에 따라 일할(日割) 계산해서 지급되는 임금은 고정성이 인정되므로 통상임금에 해당한다. 그러나 일정 근무일수를 충족해야만 지급되는 임금은 '추가적인 조건'을 성취해야 하는 것이므로, 고정성이 없어 통상임금에 해당하지 않는다. 다만, 일정 근무일수를 기준으로 계산 방법 또는 지급액이 달라지는 경우에도 소정 근로를 제공하면 적어도 일정액 이상의 임금이 지급될 것이 확정되어 있다면 그와 같이 최소한도로 확정되어 있는 범위에서는 고정성을 인정한다. 이는 판례 법리를 변경한 것이다.[36]

넷째, 지급 대상기간에 이뤄진 근로자의 근무실적을 평가해 이를 토대로 지급 여부나 지급액이 정해지는 임금(성과급)은 일반적으로 고정성이 부정된다. 다만, 근무실적에 관해 최하 등급을 받더라도 일정액을 지급하는 경우와 같이 최소한도의 지급이 확정되어 있다면, 그 최소한도의 임금은 고정성이 인정된다. 성과연봉의 통상임금 판단과 관련해 전원합의체 판결은 다음과 같은 기준을 제시했다. ① 근로자의 전년도 근무실적에 따라 당해 연도에 특정 임금의 지급 여부나 지급액을 정하는

---

36 종전에 법원은 유급 출근일수가 15일 이상인 근로자에 대해서는 전액을 지급하나 15일 미만인 경우에는 일할로 계산해서 근속수당을 지급하는 경우, 근로자들의 실제의 근무성적에 따라 좌우되는 것으로서 고정적인 임금에 해당하지 않는다고 보아 그 근속수당 전체를 통상임금의 범위에 포함시키지 않았다(대법원 1996. 3. 22. 선고 95다56767 판결).

경우, 당해 연도에는 그 임금의 지급 여부나 지급액이 확정적이므로 당해 연도에 있어 그 임금은 고정적인 임금에 해당하는 것으로 봐야 한다. ② 그러나 보통 전년도에 지급할 것을 그 지급 시기만 늦춘 것에 불과하다고 볼 만한 특별한 사정이 있는 경우에는 고정성을 인정할 수 없다. ③ 이 경우에도 근무실적에 관해 최하 등급을 받더라도 일정액을 최소한도로 보장해 지급하기로 한 경우에는 그 한도 내에서 고정적인 임금으로 볼 수 있다.

다섯째, 앞에서 살펴본 바와 같이 단지 지급주기가 1개월을 넘는다는 사정만으로 그 임금이 통상임금에서 제외되는 것은 아니므로 정기상여금도 통상임금에 해당할 수 있다. 다만, 전원합의체 판결이 사업장의 모든 정기상여금이 무조건 통상임금에 해당한다고 본 것은 아니라는 점을 주의할 필요가 있다. 정기상여금의 통상임금 여부도 구체적 사건에서 실질적인 검토 과정을 거쳐 판단한다. 즉, 사업장에서 운용하는 정기상여금이 소정 근로의 대가라는 점과 정기성, 일률성, 고정성 등 통상임금의 일반적인 개념 징표를 갖추고 있는지를 따져봐야 한다. 당연한 얘기지만, 정기상여금이란 명칭을 쓰고 있지만 실제로는 전형적인 성과급으로 운용하는 경우도 생각할 수 있다.

여섯째, 지급일 기타 특정 시점에 재직 중인 근로자에게 소정 근로를 했는지 여부와 관계없이 지급되는 임금은 고정성이 없어 통상임금에서 제외된다. 즉, 근로자가 소정 근로를 했는지 여부와는 관계없이 지급일 기타 특정 시점에 재직 중인 근로자에게만 지급하기로 정해져 있는 임금은 그 특정 시점에 재직 중일 것이 임금을 지급받을 수 있는 자격 요건(재직자 요건)이 되는바, 그 임금은 이른바 '소정 근로'에 대한 대가의 성질을 가지는 것이라고 보기 어려울 뿐 아니라 근로자가 임의의 날에 근로를 제공하더라도 그 특정 시점이 도래하기 전에 퇴직하면 당해 임금을 전혀 지급받지 못해 근로자가 임의의 날에 연장·야간·휴일근로를 제공하는 시점에서 그 지급 조건이 성취될지 여부가 불확실해 고정성도 결여되어 일반적으로 통상임금에서 배제된다는 것이다. 이는 기존 판례 법리를 변경한 것이다.

3. 통상임금에 관한 노사 합의

첫째, 근로기준법상 통상임금에 속하는 임금을 통상임금에서 배제하기로 노사가 합의했다 하더라도 그 합의는 효력이 없다. 따라서 노사 합의가 있더라도, 만약 그에 의해 계산한 가산임금이 근로기준법에 따라 계산한 가산임금보다 낮을 경우 근로자는 근로기준법에 근거해 그 차액을 청구할 수 있다. 이는 노사 합의에 따라 계산된 금액과 근로기준법에 따른 계산 금액을 비교해 해당 노사 합의의 효력을 따진다는 의미다. 따라서 노사 합의에서 비임금성 금품 항목을 초과근로수당 계산을 위한 기준임금에 포함하거나 할증률이 근로기준법보다 높은 경우에는, 설령 일부 임금 항목이 통상임금에서 제외되었다고 하더라도 그 차액이 발생하지 않을 수도 있다.

둘째, 단체협약 등 노사 합의의 내용이 근로기준법의 강행규정을 위반해 무효인 경우에, 그 무효를 주장하는 것이 신의칙에 위배되는 권리의 행사라는 이유로 이를 배척한다면 강행규정으로 정한 입법 취지를 몰각시키는 결과가 되므로, 원칙적으로, 그러한 주장이 신의칙에 위배된다고 볼 수 없다. 다만, 예외적으로 신의칙에 위배되는 경우 정기상여금이 통상임금에 해당한다는 것을 이유로 한 가산임금 청구는 허용되지 않는다. 이러한 예외를 인정하기 위해서는 신의칙의 일반 요건과 함께 특별한 사정이 존재할 것이 요구된다. 즉, 신의칙을 적용하기 위한 일반적인 요건을 갖춤은 물론 근로기준법의 강행규정성에도 불구하고 신의칙을 우선 적용하는 것을 수긍할 만한 특별한 사정이 있는 예외적인 경우에 한해 그 노사 합의의 무효를 주장하는 것은 신의칙에 위배되어 허용될 수 없다. 그 구체적 내용은 아래와 같다.

일반적 요건으로서, 신의칙에 위배된다는 이유로 그 권리 행사를 부정하기 위해서는 상대방에게 신의를 공여했거나 객관적으로 보아 상대방이 신의를 가지는 것이 정당한 상태에 이르러야 하고, 이와 같은 상대방의 신의에 반해 권리를 행사하는 것이 정의 관념에 비춰 용인될 수 없는 정도의 상태에 이르러야 한다.

특별한 사정으로서, 신의칙에 의해 가산임금 청구가 금지되기 위해서는 협상 과정을 거쳐 임금 수준을 정하고, 가산임금 소송을 통해 합의된 임금 수준을 훨씬 초과하는 예상 외의 이익을 추구하며, 이로 인해 기업에 중대한 경영상의 어려움이 초래되거나 그 존립이 위태로워야 한다. 즉, ① 임금 협상 과정을 거쳐 이뤄진 노사 합의에서 정기상여금은 그 자체로 통상임금에 해당하지 아니한다고 오인한 나머지 정기상여금을 통상임금 산정 기준에서 제외하기로 합의하고 이를 전제로 임금 수준을 정하고, ② 근로자 쪽이 앞서 본 임금 협상의 방법과 경위, 실질적인 목표와 결과 등은 도외시한 채 임금 협상 당시 전혀 생각하지 못한 사유를 들어 정기상여금을 통상임금에 가산하고 이를 토대로 추가적인 법정수당의 지급을 구함으로써, 노사가 합의한 임금 수준을 훨씬 초과하는 예상 외의 이익을 추구하며, ③ 그로 말미암아 사용자에게 예측하지 못한 새로운 재정적 부담을 지워 중대한 경영상의 어려움을 초래하거나 기업의 존립을 위태롭게 할 경우, ④ 이는 종국적으로 근로자 쪽까지 그 피해가 미치게 되어 노사 어느 쪽에도 도움이 되지 않는 결과를 가져오므로 정의와 형평 관념에 비춰 신의에 현저히 반하고 도저히 용인될 수 없음이 분명하므로, 추가 법정수당 청구는 신의칙에 위배되어 받아들일 수 없다는 것이다.

Ⅲ. 전원합의체 판결에 대한 비판적 검토

1. 장시간 근로의 노사 담합에 대한 사법적 면죄부

한국의 장시간 근로는, 기업이 상대적으로 낮은 임금 수준에서 장시간 노동을 유인하기 위해 초과근로를 이용하고, 근로자는 상대적으로 낮은 기대임금을 보전하기 위해 과잉 근로를 감내하는 상호 관계에 의해 고착되었다(주무현, 2013: 19). 30명 이상 사업체에서 월 통상임금 대비 초과근로수당의 비중은 30.1%이고(제조업의 경우 41%), 그 가운데 평일 연장근로수당은 16.8%, 휴일근로수당이 13.3%를 차지한다. 그리고 노동조합이 있는 사업체가 무노조 사업체보다 오히려 평일 연장근로시간이나 휴일근로시간이 길게 나타난다. 이런 현상의 원인으로는, 근로시간의 단축보다는 오히려 근로시간을 늘려 초과근로수당을 많이 받기 원하는 조합원의 이해관계를 노동조합이 묵인하고 추종했기 때문인 것으로 추측되고 있다(배규식, 2013: 12). 특히 사회적 책임을 도외시한 대기업과 정규직 노조 중심으로 담합 구조가 형성되어 장시간 근로가 '일할 기회 부족'과 '일하는 사람들 간의 격차'라는 노동시장의 핵심 문제의 주요한 원인으로 작용하고 있다고 평가받는다(편도인, 2012: 6).

통상임금 제도는 기업이 저임금으로 노동을 활용하는 데 좋은 도구로 사용되어 왔다. 통상임금 범위를 좁게 규정한 행정예규를 핑계 삼아 기업은 근로자들의 초과근로에 대해 통상적인 임금보다 저액(低額)의 임금을 지급했다.[37] 기업별 노동조합은 이에 대해 적절히 대응하지 못

37 김유선 박사의 조사에 의하면, 2012년 5명 이상 사업체 상용직 근로자는 매달 소정근로시간(167.2시간) 노동으로 300만 원(정액급여+특별급여)을 받고, 초과근로시간(12.8시간) 노동으로 18만 원(초과급여)을 받았다. 이를 시간당 임금으로 환산하면 소정근로시간 시급은 1만 8천 원이고, 초과근로시간 시급은 1만 4천 원이다. 초과근로시간 시급이 소정근로시간 시급

한 채 추가적인 임금 소득을 확보한다는 점 때문에 묵인했던 것이다.

위와 같은 점에 비춰볼 때, 기업과 노동조합 사이의 담합 구조를 법률적으로 용인하는 것은 우리나라의 장시간 근로 실태를 타개하는 데 부정적 효과를 주게 된다는 것을 알 수 있다. 기업이 노동조합과의 단체협약 등 노사 합의를 통해 가산임금의 부담으로부터 벗어날 수 있다는 사법적 신뢰는 그러한 담합 구조를 더욱 강화시킬 수 있다. 이 점에서 전원합의체 판결이 근로기준법 규정을 한시적으로 무력화하면서까지 노사 합의 등에 근거해 신의칙 적용을 가능하게 한 조치는 기존의 장시간 근로에 관한 노사의 담합 구조를 사법적으로 묵인했다는 점에서 비판을 피하기 어렵다.

법원이 전원합의체 판결에서 위와 같은 담합 구조를 용인하게 된 이유는 무엇일까? 그것은 통상임금 논쟁 과정에서 통상임금에 대한 관점을 장시간 근로 문제에서 임금의 문제로 변경하려는 시도가 있었는데, 법원이 그 시도를 수용했기 때문이다.

통상임금의 1차적 기능은 초과근로에 대한 가산임금의 계산 기초로 역할하는 것이고, 이렇게 초과근로에 대해 가산임금을 지급하도록 한 것은 이를 통해 장시간 근로를 막기 위한 것이다. 이 점에서 통상임금은 근로시간과 관련해 고민해야 한다. 그럼에도 지난 금아리무진 판결 이후 진행된 논쟁에서는 위와 같은 기능보다는 임금으로서의 성격이 더 부각되고, 관련 소송의 승패 문제가 중요한 이슈로 제기되었다. 이 현상은 단지 언론 보도에서만 나타난 것이 아니다. 학술 논문에서도 가산임금 제도의 취지보다는 장시간 근로 현실을 당연시하거나 통상임금의 임금적 성격과 기능을 강조하고 근로시간과 관련된 통상임금 제도의 기능을 부차적인 것으로 설명하는 견해가 자주 나타났다.

보다 1.5배 많은 것이 아니라 0.8배밖에 안 되는 것이다(김유선, 2013: 8).

이런 과정을 거치면서 통상임금 법리에 관한 논쟁은 장시간 근로에 관한 문제에서 임금 문제로 성격이 변했고, 법원은 이를 수용해 신의칙 적용이라는 무리수를 두었다. 기존 판례와 전원합의체 판결의 가장 큰 차이점은 기존 판례가 통상임금을 임금으로 파악하기보다는 가산임금의 산정 기초로 접근했음에 반해, 전원합의체 판결은 통상임금을 임금의 문제로 접근했다는 점이다. 전자의 입장에서는 통상임금의 범위가 확대되는 것이 아무런 문제가 없지만, 후자의 입장에서는 통상임금 범위의 확대는 계약 당사자 사이의 신뢰 문제를 일으킬 수 있게 된다.[38] 즉, 장시간 근로의 문제로 접근할 때 통상임금 범위의 확대는 가산임금 제도의 정책적 효과를 강화하는 순기능을 발휘하는 것으로 보이지만, 임금의 문제로 접근할 때 그것은 노동법에 의해 누군가가 망외(望外)의 이득을 얻는 역기능을 발휘하는 것처럼 보일 수 있는 것이다. 따라서 임금적 시각에서 통상임금 논쟁을 바라볼 경우, 민사법적 사고에 익숙한 법관으로서는 단지 법률이 있다는 이유만으로 근로자가 계약 외의 이득을 얻고 기업이 예측하지 못한 손실을 입는 것을 부당하다고 느끼게 된다.

전원합의체 판결에 의해 법인(法認)된 위와 같은 통상임금 논쟁의 성격 변화는 현재 진행되고 있는 입법론과 해석론에 나쁜 영향을 미치고 있다. 노사 합의를 통해 근로기준법상 통상임금 규정의 효력을 배제할

---

38 예컨대 대법원 2003. 4. 22. 선고 2003다10650 판결에서 "소정 근로 또는 총근로의 대상(對償)으로 근로자에게 지급되는 금품으로서 그것이 정기적·일률적으로 지급되는 것이면 원칙적으로 모두 통상임금에 속하는 임금"이라는 전제 아래 추가적 요건으로서 고정성을 설명한 방식과 전원합의체 판결에서 "어떠한 임금이 통상임금에 속하는지 여부는 그 임금이 소정 근로의 대가로 근로자에게 지급되는 금품으로서 정기적·일률적·고정적으로 지급되는 것인지를 기준으로 그 객관적인 성질에 따라 판단하여야" 한다는 설명 방식을 서로 비교해 보면, 그 내용에서는 특별한 차이점이 없다고 하더라도, 통상임금을 바라보는 관점에서는 미묘한 변화가 있다는 점을 느낄 수 있다.

수 있다거나 이른바 재직자 요건을 통해 통상임금 범위를 축소할 수 있다는 해석, 취업규칙의 경우에도 신의칙 적용 법리가 적용될 수 있다는 해석 등이 그 예다. 그러나 한국의 장시간 근로 현실을 타개해야 한다는 취지에 동의한다면, 장시간 근로가 유지된다는 것을 전제로 통상임금 논쟁을 진행해서는 안 된다. 그리고 통상임금의 입법 방안은 실근로시간 축소를 유도하는 수단으로 마련되어야 한다(박은정, 2013: 290).

한편, 대법원은 신의칙 법리를 적용하면서 대부분의 기업에서 정기상여금이 통상임금에서 제외된다는 점을 의심 없이 받아들였다는 주장을 "의심 없이 받아들여" 자신의 판단을 정당화하는 논거로 사용했다. 그런데 앞에서 설명한 바와 같이 상여금의 통상임금 포함 가능성을 적시한 판결은 이미 1996년에 나타났다. 대법원 1996. 2. 9. 선고 95다19501 판결이 그것이다. 그리고 1990년대 후반부터 여러 학자가 통상임금 관련 논문에서 판례 법리의 변화 추세를 충실하게 설명했다(예컨대 노상헌, 2009b; 도재형, 1998; 이철수, 2004). 여기에서 떠오르는 질문은, 그렇다면 왜 경영계는 상여금을 비롯한 여러 임금 항목의 통상임금 해당 가능성을 드러낸 1996년 이후 판례 법리의 변화 과정 및 노동법 학자들의 연구 결과에 무관심했을까? 또는 왜 그 과정 및 연구 결과를 무시했을까라는 것이다. 물론 그 판례나 연구 결과의 존재 자체를 몰랐을 경우도 상정할 수 있을 것이다.

특정 기업이 왜 통상임금 판례 법리의 변화 과정을 무시하거나 무관심했는지, 혹은 그 판례의 존재를 정말 몰랐는지에 대해 대답하기는 어려울 것이다. 그러나 '한국의 기업'이라는 집단에 대해서는 몇 가지 점을 얘기할 수 있다. 먼저, 판례 법리의 변화 사실을 몰랐다는 건 불가능한 일이다. 그렇다면, 이제 위 질문은 한국의 기업 집단이 그 변화 과정에 무관심 혹은 무시했던 이유에 관한 것으로 좁혀진다. 개인적으로, 그 1차적인 이유는 임금에 관한 소멸시효 제도 등을 통해 그 위험의 크기를 예측할 수 있었기 때문일 것으로 추측한다. 기업 운영에서 발생하는 위험은 그 발생을 예상할 수 있을 때에는 기업 경영에 미치는 영향력은 제한적이다. 이는 법률적 리스크의 경우에도 마찬가지인데, 단기 소멸시효제도 덕분에 통상임금과 관련해 기업으로서는 일정 범위의 위험에만 대비하면 되었던 것이다. 2차적인 이유는 1990년대 이후 우리 기업이 집단적 노사관계와 구조조정 중심으로 노무 관리를 하고, 근로자들의 개별적 권리에 무관심했기 때문일 것으로 추측한다. 외환위기 이후 우리 기업은 고용 유연성을 확보하는 데 치중했고, 그 과정에서 개별 근로자를 구조조정의 객체로만 파악하고 개별적 권리와 관련된 쟁점에는 소홀했는데, 이것이 통상임금과 관련된 리스크 관리를 가볍게 다루는 태도로 이어진 것이다.

전원합의체 판결에 내재된 더 큰 문제점은 법원이 사회적 책임을 소홀히 한 기업들에게 면죄부를 줬다는 것이다. 법원 스스로는 이를 의식하지 못했겠지만, 전원합의체 판결에 의해 그동안 정기상여금을 포함해 통상임금을 산정했던 기업들은 상대적으로는 손실을 입게 되었다. 즉, 노동법적 책임을 충실히 이행하거나 판례 법리에 따라 통상임금 제도를 정비한 기업이 입는 상대적 손해 혹은 불이익에 대한 고려가 부족했다. 왜냐하면 이들은 정기상여금을 통상임금에서 배제한 기업에 비해 더 많은 가산임금을 지급했거나 더 많은 근로자를 고용했을 것이기 때문이다.

자본주의 경제 질서로부터 기업을 바라볼 때는 경제적인 합리성을 갖췄다는 걸 당연한 전제로 할 수 있지만, 사법과 입법의 영역에서 바라볼 때 그 기업은 우리의 헌법적 가치와 노동법에 투영된 입법자의 뜻을 존중하는 존재여야 한다. 만약 우리가 경제적으로 합리적인 기업만을 상정하고 그들에 맞춰 법률을 해석하고 입법한다면, 그렇지 않은, 좀더 윤리적이고 헌법적 가치에 부합하는 경제 활동을 하는 기업들은 시장에서 도태될 수밖에 없다. 적어도 사법부는, 기업이 자본주의 시장 질서 내에서 활동하는 경제적 존재라는 점뿐만 아니라 민주주의와 복지국가 원리에 기반해 사회적 책임을 부담하는 존재라는 점을 함께 인식해야 한다. 그리고 그런 책임을 성실히 이행한 기업 또는 이행할 의사를 갖고 있는 기업이 사법 영역에서 불이익을 받게 해서는 안 된다.

2. 재직자 요건을 통한 통상임금 배제 법리의 구축

전원합의체 판결에 의하면, 이른바 재직자 요건이 붙은 임금 항목은 통상임금에서 배제된다. 어떤 임금 항목이 특정 시점의 재직자에게만 지급될 경우 그것은 통상임금이 아니라는 것이다. 이렇게 재직자 요건이 있는 수당을 통상임금 범위에서 제외시킴으로써 법원이 특정 임금 항목의 통상임금 산입 여부에 대한 노사 당사자의 예측 가능성은 높였을지 모르지만, 그와 함께 특정 임금 항목을 통상임금에서 배제할 수 있는 사용자 쪽의 수단 역시 확대하는 결과를 초래했다. 이러한 현실적 효과 외에도 재직자 요건을 사용한 통상임금 획정 방식은 법리적으로도 몇 가지 문제점을 갖고 있다.

첫째, 재직자 요건이라는 것은 전원합의체 판결 자체 내에서의 법리와 모순된다. 전원합의체 판결은 일률성과 관련해 "단체협약이나 취업규칙 등에 휴직자나 복직자 또는 징계 대상자 등에 대하여 특정 임금에 대한 지급 제한 사유를 규정하고 있다 하더라도, 이는 해당 근로자의 개인적인 특수성을 고려하여 그 임금 지급을 제한하고 있는 것에 불과하므로, 그러한 사정을 들어 정상적인 근로관계를 유지하는 근로자에 대하여 그 임금 지급의 일률성을 부정할 것은 아니다."라고 판시했다. 그런데 재직자 요건에서의 '퇴직'이 휴직, 복직, 징계와 다르다고 보기는 어렵다. 정상적인 근로자를 생각했을 때 퇴직이란 것은 매우 예외적인 상황이기 때문이다. 오히려 재직 근로자에게 모두 지급한다는 것은 급여의 지급 요건 중 가장 고정적이고 확정적이라고 볼 수도 있다. 재직자 요건의 문제점은 그 임금이 단체협약에 규정되어 있을 때 더 심각하게 느껴진다. 왜냐하면 재직자 요건은 단체협약 효력의 일반적 내용이기 때문이다. 단체협약상 급여를 퇴직자에게 지급하는 것은 단체협약의 효력이 재직자에게만 미친다는 점을 고려할 때, 오히려 이례적이라고 말할 수도 있다. 즉, 재직자 요건은 고정성이 아니라 일률성의 내용으로 이해해야 한다(김기선, 2014: 81-82; 이철수, 2014a: 23).

둘째, 재직자 요건과 관련해 전원합의체 판결의 의미를 임금이분설로의 사실상 복귀라고 해석하기도 한다(김기선, 2014: 81; 이철수, 2014a: 19). 전원합의체 판결에 따르면, 재직자 요건이란 것은 소정 근로의 대가가 아니라 직원이라는 지위에 기초해 임금을 지급한다는 것이고, 그렇기 때문에 재직자 요건이 붙은 급여는 통상임금에서 제외된다고 한다. 그런데 직원이라는 지위에서 받는 임금이란 것은 결국 임금이분설에서 생활보장적 급여를 지칭하던 것과 별반 차이가 없게 된다. 전원합의체 판결에서 법원이 임금이분설의 폐기를 한 번 더 천명했음에도 불구하고, 그 결과에 비춰볼 때 위와 같은 해설은 지나치지 않다.

셋째, 정기상여금 등에 재직자 요건이 있는 경우 통상임금에서 배제할 수 있는지에 대해서는 견해가 대립한다.

소극설은, 대법원이 재직자 요건을 내세워 통상임금에서 배제한 임금 항목은 ① 특별한 목적의 필요에 대응하는 복리후생적 성격이 높은 수당이라는 점, ② 사용 내지 지급이 필요한 특정한 시점이 노동의 제공과는 다른 사정에서 이미 존재하는 수당이라는 점, 즉 설·추석·하계휴가·창립기념일 등 그 수당이 필요한 특정한 시점이 원래 있었기 때문에 그 시점의 재직을 중시했다는 점 등에 비춰볼 때, 임금 중 상당 부분을 차지하는 정기상여금 등을 재직자 요건으로 통상임금에서 배제하는 것은 판례 법리에 어긋나고 정기상여금 등의 통상임금성을 부인하기 위한 목적만으로 재직자 요건을 추가하는 것 역시 탈법행위로서 무효라고 봐야 한다고 주장한다(김홍영, 2014a: 27). 같은 취지에서 어떤 임금 항목에 재직자 요건이 추가된 경우 합리적 이유가 있는지를 살펴 효력을 판단하고 그것에 따라 통상임금에서 배제되는지 여부를 결정해야 한다는 견해도 있다(박수근, 2014: 154).

반면에 적극설은, 임금 항목의 성격을 불문하고 재직자 요건이 통상임금의 포함 여부를 좌우하는 절대적 기준이 된다고 주장한다. 이는 특히 전원합의체 판결 이후 고용노동부가 해석 지침을 통해 주장하고 있는 바다(고용노동부, 2014: 32).

생각건대, 법원이 통상임금을 판단할 때 사용하는 정기성, 일률성과 고정성은 통상임금의 성립요건이 아니라 "통상임금의 개념적 징표"다. 전원합의체 판결에서 굳이 법원이 '요건'이란 말 대신 '징표'란 말을 사용한 이유는 위 세 개 중 어느 하나가 부족하다는 이유만으로 어떤 임금 항목이 통상임금에서 무조건 배제되는 것은 아니라는 점을 표현하기 위한 것이다. 이 점에 비춰볼 때 재직자 요건만으로 통상임금 해당 여부를 판단할 수 있다고 보는 적극설은 타당하지 않다. 나아가 재직자 요건의 추가가 특정 임금 항목을 통상임금에서 배제할 목적만으로 이뤄진 것이라면, 이를 탈법행위로 보아 무효라고 하는 것은 당연한 법리다.

3. 신의칙이라는 예외를 이용한 원칙의 제한

앞에서 살펴본 바와 같이 전원합의체 판결에 의하면, 신의칙 적용을 위한 일반적 요건과 특별한 사정이 존재하는 경우에 정기상여금과 관련된 가산임금 청구를 제한할 수 있다. 그러나 이와 같은 전원합의체 판결의 법리는 신의칙의 일반 법리 및 근로기준법의 입법 취지에 어긋날 뿐만 아니라 그동안의 기업 경영 사항과 근로자와의 관계에 대한 판례 법리와도 모순된다. 아래에서는 이를 나눠서 설명한다.[39]

첫째, 전원합의체 판결이 신의칙을 이용해 강행규정인 근로기준법을 무력화한 것은 신의칙의 일반 원리에 어긋난다.

민법 제2조 제1항은 권리의 행사와 의무의 이행은 신의에 좇아 성실히 해야 한다고 신의성실의 원칙(신의칙)을 규정하고 있다.[40] 그 입법 취지는, 형식적인 계약의 자유에서 나아가 당사자 모두에게 이익을 주는 계약의 공정을 실현하는 것을 지향하고자 하는 것이다. 즉, 사적 자치 원칙의 제한 원리로서 '사회적 형평의 고려(이념)', 또는 '사회적 조정의 원칙'을 들 수 있는데, 신의칙은 이러한 이념을 반영한 것이다. 그런데 이 이념은 흔히 특별법의 형식을 통해서도 실현되고 노동법은 그 대표적 예다. 따라서 근로기준법과 같은 노동법 영역에서 신의칙은 제한적으로 적용해야 한다. 즉, 노동법 그 자체가 신의칙의 이념 또는 기초 원리인 '사회적 형평의 고려(이념)' 또는 '사회적 조정의 원칙'에 근거한 법제이기 때문에 노동법의 효력을 무력화하는 수단으로서 신의칙을 이용해서는 안 된다. 전원합의체 판결에서 이인복, 이상훈, 김신 대법관의 반대 의견도 같은 점을 지적하고 있다.[41]

---

39 전원합의체 판결의 신의칙 적용 법리에 대해서는 본문의 내용 외에도 해석론상 여러 쟁점이 다퉈지고 있다. 관련 쟁점은 고영남, 2014: 99 이하; 김홍영, 2014a: 24 이하; 박은정, 2014: 131 이하; 박지순, 2014, 12 참조.

40 신의칙에 관한 이 문단의 설명은 김준호, 2014: 28; 송덕수, 2013: 24를 인용했다.

41 관련 판시 내용은 다음과 같다. "공익을 추구하는 강행규정은 그 입법 목적을 달성하기 위하여 그에 위배된 행위의 효력을 부정함으로써 계약 자유의 원칙을 제한한다. 그리고 강행규정은 해당 규정에 대한 행위자의 인식 여부를 불문하고 적용된다. 신의칙을 이용하여 강행규정을 위반한 법률행위의 효력을 유지하는 것은 전체 법질서 내에서 작동하여야 할 신의칙이 법질서에 역행하는 결과를 초래한다. 강행규정에 위배되는 약정의 당사자가 그 약정의 무효를 주장하는 것이 신의칙에 위반되는 권리의 행사라는 이유로 그 주장을 배척한다면, 이는 강행규정에 의하여 배제하려는 결과를 실현시키는 셈이 되어 입법 취지를 완전히 몰각하게 되므

둘째, 전원합의체 판결에서 법원은 신의칙 법리를 남용해 자신의 자의적 판단을 뒷받침했다.

신의칙은 그 내용의 추상성 때문에 법관에 의한 오·남용의 가능성이 항상 지적된다. 일반조항으로서의 신의칙의 구체적 내용은 개별 사건에서 재판을 통해 실현된다(곽윤직·김재형, 2013: 76). 즉, 법률이 신의칙의 적용 요건을 명확하게 제시할 수 없기 때문에 신의칙 적용 여부는 전적으로 법관의 재량에 맡겨져 있다. 이로 인해 법관은 신의칙을 자신의 자의적 판단에 정당성을 부여하는 도구로 사용하거나 논리 전개의 어려움을 회피하는 수단으로 이용할 수 있게 된다(고상룡, 2003: 44; 도재형, 2010c: 49; 박동진, 2005: 36).

전원합의체 판결은 법관이 어떻게 신의칙을 자신의 결론을 뒷받침하는 도구로 이용하는지를, 그리고 왜 그 오·남용의 가능성이 지적되는지를 가장 잘 보여주는 사례라고 할 수 있다. 전원합의체 판결을 통해 법관은 정기상여금과 관련해 신의칙이라는 예외를 이용해서 '근로기준법은 개별 계약에 우선한다'는 원칙을 무력화시켰기 때문이다. 전원합의체 판결에서 법원은 가산임금 청구를 제한하는 한시법(限時法)을 만드는 입법자처럼 행동한 것이다.

셋째, 전원합의체 판결에서 신의칙 적용 법리의 전제로 내세운 노사관계는 기존 판례 법리와 어긋난다.

그동안 법원은 기업의 경영권이나 경영 사항은 노동조합이나 근로자가 개입할 수 없는 영역으로 간주했다. 즉, 구조조정과 관련해 근로자는 사용자의 판단에 종속되는 사람이고 원칙적으로 그에 대항하는 쟁의행위도 할 수 없는 객체다. 예컨대 법원은 "사용자가 경영권의 본질에 속

로 그러한 주장은 신의칙에 반하는 것이 아니라는 것이 판례의 확립된 견해이다(대법원 2011. 3. 10. 선고 2007다17482 판결 참조). 이처럼 신의칙은 강행규정에 앞설 수 없다."

하여 단체교섭의 대상이 될 수 없는 사항에 관하여 노동조합과 '합의'하여 시행한다는 취지의 단체협약의 일부 조항이 있는 경우, 그 조항 하나만을 주목하여 쉽게 사용자의 경영권의 일부 포기나 중대한 제한을 인정하여서는 아니 되고, 그와 같은 단체협약을 체결하게 된 경위와 당시의 상황, 단체협약의 다른 조항과의 관계, 권한에는 책임이 따른다는 원칙에 입각하여 노동조합이 경영에 대한 책임까지도 분담하고 있는지 여부 등을 종합적으로 검토하여 그 조항에 기재된 '합의'의 의미를 해석하여야 한다."[42]고 판시한 바 있다.

판례에 따르면, 사용자의 경영권은 계약(단체협약)에 의해서도 쉽게 포기하거나 제한할 수 없는 것이며 노동조합이 경영에 대한 책임을 분담하는지는 별도로 검토되어야 한다. 그런데 근로자 개인의 가산임금 청구권의 행사와 관련해서, 갑자기 근로자는 사용자와 함께 기업을 운영하고 경영 책임을 공동 부담하는 주체가 된 것이다. 즉, "기업의 지속적인 존립과 성장은 노사 양측이 다 같이 추구해야 할 공동의 목표이므로 기업 재정에 심각한 타격을 주어 경영상 어려움을 초래하거나 기업의 존립 기반에 영향을 주면서까지 임금을 인상할 수는 없"고, "임금의 인상은 기업이 생산·판매 활동 등을 함으로써 얻을 수 있는 수익에 기초해 노동비용 부담 능력 안에서 이뤄져야 한다는 내적 한계가 있고, 이는 노사 상호간에 양해된 사항"이라고 한다. 아무리 한시적인 법리라고 하더라도, 이런 모순되는 상황을 논리적으로 설명하는 것은 쉽지 않을 듯하다.

넷째, 신의칙 적용 법리를 노사 합의가 아닌 취업규칙에 따라 정기상여금을 통상임금에서 배제한 경우에도 적용할 수 있다는 주장이 있으나(고용노동부, 2014: 40), 이는 신의칙의 일반적 법리 및 전원합의체 판결

42 대법원 2011. 1. 27. 선고 2010도11030 판결.

의 취지에 위반된다.

신의칙에 위배된다는 이유로 상대방의 권리 행사를 부정하기 위해서는 상대방이 자신에게 그와 같은 신의를 공여했다거나 객관적으로 보아 자신이 그러한 신의를 가지는 것이 정당한 상태에 있어야 한다.[43] 이 점 때문에 전원합의체 판결은 신의칙을 적용하기 위해서는 단체협약과 같은 노사 합의가 사업장 내에 있어야 한다고 본 것이다. 그런데 판례에 따르면, 취업규칙의 제·개정 권한은 사용자에게 있고 근로자 쪽이 그 권한을 분점할 수 없다. 물론 취업규칙의 불리한 개정과 관련해 근로자의 집단적 동의가 요구되나, 이것이 없다 하더라도 취업규칙의 개정 자체가 무효로 되는 것도 아니다.[44] 이 점에서 취업규칙의 제·개정 과정은 노사 합의와 동일한 것으로 평가될 수 없다.[45]

Ⅳ. 소결

2013년에 선고된 통상임금에 관한 전원합의체 판결은 한국 노·사의 문제 해결 능력의 한계를 분명하게 드러냈다. 노·사는 통상임금이 한국 사회에서 매우 중요한 노동 이슈로 부각되었음에도 이를 자율적으로 해결하지 못하고, 결국 그 해결을 위해 법원의 전원합의체 판결을 기다리며 각자의 이해관계를 호소하는 처지에 빠지고 말았다(도재형, 2014a: 190). 이런 상황에서 정부 역시 구 판례 법리에 따른 행정예규를

43 대법원 2013. 5. 9. 선고 2012다81401 판결.

44 대법원 1992. 12. 22. 선고 91다45165 전원합의체 판결.

45 물론 예외적으로 취업규칙의 존재가 신의칙 적용을 가능하게 하는 경우가 있을 수 있다. 과반수 노동조합이 사용자 쪽과 협상을 거쳐 정기상여금을 통상임금에서 배제하는 취업규칙의 불리한 변경에 동의한 경우는 그 취업규칙의 존재를 노사 합의와 같은 것으로 평가할 수 있을 것이다.

고수함으로써 중재자로서의 지위를 스스로 포기하고 논쟁의 당사자로 전락했다.[46]

전원합의체 판결은 법원의 한계도 보여주는 계기가 되었다. 단편적인 판례를 종합적으로 검토해 통상임금 판례 법리를 체계적으로 제시한 수고에 대해서는 긍정적으로 평가할 수 있으나, 민법학자들마저 어리둥절하게 만든 신의칙 적용 법리와 판결 자체 내에서 법리적 충돌을 일으키고 임금이분설의 부활이라는 의심을 받는 재직자 요건 법리를 제시한 취지가 무엇인지는 여전히 이해하기 어렵고 아쉬움이 남는 부분이다.

이러한 노·사·정의 부족한 문제 해결 능력과 전원합의체 판결의 한계는 노사관계의 혼란으로 이어졌다. 전원합의체 판결이 선고되자마자 고용노동부는 위 두 법리를 확대 해석한 지침을 마련하고, 이를 받아 기업들이 노동조합을 압박하며 통상임금 범위를 축소하려고 하자 노동조합과 근로자들은 다시 임금 소송에 나서게 되었다. 법원은 자신이 내린 전원합의체 판결이 일으킨 혼란을 해결할 책임을 다시 부담하게 된 것이다. 이와 더불어 통상임금 제도의 입법화의 필요성에 대해서는, 서로 다른 관점과 이유에 기반한 것이긴 하지만, 어느 누구도 부인할 수 없게 되었고 마침내 9·15 대타협에서 통상임금 입법화에 대한 합의가 이뤄졌다. 이와 관련해 제4절에서는 통상임금 입법론에 대해 좀더 자세하게 살펴보도록 하겠다.

46 이렇게 노동계와 경영계가 통상임금에 관한 각자의 이해관계만을 내세운 채 아무런 합의점을 찾지 못한 채 대법원의 판단을 기다린 현상은 '노사관계의 사법(司法)화'라고 표현되었다(배규식, 2014: 42-43).

제4절 | 통상임금 입법론의 검토[47]

I. 문제의 소재

2012년 금아리무진 판결과 2013년 전원합의체 판결에 의해 촉발된 통상임금 관련 논쟁은 통상임금 제도에 대한 입법론으로 이어졌다. 그 동안 근로기준법상 정의 규정도 없이 시행되던 통상임금 제도와 관련해 정부·국회 등에서 입법 논의를 진지하게 진행하게 된 점은 다행스러운 일이지만, 그 논의 과정에서 간과되고 있는 점도 일부 발견된다. 이와 관련해서는 앞에서 설명한 바 있으므로 아래에서는 간략하게만 언급하겠다.

첫째, 장시간 근로 현실을 당연시하고 통상임금을 임금으로만 파악함으로써 근로시간과 관련된 통상임금 제도 본래의 취지를 소홀히 다루고 있다. 통상임금에 관한 최근 논쟁에서 이상한 점은 한국의 기업 운영에서 당연히 연장근로가 필요하다고 전제한다는 것이다. 통상임금의 1차적 기능은 초과근로에 대한 가산임금을 계산하는 것인데, 그 취지는

47 이 부분은 도재형, "통상임금 입법론의 검토", 「인권과 정의」 2014년 8월호, 대한변호사협회, 2014: 119 이하의 내용을 수정·보완했다.

이를 통해 장시간 근로를 막고 근로자의 생활 안정을 도모하기 위한 것이다. 이 점에서 통상임금은 근로시간과 관련해 고민해야 한다.

둘째, 기업의 헌법적 책임 혹은 전체 법질서 내에서의 지위에 대한 고민이 부족하다. 통상임금 논쟁의 전제가 되는 기업을, 경제적 합리성만을 추구하는 존재로 인식함으로써 기업의 헌법적 책임 혹은 사회적 책임을 소홀히 다루고 있는 것이다.

셋째, 입법부와 행정부는 중립적 위치에서 통상임금에 관한 노사 갈등을 중재하기보다는 기업에 편향된 모습을 보였다. 특히 행정부는 통상임금에 관한 구(舊) 판례 법리에 기초한 행정예규를 고수함으로써 혼란을 방치한 자신의 잘못을 깨닫지 못한 채 2013년 전원합의체 판결 이후에도 노사 합의 또는 재직자 요건 등의 법리를 무리하게 확장 해석함으로써 노사 갈등을 촉발하고 중립성을 의심받는 처지에 놓여 있다.

이 절(節)에서는 이와 같은 문제 의식에 기초해 통상임금 제도에 관한 입법론의 개요와 경과 등을 먼저 살펴본다(II). 그리고 통상임금 입법론에 관한 일반적인 검토를 행한 후(III), 입법 논의 과정에서 나타난 구체적인 쟁점에 대해 논의하고자 한다(IV).

II. 통상임금 입법론의 내용과 경과

1. 통상임금 입법론의 개요

통상임금 제도에 관한 입법론은 크게 통상임금 제도를 유지하는 방안과 이를 폐지하고 새로운 가산임금 산정 기초 임금을 만드는 방안으로 나눌 수 있다.

전자는 다시 ① 변동적 급여를 제외하고, 고정적으로 지급되는 모든 급여를 통상임금 범위에 포함하는 방안(노사관계제도선진화연구위원회, 2003: 176~178), ② 통상임금 범위를 '소정 근로에 대해 지급하기로 정한 모든 임금'(가산임금, 성과급 제외)으로 정의하는 방안(김홍영, 2013b: 16), ③ 통상임금의 범위를 1개월을 기준으로 삼아 접근하는 방안(박지순, 2013: 59), ④ 통상임금에 포함되는 임금 혹은 포함되지 않는 임금을 예시하는 방안, ⑤ 통상임금 범위를 판례 법리에 따라 정리하는 방안(노상헌, 2014a: 223), ⑥ 고용노동부 예규를 판례에 맞춰 고치고 별도 입법은 하지 않는 방안(노상헌, 2014a: 230) 등으로 나눌 수 있다.

후자는 ① 통상임금과 평균임금을 표준임금으로 단일화하는 방안과 ② 가산임금 산정 범위를 개별적으로 규정하는 방안(근로기준법에서 통상임금 용어를 없애고 통상임금 개념을 사용하던 기존 제도에 대해서는 평균임금을 적용하거나 그 기준임금을 개별적으로 규정하는 방식)으로(박종희, 2014: 83~84) 나눌 수 있다.

위 논의와 별도로, 노사 합의로 통상임금의 범위를 근로기준법보다 하회하는 수준에서 정하는 것을 허용하는 방안(개방 조항)도 제안된 바 있다. 이는 다시 산업별·지역별 협약 등 초기업별 단체협약에 한정해 유효성을 인정하는 방안(김홍영, 2014a: 30), 과반수 노조의 노사 합의에 한정해 적용하는 방안(박종희, 2014: 85~86) 및 그러한 구분 없이 모든 노동조합의 노사 합의에 적용하는 방안(박지순, 2014: 17) 등으로 구분된다.

2. 최근 통상임금 입법 논의의 경과

금아리무진 판결 이후 통상임금과 관련된 노·사 대립이 심화되고 의원입법안이 제출되자, 2013년 6월 고용노동부 장관은 각계 전문가들로 임금제도개선위원회를 구성했다. 그리고 약 3개월의 논의를 거쳐 임금제도개선위원회 위원들이 합의한 통상임금 제도 개선을 위한 기본 원칙은 다음과 같다. ① 통상임금의 개념을 법률로 명시함으로써 법적 규범성과 안정성을 확보한다, ② 통상임금의 산입 범위에 관한 예측 가능성을 제고하고 해석상 논란을 최소화한다, ③ 미래지향적 관점에서 임금체계의 합리화 및 장시간 근로의 개선 등을 유인할 수 있도록 한다, ④ 업종별·기업별 다양성과 특수성을 감안해 노사의 대등성 확보를 전제로 자율적 합의를 존중한다, ⑤ 통상임금 제도 변화에 따른 부담을 최소화하고 노사가 협력해 연착륙시킬 수 있는 보완 대책을 강구한다는 내용 등이다(박지순, 2014: 15).

위 기본 원칙에 입각해 임금제도개선위원회는 두 개의 안, 즉 통상임금의 범위를 원칙적으로 명칭에 관계없이 소정 근로에 대해 지급하기로 정한 모든 임금으로 하되, 과도하고 급격한 통상임금 상승에 따른 부작용을 막을 수 있는 보완책을 병행하는 방안(1안)과 원칙적으로 1임금지급기(1개월) 내에 지급하는 모든 임금을 통상임금으로 하되 이를 초과하는 기간마다 지급되는 임금도 일정한 요건 하에 통상임금에 포함하는 방안(2안)을 제안했다(김홍영, 2014a: 29; 박지순, 2014: 15).

위 임금제도개선위원회의 논의 결과가 곧바로 입법으로 이어지지는 않았다. 구체적인 입법 논의는 국회 환경노동위원회에서 다시 진행되었다. 2014년 2월 국회 환경노동위원회의 합의에 따라 '노사정 사회적 논의를 위한 소위원회'가 구성되었다. 위 소위원회는 사회적 논의가 시급한 근로시간 단축, 통상임금, 정리해고 요건 완화 등 노사(노정)관계 개선 등을 주요 의제로 선정하고 입법 논의를 진행했으나, 합의안을 도출하지 못하고 2014년 4월 23일 그 활동을 끝마쳤다(한인상, 2014: 1). 위 소위원회의 논의 과정에서 노·사·정은 근로기준법에 통상임금의 정의를 명시하는 데 동의하고 경영 성과나 근로자 개인의 사정에 따라 지급되는 금품을 통상임금에서 제외한다는 데도 의견 접근을 이뤘다. 그러나 전원합의체 판결이 제시한 이른바 재직자 요건(즉, 재직자에게만 지급되는 임금은 통상임금에서 배제된다)을 입법적으로 어떻게 처리할 것인지에 관해 노·사·정의 의견이 강하게 대립함으로써 합의에는 이르지 못했다(2014. 4. 24. 중앙일보).

위 소위원회에서 최종적으로 논의된 통상임금 입법안의 내용은 다음과 같다. ① 통상임금을 시행령이 아닌 법률에서 직접 정의한다(근로기준법 제2조 또는 제50조), ② 통상임금의 개념 요소로서 정기성, 일률성, 고정성, 소정 근로 대가성을 명시한다, ③ 제외 부분은 "근로의 양 또는 질과 관계없거나 근로자의 개인적 사정에 따라 달리 지급하기로 정한 금품"이고 네거티브 리스트 방식의 위임을 통해 대통령령으로 구체화한다, ④ 대통령령에서 정하는 사항으로서 통상임금에서 제외되는 것은 (a) 근로자의 건강, 노후생활의 보장, 안전 등을 위한 보험료, (b) 근로자의 업적, 성과 등 추가적인 조건의 충족 여부에 따라 지급 여부·지급액이 미리 확정되지 아니한 임금, (c) 경영 성과에 따라 사후에 지급되는 금품 등이다.

당시 노동계는 통상임금의 정의 규정을 "'그 명칭 여하를 불문하고 소정 근로 또는 총근로에 대하여 사용자가 근로자에게 지급하기로 정한 일체의 금품을 말한다."는 내용(김준영, 2014: 33)으로, 경영계는 "근로자에게 소정 근로의 대가로 정기적·일률적·고정적으로 지급하기로 정한 임금을 말한다. 다만 1개월을 초과하는 기간마다 지급되는 임금과 기타 대통령령으로 정하는 임금은 제외한다."는 내용(이동응, 2014: 43)으로 신설할 것을 주장했다.

고용노동부는 통상임금 정의 규정을 근로기준법에서 규정하되, 해석상 논란을 최소화하기 위해 제외 금품을 법령에 명시하고 개방 조항을 두는 것을 제안했다. 그리고 1임금지급기를 기준으로 통상임금을 정하는 경영계 안과 정기상여금 등 특정 금품의 경우 재직자 요건이 있더라도 통상임금성을 인정하는 노동계 안에 대해서는 각각 부정적 입장을 취했다(임무송, 2014: 54). 이철수 교수는 재직자 요건에 대한 입법적 결단이 가능하지만 만약 입법이 불가능하다면 판례 법리의 발전을 기다릴 수 있다는 입장을 표명하고, 개방 조항에 대해서는 전국적·지역적 차원에서 산업별·업종별 단체협약을 통해 통상임금의 범위를 정하면 이를 우선적으로 적용하는 방안을 제안했다(이철수, 2014b: 17).

2014년 9월 경제사회발전노사정위원회는 '노동시장구조개선특별위원회'를 구성해 2014년 12월에 '노동시장 구조개선의 원칙과 방향'에 대해 합의하고, 우여곡절 끝에 2015년 9월 15일 노사정 대타협에 이르렀다. 그 합의문에서 노·사·정은 통상임금 개념 정의와 관련해 "통상임금이란 그 명칭 여하를 불문하고 소정 근로에 대하여 사용자가 근로자에게 정기적, 일률적으로 지급하기로 사전에 정한 일체의 금품이다."라고, 제외 금품과 관련해 "근로의 양과 질과 관계없거나 근로자의 개인적 사정에 따라 달리 지급하기로 정한 금품은 제외하도록 법률에 규정하되, 구체적인 유형은 시행령에 위임할 수 있도록 한다."고 규정하고 시행령에 규정할 제외 금품의 예시로서 "① 근로자의 건강, 노후생활 보장, 안전 등을 위한 보험료, ② 근로자 업적·성과 등 추가적인 조건의 충족 여부에 따라 지급 여부·지급액이 미리 확정되지 아니한 임금, ③ 경영 성과에 따라 사후적으로 지급되는 금품"을 들었다(경제사회발전노사정위원회, 2015: 10-11).

한편 9·15 대타협 직후인 2015년 9월 16일 새누리당은 김무성 의원이 대표 발의한 근로기준법 일부개정법률안을, 2015년 10월 29일 새정치민주연합은 은수미 의원이 대표 발의한 근로기준법일부개정법률안을 제출했다. 관련 법률안의 내용은 아래와 같다.

현행	김무성 의원안	은수미 의원안
제2조(정의) ①이 법에서 사용하는 용어의 뜻은 다음과 같다.	제2조(정의) ① ______________________________.	제2조(정의) ① ______________________________.
1. ~ 6. (생략)	1. ~ 6. (현행과 같음)	1. ~ 6. (현행과 같음)
〈신설〉	7. "통상임금"이란 제5호에 따른 임금으로서 그 명칭에 관계없이 사용자가 근로자에게 소정 근로 또는 총근로(임금을 도급금액으로 정한 경우로 한정한다)에 대하여 정기적 · 일률적으로 지급하기로 사전에 정한 일체의 금품을 말한다. 다만, 근로자의 개인적 사정 또는 업적, 성과, 그 밖에 추가적인 조건 등에 따라 지급 여부나 지급액이 달라지는 등 대통령령으로 정하는 금품은 제외한다.	7. "통상임금"이란 그 명칭에 관계없이 사용자가 근로자에 대하여 지급하기로 정한 임금을 말한다. 정기적, 일률적으로 지급하기로 정한 임금은 모두 통상임금에 해당한다. 다만 다음 각 목의 경우는 대통령령이 정하는 범위 내에서 통상임금에서 제외한다. 가. 설, 추석 명절을 위한 상여금 나. 근로자의 건강 또는 안전을 위한 보험료 다. 근로자의 업적 또는 성과에 따라 나중에 지급 여부와 지급액이 확정되는 임금 라. 경영 성과에 따라 지급되는 금품

Ⅲ. 통상임금 입법론에 대한 일반적 검토

통상임금과 관련된 불필요한 분쟁을 막기 위해서는 통상임금 개념, 범위 등을 입법적으로 정비해서 노사의 예측 가능성을 높여야 한다는 데에는 대부분 동의하고 있다. "가장 최악의 접근 방법은 개별 기업들의 노사가 통상임금 문제[…]에 대해 개별적으로 해결책을 찾도록 맡겨 두는 것"이기 때문이다(배규식, 2014: 58). 이것이 글자 그대로의 '통상임금' 제도를 유지하자는 뜻은 아니다. 입법적 방안과 관련해서 중요한 것은 '통상임금'이란 명칭이 아니라 가산임금의 기초를 무엇으로 삼을 것인지 여부다. 통상임금이 장시간 근로를 예방하기 위한 가산임금의 기초이며 도구라는 점을 고려하면, 이를 선험적 개념 또는 반드시 존재해야 하는 개념으로 봐야 할 절대적 근거는 없기 때문이다(도재형, 2014b: 123-124).

입법의 필요성에 동의한다는 것이 입법을 통해 통상임금에 관한 모든 문제를 해결할 수 있다는 기대로 이어져서는 안 된다. 즉, 가산임금의 계산 기초로서 어떤 '개념'을 사용하는 이상 해석상 다툼을 일거에 해결할 수 있는 방안이 없다는 현실을 받아들여야 한다.[48] 법률의 모든 개념은 해석상 다툼을 낳고, 그 문제는 실질적 기준에 의해 판단할 수밖에 없다. 이는 전원합의체 판결을 통해 법원이 통상임금 법리를 상세하게 판단한 현 시점에서도, 해석과 관련된 논쟁이 계속되는 현상을 볼 때 분명하게 예상된다. 이것이 해석상 다툼을 방치하자는 의미는 아니다. 오히려 발생 가능한 한 모든 경우의 수를 상정하고 입법적 해결 방안을 모색함으로써 관련 분쟁을 줄이려는 노력을 기울여야 한다는 뜻이다(도재형, 2014c: 209).

통상임금 제도 입법에서 지켜져야 할 원칙은 아래와 같다.

첫째, 한국의 장시간 근로 현실을 타개해야 한다는 점을 동의한다면, 통상임금 입법 논의는 실근로시간 축소를 유도하는 수단을 마련하는 방향으로 진행되어야 한다(박수근, 2014: 146).[49] 앞에서 살펴본 바와 같이,

---

48 이러한 점에 비춰볼 때, 임금의 구성 항목이 매우 다양하고 복잡한 우리나라의 기업 현실에서 통상임금을 법령에서 일률적으로 규정하기는 어렵고, 2013년 전원합의체 판결이 제시한 재직자 요건에 관한 논란이 계속되는 상황에서 통상임금 입법이 새로운 혼란을 일으킬 수 있다는 노상헌 교수의 우려를 이해할 수 있다. 이런 문제 의식에서 노상헌 교수는 판례 법리의 정착을 기다린 후 고용노동부가 행정해석 등을 통해 판례 법리를 일목요연하게 정리하는 방안을 제안하고 통상임금의 범위를 구체적으로 나열하는 방안에 대해서는 신중할 필요가 있다고 지적했다(노상헌, 2014a: 223, 231).

49 통상임금 제도의 입법화와 목적과 관련하여 기업의 생산성과 경영 성과와 임금이 서로 연계되는 '임금 체계 개편'에 있다고 보는 견해(박지순, 2015: 28)가 있으나, 이는 개별 기업의 임금 체계와 관련된 것이지 통상임금 제도 자체와 연결된 것이라고 보기는 어렵다. 왜냐하면 기업

현행 통상임금 제도로는 가산임금 제도를 통해 장시간 근로를 억제하겠다는 근로기준법의 입법 취지를 실현하는 데 어려움이 있다. 이러한 단점을 보완하고 가산임금 제도로서의 입법 취지를 달성하기 위해서는 통상임금의 범위를 글자 그대로 소정 근로에 대한 대가로서의 '통상의 임금'에 더욱 접근시켜야 한다.

둘째, 통상임금 입법 논의에서 노·사의 자주적 합의 내용을 존중할 필요가 있지만, 그와 함께 그 한계도 분명하게 인식할 필요가 있다. 제3절에서 살펴본 바와 같이 특히 대규모 사업장에서 노동조합과 기업은 장시간 근로 실태를 개선하기 위한 노력을 기울이지 않았다. 이로 인해 대규모 사업장일수록 초과근로를 통한 임금 소득이 근로자 개인의 전체 임금 소득에서 차지하는 비중이 커지는 현상이 벌어지고 있다. 이 점에 비춰볼 때, 기업별 노동조합 등에 근로기준법상 통상임금 제도의 강행성을 약화시킬 수 있는 힘을 주는 것은 우리나라의 장시간 근로 현실을 개선하고 일자리를 확대하는 데 도움이 되지 않을 것이다.

셋째, 근로기준법 개정을 통해 통상임금 제도를 입법화하는 것이 타당하다. 통상임금이 근로기준법의 위임 근거 없이 시행령에서 정의 규정을 두고 있는 현재 상황은 우선적으로 시정되어야 한다(박종희, 2014: 68). 그리고 시행령이나 행정규칙 등에서 통상임금의 범위를 정할 수 있도록 해서는 안 된다. 이는 과거의 경험에 기초한 것이다. 즉, 과거 정부가 통상임금에 포함되는 임금의 범위를 판례와 다르게 의식적으로 축소 해석했던 것을 고려할 때, 통상임금 범위가 행정부에 의해 좌우되게 해서는 안 된다. 따라서 9·15 대타협에 의해 통상임금에서 배제되는 금품 또는 사유는 법률에서 한정적으로 열거함이 바람직하다. 시행령에서는

의 생산성과 경영 성과란 것은 법정근로시간 또는 소정 근로에 터 잡아 고민해야 하는 것이고, 이것이 초과근로와 연결되는 것은 예외적이기 때문이다.

제외되는 금품 항목을 조금 더 구체적으로 확인하거나 해석상 주의해야 할 점 등을 규정하도록 함으로써 통상임금과 관련된 정부의 구태가 재연되지 않도록 해야 한다(노상헌, 2014a: 223).

넷째, 통상임금 입법 논의 과정에서 통상임금에 대한 법원의 이해 방식, 즉 판례 법리를 무시한 채 통상임금 제도를 설계해서는 안 된다. 전원합의체 판결에서 나타난 것처럼 법원이 임금일체설을 유지하고, 통상임금 범위를 정할 때 임금지급기와 같은 형식적 기준을 사용하지 않는다는 점을 존중해야 한다. 물론 이것이 전원합의체 판결 내용대로 통상임금 정의 규정을 입법화하자는 뜻은 아니다(도재형, 2014a: 194). 다만, 통상임금의 개념에 관한 판례 법리를 염두에 두면, 그 입법 과정에서 실익(實益) 없는 논쟁을 피하고 현재 기업 현실에서의 혼란을 최소화할 수 있다는 것이다.

Ⅳ. 통상임금 입법과 관련된 구체적 쟁점에 대한 검토

1. 임금지급기 논쟁

지난 2012년 이후 통상임금 논쟁 과정에서 원칙적으로 그 지급기가 1개월 이내의 임금만을 통상임금에 포함시켜야 한다는 주장은 처음에는 해석론의 형식으로, 2013년 전원합의체 판결에서 그 주장이 배척된 이후에는 입법론의 모습으로 꾸준히 제기되고 있다. 앞에서 살펴본 바와 같이 임금제도개선위원회의 2안 역시 통상임금의 핵심 기준의 하나로 1임금지급기 내에 지급되는 임금인지 여부를 제시했다. 즉, 1개월 이내에 지급되는 고정적 임금이라면 그 성격이나 추가적인 조건에 관계없이 소정 근로에 대한 대가로 인정하되, 1개월을 초과하는 임금은 상대적으로 소정 근로의 대가로서의 의미가 약화되고 다른 추가적 사유가 포함될 가능성이 높다고 본 것이다(박지순, 2014: 16).

그러나 통상임금 범위를 정할 때 임금지급기를 기준으로 삼는 것은 바람직하지 않다. 임금과 관련해 그 지급기를 기준으로 삼아 사용자가 근로자에게 지급하는 금품 항목의 성격을 판단하는 방식은 매우 이례적이다. 왜냐하면, 그렇게 할 경우 기업이 임금과 관련된 근로기준법의 규정을 회피하는 것이 너무 쉬워지기 때문이다. 제3절에서 설명한 바와 같이 2013년 전원합의체 판결에서도 1임금지급기란 기준을 사용할 수 없다는 점을 분명히 했다.

이와 관련해 통상임금과 최저임금의 유사성을 고려해 통상임금의 범위가 정해져야 한다는 견해가 있다. 즉, 최저임금법에서 최저임금을 정할 때 기준이 되는 1임금지급기란 요소가 통상임금 제도에서도 필요하다는 것이다(박지순, 2014: 17).

그러나 최저임금법상 최저임금과 통상임금은 그 성격이 다르다. 판례에 따르면, 통상임금은 사전적 개념인데 비해 최저임금은 평균임금과 비슷하게 사후적 개념처럼 다뤄지고 그 계산 방법도 다르다. 예컨대 대법원 2007. 6. 29. 선고 2004다48836 판결은 "사용자는 최저임금법이 적용되는 경우라도 반드시 근로자가 실제로 근무한 매시간에 대해 최저임금액 이상의 임금을 지급하여야 하는 것은 아니고 근로자와의 근로계약에서 정한 임금 산정 기준기간 내에 평균적인 최저임금액 이상을 지급하면 된다."고 판시한 바 있다. 최저임금액을 산정하는 계산 기초가 되는 근로시간과 관련해서도 대법원 2007. 1. 11. 선고 2006다64245 판결은 "여기에서 말하는 '1주 또는 월의 소정근로시간'은 근로기준법 제20조에서 정한 근로시간을 말하고 이는 근로기준법 시행령 제6조 제2항 제3호, 제4호에 의해 산정되는 '1주 또는 월의 통상임금 산정 기준시간 수'와 같을 수 없음을 아울러 지적해 둔다."고 판시했다.

위와 같은 점에 비춰볼 때, 임금지급기를 기준으로 삼아 통상임금의 범위를 결정하는 것은 바람직하지 않다.

2. 재직자 요건 논쟁

전원합의체 판결에 의하면, 이른바 재직자 요건이 붙은 임금 항목은 통상임금에서 배제될 수 있다. 어떤 임금 항목이 특정 시점의 재직자에게만 지급될 경우 그것은 통상임금이 아닐 수 있다는 것이다.[50] 이로써 특정 임금 항목을 통상임금에서 배제할 수 있는 사용자 쪽의 수단이 확대되는 결과가 초래되었다(도재형, 2014a: 195). 이러한 점 때문에 통상임금 입법 논의 과정에서 재직자 요건의 영향을 최소화하는 규정이 필요하다는 입장과 이에 반대하는 입장이 대립하게 되었다.

재직자 요건에 대한 입법론을 검토하기 위해서는 먼저 해석론에서의 다툼을 살필 필요가 있다. 제3절에서 살펴본 것처럼 2013년 전원합의체 판결이 재직자 요건이 있는 금품 항목이 통상임금에서 배제된다고 판시한 이후, 재직자 요건이 있는 모든 금품이 통상임금에서 배제되는지에 대해서 소극설과 적극설이 대립하고 있다. 개인적으로는, 재직자

---

50 대법원 2013. 12. 18. 선고 2012다89399 전원합의체 판결의 관련 판시 내용은 다음과 같다. "근로자가 소정 근로를 했는지 여부와는 관계없이 지급일 기타 특정 시점에 재직 중인 근로자에게만 지급하기로 정해져 있는 임금은 그 특정 시점에 재직 중일 것이 임금을 지급받을 수 있는 자격 요건이 된다. 그러한 임금은 기왕에 근로를 제공했던 사람이라도 특정 시점에 재직하지 않는 사람에게는 지급하지 아니하는 반면, 그 특정 시점에 재직하는 사람에게는 기왕의 근로 제공 내용을 묻지 아니하고 모두 이를 지급하는 것이 일반적이다. 그와 같은 조건으로 지급되는 임금이라면, 그 임금은 이른바 '소정 근로'에 대한 대가의 성질을 가지는 것이라고 보기 어려울 뿐 아니라 근로자가 임의의 날에 근로를 제공하더라도 그 특정 시점이 도래하기 전에 퇴직하면 당해 임금을 전혀 지급받지 못하여 근로자가 임의의 날에 연장·야간·휴일근로를 제공하는 시점에서 그 지급 조건이 성취될지 여부는 불확실하므로, 고정성도 결여한 것으로 보아야 한다."

요건만으로 통상임금 해당 여부를 판단할 수 있다고 보는 견해는 타당하지 않고 특정 임금 항목을 통상임금에서 배제할 목적으로 재직자 요건을 추가하는 것은 탈법행위로 봐야 한다고 생각한다.

특히 재직자 요건이 퇴직일이 포함된 임금산정기에 제공된 근로에 대한 대가인 임금을 사전에 포기시키거나 일방적으로 미지급하겠다는 것으로서 무효라는 주장까지 제기되고 있다는 점을 주목할 필요가 있다(김성진, 2014: 111; 김홍영, 2014b: 43). 극단적인 예이긴 하지만, 단지 재직자 요건이 있다는 이유만으로 전체 임금의 30~40%를 지급받지 못하는 불안정한 상황이 합법화된다면, 이는 우리 헌법 제32조 제1항 소정의 적정임금이나 헌법 제33조 제3항 소정의 인간의 존엄성을 보장하는 근로조건의 기준이라고 보기는 어렵다. 따라서 그런 임금 조건은 근로기준법에 위반되거나 반사회질서 행위로서 무효라고 봐야 할 것이다(김홍영, 2014b: 43).

위와 같은 점에 비춰볼 때, 통상임금에 관한 새로운 입법에서는 재직자 요건이 특정 금품 항목의 통상임금성에 영향을 끼치지 않는다는 점을 분명히 하거나 적어도 그 영향을 최소화하는 방향으로 규정되어야 한다.

3. 개방 조항 논쟁

통상임금과 관련해 단체협약 등 노사 합의가 존재하는 경우 근로기준법의 강행성을 부정할 수 있다는 주장 역시 최초에는 해석론의 형식으로 제기되었고, 2013년 전원합의체 판결에서 배척된 이후에는 입법론의 모습으로 계속 유지되고 있다. 예컨대, 노사 합의가 있는 경우 가산임금 산정과 관련한 근로기준법상 규정의 효력을 임의화하는 규정 신설이 필요하다는 주장이 그것이다(박종희, 2014: 85).

그러나 단체협약 등 기업 내 노사 합의에 통상임금에 관한 근로기준법 적용을 배제하는 효력을 부여하는 것은 노동법 원리에 어긋난다. 그렇기 때문에 전원합의체 판결조차도 노사 합의가 있는 경우 신의칙을 통해 가산임금 청구를 금지할 수 있는 법리를 한시적으로만 적용한 것이다. 개방 조항의 설치가 필요하다는 주장은 통상임금이 단지 법정수당 등의 계산 수단으로서의 의미만이 아니라 근로기준법의 초과근로수당 등의 산정 기초로서 장시간 근로를 방지하는 역할과 생활보장적 기능(예컨대 해고예고수당)을 함께 수행하고, 그 점에서 강행성과 효력규정으로서의 성격을 갖는다는 점을 간과하고 있다(도재형, 2013b: 80). 제2절에서 설명한 것처럼 근로기준법의 강행성은 노사 합의라는 형식을 빌려 근로자로 하여금 근로기준법이 정한 기준에 미달하는 근로조건을 감수하도록 하는 것을 저지하는 것을 포함한다(근로기준법 제1조, 제15조; 강용현, 1993: 290).[51]

개방 조항이 장시간 근로 현실을 개선하는 데 도움이 될 수 있는지에 대해서도 의문이다. 노사 합의가 한국에서 장시간 근로 현실에 끼친 부작용을 간과해서도 안 된다. 제3절에서 살펴봤듯이 한국의 장시간 근로 현실은 기업이 상대적으로 낮은 임금 수준에서 장시간 노동을 유인하기 위해 초과근로를 이용하고 근로자는 상대적으로 낮은 기대임금을 보전하기 위해 과잉 근로를 감내하는 상호 관계에 의해 고착되었으며, 노동조합은 이러한 조합원의 이해관계를 묵인하고 추종했다. 이러한 점을

51 이와 같은 점에 비춰볼 때 "노사(집단적)자치에 대해 강행규정에 우선하는 지위를 부여할 수 있는 논거는 대립과 대등성이 담보되는 노사자치(집단적 자치)에 대해서는 국가의 보호가 특별히 필요하지 않다는 점에서 찾아볼 수 있다. 즉, 이 한도에서 입법자에 의해 보호되는 최저기준이 집단적 자치의 영역에서는 더 이상 통용되지 않을 수 있음을 의도한다."란 주장(박종희, 2014: 65)은 근로기준법과 협약 자치의 관계를 잘못 이해한 것처럼 보이지만, 이 주장 역시 근로기준법의 허용 규정, 즉 개방 조항이 신설되어야만 단체협약을 통한 근로기준법의 강행적 효력을 배제할 수 있다고 설명하고 있다(박종희, 2014: 85).

고려할 때 개방 조항을 통해 기업과 노동조합 사이의 담합 구조를 법률적으로 용인하는 것은 우리나라의 장시간 근로 실태를 타개하는 데 부정적 효과를 주게 될 가능성이 크다.

과반수 노조라 해서 사정이 달라지지는 않는다. 가산임금 제도의 중요한 목적이 장시간 근로의 방지라는 점에 비춰볼 때, '과반수 노동조합'이 강행법규인 근로기준법의 적용을 배제하는 근거로 합당한지에 대해서는 의문이 있다. 과반수 노동조합이 근로시간의 축소를 통한 가산임금의 포기보다는 장시간 근로를 선택할 가능성이 여전하기 때문이다. 이것은 우리 근로기준법이 지향하는 바가 아니다. 법률이 지향하는 바가 당사자의 이익을 좇는 것이 아니라 공동체 전체의 합의와 사회적 목적에 부합해야 한다는 점을 고려할 때 위 방안은 득(得)보다는 실(失)이 많다. 만약 우리나라의 단체협약의 체결 실태가 전국적 단위의 산업별 협약이 주류이고 그 적용률 역시 광범위하다면, 이 경우 단체협약은 입법과 비슷한 모습을 띠기 때문에 좀더 유연하게 접근할 수 있을 듯하다. 그런데 현재 우리나라의 단체협약은 기업별 협약이 대부분이고 지역적 단위의 것도 매우 드물다. 이런 상황에서 위 방안은 현재의 장시간 근로 실태를 (특히 좋은 일자리를 제공해야 하는 대규모 사업장에서) 그대로 유지시킬 가능성이 크다.

결국 개방 조항 신설이 가능하기 위해서는 근로자 쪽 주체가 ① 주체나 합의의 형식에서 자주성과 대표성을 가져야 하며, ② 스스로 실근로시간을 규율할 수 있는 역량을 가져야 한다. 또한 법률에 상당하는 규범력을 담보할 수 있는 산업별·지역별 협약 등 초기업별 단체협약으로 근로시간을 규율하는 방식이 적절하다. 나아가 초기업별 단체협약이면서도 사업장에서 미조직 근로자에게도 효력이 있는 규범력을 갖는 단체협약이어야 하므로, 특정 사업장에서 개방 조항으로서의 효력을 갖추려면 일반적 구속력 또는 지역별 구속력을 갖거나 단체협약의 내용을 취업규칙에 반영해 전체 근로자에게 적용하는 경우여야 할 것이다(김홍영, 2014a: 30).

V. 소결

9·15 대타협에서 노·사·정은 "노사는 통상임금 포함 여부 등을 둘러싼 소모적인 갈등을 방지하고 근로자의 안정적인 소득 확보와 기업의 생산성 향상에 기여할 수 있도록 임금 구성 단순화와 지급 요건 명확화가 이뤄질 수 있도록 상호 협력한다."고 합의했다. 이러한 합의 내용은 향후 통상임금 입법 과정에서 존중되어야 할 것인 바, 이에 대한 개인적 해석을 제시함으로써 이 절을 마무리하고자 한다.

첫째, 근로자의 안정적인 소득 확보에 기여하기 위해서는 재직자 요건에 터 잡아 특정 임금 항목을 통상임금에서 배제할 수 있다는 법리의 적용 범위를 최소화할 수 있도록 노력해야 한다. 고용노동부의 해석 지침에 의해 촉진된 것이긴 하지만, 전원합의체 판결 이후 이미 많은 기업에서 각종 수당에 재직자 요건을 추가함으로써 통상임금의 범위를 축소하기 위해 노력하고 있다. 이로 인해 임금(수당) 지급 당시의 재직 여부에 따라 근로자가 자신이 제공한 노동의 대가를 받지 못하는 결과가 초래되거나 어떤 임금(수당) 항목을 받기 위해 자신의 뜻에 어긋나게 노동을 지속해야 하는 상황이 초래될 수 있다. 이런 상황은 근로자의 안정적인 소득 확보라는 9·15 대타협의 합의에 어긋난다.

둘째, 기업의 생산성 향상에 기여할 수 있도록 하기 위해서는 통상임금이 글자 그대로 "통상적으로 근로자가 받는 임금"과 동일하거나 그에 근접해야 한다. 이렇게 해야만 기업은 근로기준법이 의도한 대로 초과 근로에 대해 경제적 부담을 느끼고, 낮은 임금에 기대지 않고 기술 개발

등 혁신에 관심을 갖게 될 것이다. 그리고 기업이 초과근로보다는 신규 채용을 하도록 유인함으로써 좋은 일자리를 만드는 데도 순기능을 할 것이다. 근로자 역시 근로기준법이 예정한 휴식 시간을 확보함으로써 작업 능률을 높이고 자기 계발에 쏟을 시간을 확보할 수 있다.

셋째, 임금 구성의 단순화와 지급 요건의 명확화 역시 위와 같은 취지에서 생각할 수 있다. 근로기준법이 초과근로에 대해 가산임금 제도를 마련한 것은 복잡한 임금(수당) 체계를 전제한 것이 아니다. 각종 급여 규정에서 지급 조건을 달리하는 여러 수당을 마련하고 이로 인해 통상임금에 관한 분쟁이 계속되는 것은 근로기준법의 입법 취지에 어긋나고 노·사 모두의 예측 가능성을 떨어뜨리는 결과를 초래한다. 따라서 통상임금 입법은 기업이 복잡한 임금(수당) 체계를 만들 유인을 낮추는 방향으로 설계되어야 한다. 그렇지 않으면, 근로자의 교섭력이 약한 기업에서만 통상임금의 범위를 축소하는 방식으로 임금 체계가 개편됨으로써 통상임금 입법이 근로자들 사이의 소득 양극화가 심화되는 역할을 수행하는 결과를 초래할 수 있다는 점도 유의해야 한다.

제5절 | 결론

노동법은 헌법의 복지국가 원리에 터 잡아 사회적 기본권을 구체화한 법률이다. 복지국가 원리가 자본주의적 경제 질서를 전제하면서도 그것과 갈등 관계에 있다는 점을 고려할 때, 노동법과 시장이 서로 영향을 주고받는 것은 당연하다. 이는 노동 판례의 경우에도 마찬가지다. 노동 판례는 노동법이라는 규범과 노동 시장이라는 현실 사이에서 형성된다. 이 점에서 노동 판례는 다른 어떤 법체계보다 사회 현실과 밀접하게 연결되어 변화하는 과정을 겪는다. 2013년 전원합의체 판결은 노동 판례가 현실 세계에 어떤 영향을 미치고 현실 세계로부터 어떤 영향을 받는지를 분명하게 드러냈다. 특히 위 전원합의체 판결에서 법원이 경제적 논리를 수용해 신의칙이라는 무리한 도구를 사용함으로써 근로자의 임금 청구를 제한한 것은 한국이 이른바 기업국가[52]라는 사실을 드러내는 상징적 사건이었다(도재형, 2013a: 202-203).

52 기업국가에 대한 김상봉 교수의 설명은 다음과 같다. "기업국가란-링컨의 유명한 말에 빗대어 표현하자면-기업을 위한, 기업에 의한, 기업의 국가를 의미한다. 인민을 위한 인민에 의한 인민의 국가가 아니라, 기업을 위해 존재하며, 기업에 의해 통제되고 조종되며, 그런 까닭에 기업의 이윤 추구의 수단이 되어버린 국가가 바로 기업국가이다. 그 결과 점점 더 기업을 닮고 기업에 동화되어 이윽고 그 자체로서 기업이 되어버린 국가가 바로 기업국가이다. 그런데 지금 대한민국이 바로 그런 기업국가인 것이다"(김상봉, 2012: 26).

2013년 전원합의체 판결이 한국의 장시간 근로를 타개하는 데 긍정적 효과를 발휘할지에 대해서는 현재까지도 낙관론과 비관론이 함께 나타나고 있다. 그러나 분명한 점은 노사가 함께 장시간 근로 문제 및 현재의 비정상적인 기업 내 임금 제도를 타개하기 위한 노력을 기울여야 하고, 이를 사법적 영역에서 다툴 승패의 문제로 접근해서는 안 된다는 것이다. 이는 정부도 마찬가지다. 정부가 개별 기업의 임금 소송의 승패에 미칠 영향을 고려해서 통상임금 논의를 진행한다면, 장시간 근로 문제 해결을 위한 조정 역할을 할 주체를 찾기 어려워지기 때문이다. 요컨대, 노·사·정이 통상임금을 가산임금 청구 소송의 관점에서 벗어나 장시간 근로 문제를 해결하기 위한 수단으로 바라봐야 한다(도재형, 2013a: 203).

이 점에서 전원합의체 판결이 그동안 많은 문제점을 누적해 온 한국의 임금 체계를 합리적으로 개선하고, 장시간 근로 체계로부터 한국 기업이 탈출할 기회로 작용할 가능성도 존재한다. 전원합의체 판결이 통상임금에 대한 기존의 노사 합의에 시한부 생명만을 부여함으로써 대규모 사업장에서 기존 임금 제도를 개편해야 하는 상황에 처했기 때문이다. 모든 임금(근로시간) 체계의 변화는 사용자가 주도할 때만 가능한 것인데, 전원합의체 판결은 기업에 그런 변화가 필요한 시점이란 신호를 준 것이라고 볼 수 있다(도재형, 2013a: 203-204). 다만, 이것이 통상임금에 관한 입법이 무조건 좋다는 것을 뜻하지는 않는다. 통상임금 입법은 신중하게 논의되어야 한다.

통상임금 입법론은 장시간 근로 문제와 연결해서 고민해야 한다. 장시간 근로를 개선하지 않고서는 우리나라의 일자리 문제 또는 근로자들 사이의 양극화 문제를 해결하는 것은 불가능하기 때문이다. 헌법과 근로기준법의 취지에 비춰볼 때, 원칙적으로 기업의 노동력 이용은 법정 근로시간과 소정근로시간 안에서 행해져야 하고 초과근로는 예외적이어야 한다. 이 점에서 통상임금의 범위를 획정하는 것이 중요한 의미를 갖는다. 만약 그것이 통상의 임금 수준보다 하회할 경우, 기업은 장시간 근로를 일반화할 수 있는 작업 조건과 근로조건을 만드는 데 주저하지 않을 것이기 때문이다. 또한 개방 조항의 신설은 매우 신중하게 검토되어야 하며, 노사 담합 구조를 법적으로 추인하는 결과가 초래되어서는 안 된다(도재형, 2014b: 130).

9·15 대타협에서 통상임금 입법에 관해 합의가 이뤄진 상황임에도, 통상임금에 관한 입법이 단시간 내에 이뤄질 수 있을지에 대해 낙관하기는 어렵다. 노·사·정 모두 그 필요성은 인정하지만, 자신의 주장을 양보하면서까지 입법을 할 유인은 적기 때문이다(도재형, 2014b: 129-130). 그럼에도 불구하고, 통상임금 문제를 비롯한 장시간 근로 관련 쟁점에 대한 입법 논의는 계속되어야 한다. 이를 위해서는 적어도 노·사 등 이해당사자들을 제외한 정부 및 학계만이라도, 개별 소송의 승패 문제에서 비껴나 한국의 장시간 근로 실태를 타개하고 합리적인 기업 내 임금 구조 마련을 유도한다는 목표 의식을 분명히 할 필요가 있다.

현재 임금 체계 개편 논의가 대규모 사업장 위주로 진행되고 있다는 점에 대해서도 고민이 필요하다. 조금만 눈을 돌려 보면, 지금 많은 시간을 들여 논의하는 주제가 실제 적용되는 사업장은 소수에 불과하다는 점을 쉽게 알아챌 수 있다. 만약 노동조합이 조직되어 있지 않은 중소 사업장을 염두에 둔다면, 논의의 내용은 달라질 것이다. 여기에서는 통상임금의 문제보다는 체불임금의 지급 및 최저임금 제도의 이행력 확보 문제 등이 수면 위에 떠오르기 때문이다(도재형, 2014c: 213).

임금 제도의 개편은 한국 사회의 소득 불평등과 사회적 양극화를 해소한다는 목적 하에 진행되어야 한다. 헌법은 국가에 사회·경제적 방법으로 근로자의 고용의 증진과 적정임금의 보장에 노력할 것을 요청하고 있다. 임금은 근로자 및 그가 속한 가계의 주요 소득이고, 헌법이 요청하는 적정임금은 좋은 일자리에서 나올 수 있다. 이 점에서 임금 문제는 고용 문제와 연결되어 있다. 임금 제도 개편과 관련된 논의는 한국 사회 전체 일자리를 관점에 두고 진행되어야 한다. 이렇게 해야 직무급 전환의 문제를 동일노동 동일임금의 시각에서 바라볼 수 있고, 영세 사업장에 소속된 저임금 근로자에 대한 정부의 사회보험료 지원을 통해 비공식 고용을 공식 고용으로 전환하려는 노력이 힘을 얻을 수 있다. 나아가 통상임금 소송과 관련된 현안뿐만 아니라, 소송이라는 절차를 쉽게 밟지 못하는 소규모 사업장 소속 근로자가 겪는 임금 체불과 저임금의 고통을 해소하려는 노력을 기울일 수 있을 것이다(도재형, 2014c: 213-214).

제7장

노동법의 위기와 회생, 그리고 과제

제1절 | 노동법의 위기와 회생[1]

I. 노동법의 위기

1987년 노동자 대투쟁을 통해 실질적 규범으로 등장한 노동법은 개별적 근로관계법과 집단적 노사관계법의 모든 영역에서 극적으로 노동 기본권을 확대하고 강화했다. 그러나 1990년대 들어 노동법은 노동 기본권의 강화와 보호보다는, 노동시장의 유연성을 제고하고 구조조정을 촉진하는 데 주목했다. 1990년대 초부터 정부와 경영계는 고용 유연화 정책을 추진했다. 1997년 외환위기는 유연화 정책이 중심부 노동력에게까지 확대되는 계기가 되었다. 2000년대 이후 정립된 '상시적 구조조정 시스템'은 근로자들에게 '상시적 고용조정'과 동일한 의미로 다가왔다. 노동은 다른 상품과 마찬가지로 개별 근로자별로 잘게 쪼개져야 하고, 단위 기업의 고용량은 상시적인 조정이 가능해야 하며 노동법이란 법적 규제는 철폐되어야 하는 대상이었다. 요컨대 1990년대 이후 우리가 경험한 것은 '노동의 재상품화'였고, 법학 내부적으로는 '노동법의 위기'였다(김선수, 2013:19). 이는 노동시장에 대한 민사법적 규

1 제7장은 도재형, "노동법의 위기와 회생, 그리고 과제", 「인권과 정의」 2016년 6월호, 대한변호사협회, 2016: 70-72, 75-88의 내용을 전재했다.

율을 확대하고 노동법의 적용을 배제하거나 그 범위를 축소하는 모습으로 나타났다. 시장은 절대적 규범으로 작동했다. 노동법을 포함한 모든 법률은 시장 기능을 보조하는 부수적 존재에 불과했다(강성태, 2012a: 218).

노동법의 역할 중 하나는 민사법이 가진 한계를 보완함으로써 노동계층을 실질적으로 법체계에 포섭하는 것이다. 이를 통해 근대 사법 질서와 자본주의 시장 질서는 유지될 수 있었고 민주주의 체계는 공고해졌다. 만약 노동계층이 입법과 사법 체계에 포섭되지 못했다면, 자본주의와 민주적 정치 체계가 유지되기는 어려웠을 것이다. 이 점에서 노동법은 민사법과 자본주의 체제의 치명적 약점을 극복하는 수단이었다(도재형, 2013a: 78). 문제는 위기를 극복한 이후 혹은 극복한 것처럼 보이는 순간부터, 노동법의 존재 의의는 약화될 수밖에 없다는 점이다. '사회적 형평'이라는 성과가 영원할 것으로 착각하고 경제적 효율성의 제고를 법의 가장 중요한 목표로 채택한 그 순간부터 노동법은 불필요한 천덕꾸러기로 취급되었다. 특히 1997년 외환위기는 경제적 위기 속에서 노동법의 존재 의의가 위협받는 극적인 계기가 된다.

진츠하이머(Hugo Sinzheimer, 1875-1945)는 1932년 발표한 "노동법의 위기"란 논문에서[2] 경제 대공황 이후 독일 노동법의 규범력이 훼손되던 상황을 묘사한 바 있다. 그에 따르면 경제 여건의 변화는 정치적 조정 과정을 거쳐 노동법에 간접적 영향을 미치지만, 경제가 심각한 구조적 위기에 처한 경우에는 노동법 역시 위기를 맞게 된다. 이때 노동법 체계를 지탱하는 합리성(rationality underpinning labor law)에 대한 문제제기(예컨대 민사법과 사회법 사이의 갈등)가 현실화되고 심각해지는데, 이

---

2 Hugo Sinzheimer, Die Krisis DES Arbeitsrechts, in *I ARBEITSRECHT UND RECHTSSOZIOLOGIE, GESAMMELTE AUFSÄTZE UND REDE 134-41*(Otto Khan-Freund & Thilo Ramm eds., 1976) (Coutu, 2013: 605에서 재인용).

갈등은 이데올로기적 논쟁과 노동법의 실증적 유효성(empirical effectiveness)의 급격한 쇠퇴에 의해 더욱 악화되고, 결과적으로 노동법의 정당성(legitimacy of labor law)까지 위협받는 상황에 이르게 된다는 것이다(Coutu, 2013: 609). 이러한 상황은 외환위기 이후 한국 노동법에서도 동일한 모습으로 재현되었다.

외환위기 이후 민사법적 관점에서 노동법의 규범적 정합성(normative coherence)에 대한 위협이 지속되었다. 노동법 체계가 소개된 이래 민사법은 노동법의 법학으로서의 정체성과 그 체제의 지속 가능성에 대해 의혹의 눈초리를 거두지 않았다(김선수, 2013: 18). 이는 민사법 체계가 '계약은 자유로운 의사의 합치'란 이해를 전제로 한다는 점을 고려할 때 당연한 것이다. 왜냐하면, 노동법은 계약의 요건으로서 종속성을 받아들였기 때문이다. 민사법의 눈으로 볼 때, 자유로운 인간이 계약의 체결을 통해 종속적 지위를 갖게 된다는 점을 받아들이기는 쉽지 않다. 이 점에서 민사법은 노동법이 자신의 존립을 위협하거나 법체계의 정합성을 훼손한다고 생각할 수 있다. 이것은 신자유주의적 구조조정 정책과 결합됨으로써 판례 법리에 의해 노동법의 적용 범위가 대폭 축소되는 상황으로 이어졌다(도재형, 2013a: 78).

법원은 민사법적 잣대를 노동 사건의 해결 기준으로 이용했다. 이로 인해 노동법의 실증적 유효성은 침식되었다. 1990년대 이후 노동법의 사각지대는 방치되었을 뿐만 아니라 법원에 의해 오히려 확대되었다. 이 시기 노동법은 근로자와 유사한 형태의 노무공급자를 자신의 보호 범위에서 배제했다. 이는 판례 법리에 의해 이뤄졌다. 법원은 근로자의 범위를 좁게 해석함으로써 이른바 특수형태근로종사자에게 노동법을 적용하지 않았다. 학습지 판매회사의 교육상담교사, 골프장 캐디, 보험설계사, 레미콘 차주 겸 운전기사 등 새롭게 등장한 노무공급자들의 단결권을 박탈하고 이들의 근무 조건을 민사법적 규율, 즉 계약 자유의 원칙에 맡겼다.[3] 또한 법원은 기간제 근로자들의 계약 갱신에 대한 사법적 심사 가능성을 배제함으로써 사실상 기업이 임의 고용 원칙에 따라 비정규 노동을 활용할 수 있도록 했다. 이들은 정규직 근로자들에 비해 더 많은 노동법적 보호가 필요했음에도, 법원은 이들의 고용 보호를 포기했던 것이다.

법원은 1997년 노동법 개정으로 도입된 정리해고 보호 법제를 탄력적으로 해석함으로써 외환위기 이후 진행된 수량적 고용조정 정책에 협력했다.[4] 나아가 구조조정에 대항하는 쟁의행위를 불법화해 정리해고 등 고용조정에 대한 노동조합의 단체교섭권을 박탈했다.[5] (마치 어떤 상품이 다른 상품의 용도 폐기를 슬퍼하지 않는 것처럼) 즉, 근로자가 동료 근로자의 정리해고에 대한 연대 활동과 저항을 포기하도록 함으로써 노동조합의 존재 의의를 훼손하고 노동조합의 교섭력을 약화시켰다. 정규직 근로자의 근로조건에 대한 사용자의 변경 권한 역시 강화했다. 법원은 취업규칙의 불리한 변경 시 집단적 동의 방식의 요건을 완화하고 이른바 사회적 합리성론을 확대 적용했으며, 포괄임금 계약의 유효성을 폭넓게 인정함으로써 초과근로수당 제도의 역할을 약화시켰다.[6]

이렇듯 노동법이 규율해야 할 상황임에도 입법의 부재 또는 형식적인 판단 잣대로 인해 노동법이 작동하지 않는 상태는 노동법의 유효성이 의심받는 중요한 원인이 되었다. 그리고 그나마 잔존하는 노동법의

---

3 대법원 1995. 6. 30. 선고 94도2122 판결, 1996. 4. 26. 선고 95다20348 판결, 1996. 7. 30. 선고 95누13432 판결, 1997. 2. 14. 선고 96누1795 판결, 2000. 1. 28. 선고 98두9219 판결, 2003. 1. 10. 선고 2002다57959 판결.

4 대법원 2002. 7. 9. 선고 2001다29452 판결, 2003. 11. 13. 선고 2003두4119 판결.

5 대법원 2003. 7. 22. 선고 2002도7225 판결, 2003. 12. 11. 선고 2001도3429 판결, 2003. 12. 26. 선고 2001도3380 판결, 2006. 5. 12. 선고 2002도3450 판결.

6 대법원 1998. 3. 24. 선고 96다24699 판결, 2001. 1. 5. 선고 99다70846 판결, 2002. 6. 14. 선고 2002다16958 판결, 2003. 11. 14. 선고 2001다18322 판결.

규범력은 정부의 소극적인 근로감독으로 인해 실제 사업장에서의 이행을 확보하는 데 역부족이었다.

결국, 노동법의 정당성 역시 위기에 처했다. 법원과 정부의 노동법에 대한 적대적 태도는 기업의 노동법에 대한 혐오감과 연결되어 실제 노사관계에서 노동법은 규범으로서의 정당성을 의심받았다. 노동법은 시장의 필요에 따라 언제든지 수정 가능한 것으로 인식되고 그 준수 여부는 사용자의 의사에 맡겨진 것처럼 이해되었다. 이로 인해 노동법을 지키지 않는 기업은 아무런 부끄럼 없이 시장의 논리로써 자신의 위법·탈법행위를 정당화하곤 했다. 이렇듯 노동법의 규범으로서의 정체성이 의심받고 노사관계에서 사법(私法)적 기준이 작동한 결과, 근로자들은 파편화되고(더욱 상품으로서의 모습을 띠게 되고) 노동조합은 무기력해졌다.

Ⅱ. 노동법의 회생

앞에서 설명한 노동법의 법적 합리성의 침식과 노사관계의 사법(私法)화 추세, 즉 노동법의 위기 상황은 2000년대 중반 들어 반전된다. 노동법 회생(回生)의[7] 실마리는 비정규 근로에 관한 판례 법리의 변화로부터 시작되었다. 법원은 신자유주의적 구조조정 정책을 추종함으로써 노동법의 위기를 초래한 주체임과 동시에 쇠퇴해 가던 노동법의 규범력을 회생시킨 주체였다. 특히 비정규 근로의 현실을 개선하려는 노력은 정부도 하기는 했으나, 그 가시적 효과는 법원의 판례를 통해 얻어졌다(강성태, 2012a: 214). 판례의 변화를 통해 노동법은 비정규 근로 영역과 집

7 다른 말로는 노동법의 재활성화(revitalization)라고 표현할 수도 있을 것이다.

단적 노사관계 영역에서 규범적 정합성을 어느 정도 회복할 수 있었다.

구조조정 정책에 관한 법원의 태도는 2000년대 초반 하급심에서 기간제 근로계약과 관련해 갱신 기대권 법리를 채택하면서부터 조금씩 바뀌었다. 이 판례 법리는 민사법적 관점에서도 받아들이는 데 거부감이 없었다. 사용자가 근로자에게 근로계약의 갱신에 관한 신뢰를 부여한 이상 그에 대한 책임을 진다는 것은 당연한 논리이기 때문이다. 사내하청 근로자의 근로조건에 실질적인 영향을 미치는 경우에는 원청업체가 노동법적 책임을 분담해야 한다는 법리도 마찬가지다. 법원이 노동법의 정당성에 대해 본격적으로 고민한 사건은, 위법한 근로자파견에 대해 구 파견법의 직접고용간주 규정을 적용해야 한다는 2008년 예스코 사건이었다. 예스코 사건에서 대법원은 파견법에 관한 문리 해석에 덧붙여, 직접고용간주 규정이 적법한 근로자파견에만 적용된다는 논리는 합법적인 사용사업자에게 불이익을 주게 되어 형평에 어긋난다는 점을 지적했다.[8] 법을 따르는 기업이 법을 위반한 기업보다 시장에서 유리해지지는 못하더라도, 적어도 더 불리하면 안 된다는 원리가 노동법 영역에서 나타난 것이다. 집단적 노사관계에서 노동법의 정합성은 2011년 전원합의체 판결을[9] 통해 강화되었다. 이 판결은 파업 관련 판결로서는 드물

8 관련 판시 사항은 다음과 같다. "직접고용간주 규정이 적법한 근로자파견에만 적용된다고 보면, 파견근로자보호법이 규정한 제한을 위반하여 근로자파견의 역무를 제공받은 사용사업주는 오히려 직접고용 성립 의제의 부담을 지지 않는 결과가 되어 법적 형평에 어긋나고, 특히 위 제5조 제1항에 정한 근로자파견 대상 업무에 해당하거나 같은 조 제2항에 정한 근로자파견 사유가 있기만 하면, 위 제7조에 의한 근로자파견사업의 허가를 받지 아니한 파견사업주로부터 근로자파견의 역무를 제공받은 사용사업주는 형사처벌을 받지 아니하게 되는데(제44조 제1호), 이 경우 사용사업주가 직접고용간주 규정조차도 적용을 받지 아니한다면 사용사업주로서는 당연히 근로자파견사업의 허가를 받지 아니한 파견사업주로부터 근로자파견을 받는 쪽을 더 선호하게 될 것이므로, 파견근로자보호법에 위반하는 행위를 조장하고 근로자파견사업 허가제도의 근간을 무너뜨릴 염려가 있으므로 타당하지 않다"(대법원 2008. 9. 18. 선고 2007두22320 전원합의체 판결).

게 헌법의 노동3권 조항을 논거의 기초로 삼았다. 이를 통해 1990년대 초 형성된 단결 금지 법리는 부분적으로 해체되었다.

위와 같이 2000년대 중반 이후 판례 법리가 변경되기 시작하자, 경영계는 민사법적 원리를 근거로 비정규 입법의 합헌성을 공격함으로써 노동법의 법체계적 정합성을 훼손하려고 시도하고 있다.[10] 정부 역시 통상임금의 예에서 드러나듯이 판례 법리에 어긋나는 행정예규(행정규칙)를 유지하거나 만들어냄으로써 노동법의 정합성을 훼손하는 것에 거리낌이 없다. 하위 규범인 행정예규를 통해 상위 규범인 판례 법리의 변화에 저항하겠다는 정부의 뜻은 노동법 분야에서 수직적 정합성을 깨겠다는 뜻에 다름 아니었다.

이러한 현실에서 향후 노동 판례의 변화 추세를 예상한다는 것은 무의미하거나 위험한 일일 수 있다. 그럼에도 굳이 시도한다면, 2000년대 중반 이후 변화된 판례 법리는 당분간 유지될 가능성이 높다고 말할 수 있을 것이다. 특수형태근로종사자를 전면적으로 근로자의 범위로 포섭하는 판례 법리가 나타날 가능성은 낮고, 그렇다고 해서 종전과 같이 근로자의 범위를 기계적으로 판단하는 판례 법리로 돌아갈 가능성도 거의 없다. 비정규 근로관계에 관한 판례, 즉 기간제 근로계약, 근로자파견 및 사내하도급에 관한 판례도 마찬가지다. 집단적 노사관계 및 구조조정과 관련한 판례 법리의 변화 추세는 계속 진행될 것으로 예상된다.

이렇게 말하는 1차적 근거는 판례 법리가 변경된 원인이었던 사회·경제적 조건이 단기간 내에 개선된다고 볼 만한 사정이 없기 때문이다. 오히려 지난 10년 동안의 판례 법리의 변화에도 불구하고, 여전히 많은 수의 임금 근로자들은 노동법과 사회보험법의 사각지대에 놓여 있다.

---

9 대법원 2011. 3. 17. 선고 2007도482 전원합의체 판결.

10 예컨대 헌법재판소 2013. 7. 25. 선고 2011헌바395 결정, 2013. 10. 24. 선고 2010헌마 219·265(병합) 결정.

판례 법리의 변화와 비정규 입법의 확충에도 불구하고, 노동법의 규범력은 여전히 약하고 변화된 노동 현실에 걸맞은 보호 법제는 부족하다. 특히 사회·경제적 변화에 걸맞은 적절한 노동관계법의 제·개정이 이뤄지지 않을 경우 노동법은 규범력을 잃고 정당성을 의심받게 된다는 점에 그 문제의 심각성이 있다(Estlund, 2006: 113).

따라서 노동법의 미래 과제는 노사관계의 현실에 조응하는 판례 법리와 함께 헌법상 경제 질서와 기본권 조항에 부합하는 보호 입법을 구비함으로써 그 규범력을 확보하는 것이어야 한다. 즉, 근대 시민법의 치명적인 결함을 극복함으로써 시민법 질서의 유지에 이바지한 노동법은 또다시 사회적 형평을 도모하고 공존과 지속 가능성이 담보되는 새로운 사회를 건설하는 데 기여할 사명을 가져야 한다(박제성, 2006: 102-103). 이러한 노동법의 과업이 순조롭게 이뤄질 것으로 낙관할 수는 없다. 또한 그것이 바람직하다고 말할 수도 없다. 불확실성이야말로 노동법의 본질이고(Summers, 2002: 1), 과거와 마찬가지로 미래의 노동법 역시 서로 다른 집단 사이의 갈등과 이데올로기적 경쟁을 거쳐 산출되는 결과물이기 때문이다(Hepple, 1995: 305).

제2절 | 노동법의 과제

I. 노동법 체계의 완성과 이행력의 제고

노동법이 독립된 법체계로[11] 완성되기 위해서는 독자적인 소송 절차와 노동법원 체계가 필요하다. 모든 법이 그렇듯이 노동법 역시 적절한 절차와 결합될 때 더욱 효과적으로 기능한다(Wedderburn, 1991: 35). 오세혁 교수의 비유처럼, "실체법 없는 소송법(절차법)은 공허하며, 소송법(절차법) 없는 실체법은 맹목이다"(오세혁, 2005: 92). 민사법은 민사소송법에 의해 민사법원에서, 형사법은 형사소송법에 의해 형사법원에서, 가족법은 가사소송법에 의해 가정법원에서 다뤄지는 등 실체법은 그 이념과 인간상에 부합하는 소송 절차를 갖춰야 법체계로서 온전하게 운용될 수 있다. 예컨대 민사소송 절차는 민사법이 상정한 자유롭고 평등한 인간에 맞춰 설계된 논쟁 과정이고 그 이념인 처분권주의와 변론주의는 사적 자치 원칙의 소송법적 변용이다. 따라서 민사법과 다른 이념과 인간상을 전제한 노동법에서도 독자적인 소송 절차와 법원이 마련되어야

11 진츠하이머의 설명에 따르면, 이는 "독자적인 원리와 독립된 형태를 갖춘 별개의 독립한 법학의 일부"를 의미한다(이철수, 1999: 16).

한다(도재형, 2013a: 83).[12]

위 논의와 별도로, 가장 대표적인 노동분쟁 해결 절차인 노동위원회 제도의 개선도 필요하다. 현행 노동위원회 제도는 형식적으로는 고용노동부와 분리되어 있지만 인사와 재정 등에서 고용노동부의 실질적 영향력 아래 놓여 있다. 중앙노동위원회의 위원장을 제외한 대부분의 고위직 인사는 정부가 임명하고 그 재정 역시 고용노동부에 종속되어 있는 것이다. 이 때문에 중요 사건을 처리하는 과정에서 노동위원회의 정부로부터의 독립성과 중립성이 의심받곤 한다(강성태, 2012a: 211). 고용노동부가 노사관계에서 가장 전문적인 행정기관인 이상 노동위원회의 전문성 확보를 위해 그 조력을 굳이 배제할 이유가 없다고 생각할 수도 있으나, 심판 기구로서의 신뢰 제고를 위해서는 인력과 재정 운영의 독립성을 갖춰야 할 것이다(도재형, 2009: 70).

노동법의 이행력을 제고하기 위해서는 근로감독관 제도를 개선해야 한다. 사용자의 노동법 미준수(위반) 행위는 비공식 고용을 확대하는 원인일 뿐 아니라 상품·용역시장의 불공정 경쟁의 원인이기도 하다. 이로 인해 발생하는 광범위한 사각지대는 노동법의 규범으로서의 의의를 훼손한다. 흔히 노동법의 이행력을 확보하는 방안은 기업의 자율적 이행을 확대하는 방안(self-enforcement), 근로조건들을 개별 근로자가 소구할 수 있는 사법적 권리로 구성하는 방안(individual enforcement)

---

12 이 문제는 노동법과 동일한 인간상에 기초한 사회보장법 분야와 함께 고민해 봐야 한다. 사회보장 관련 분쟁을 일반 법원에서 1년 내지 3년 이상 걸려 진행되는 행정소송에 맡기는 것은 사회보장 수급권자의 생존을 위협하거나 빈곤 상태에 빠지는 것을 방임하는 것에 다름 아니다. 사회보장 관련 소송 절차는 신속하게 진행되고 확정판결 전이더라도 임시적인 보호 조치가 가능하도록 설계되어야 하고, 이러한 특성을 반영한 준사법적 행정절차 또는 법원 제도가 필요하다. 그럼에도 현행 사회보장기본법 제39조는 위법하거나 부당한 사회보장 행정처분을 받은 수급권자가 이용할 수 있는 권리 구제 절차로서 일반적인 행정심판과 행정소송만을 규정하고 있을 따름이다(김남근, 2012: 113-114).

및 근로감독관과 행정적 제재를 통해 이행을 강제하는 방안(officer enforcement, enforcement by an agency) 등 세 가지로 구분할 수 있다(Skidmore, 2002: 350-351). 따라서 노동법의 이행력을 제고하기 위해서는 ① 먼저, 다양한 정책 수단을 통해 노동법 위반행위에 대해 관대한 사회 분위기를 바꿔 노동법을 준수하는 풍토가 기업에 정착되어야 한다. 더 이상 영세 사업장의 지급 능력을 이유로 노동법 미준수 행위에 면죄부를 줘서는 안 된다.[13] ② 둘째, 노동법 위반 사용자에 대한 개별 근로자의 소송과 추심 등을 지원할 수 있는 제도를 확충해야 한다(노상헌, 2014b: 26). ③ 셋째, 노동법 위반행위에 대한 감독 능력을 제고하고 위반행위가 있을 때 그에 상응하는 제재를 가함으로써 노동법 위반 기업이 부담하는 비용을 높여야 한다. 이 가운데에서 자율적 이행의 확대 여부가 노동법의 이행력 제고에 가장 큰 영향을 미치지만, 나머지 두 방안 역시 기업의 자율 이행을 확대하는 데 필수적 수단이다. 노동법적 의무를 이행하지 않을 경우 제재를 당할 가능성이 높으면 높을수록, 기업이 자율적으로 노동법을 지킬 가능성도 커지기 때문이다. 즉, 제재의 예측 가능성이 담보되어야만 자율적 이행을 확대하는 방안이 성공할 수 있다. 법률의 존재만으로는 충분치 않다는 것이다(Skidmore, 2002: 362, 367).

우리나라 노동법에 광범위한 사각지대가 존재하는 이유 중 하나는 근로감독관 제도가 제대로 기능하고 있지 않기 때문이다. 노동법의 규범력을 확보하기 위해서는 우선적으로 근로감독 제도를 활성화해야 한

---

13 예컨대 아직까지도 최저임금 미만의 임금을 받는 근로자들이 10% 내외에 이르고 있는데, 최저임금의 규범적 의미를 고려할 때 이런 현상을 정상적인 것으로 받아들여서는 안 된다. OECD 국가 중 우리나라에서만 유독 임금 체불이 많이 발생하는 것 역시 문화적인 현상으로 치부되어서는 안 된다. 최저임금에 미치지 못하는 임금을 지급하는 것을 부끄럽게 여기고 이에 대한 제재가 당연시되고 예측 가능할 때에만 이런 비정상적 상황을 끝낼 수 있다.

다. 그 방법으로는 여러 가지가 있을 수 있지만, 현재 집단적 노사관계법 영역까지 확대되어 있는 근로감독관의 업무 영역을 일본과 같이 개별적 근로관계법 분야로 축소함으로써 근로감독관의 업무 범위를 근로자의 근로조건 보호에 집중하는 것이 현실적 대안이 될 수 있다(노상헌, 2014b: 13). 근로감독관이 개별 사업장의 노사관계 동향을 파악하고 집단적 분쟁에 개입하며, 때로는 이들이 수집한 쟁의행위 관련 증거를 근거로 근로자에 대한 형사처벌이 이뤄지는 것은 근로감독관 제도의 본래 취지에 맞지 않다. 근로감독관의 전문성과 독립성을 키울 수 있는 방안도 모색해야 한다. 지금과 같은 순환 보직을 통한 제도 운영 방식은 인적 자원의 다양성과 업무의 전문성을 담보하는 방향으로 개선되어야 한다(노상헌, 2014b: 23-24).

Ⅱ. 노동법의 역할에 대한 재검토

현 시점에서 노동법이 수행해야 할 역할에 대한 고민이 필요하다. 이 고민은 노동법의 영역이 기존의 개별적 근로관계법과 집단적 노사관계법을 넘어서야 한다는 결론으로 이어진다.

노동법은 전통적으로 "기간의 정함이 없이 소정근로시간의 근로(full-time 근로)를 제공하면서 하나의 사용자에게 사용종속 관계에서 노무를 제공하는 근로자"를 그 보호 대상으로 삼았다(김형배, 2008: 2). 그러나 이렇게 다수의 근로자가 하나의 기업에서 자신의 생애 대부분을 보내고, 자신의 직업 경력과 은퇴 후의 생활을 예측할 수 있던 시대는 사라졌다. 이런 상황에서 노동법이 재직 근로자의 근로조건에만 관심을 가지는 것으로는 사회법으로서의 제 역할을 한다고 말하기 어렵다. 대부분의 근로자가 생애 동안 여러 기업에서 일하고 실업과 취업을 반복

한다는 점을 고려한다면, 노동법은 당연히 이런 근로자들이 사회적 배제를 피할 수 있는 법적 보호 장치를 마련하는 데 주목해야 한다(Vigneau, 2003: 140). 그리고 근로관계가 존속되는 동안 실업에 대비하는 조치를 마련하는 데에도 관심을 기울여야 한다. 예컨대 고용보험법, 근로자직업능력개발법, 고용정책 기본법, 직업안정법 등은 노동법과 유기적 관계를 유지하며 개발되어야 한다(김형배, 2008: 14).

노동법은 종속적 지위에서 노무를 제공함에도 적절한 보호를 받지 못하는 주변부 근로자와 새로운 노무공급자 군(계층)으로 관심을 돌려야 한다. 비정규 근로, 비공식 고용, 불안정 노동 등의 증가 및 그로 인해 근로빈곤층이 확대되고 고착화되는 현상에 주목해야 한다. 일할 능력과 의지가 있고 생애 대부분 동안 일을 하는데도 자신과 가족이 가난을 벗어나지 못하는 계층, 즉 근로빈곤층은 지금 한국에서 고용과 사회안전망이 정합적으로 작동하지 않는다는 걸 드러내는 징표다(장지연, 2012a: 36). 또한 노동과 빈곤을 분리시키고자 했던 근대적 기획이 실패했고, 근로의 기회를 부여하는 것만으로는 빈곤 문제를 해결할 수 없다는 것을 뜻한다(박제성, 2006: 98). 즉, 근로 빈곤의 원인은 일자리의 부족으로 설명할 수 없다. 그 원인은 고용의 불안정성과 저임금, 그리고 일자리와 사회보장 간 연계의 단절에서 찾아야 한다(장지연, 2012a: 39). 근로빈곤층에 대한 정책은 취업 알선이 아니라 좋은 일자리의 창출 및 위원인을 축소하는 데 초점을 맞춰야 한다.

법적 관점에서 볼 때, 근로빈곤층의 확대와 고착화는 이들에게 적절한 권리가 제공되지 않은 채 이들을 노동시장의 종속적 지위에 방임함으로써 발생한다(Summers, 2002: 8). 신권철 교수가 솔직하게 묘사한 것처럼 "세상은 권리 없는 인간을 물건처럼 취급한다"(신권철, 2013: 179). 따라서 이들의 근로조건과 사회보장적 권리를 보장(보호)할 수 있는 법제도의 개선이 필요하다. 종속적 지위에서 노무를 제공함에도 적절한 법적 보호 장치 없이 시장의 냉혹함에 노출된 이들을 주목하지 않는다면, 사회법으로서 노동법의 존재 의의는 더 이상 존재하지 않는다고까지 말할 수 있을 것이다. 앞에서 설명한 것처럼, 노동법이 적용되어야 할 곳에 노동법이 없는 것은 그 정당성을 의심받는 주요한 원인이다.

자영인의 경우를 제외한다면, 일반적으로 노무공급자가 노동법으로부터 배제되는 법적 사유는 크게 세 가지로 나눌 수 있다. ① 가사사용인, 5명 미만 사업장의 근로자와 같이 법률에 의해 노동법의 전부 또는 일부 규정이 적용되지 않는 경우, ② 특수형태근로종사자와 같이 노동법적 지위가 불분명하거나 입법이 부재해 노동법 밖으로 추방되는 경우 및 ③ 불충분한 법 집행(감독 행정)으로 인해 노동법의 보호로부터 배제되는 경우다(강성태, 2014: 154). 이 가운데에서도 특히 가사사용인과 특수형태근로종사자로 대표되는 노동법의 사각지대를 축소하는 조치가 시급하다.[14]

가사사용인과 특수형태근로종사자는 노동시장에서 근로자와 동일한 기능을 수행함에도 노동법적 보호 대상에서 배제되어 있다. 20세기 초 노동법을 통해 노동 계층이 법체계로 포섭된 것을 근로자들이 노동시장에서 실질적인 거래(행위) 능력을 갖추게 된 것으로 비유한다면, 오늘날 한국에는 무수한 미성년자, 즉 성인이 되지 못한 노무공급자 군이 존재한다고 말할 수 있다. 이들은 노동시장에 뚜렷하게 존재함에도 법은 마치 없는 것처럼 취급하고 있다. 따라서 입법을 통해 어느 범위의 가사사용인에게 근로자로서의 권리를 어떻게 인정할 것인지, 어느 범위의 특수형태근로종사자에게 어떤 권리를 부여하거나 확인할 것인지를 규정할 필요가 있다. 이것이 그들을 상품이 아닌 시민으로서 존중하는 첫 번째 조치일 것이다. 이 논의는 사회보험적 과제들과 연결시켜 고민해야

14 근로감독 행정과 관련해서는 앞에서 이미 설명한 바 있다.

한다(도재형, 2013a: 82).

Ⅲ. 사업 개념에 대한 재검토

노동법의 적용(보호) 범위를 결정하는 기본 개념인 '사업'에 대한 재검토가 필요하다. 전통적인 노동법은 생산 조직의 수직적 통합(vertical integration) 개념에 기초해서 사업 개념을 정립하고 이에 맞춰 노동법적 책임을 부과하는 구조로 이뤄져 있다. 그리고 근로자는 개인 기업 또는 법인격을 갖춘 하나의 기업에 소속되어 노무를 제공하는 것을 전제로 해서 보호 법제가 마련되었다. 그러나 1990년대 이후 생산 조직의 수직적 해체(vertical disintegration)가 빠르게 진행되고 있다. 이는 당초 법원이 믿었던 것과 달리, 경기 침체를 극복하기 위한 잠정적 조치가 아니라 생산 조직의 일반적 형태로 자리 잡았다. 그로 인해 특수형태근로종사자, 기간제 근로자, 단시간 근로자 및 파견 근로자 등 다양한 형태의 간접고용 및 비정규 고용 방식이 새로운 노동력 이용 수단으로 정착되었다(Collins, 1990a: 353, 356).

생산 조직의 수직적 해체는 불확실한 기업 경쟁의 여건에서 노동력의 규모를 유연하게 조정할 수 있는 유용한 수단이다. 사용자에게 생산 조직의 수직적 해체는 ① 근로계약 시 발생하는 채용·훈련 등과 관련된 유사 고정비용(quasi-fixed costs)을 줄일 수 있고, ② 미조직화되고 분절된 노동시장에서 특수형태근로종사자 또는 자영인 등과 계약함으로써 기업 내부보다 저렴하게 노동력을 구매할 수 있으며, ③ 노동법으로 인해 부담하는 비용을 줄일 수 있고, ④ 장기 고용 관계를 회피함으로써 기업의 교섭력을 강화시키고 작업 방식에 대해 더 엄격한 기준을 부과할 수 있다는 이점을 제공한다. 이러한 경제적 이점에 덧붙여 노동조합의 교섭력이 약화되고 수직적 해체를 장려하는 정부의 유연화 정책이 존재하는 경우 생산 조직의 수직적 해체는 확대된다(Collins, 1990a: 360-361).

한편 거래비용 이론에 의하면, 기업이 노동력을 구매하는 제도적 틀은 시장형과 위계형으로 구분할 수 있다. 시장에 의한 노동력 거래는 노동력을 필요할 때마다 시장에서 개별적이고 단기적인 계약에 의해 노동력을 조달하는 것을 뜻하고,[15] 위계에 의한 노동력 거래는 장기 계약에 의해 근로자를 고용해서 훈련을 통해 기업에 필요한 숙련을 함양하는 것을 뜻한다. 이에 따르면, 수직 결합은 '시장거래'를 '기업 내 거래'로 대처할 때 발생하는 이익이 손실보다 클 때 일어난다(권명중, 2010: 27-28). 즉, 기업의 규모는 자신의 생산 조직 내에서 직접적인 지휘·명령을 통해서 더 저렴하게 상품 또는 용역을 생산할 수 있는지, 아니면 외부 시장에서 상품 또는 용역을 구입하는 것이 더 저렴한지에 의해 결정되는 것이다(Collins, 1990a: 357). 따라서 기업이 외부 시장을 통해 노동력을 충원하는 것이 기업 내 거래보다 더 저렴할 때, 비정규 근로가 늘어날 수 있다. 그리고 그 비용을 저렴하게 만드는 대표적 조건으로는 시장에서 충원하는 인력에 대한 인건비를 낮게 책정하는 것, 노동조합이 비정규 근로자에 대한 연대성이 약한 경우, 정보화와 디지털 결재 시스템의 확립으로 인한 관할 비용의 감소 등을 들 수 있다(이택면, 2005: 51-53).

요컨대 생산 조직의 수직적 해체가 기업에게 제공하는 이점 및 거래비용 이론에 의하면, 비정규 근로가 증가하는 것은 외부 시장으로부터 노동력을 구매하는 비용이 낮아짐으로써 노동력 거래가 재시장화되고 있다고 표현할 수 있다(정건화, 2003: 32-33).

---

15 거래비용 이론에서 상정하는 '시장'은 이중노동시장론이나 분단노동시장론에서 말하는 2차 노동시장 또는 주변부 노동시장이다(정건화, 2003: 21-22).

이렇게 생산 조직의 수직적 해체 및 노동력을 외부 시장으로부터 구매할지 여부를 결정할 때, 기업이 최종 단계에서 고민하는 문제는 '그 노동을 어떻게 통제할 것인지' 여부다. 이와 관련해서는 노동력의 구매 과정에서 기업이 위험을 배분하는 방식에 대해 살필 필요가 있다. 그 방식은 크게 두 가지로 구별된다. 즉, 외부 시장에서 노동력을 구매할 경우 기업은 해당 계약에서 구체적 약정을 함으로써 작업 성과와 질을 담보하려 하고, 기업 조직 내에서 노동력을 사용할 경우에는 (포괄적인 근로계약을 체결한 후) 관료적 통제를 통해 이를 담보하게 된다. 전통적으로, 전자에 대해서는 민사법이 적용되고 후자에 대해서는 노동법이 적용된다. 근로자성에 관한 구 판례 법리는 이런 사고 방식에 터 잡아 근로계약서의 문언에 의지하고 구체적인 지휘·명령의 존부를 따져 근로자성 여부를 판단했던 것이다. 그런데 구체적인 계약이 존재하고 관료적 통제가 보이지 않는다고 해서 그것이 곧바로 노동법이 적용될 만한 종속성이 없다는 결론에 이르지는 않는다는 데에 주의해야 한다(Collins, 1990a: 368). 구체적인 작업 지시를 담은 계약, 세밀한 성과 평가 또는 ICT 기술의 응용과 생산관리 기법 등을 통해 관료적 통제, 즉 근로계약상의 지휘·명령이 존재하는 것과 비슷한 효과를 얻는 게 가능하다면, 기업은 당연히 저렴한 비용으로 외부에서 노동력을 구매하는 것을 선택하기 때문이다. 예컨대 정교한 성과 평가 방식을 통해 위험 배분이 가능할 경우에는 기업 운영을 위해 관료적 통제가 반드시 필요하다고 보지 않을 수 있다(Collins, 1990a: 364). 이러한 점을 고려할 때, 지휘·명령 관계의 존재 유무 또는 계약서의 문언에 의존해 노동법적 보호 여부를 판단하는 것은 결국 사용자의 의사에 따라 노동법의 적용 여부가 좌우되고 종속적인 지위에서 노무를 제공하는 노무공급자의 보호를 외면하는 결과가 초래될 수 있다는 점을 주의해야 한다(Collins, 1990a: 375).

위 문제 의식의 연장선상에서 기업 집단의 의미에 대해서도 재검토할 필요가 있다. 기업은 이윤 획득을 목적으로 하는 생산 조직이다. 기업은 일단(一團)의 개인들이 시장에 판매하기 위한 상품과 용역을 함께 생산하는 곳으로서 각 개인들의 노동은 분업을 통해 공동의 목적에 기여하게 된다. 경제학적 관점에서 기업을 생산 조직의 수직적 통합으로 파악한다면, 민사법적 관점에서 기업은 단체법적 책임의 주체로 파악된다. 그리고 기업은 원칙적으로 하나의 자본 단위에 의해 통제되고 지휘되는 생산 관계라는 점에 근거해서 책임 주체로 파악된다. 따라서 민사법에 의하면, 복수의 자본 단위로 구성되는 기업 집단에 대해 법적 책임을 묻기는 어렵다(Collins, 1990b: 731-732). 이러한 기업에 대한 민사법적 시각은 노동법에도 그대로 옮겨졌다. 그런데 생산 조직의 결합은 민사법이 예정하는 모습으로만 이뤄지는 것이 아니다. 기업들은 하나의 법인격에 의해 결합되는 방식 외에도 오너십, 계약, 권위 등으로써 결속되어 왔다. 예컨대 모자회사·지주회사 혹은 재벌과 같은 모습을 통해 여러 회사가 단일한 오너십에 의해 운영되는 경우(오너십), 건설 공사에서와 같이 기업 간 계약을 통해 생산 조직이 결합되는 경우(계약), 그리고 투자회사와 기업 간의 관계에서 개별 기업의 의사 결정이 투자회사에 종속되어 있는 경우(권위) 등의 방식이 기업들의 결합 수단으로 이용되고 있다(Collins, 1990b: 734).

기업은 비교적 자유로운 법률적 여건 아래에서 위와 같은 방식을 비롯한 다양한 수단을 통해 자신이 영위하는 생산 조직의 경계를 결정할 수 있다. 그런데 여기에서 간과해선 안 되는 것은 이러한 기업의 규모와 결합 방식에 관한 결정이 기업의 법적 책임의 범위를 획정하는 수단이 되고, 이를 통해 결국 기업은 자신의 의사에 따라 강행법규의 의무를 회피할 수 있다는 점이다. 즉, 기업의 규모 및 결합 여부에 관한 기업 경영의 자유는, 기업 결합 방식에 대한 민사법과 노동법의 낮은 이해 수준과 연결되어 근로자의 노동 기본권을 박탈할 수 있는 자유로 활용되었다

(Collins, 1990b: 737). 특히 상법과 기업법 분야와 비교할 때, 기업 결합 방식에 대한 노동법의 낮은 이해 수준은 새로운 노동 문제에 대한 해결을 어렵게 하고 있다.

제3절 | 법률가의 과업

위에서 살펴본 노동법의 과제들은 법률가의 고민과 수고를 요구한다. 이는 마치 1980년대 후반 무렵 많은 법률가가 새로운 노동법에 대해 고민하던 상황을 떠올리게 한다. 당시 일군(一群)의 노동법 연구자들은 "근로자의 생존권 실현이라는 노동법상의 당위적 요청과 그러한 당위적 요청에 걸맞지 않은 실정법규에만 얽매임으로써 필연적으로 공리공론으로 빠져버릴 수밖에 없는 사고의 한 조류와, 다른 한편 노동법학 등 개별 과학의 특수한 이론과 개념을 무시하고 모든 문제를 당위론의 명분 하에 선언이나 구호를 통해 단번에 해결하고자 하는 조류를 동시에 경계하"며 "노동법이론의 연구와 아울러 인접 과학과 학제적 교류를 통해 종합과학으로서의 노동법학의 정립에 노력해 나아가려고 한다."고 다짐했다(김유성, 1991: 3).

물론 그때와 지금은 다르다. 완전고용에 대한 희망은 사라졌고, 노동조합은 쇠퇴했으며 기업의 힘은 압도적이다. 시민들의 연대의식은 희박해지고 미래에 대한 전망은 비관적이다. 이런 상황에서 법률가들이 사용할 수 있는 조치는 제한적일 수밖에 없다. 그럼에도 법률가들 역시 노동시장에서 헌법 원리와 민주적 가치가 작동되도록 할 의무를 부담한다. 법률가들이 기존의 법리와 연구 성과에 매몰된 채 노동을 통해 생활하는 사람들이 겪는 불행을 일상(日常)처럼 여길 때, 한 국가의 사회·경제적 변화 과정은 그들에게 마치 지옥처럼 다가온다는 것을 잊어선 안 된다. 이 임무를 수행하기 위해서 법조인들은 자신 앞의 문제를 해결할 수 있는 모든 손쉬운 방법을 경계하고, 연구자들은 노동법학의 정체성과 연구 방법에 대한 고민을 다시 시작해야 한다.

역사를 돌이켜볼 때, 노동법은 인류 스스로가 만든 최악의 상황에 대한 반성과 이를 극복하고자 한 의지와 노력에 의해 성립되었다. 인류는 두 번의 세계대전을 경험한 후, 강자만의 법에 근거한 체제는 언제나 무너지고 만다는 것을 그리고 힘은 정의에 복무할 때에만 정치 질서의 지속성을 보장할 수 있다는 것을 깨달았다(알랭 쉬피오, 2012: 한국어판 서문). ILO 헌장이 "항구적 평화는 사회 정의에 기초함으로써만 확립될 수 있다"고 천명하고, 필라델피아 선언에서 다시 "노동은 상품이 아니다", "일부의 빈곤은 전체의 번영을 위태롭게 한다."고 밝힌 것은 단순한 직관의 산물이 아니라 뼈아픈 경험에 기초한 것이다.

이러한 노동법의 역사에 비춰볼 때, 만약 우리 세대가 지금의 노동 현실이 정의롭지 않음을 깨닫고 그 문제를 해결하겠다는 의지를 갖고 있다면, 그래서 우리 헌법이 선택한 민주적 정치 체제를 지키기 위해 노력하고 있다면, 그것이 지금 우리가 미래를 낙관할 수 있는 근거 중 하나일지도 모르겠다.

참고 문헌

강선희, "H자동차 아산공장 모든 공정의 사내하도급근로자는 도급으로 위장된 파견근로자이다", 노동판례리뷰, 월간 「노동리뷰」 2015년 4월호, 한국노동연구원, 2015.

강성태, "파견근로자보호등에관한법률의 제정과 과제", 「노동법학」 제8호, 한국노동법학회, 1998.

_____, 「비전형근로와 노동법」, 대구대학교출판부, 2000(2000a).

_____, "특수고용관계와 근로기준법상 근로자성의 판단", 「노동법학」 제11호, 한국노동법학회, 2000(2000b).

_____, "근로기준법상 임금제도의 개선 방향에 관한 연구", 「노동법연구」 제10호, 서울대학교 노동법연구회, 2001.

_____, "위법한 파견근로와 사용사업주의 책임", 「노동법연구」 제13호, 서울대학교 노동법연구회, 2002.

_____, "근로자 개념의 재인식", 「노동법강의: 기업구조조정과 노동법의 중요과제」 제7권, 법문사, 2004.

_____, "특수고용직의 노동법적 보호 : 판례상 근로자 판단방식의 변화를 중심으로", 「노동정책연구」 제7권 제3호, 한국노동연구원, 2007.

_____, "지금 왜 사용자인가?", 「노동법연구」 제24호, 서울대학교 노동법연구회, 2008.

_____, "사내하도급 삼부작 판결의 의의", 「노동법학」 제35호, 한국노동법학회, 2010(2010a).

_____, "근로자 개념 문제에 대한 올바른 접근", 「판례실무연구」 IX, 박영사, 2010(2010b).

_____, "사내하도급과 근로계약관계: 현대자동차 판결의 검토를 중심으로", 「사법」 제15호, 사법연구지원재단, 2011.

______, “노동에서의 정상(正常)”, 「새로운 사회경제 패러다임, 새로운 사회정책」 학술대회 자료집, 한국노동연구원, 2012. 10. 19(2012a).

______, “사회보험료 지원정책의 법적 의의와 쟁점”, 「사회보험 사각지대 해소 방안」, 한국노동연구원, 2012(2012b).

______, “비공식 고용과 노동법”, 「노동법연구」 제36호, 서울대학교 노동법연구회, 2014.

강용현, “통상임금의 정의와 성질상 통상임금에 산입되어야 할 수당을 통상임금에서 제외하기로 하는 노사간 합의의 효력 유무”, 「대법원판례해설」 제19-2호, 법원도서관, 1993.

경제단체협의회, 「비정규직 보호에 관한 경영계 입장」, 2000. 11.

경제사회발전노사정위원회, 「노동시장 구조개선을 위한 노사정 합의문」, 2015. 9. 15.

고상룡, 「민법총칙」 제13판, 법문사, 2003.

고영남, “통상임금 노사합의의 효력”, 「민주법학」 제54호, 민주주의법학연구회, 2014.

고용노동부, 「통상임금 노사지도 지침」, 2014.

공정거래위원회, 「특수형태근로종사자 관련 거래상지위남용행위 심사지침 제정에 관한 연구」 용역보고서, 2006.

곽윤직, 「채권각론」 제6판, 박영사, 2004.

곽윤직·김재형, 「민법총칙」 제9판, 박영사, 2013.

관계부처합동, 「특수형태근로종사자 보호대책」, 2006. 10. 25.

______, 「시간선택제 일자리 활성화 추진계획」, 2013. 11. 13.

구해근, 「한국 노동계급의 형성」, ㈜창작과비평사, 2002.

국가인권위원회, 「특수고용직 노동권 침해 실태조사 보고서」 용역보고서, 2006.

______, 「특수형태근로종사자 권익보호 방안」, 2012.

권기일, “근속수당의 통상임금 해당성”, 「2002 노동판례비평」, 민주사회를 위한 변호사모임, 2003.

권두섭(집필 부분), 노동법실무연구회 편, 「근로기준법주해」 I, 박영사, 2010.

권명중, 「신산업조직론 : 기업과 경쟁」, 시그마프레스, 2010.

권영국, “정기상여금은 통상임금에 포함된다”, 「노동법률」 2013년 7월호, ㈜중앙경제사, 2013.

김교성, “국민의 정부 복지개혁에 대한 실증적 평가”, 「한국 복지국가 성격 논쟁 II」, 인간과 복지, 2009.

김기덕, “쟁의행위에 대한 형사면책법리의 재구성과 업무방해죄”, 「노동과 법」 제3호, 전국금속산업노동조합연맹 법률원, 2002.

______, “통상임금의 법리에 관한 재검토”, 「노동과 법」 제6호, 전국금속산업노동조합 연맹 법률원, 2006(2006a).

______, “통상임금 개념요소로서의 고정성”, 「노동과 법」 제6호, 전국금속산업노동조합연맹 법률원, 2006(2006b).

______, “개정 노동조합및노동관계조정법과 노동기본권”, 「민주법학」 제33권, 민주주의법학연구회, 2007.

______, “형법 제314조 업무방해죄와 노동기본권 침해 실태 및 개선 방안”, 「업무방해죄와 노동인권」 정책토론회 자료집, 국가인권위원회, 2010. 1. 21.

김기선, “재직 중인 자에게만 지급되는 임금도 통상임금이다”, 노동판례리뷰, 「노동리뷰」 2014년 4월호, 한국노동연구원, 2014.

______, “근로자파견의 판단”, 노동판례리뷰, 「노동리뷰」 2015년 4월호, 한국노동연구원, 2015.

김낙년, “한국의 소득불평등, 1963-2010”, 「경제발전연구」 제18권 제2호, 한국경제발전학회, 2012.

김남근, “공공부조와 사회보장기본법”, 「한국사회보장법학회 학술대회지」, 한국사회보장법학회, 2012. 4.

김대현·이수진, 「국민연금법 일부개정법률안 검토보고」, 국회 보건복지위원회, 2011.

김봉수, “쟁의행위와 형사책임: 형법상 업무방해죄의 적용 필요성 및 가능성에 대한 비판적 검토”, 「법학논총」 제34집 제1호, 전남대학교 법학연구소, 2014.

김상봉, 「기업은 누구의 것인가」, 꾸리에북스, 2012.

김석준·장상환, “신자유주의 구조조정과 자본주의 모순의 심화”, 「신자유주의적 구조조정과 노동문제: 1997-2001」, 도서출판 한울, 2003.

김선수, “단체협약체결권의 법리를 왜곡한 대법원 판결”, 「법과 사회」 제8권, 법과사회이론학회, 1993.

______, “문민정부와 노동법”, 「한국사회의 법과 민주주의」, 민주주의법학연구회, 1994.

______, “노사갈등의 현황과 쟁점”, 「노동법학」 제8호, 한국노동법학회, 1998.

______, “단체교섭 상대방으로서의 사용자 개념의 확대”, 「노동법의 쟁점과 과제」 김유성 교수 화갑 기념 논문집, 법문사, 2002.

______, “인본주의의 회복과 노동법의 미래”, 「노동법의 미래담론」 창립기념 심포지엄 자료집, 노동법연구소 해밀, 2013. 2. 1.

김성식·고수현, “노동조합법상 기업별 노동조합에서의 근로자 개념”, 「노동법실무연구」 제1권, 노동법실무연구회, 2011.

김성진, "통상임금 판단에 있어서 임금지급기준의 효력", 「노동법학」 제51호, 한국노동법학회, 2014.
김성중·성제환, 「한국의 고용정책」, 한국노동연구원, 2005.
김소영, "판례법리에 의한 통상임금 판단기준의 경향과 변화", 「노동법논총」 제25집, 한국비교노동법학회, 2012.
김순태, "파업에 대한 업무방해죄적용불가론 및 동조의 위헌성", 「민주법학」 제12호, 민주주의법학연구회, 1997.
김영문, "쟁의행위의 위력에 의한 업무방해죄 규정의 위헌성", 「노동법학」 제9호, 한국노동법학회, 1998.
_____, 「외부노동력 이용과 노동법」, 법문사, 2010(2010a).
_____, "원청업체의 하청업체 근로자에 대한 사용자성", 월간 「노동법률」 2010년 9월호, ㈜중앙경제사, 2010(2010b).
_____, "금원의 통상임금 해당성 판단에 관한 기준의 비판적 고찰", 「노동법학」 제43호, 한국노동법학회, 2012.
김외숙, "근로계약기간과 해고에 관한 법리", 「노동판례모음집」, 중앙노동위원회, 2005.
김유선, 「노동시장 유연화와 비정규직 고용」, 한국노동사회연구소, 2004.
_____, 「한국의 노동조합 조직연구」, 한국노동연구원, 2008.
_____, "고용률 70%와 시간제 일자리 확대, 평가와 과제", 「시간제 일자리 확대의 문제점과 고용의 질 제고 방안 모색」 정책토론회 자료집, 전국민주노동조합총연맹, 2013. 10. 1.
_____, "비정규직 규모와 실태", 「이슈 페이퍼」 제7호, 한국노동사회연구소, 2015.
김유성, "창간사", 「노동법연구」 제1호, 서울대학교 노동법연구회, 1991.
_____, "노동조합을 결성할 수 있는 근로자", 「법률신문」 제2240호, 법률신문사, 1993.
_____, "사용자 개념의 외부적 획정", 「노동법에 있어서 권리와 책임」 김형배 교수 화갑 기념 논문집, 박영사, 1994.
_____, "개정노동법의 평가와 과제", 「노동법연구」 제6호, 서울대학교 노동법연구회, 1997.
_____, 「노동법 II」 전정판, 법문사, 1999.
김인재, "특수형태근로종사자의 법적 보호 방안", 「노동법학」 제31호, 한국노동법학회, 2009.
김일수·서보학, 「형법총론」, 박영사, 2006.

김장호, "작업조직개편과 한국노동운동", 「산업관계연구」 제5권, 한국노사관계학회, 1995.
김재훈, "특수형태근로 종사자에 관한 법적 보호 방안", 「노동법연구」 제13호, 서울대학교 노동법연구회, 2002.
_____, "일본에서의 기간고용법리", 「노동법연구」 제15호, 서울대학교 노동법연구회, 2003.
김준, "「기간제법」상 사용기간 제한규정의 입법영향분석", 「현안보고서」 제137호, 국회입법조사처, 2011.
김준영, "통상임금 관련 한국노총 입장", 「통상임금에 관한 공청회」 자료집, 국회 환경노동위원회, 2014. 4. 10.
김준호, 「민법강의」 제20판, 법문사, 2014.
김진, "정리해고 철회를 목적으로 하는 쟁의행위의 정당성", 「2002 노동판례비평」, 민주사회를 위한 변호사모임, 2003.
_____, "기간을 정한 근로계약과 부당해고 구제", 「조정과 심판」 제23호, 중앙노동위원회, 2005.
김태기·민병유, "구조조정과 노사관계", 「경제학연구」 한국경제학회 창립 50주년 기념호, 한국경제학회, 2003.
김형기, "'일자리 창출을 위한 연대' : 노사대타협의 새로운 의제", 「2003년 한국노사관계학회 동계학술대회」 자료집, 한국노사관계학회, 2003.
김형배, "한국의 산업화과정과 노동법제의 변화", 「노동법학」 제8호, 한국노동법학회, 1998.
_____, "한국에 있어서의 노동법 패러다임의 전환", 「노동법학」 제28호, 한국노동법학회, 2008.
_____, 「노동법」 제24판(전면개정판), 박영사, 2015.
김형진, "1년을 초과하는 근로계약기간을 정한 근로계약의 효력", 「법조」 1997년 11월호, 법조학회, 1997.
김홍영, "쟁의행위 법제도의 개선: 파업의 자유와 조업 계속의 자유 인정을 중심으로", 「성균관법학」 제21권 제3호, 성균관대학교 법학연구소, 2009(2009a).
_____, "지난 20년간 임금 법제의 해석과 입법의 동향", 「노동법연구」 제26호, 서울대학교 노동법연구회, 2009(2009b).
_____, "정기상여금을 통상임금에 포함" 노동판례리뷰, 「노동법학」 제42호, 한국노동법학회, 2012.
_____, "사회통합과 비정규직 노동법의 변화", 「저스티스」 통권 제134-3호, 한국법학

원, 2013.
______, “통상임금 전원합의체 판결의 의의”, 월간 「노동리뷰」 2014년 2월호, 한국노동연구원, 2014(2014a).
______, “통상임금에 포함시키지 않는 재직자 조건, 일정 근무일수 조건에 대한 비판적 검토”, 「노동법연구」 제37호, 서울대학교 노동법연구회, 2014(2014b).
김훈, “노동시장 이중구조 해소를 위한 고용법제 개선 방향”, 「노동리뷰」 2015년 1월호, 한국노동연구원, 2015.
김홍준, “근로자의 의사표시에 대한 사실인정과 해석”, 「노동법연구」 제12호, 서울대학교 노동법연구회, 2002.
김희성, “노동법의 유연화와 해고규제”, 「노동법학」 제18호, 한국노동법학회, 2004.
김희성·한광수, “정기상여금의 통상임금 해당성에 대한 연구”, 「노동법논총」 제25집, 한국비교노동법학회, 2012.
남우근·이수정, “압축노동: 시간제 노동의 두 얼굴”, 「압축노동: 시간제 노동의 두 얼굴」 토론회 자료집, 국회의원 남윤인순·은수미·장하나·한정애·심상정, 2013. 12. 18.
노동부, 「비정규직 보호 법률 해설」, 2006.
노사관계제도선진화연구위원회, 「노사관계법·제도 선진화 방안」, 한국노동연구원, 2003.
노상헌, “기간의 정함이 있는 근로계약과 해고법리”, 「노동법학」 제16호, 한국노동법학회, 2003.
______, “파견 및 사내도급근로에 관한 일본의 노동법리와 쟁점”, 「노동법연구」 제19호, 서울대학교 노동법연구회, 2005.
______, “노동시장의 변화와 고용보험법의 과제”, 「동아법학」 제43호, 동아대학교 법학연구소, 2009(2009a).
______, “임금의 법리와 쟁점”, 「노동법학」 제31호, 한국노동법학회, 2009(2009b).
______, “통상임금의 개념과 범위의 법제화와 쟁점”, 「노동법논총」 제31집, 한국비교노동법학회, 2014(2014a).
______, “영세사업장에 대한 노동법 적용과 근로감독”, 「노동법연구」 제37호, 서울대학교 노동법연구회, 2014(2014b).
대법원, 2013. 12. 18.자 보도자료(통상임금에 관한 대법원 전원합의체 판결 선고).
대한민국 정부, 「국민과 함께 내일을 연다」, 문화관광부 정부간행물제작소, 1998.
도재형, “통상임금의 범위”, 「노동법연구」 제7호, 서울대학교 노동법연구회, 1998.
______, “노동자의 권리”, 「인권보고서」 1998년도 제13집, 대한변호사협회, 1999.

______, “노조 손해배상과 가압류, 공안적 검찰과 법원도 책임”, 「e-Labor 플러스」 제15권 제540호, ㈜중앙경제사, 2003(2003a).
______, “구조조정에 대항하는 쟁의행위의 정당성”, 「노동법률」 2003년 9월호, ㈜중앙경제사, 2003(2003b).
______, “정리해고의 절차적 제한”, 「노동법연구」 제18호, 서울대학교 노동법연구회, 2005(2005a).
______, “노동판례의 최근 경향 및 노동법원 논의에서의 시사점”, 「노동법학」 제21호, 한국노동법학회, 2005(2005b).
______, “통상임금의 판례 법리”, 「노동법의 존재와 당위」 김유성 교수 정년 기념 논문집, 박영사, 2006.
______, 「상시적 구조조정에 따른 고용법리의 재조명」, 법학박사학위 논문, 서울대학교 대학원, 2007.
______, “구조조정의 상시화와 고용법리의 변화”, 「노동법학」 제26호, 한국노동법학회, 2008(2008a).
______, “간접고용에서 부당노동행위 형사책임주체”, 「법학논총」 제28집 제1호, 전남대학교 법률행정연구소, 2008(2008b).
______, “쟁의행위에 대한 업무방해죄 적용 법리에 관한 검토”, 「성균관법학」 제20권 제3호, 성균관대학교 법학연구소, 2008(2008c).
______, “기간제 근로계약 갱신 거절권의 제한”, 「노동법연구」 제24호, 서울대학교 노동법연구회, 2008(2008d).
______, “노동위원회와 법원, 그 갈등과 조절”, 「노동법학」 제29호, 한국노동법학회, 2009.
______, “비정규직” 해제, 「노동판례리뷰」, 한국노동법학회, 2010(2010a).
______, “파업과 업무방해죄: 한국에서 단결 금지 법리의 정립 과정”, 「노동법학」 제34호, 한국노동법학회, 2010(2010b).
______, “노동법에서의 권리남용 판례 법리”, 「노동법연구」 제29호, 서울대학교 노동법연구회, 2010(2010c).
______, “사내하도급 관계에서 근로자파견의 인정 기준”, 「법조」 2011년 8월호, 법조협회, 2011(2011a).
______, “업무방해죄 대법원 전원합의체 판결 평석”, 「‘업무방해죄’ 대법원 전원합의체 판결에 대한 긴급 토론회」 자료집, 민주노총·민주사회를 위한 변호사모임, 2011. 3. 24.(2011b).
______, 「법문서 작성 입문」, 이화여자대학교출판부, 2011(2011c).

______, “업무방해죄 전원합의체 판결의 의의와 과제”, 「노동법연구」 제33호, 서울대학교 노동법연구회, 2012(2012a).
______, “우리나라 사회보험료 지원정책 논의 검토”, 「사회보험 사각지대 해소 방안」, 한국노동연구원, 2012(2012b).
______, “노동법의 해밀을 위한 과제” 토론문, 「노동법의 미래담론」 창립기념 심포지엄 자료집, 노동법연구소 해밀, 2013. 2. 1.(2013a).
______, “사법과 입법의 사각지대, 특수형태근로종사자”, 「노동법연구」 제34호, 서울대학교 노동법연구회, 2013(2013b).
______, “통상임금 소고”, 「노동법연구」 제35호, 서울대학교 노동법연구회, 2013(2013c).
______, “통상임금 전원합의체 판결의 검토”, 「노동법연구」 제36호, 서울대학교 노동법연구회, 2014(2014a).
______, “통상임금 입법론의 검토”, 「인권과 정의」 2014년 8월호, 대한변호사협회, 2014(2014b).
______, “임금 체계 개편의 법적 쟁점과 과제”, 「노동법학」 제51호, 한국노동법학회, 2014(2014c).
______, “대비했지만 예측하지 못한 파업은 범죄인가”, 2014. 10. 13. 「대한변협신문」, 대한변호사협회, 2014(2014d).
______, “2014년 노동법 중요 판례”, 「인권과 정의」 2015년 3월호, 대한변호사협회, 2015.
______, “노동법의 위기와 회생, 그리고 과제”, 「인권과 정의」 2016년 6월호, 대한변호사협회, 2016.
도재형·김기선·조규식(도재형 외), 「특수형태근로종사자 보호를 위한 입법적 방안 연구」 용역보고서, 경제사회발전노사정위원회, 2013.
문무기, “단체협약의 실태”, 「노동법연구」 제10호, 서울대학교 노동법연구회, 2001.
문영화, “파견근로자보호등에관한법률에 의한 근로자 파견에 있어서 파견사업주가 파견근로자의 파견업무에 관련한 불법행위에 대하여 사용자책임을 부담하는지 여부”, 「대법원판례해설」 제47호, 법원행정처, 2004.
민주사회를 위한 변호사모임 노동위원회 편, 「2000 노동판례비평」, 민주사회를 위한 변호사모임, 2001.
______, 「2002 노동판례비평」, 민주사회를 위한 변호사모임, 2003.
박동진, “신의칙과 권리남용 금지원칙의 가족법 관계에서의 적용”, 「가족법연구」 제19권 제1호, 한국가족법학회, 2005.

박보무, “수급인에게 고용된 자를 도급인의 피용자라고 보아야 할 사례”, 「대법원판례해설」 제1권 제1호, 법원도서관, 1979.
박상기, 「형법총론」 제7판, 박영사, 2007.
박수근, “레미콘운송기사와 경기보조원의 근로자성에 관한 검토”, 「노동법학」 제14호, 한국노동법학회, 2002.
______, “위장도급과 불법파견에 있어 고용관계”, 「노동법률」 2003년 11월호, ㈜중앙경제사, 2003.
______, “기간제 근로분쟁에서의 쟁점과 법해석의 기준 및 과제”, 「노동법연구」 제18호, 서울대학교 노동법연구회, 2005.
______, “직위해제의 노동법상 쟁점과 해석”, 「노동법학」 제26호, 한국노동법학회, 2008.
______, “위장도급에서 원청회사의 노동법상 책임”, 「노동법률」 2010년 9월호, ㈜중앙경제사, 2010.
______, “사내파견고용의 실태와 법적 쟁점”, 「노동법학」 제40호, 한국노동법학회, 2011.
______, “통상임금의 실태와 본질에 관한 검토”, 「인권과 정의」 제443호, 대한변호사협회, 2014.
박순영, “회사로부터 제공받은 차량을 이용한 운송기사의 근로기준법상 근로자 여부”, 「대법원판례해설」 제83호, 법원도서관, 2010.
______, “쟁의행위로서의 파업이 업무방해죄의 “위력”에 해당하는지 여부”, 「정의로운 사법」 이용훈 대법원장 재임 기념 논문집, 사법발전재단, 2011.
박용상·신귀섭·김상준, “통상임금과 법정수당에 관한 고찰(상)”, 「법조」 1990년 2월호, 법조협회, 1990.
박은정, “통상임금에 관한 대법원 판례 동향분석”, 「법학논집」 제18권 제2호, 이화여자대학교 법학연구소, 2013.
______, “강행법규를 위반한 통상임금 노사합의와 신의성실의 원칙”, 「인권과 정의」 2014년 8월호, 대한변호사협회, 2014.
박은홍, “구조조정과 민주주의”, 「한국정치학회보」 제34권 제2호, 한국정치학회, 2000.
박제성, “위탁관리에서의 입주자대표회의의 사용자 여부”, 「1999 노동판례비평」, 민주사회를 위한 변호사모임, 2000.
______, “텍스트 다시 읽기”, 「노동법연구」 제15호, 서울대학교 노동법연구회, 2003.
______, “사회적 형평성, 사회적 양극화 그리고 사회적 연대”, 「노동법연구」 제20호, 서

울대학교 노동법연구회, 2006.
______, “근로자성에 관한 대법원의 법고창신(法古刱新)”, 「노동법연구」 제23호, 서울대학교 노동법연구회, 2007.
______, “사내하도급·실질적 사용자·쟁의행위”, 「노동리뷰」 2008년 4월호, 한국노동연구원, 2008(2008a).
______, “사내하도급과 묵시적 근로계약 법리”, 「노동리뷰」 2008년 9월호, 한국노동연구원, 2008(2008b).
______, “기간제 근로계약과 갱신 기대권” 노동판례리뷰, 「노동법학」 제38호, 한국노동법학회, 2011(2011a).
______, “영상취재요원(VJ)의 근로자성” 노동판례리뷰, 「노동법학」 제39호, 한국노동법학회, 2011(2011b).
박제성·노상헌·유성재·조임영·강성태(박제성 외), 「사내하도급과 노동법」, 한국노동연구원, 2009.
박종희, “근로기준법상 근로자개념”, 「노동법학」 제16호, 한국노동법학회, 2003.
______, “사내하도급과 파견의 구별 기준 및 불법파견의 법률효과”, 「조정과 심판」 제42호, 중앙노동위원회, 2010.
______, “통상임금제도 개선의 입법정책적 과제”, 「노동법학」 제49호, 한국노동법학회, 2014.
박준식, 「세계화와 노동체제」, 도서출판 한울, 2001.
박지순, “사회보험의 인적 적용 범위에 관한 고찰”, 「노동법학」 제20호, 한국노동법학회, 2005.
______, “특수형태근로종사자에 대한 노동법의 적용가능성과 그 범위”, 「노동법학」 제23호, 한국노동법학회, 2006.
______, “통상임금에 관한 최근 대법원 판결의 의미와 쟁점”, 「노동리뷰」 2012년 11월호, 한국노동연구원, 2012.
______, “통상임금 판결의 쟁점과 정책과제”, 「노동리뷰」 2014년 2월호, 한국노동연구원, 2014.
______, “통상임금의 법제화 방안”, 「노동리뷰」 2015년 4월호, 한국노동연구원, 2015.
박철, “정리해고의 유효요건”, 「사법연구자료」 제20집, 법원행정처, 1993.
방하남, “고용보험의 사각지대 개선방안”, 「보건복지포럼」 2012년 3월호, 한국보건사회연구원, 2012.
배규식, “한국의 장시간 노동과 근로시간 단축”, 「노동리뷰」 2013년 10월호, 한국노동연구원, 2013.

______, “2013년 노사관계 평가와 2014년 노사관계 전망”, 「노동리뷰」 2014년 1월호, 한국노동연구원, 2014.

배무기, “노사관계 환경·조건의 변화와 그 함의”, 「노동법학」 제8호, 한국노동법학회, 1998.

배종대, 「형법총론」 제8전정판, 홍문사, 2007.

백원기, “공모와 공동정범”, 「형사판례연구」 IV, 박영사, 1996.

서정희, “비정규직의 불안정 노동”, 「노동정책연구」 제15권 제1호, 한국노동연구원, 2015.

서정희·백승호, “사회보험법의 법적 사각지대”, 「노동정책연구」 제14권 제3호, 한국노동연구원, 2014.

성낙인, 「헌법학」 제6판, 법문사, 2006.

손동권, “노동쟁의행위의 가벌성에 관한 연구: 우리나라 대법원 판례를 중심으로”, 「일감법학」 제3호, 건국대학교 법학연구소, 1998.

송강직, “한국과 일본의 통상임금 법리”, 「동아법학」 제56호, 동아대학교 법학연구소, 2012.

송덕수, 「신민법강의」 제6판, 박영사, 2013.

송진경, “노동쟁의와 형법상 범죄 개념”, 「동아법학」 제59호, 동아대학교 법학연구소, 2013.

신권철, “기간제 근로계약의 무기근로계약으로의 전환”, 「노동법연구」 제30호, 서울대학교 노동법연구회, 2011.

______, “법정근로관계 설정의 법리”, 「노동법연구」 제34호, 서울대학교 노동법연구회, 2013.

신동운, 「형법총론」 제2판, 법문사, 2006.

신인령, 「세계화와 여성 노동권」 제1판, 이화여자대학교출판부, 2002.

심헌섭, “법률행위론의 법철학적 기초”, 「분석과 비판의 법철학」, 법문사, 2001.

오문완, “노동유연성과 노동법제의 변화 방향”, 「노동법연구」 제7호, 서울대학교 노동법연구회, 1998.

오세혁, “법철학의 관점에서 본 민사소송법”, 「법철학연구」 제8권 제1호, 한국법철학회, 2005.

오영근, 「형법총론」, 박영사, 2006.

우희숙, “근로자 형법으로서 쟁의행위형법에 대한 연구”, 「법학연구」 제16집 제1호, 인하대학교 법학연구소, 2013.

원창희·정석배, 「고용보험 및 산업재해보상보험의 보험료 징수 등에 관한 일부개정법률안(2건) 및 저임금 근로자 등의 사회보험료 지원에 관한 법률안(1건) 검토보고서」, 국회 환경노동위원회, 2011.
유경준, "고용안전망 사각지대 현황과 정책 방향", *KDI FOCUS* 제28호, 한국개발연구원, 2013.
유경준·최바울, "사회보험료 지원사업의 성과평가와 개선방안", *KDI FOCUS* 제38호, 한국개발연구원, 2014.
유규창, "한국기업의 임금체계: 직무급이 대안인가?", 「노동리뷰」 2014년 2월호, 한국노동연구원, 2014.
유성재, "기간의 정함이 있는 근로계약에 관한 입법론적 고찰", 「노동법학」 제12호, 한국노동법학회, 2001.
유정주, "공모공동정범이 성립되지 아니한 사례", 「대법원판례해설」, 제9호, 법원도서관, 1989.
윤애림, "파견·용역 근로자의 노동3권", 「노동법연구」 제9호, 서울대학교 노동법연구회, 2000.
______, "간접고용에서 사용자책임의 확대", 「노동법연구」 제14호, 서울대학교 노동법연구회, 2003.
______, "산재보험법의 특수형태근로종사자 특례제도의 문제점과 대안", 「노동법연구」 제33호, 서울대학교 노동법연구회, 2012.
윤원배, "외환위기의 발생 원인과 극복 과정", 「금융학회지」 제9권 제2호, 한국금융학회, 2004.
윤조덕, "산재보험 사각지대 해소 방안", 「보건복지포럼」 2012년 3월호, 한국보건사회연구원, 2012.
윤조덕·허재준·이지은·김영문·이호근·김현미·임수경(윤조덕 외), 「특수형태근로종사자 고용보험 적용 방안 연구」, 한국노동연구원, 2008.
윤종행, "파업과 부작위에 의한 위력업무방해죄: 대법원 2011. 3. 17. 선고 2007도482 전원합의체 판결을 중심으로", 「비교형사법연구」 제13권 제2호, 한국비교형사법학회, 2011.
윤진호, "근로자파견제도에 관한 연구", 「경상논집」 제8집 제1호, 인하대학교 산업경제연구소, 1994.
______, "IMF 체제와 고용조정", 「동향과 전망」 제37호, 한국사회과학연구소, 1998.
______, "실업정책의 문제점과 개선 방향", 「경제와 사회」 제40호, 도서출판 한울, 1999.
윤찬영, "사회보장법에 나타난 신자유주의 경향", 「신자유주의와 민주법학」 심포지엄 자료집, 민주주의법학연구회, 2001.
윤희숙, “근로빈곤층의 빈곤 현황과 정책평가”, 「보건복지포럼」 2013년 3월호, 한국보건사회연구원, 2013.
은수미, “한국의 사내하도급: 현황과 대안”, 「노동리뷰」 2012년 1월호, 한국노동연구원, 2012.
은수미·이병희·박제성, 「사내하도급과 한국의 고용구조」, 한국노동연구원, 2011.
이경희, “사회안전망 구축과 사회법”, 「법학연구」 제51집, 한국법학회, 2013.
_____, “근로조건 보호 목적에 대한 비정규직법의 과제와 대응”, 「법학연구」 제55집, 한국법학회, 2014.
이국환, “근로기준법의 각 규정에 대한 준수 의무의 주체로서의 사용자”, 「대법원판례해설」 제29호, 법원행정처, 1998.
이근우, “노동쟁의행위에 대한 업무방해죄 성립에서 ‘전격성’의 의미: 대법원 전원합의체 판결(2007도482)에 대한 비판적 검토”, 「경원법학」 제4권 제2호, 경원대학교 법학연구소, 2011.
이달휴, “노동법상 임금결정 원칙”, 「노동법논총」 제21집, 한국비교노동법학회, 2011.
이동응, “통상임금에 대한 경제계 입장”, 「통상임금에 관한 공청회」 자료집, 국회 환경노동위원회, 2014. 4. 10.
이미선, “기간제 근로계약에 있어서 근로자의 근로계약 갱신에 관한 기대권의 인정 문제”, 「대법원판례해설」 제87호, 법원도서관, 2011.
이병한, “지배·개입의 부당노동행위의 주체인 사용자 개념”, 「대법원판례해설」 제83호, 법원도서관, 2010.
_____, “위법한 파견근로와 직접고용간주”, 「노동법실무연구」 제1권, 사법발전재단, 2011.
이병희, “청년 실업과 경력 형성”, 「산업관계연구」 제11권 제2호, 한국노사관계학회, 2001.
_____, “근로빈곤과 고용안전망 확충 방안”, 「동향과 전망」 2010년 여름호, 한국사회과학연구회, 2010.
_____, “사회보험료 지원을 통한 사회보험 사각지대 해소 방안”, 「동향과 전망」 2011년 여름호, 한국사회과학연구소, 2011.
_____, 「사내하도급의 활용 원인과 고용 성과」, 한국노동연구원, 2012(2012a).
_____, “비공식 고용의 규모와 실태”, 「비공식 취업 연구」, 한국노동연구원, 2012 (2012b).
_____, “노동시장 불평등과 가구소득 불평등”, 「보건복지포럼」 2014년 9월호, 한국보

건사회연구원, 2014.
이병희, "파견과 도급의 구별 기준 및 파견법상 직접고용간주규정의 적용 범위", 「사법논집」 제43집, 법원도서관, 2006.
이승길, "고령자 고용촉진법에 따른 임금피크제에 관한 소고", 「노동법학」 제48호, 한국노동법학회, 2013.
이승욱, "특수형태근로종사자의 법적 규율을 위한 입법적 모색", 「노동법연구」 제19호, 서울대학교 노동법연구회, 2005.
______, "특수형태근로종사자에 대한 노동법적 보호 방안의 모색", 「노동법학」 제23호, 한국노동법학회, 2006.
______, "단시간근로 규제의 문제점과 과제", 「서울대학교 법학」 제53권 제1호, 서울대학교 법학연구소, 2012.
이승욱·정인섭·도재형, 「쟁의행위의 정당성과 형법 적용에 대한 연구: 업무방해죄를 중심으로 한 국제기구 사례와 시사점」 노동부 수탁연구과제 보고서, 2008.
이시윤, 「민사소송법」 신정4판, 박영사, 2003.
이우관, "노동시장의 구조조정과 사회적 위기", 「아세아연구」 제44권 제2호, 고려대학교 아세아문제연구소, 2001.
이은영, "계약에 관한 법철학적 고찰", 「현대법철학의 흐름」, 한국법철학회, 1997.
이인재·남재량·조동훈·문무기·이지은(이인재 외), 「특수형태근로종사자에 대한 노동법적 보호 방안의 사회경제적 효과분석」 연구용역보고서, 한국노동연구원, 2007.
이장원, "임금체계 논의, 임금 격차의 관점에서부터", 「노동리뷰」 2014년 2월호, 한국노동연구원, 2014(2014a).
______, "임금제도, 사회적 표준이 필요하다", 「노동법률」 2014년 3월호, ㈜중앙경제사, 2014(2014b).
이재상, 「형법총론」 제6판, 박영사, 2008.
이정, "통상임금에 대한 판례법리의 재검토", 「노동법학」 제43호, 한국노동법학회, 2012.
이종선, "한국의 신자유주의적 구조개혁과 노동시장제도 변화", 「산업노동연구」 제7권 제1호, 한국산업노동학회, 2001.
이창용·이병근, "우리나라 기업구조조정전문회사(CRC)의 영업 행태에 관한 연구", 「한국경제의 분석」 제9권 제2호, 한국금융연구원, 2003.
이창희, 「세법강의」 제6판, 박영사, 2007.
이철수, "아웃소싱(Outsourcing)의 법리", 「기업의 구조조정과 노동법적 과제」, 한국

노동연구원, 1998.

_____, “전환기의 노사관계와 노동법”, 「노동법연구」 제8호, 서울대학교 노동법연구회, 1999.

_____, “통상임금에 관한 판례 법리의 변화”, 「노동법연구」 제17호, 서울대학교 노동법연구회, 2004.

_____, “통상임금 관련 2013년 전원합의체 판결의 의미와 평가”, 「노동법학」 제49호, 한국노동법학회, 2014(2014a).

_____, “통상임금에 관한 발제문”, 「통상임금에 관한 공청회」 자료집, 국회 환경노동위원회, 2014. 4. 10(2014b).

이택면, “비정규 고용의 결정요인에 대한 경제사회학적 분석”, 「한국사회학」 제39집 제4호, 한국사회학회, 2005.

이호근, “특수형태근로 종사자 보호대책 논의경과 및 주요 쟁점”, 「특수형태근로종사자 대상 보호법안 마련을 위한 공개토론회」 자료집, 노동부, 2006. 11. 15.

_____, “산재보험의 적용대상 범위 관련 개선 방안”, 「산재보험제도 개선방안 마련을 위한 토론회」 자료집, 국가인권위원회, 2014. 9. 30.

이홍철, “근로기준법상의 근로자와 사용자의 범위”, 「재판자료」 제39집, 법원도서관, 1987.

이효수, “노동시장 환경 변화와 노동시장의 구조조정”, 「경제학연구」 제50권 제1호, 한국경제학회, 2002.

이효식, “신자유주의와 한국의 구조조정에 대한 연구”, 「산업경제연구」 제14권 제2호, 한국산업경제학회, 2001.

이흥재, “민주헌정 이후 노동판례 경향의 특징”, 「노동법학」 제15호, 한국노동법학회, 2002.

_____, “21세기의 노동법적 과제와 새로운 패러다임의 모색”, 「한·중·일 노동시장의 변화와 노동시장법제 패러다임의 전환」 동아시아 노동문제 국제심포지엄 자료집, 한국비교법학회·한국외국어대학교 법학연구소, 2005.

임무송, “통상임금 공청회 관련 진술 자료”, 「통상임금에 관한 공청회」 자료집, 국회 환경노동위원회, 2014. 4. 10.

임영일, “신자유주의적 구조조정과 노동체제 전환”, 「신자유주의적 구조조정과 노동운동: 1997-2001」, 도서출판 한울, 2003.

임종률, 「노동법」 제6판, 박영사, 2007.

_____, 「노동법」 제14판, 박영사, 2016.

장승혁, “업무방해죄의 성립 제한요건으로서 ‘전격성’의 실효성에 관한 고찰”, 「노동법연구」 제38호, 서울대학교 노동법연구회, 2015.
장영민·박강우, 「노동쟁의행위와 업무방해죄의 관계」, 한국형사정책연구원, 1996.
장영수. 「헌법학」 제8판, 홍문사, 2014.
장우찬, "산재보험법상 특수형태근로종사자 적용 특례 조항의 비판적 검토", 「노동정책연구」 제14권 제1호, 한국노동연구원, 2014.
장지연, "복지국가의 고용과 사회안전망", 「노동리뷰」 2012년 1월호, 한국노동연구원, 2012(2012a).
_____, "사회보험 사각지대와 이중노동시장의 제도화", 「사회보험 사각지대 해소 방안」, 한국노동연구원, 2012(2012b).
장지연·양수경, "사회적 배제 시각으로 본 비정규 고용", 「노동정책연구」 제7권 제1호, 한국노동연구원, 2007.
장지연·이병희, "소득불평등 심화의 메커니즘과 정책 선택", 「민주사회와 정책연구」 제23호, 민주사회정책연구원, 2013.
재정경제부, 「힘모아 위기 극복 뜻모아 경제 도약: 국민의 정부 4년, 경제정책의 발자취」, 2002(2002a).
_____, 「무한한 잠재력 약속된 미래: IMF 5년의 성과와 과제」, 2002(2002b).
재정경제부·산업자원부·노동부·기획예산처·공정거래위원회·금융감독위원회(재정경제부 외), "4대 부문 12대 핵심 개혁과제: 추진계획과 비전" 보고서, 2000. 10. 4.
전광석, "헌법재판소가 바라본 복지국가 원리", 「공법연구」 제34집 제4호 제1권, 한국공법학회, 2006.
_____, 「한국헌법론」 제6판, 법문사, 2010.
전국불안정노동철폐연대, 「비정규직 노동자를 위한 노동법 해설」, 도서출판 잉걸, 2004.
전윤구, "비정규직 관계법의 입법적 개선 방향", 「노동법학」 제28호, 한국노동법학회, 2008.
정건화, "노동시장의 구조변화에 대한 제도경제학적 해석", 「경제와사회」 2003년 봄호, 비판사회학회, 2003.
정동윤·유병현, 「민사소송법」 초판, 법문사, 2005.
정승국, "임금체계의 국가별 다양성과 변동 논리 탐구: 독일·일본·한국의 사례 비교", 「노동리뷰」 2014년 2월호, 한국노동연구원, 2014.
정인섭, "파업주도 행위와 업무방해죄", 「1996 노동판례비평」, 민주사회를 위한 변호사모임, 1997.
_____, "정리해고와 파업의 정당성", 「노동법률」 2002년 4월호, ㈜중앙경제사, 2002.

______, “근로삼권의 규범론과 정책론”, 「노동법학」 제17호, 한국노동법학회, 2003.
______, “취업규칙의 불이익 변경과 집단적 동의의 방법”, 「노동법연구」 제17호, 서울대학교 노동법연구회, 2004.
______, “기간제근로에서 재고용의 정당한 기대권”, 「노동법연구」 제33호, 서울대학교 노동법연구회, 2012.
정종휴(집필 부분), 한국사법행정학회 편, 「주석민법」 채권각론(4), 1999.
정진경, “근로조건의 불이익 변경: 취업규칙과 단체협약에 의한 근로조건의 불이익 변경에 관한 대법원판례를 중심으로”, 「노동법연구」 제13호, 서울대학교 노동법연구회, 2002.
______, “경영 사항에 대한 단체교섭: 미국과의 비교를 중심으로”, 「저스티스」 제92권, 한국법학원, 2006.
조경배, 「고용보장의 노동법적 원리와 구조에 관한 연구」, 법학박사학위논문, 서울대학교, 1997.
______, “비정규직 근로자의 고용보장”, 「민주법학」 제15호, 민주주의법학연구회, 1999(1999a).
______, “형사면책법리와 쟁의행위 정당성론의 논의 구조”, 「노동법학」 제9호, 한국노동법학회, 1999(1999b).
______, “부당노동행위의 주체로서 사용자 개념”, 「노동법연구」 제11호, 서울대학교 노동법연구회, 2001.
______, “비정규직 근로자의 노동단체권 보장에 관한 연구”, 「민주법학」 제23권, 민주주의법학연구회, 2003.
______, “쟁의행위와 민사책임에 관한 프랑스 법리”, 「노동법학」 제19호, 한국노동법학회, 2004.
______, “독립노동(특수형태근로)의 법적 규율에 관한 연구”, 「노동법연구」 제19호, 서울대학교 노동법연구회, 2005.
______, “쟁의행위 정당성론의 논리구조에 관한 비판과 민사면책법리의 재정립에 관한 연구”, 「민주법학」 제36호, 민주주의법학연구회, 2008.
______, “신자유주의, 자본권력의 강화와 노동인권의 위기”, 「민주법학」 제38권, 민주주의법학연구회, 2009.
______, “한국의 쟁의행위와 책임”, 「노동법학」 제52호, 한국노동법학회, 2014.
조백현, “정리해고 수용불가피론의 문제점”, 「민주노동과 대안」 1998년 11월호, 노동조합기업경영연구소, 1998.
조상균, “비정규직 차별시정제도의 쟁점 및 전망”, 「동아법학」 제64호, 동아대학교 법학연구소, 2014.
조원철, "가. 기존기업의 일부 생산부문의 인적 조직을 이른바 '소사장 법인'으로 분리시킨 경우, 그 소사장 법인 소속 근로자를 기존 기업의 근로자로 인정하기 위한 요건, 나. 기존 기업이 경영합리화라는 명목으로 소사장 법인을 설립한 후 그 소속 근로자들에게 직접 임금을 지급하고, 인사 및 노무관리에도 구체적이고 직접적인 관리·감독을 하여 온 경우, 기존 기업의 대표이사가 소사장 법인 소속 근로자들에 대한 관계에서도 사용자의 지위에 있다고 본 사례", 「대법원판례해설」 제43호, 법원도서관, 2003.
조윤희, "간접고용의 법률관계", 「재판자료」 제108집 행정재판실무연구집, 법원도서관, 2005.
조임영, "기간제 고용에 관한 현행 법제의 문제점과 입법적 과제", 「중앙법학」 제6권 제3호, 중앙법학회, 2004.
주무현, "장시간 근로 개선의 고용 창출 연계", 「노동리뷰」 2013년 10월호, 한국노동연구원, 2013.
참터합동법률사무소·노무법인 참터, 「2007 비정규직법 '로드맵' 관계법」, 2007.
최영호, "계약근로형 노무공급자의 근로자성", 「노동법연구」 제13호, 서울대학교 노동법연구회, 2002.
최은배, "가. 근로기준법상 근로자 해당 여부의 판단 기준, 나. 대학입시학원 종합반 강사의 근로기준법상 근로자 해당 여부(적극), 다. 대학입시학원 종합반 강사가 계약서 문언상 매년 2월 중순부터 대입수능시험일인 11월 중순까지를 계약기간으로 한 계약을 6~7회 반복 체결한 경우, 계속근로가 인정되는지 여부(적극)와 실질적으로 기간의 정함이 없는 근로자로 보아 계약갱신 거절을 해고로 볼 수 있는지 여부(적극)", 「대법원판례해설」 제63호, 법원도서관, 2007.
_____, "기간제 근로계약의 규제", 「대법원판례해설」 제72호, 법원도서관, 2008.
_____, "위장도급의 법률관계", 「재판자료」 제118집 노동법실무연구, 법원도서관, 2009(2009a).
_____, "노동사건 심리상 몇 가지 문제점", 우리법연구회 2009년 10월 공개 세미나 발표문, 우리법연구회, 2009(2009b).
_____, "노동사건 심리상 몇 가지 문제점", 「우리법연구회 논문집」 제6집, 우리법연구회, 2010(2010a).
_____(집필 부분), 노동법실무연구회 편, 「근로기준법 주해」 I, 박영사, 2010(2010b).
최장집, "한국 민주주의의 취약한 사회경제적 기반", 「위기의 노동」, 도서출판 후마니타스, 2005.

______, 「민주주의의 민주화」, 도서출판 후마니타스, 2006.
최홍엽, “근로계약의 기간”, 「노동법의 쟁점과 과제」 김유성 교수 화갑 기념 논문집, 법문사, 2000.
편도인, “장시간 근로 개선 정책 방향”, 「노동리뷰」 2012년 3월호, 한국노동연구원, 2012.
하갑래, “통상임금제도의 변화와 과제”, 「노동법학」 제44호, 한국노동법학회, 2012.
한인상, 「‘노사정 사회적 논의 촉진을 위한 소위원회’ 논의의 쟁점과 성과」 이슈와 논점 제840호, 국회 입법조사처, 2014.
허영, 「한국헌법론」 전정3판, 박영사, 2007.
홍기배, “근로기준법상 근로자의 범위”, 「사법연구자료」 제6집, 법원도서관, 1979.
홍민기, “노동소득분배율과 개인소득”, 「노동소득분배율과 경제적 불평등」, 한국노동연구원, 2014.
홍준호, “상여금은 통상임금에 포함될 수 없다”, 「노동법률」 2013년 7월호, ㈜중앙경제사, 2013.

菅野和夫, 이정 옮김, 「일본노동법」, 법문사, 2007.
로널드 드워킨, 장영민 옮김, 「법의 제국」, 아카넷, 2004.
알랭 쉬피오, 박제성 옮김, 「필라델피아 정신」, 한국노동연구원, 2012.
馬渡淳一郎, “조일방송사건 판결의 의의와 그 판결이 항운노조 근로자의 집단적 노사관계에 미치는 영향”, 「노동법학」 제6호, 한국노동법학회, 1996.
______, “集團的勞働關係における使用者”, 「勞働判例百選」 第7版 別册 「ジュリスト」 第165号, 有斐閣, 2002.
小西國友·渡辺章·中嶋土元也(小西國友 外), 「勞働法」 第4版, 有斐閣, 2004.
淺倉むつ子·島田陽一·盛 誠吾(淺倉むつ子 外), 「勞働法」 第2版, 2005.
Mariya Aleksynska and Angelika Muller, *Nothing more permanent than temporary? Understanding fixed-term contracts* (INWORK and GOVERNANCE Policy Brief No. 6), ILO, 2015.
Hugh Collins, “Independent Contractors and the Challenge of Vertical Disintegration to Employment Protection Laws”, *Oxford Journal of Legal Studies*, Vol. 10, No. 3, 1990(1990a).
______, “Ascription of Legal Responsibility to Groups in Complex Patterns of Economic Integration”, *The Modern Law Review*, Vol. 53, 1990(1990b).
Michel Coutu, “With Hugo Sinzheimer and Max Weber in Mind: The Current

Crisis and the Future of Labor Law", *Comparative Labor Law & Policy Journal*, Vol. 34, No. 3, 2013.

Cynthia L. Estlund, "The Death of Labor Law?", *Annual Review of Law & Social Science*, Vol. 2, 2006.

Bob Hepple, "The Future of Labour Law", *Industrial Law Journal*, Vol. 24, No. 4, 1995.

ILO, *Social Security and the Rule of Law*, 2011(2011a).

_____, *General Survey concerning social security instruments in light of the 2008 Declaration on Social Justice for a Fair Globalization—Social security and the rule of law*, 2011(2011b).

Nicola Kountouris, "The Legal Determinants of Precariousness in Personal Work Relations: a European Perspective", *Comparative Labor Law & Policy Journal*, Vol. 34, No. 1, 2012.

OECD, "In It Together" Why Less Inequality Benefits All, 2015.

Paul Skidmore, "Thinking about enforcement: The minimum wage in practice", *Legal Regulation of the Employment Relation*, Kluwer Law International, 2002.

Clyde W. Summers, "The Future of Labor Law", *Employee Rights Quarterly Spring*, 2002.

Christophe Vigneau, "Labor Law between Change and Continuity", *Comparative Labor Law & Policy Journal*, Vol. 25, No. 1, 2003.

Lord Wedderburn of Charlton, "The Social Charter in Britain: Labor Law and Labour Courts?", *The Modern Law Review*, Vol. 54, No. 1, 1991.

찾아보기

노동법의 회생

신자유주의적 구조조정과 한국 노동법

펴낸날 1판 1쇄 2016년 10월 13일
2쇄 2017년 11월 30일
지은이 도재형
펴낸이 권은미
펴낸곳 이화여자대학교출판문화원
주소 서울특별시 서대문구 이화여대길 52(우03760)
등록 1954년 7월 6일 제9-61호
전화 02) 3277-2965(편집), 362-6076(마케팅)
팩스 02) 312-4312
전자우편 press@ewha.ac.kr
홈페이지 www.ewhapress.com
디자인 신성기획
찍은곳 (주)현문자현

ISBN 979-11-5890-185-1 93360
값 28,000원

* 잘못된 책은 바꾸어 드립니다.

이 도서의 국립중앙도서관 출판예정도서목록(CIP)은 서지정보유통지원시스템 홈페이지(http://seoji.nl.go.kr)와 국가자료공동목록시스템(http://www.nl.go.kr/kolisnet)에서 이용하실 수 있습니다. (CIP제어번호: CIP2016023281)